CSSCI 来源集刊

語言學論叢

ESSAYS ON LINGUISTICS

（第四十九辑）

北京大学中国语言学研究中心

《语言学论丛》编委会编

商務印書館

创于1897 The Commercial Press

2014年·北京

《语言学论丛》实行双向匿名审稿制度

目　录

CONTENTS

绍兴方言中的拟声词

王福堂

提要 绍兴方言的拟声词有阴阳调域两极的高调和低调，也和声母的清浊及韵母的阴阳舒入有关。通过自身重叠和与1音节组合构词，也极具特点。汉语方言拟声词大多具有类似的特点，有必要进行深入的研究。

关键词 拟声词 高调和低调 重叠 衍生1音节

一

绍兴方言中的拟声词有重要的修辞作用，应用广泛。范寅曾在《越谚》中列出众多的拟声词，包括卷下“声音音乐”85个，卷上“哩字之谚第十四”、“翻译禽音之谚第十五”和“孩语孺歌之谚第十七”50余个，以及其他若干零星的分布。这些拟声词有一些目前已经不再使用，但又有不少新词产生出来。拟声词的应用为绍兴方言增添了生动的语言成分。

绍兴方言的声调情况应称复杂。本调共八个：阴平52，阳平231，阴上335，阳上113，阴去33，阳去11，阴入$\underline{45}$，阳入$\underline{23}$。还有因语素间同化异化等作用而有的成词不成词变调。但拟声词的声调有另一种类型。它按声母的清浊用阴阳调域边际两侧的音高成分念成高调或低调：清声母阴调舒声字一律为高平调55，入声字为$\underline{55}$，浊声母阳调舒声字一律为低平调11，入声字为$\underline{11}$。如（为方便起见，入声字调值尽可能简化，并取消了横线，下同）：

	平	上	去	入
清声母	$□^{55}$	$□^{55}$	$□^{55}$	$□^{5}$
浊声母	$□^{11}$	$□^{11}$	$□^{11}$	$□^{1}$

即清声母起头的词读高调，浊声母起头的词读低调。也就是说，模

拟对象高声的，拟声词属高调；模拟对象低声的，拟声词属低调。因此，拟声词用同音字标写很难做到字调完全合适，有不少只是近音字。不过绍兴方言的拟声词有时因用字比较固定，或因常用而词汇化的缘故，个别情况下也可以读成该字的本调或变调，不同声调的念法在拟声上并无区别。

下面列出若干单音节和多音节的拟声词，标写出高低调、本调和变调，近音字不另加说明。如（音标右上角的数字是高低调、本调或变调，右下角的数字是变调，下同）：

平*（打枪）—— biŋ^{11}，biŋ^{231}

拍*（打蚊子）—— pʰaʔ^{5}

督*（轻敲）—— toʔ^{5}

故*嘟*（喝水）—— ku^{55}tu^{55}，gu^{11}du^{11}

订*冻*（小件金属碰撞）——tiŋ^{55}toŋ^{55}，tiŋ^{33}toŋ^{55}

定*髈*（家具倒地）—— diŋ^{11}baŋ^{11}

劈*拍*（火星爆裂）—— pʰieʔ^{5}pʰaʔ^{5}，pʰieʔ^{3}pʰaʔ^{5}

的*搭*（钟表走动）—— tieʔ^{5}tæʔ^{5}，tieʔ^{3}tæʔ^{5}

白*□（摔跤）—— baʔ^{1}daʔ^{1}

薄*毒*（重物掉在地上或走路时摔在地上）—— boʔ^{1}doʔ^{1}

狭*秋*（打喷嚏）——ɦæʔ^{1}tɕʰiɤ^{11}，ɦæʔ$^{23}_{25}$tɕʰiɤ^{52}

哥*哥*荷*（鸡啼）——ko^{55}ko^{55}ɦo^{55}，ko$^{52}_{33}$ko$^{52}_{55}$ɦo$^{231}_{52}$，ko$^{52}_{33}$ko$^{52}_{55}$ɦo^{231}

各词均属拟声词调型。其中"平*"又作本调，"订*冻*"、"劈*拍*"、"的*搭*"又按成词两字规律变调，"狭*秋*"又按主谓结构变调，"哥*哥*荷*"又按成词三字规律或形容词AAB式变调。

二

拟声词有两种构词方式。

（一）拟声词的构词主要使用重叠方式

单音节词以重叠方式构成多音节词，比如二、三、四各个不同的音节，成为AA、AAA、AAAA等格式。如：

AA

呼*呼*，胡*胡*（刮风）—— hu^{55}hu^{55}，hu^{52}hu^{52}；
ɦu^{11} ɦu^{11}，ɦu^{231} ɦu^{231}

平*平*（打枪）—— biŋ^{11}biŋ^{11}，biŋ^{231}biŋ^{231}

笃*笃*（轻敲）—— toʔ^{5}toʔ^{5}

拍*拍*（拍手）—— p^{h}aʔ^{5}p^{h}aʔ^{5}

AAA

平*平*平*（到处打枪）—— biŋ^{11}biŋ^{11}biŋ^{11}，biŋ^{231}biŋ^{231}biŋ^{231}

冻*冻*冻*（敲小鼓）—— toŋ^{55}toŋ^{55}toŋ^{55}

笃*笃*笃*（敲竹梆子）—— toʔ^{5}toʔ^{5}toʔ^{5}

塌*塌*塌*（轻快地走路）—— t^{h}æʔ^{5}t^{h}æʔ^{5}t^{h}æʔ^{5}

AAAA

钖*钖*钖*钖*（打锣）—— t^{h}aŋ^{55}t^{h}aŋ^{55}t^{h}aŋ^{55}t^{h}aŋ^{55}

棚*棚*棚*棚*（使劲敲门）—— baŋ^{11}baŋ^{11}baŋ^{11}baŋ^{11}，
baŋ^{231}baŋ^{231}baŋ^{231}baŋ^{231}

笃*笃*笃*笃*（敲竹梆子）—— toʔ^{5}toʔ^{5}toʔ^{5}toʔ^{5}

踏*踏*踏*踏*（使劲快走）—— dæʔ^{1}dæʔ^{1}dæʔ^{1}dæʔ^{1}

双音节的拟声词则可以重叠构成四字格。第一种方式是拟声词的语素分别重叠，构成AABB式。如：

AABB

际*际*债*债*（女孩边说边笑）—— tɕi^{55}tɕi^{55}tsa^{55}tsa^{55}

订*订*冻*冻*（金属棒磕碰声）—— tiŋ^{55}tiŋ^{55}toŋ^{55}toŋ^{55}，
tiŋ^{33}tiŋ^{55}toŋ^{55}toŋ^{52}

的*的*笃*笃*（打算盘）—— tieʔ^{5}tieʔ^{5}toʔ^{5}toʔ^{5}，
tieʔ^{3}tieʔ^{5}toʔ^{5}toʔ^{54}

第二种方式是双音节词自身重叠，构成 ABAB 式。如：

ABAB

故*嘟*故*嘟*（大口喝水）—— $ku^{55}tu^{55}ku^{55}tu^{55}$，$gu^{11}du^{11}gu^{11}du^{11}$

订*冻*订*冻*（金属棒敲击声）—— $ti\eta^{55}to\eta^{55}ti\eta^{55}to\eta^{55}$

共*弄*共*弄*（遍地炮火）—— $guo\eta^{11}lo\eta^{11}guo\eta^{11}lo\eta^{11}$

敌*薄*敌*薄*（水果不断掉在地上）—— $die\text{ʔ}^{1}bo\text{ʔ}^{1}die\text{ʔ}^{1}bo\text{ʔ}^{1}$

双音节的拟声词还可以只由前面的音节重叠，构成三音节的 AAB 式。如：

AAB

寝*寝*撑*（震动金属片）—— $t\text{ɕ}^{h}i\eta^{55}t\text{ɕ}^{h}i\eta^{55}ts^{h}a\eta^{55}$，$t\text{ɕ}^{h}i\eta^{33}t\text{ɕ}^{h}i\eta^{33}ts^{h}a\eta^{55}$

劈*劈*拍*（鼓掌）—— $p^{h}ie\text{ʔ}^{5}p^{h}ie\text{ʔ}^{5}p^{h}a\text{ʔ}^{5}$，$p^{h}ie\text{ʔ}^{3}p^{h}ie\text{ʔ}^{3}p^{h}a\text{ʔ}^{5}$

敌*敌*薄*（水果不断掉在地上）—— $die\text{ʔ}^{1}die\text{ʔ}^{1}bo\text{ʔ}^{1}$，$die\text{ʔ}^{1}die\text{ʔ}^{1}bo\text{ʔ}^{5}$

（二）拟声词还可以和以 l 声母起头的音节以衍生方式组合成词

单音节拟声词和 l 音节叠韵。它们可以组成复合词 AL 式。如：

AL

故* ku^{55}—— 故*噜* $ku^{55}lu^{55}$（因饥饿腹鸣）

共* $guo\eta^{11}$——共*弄* $guo\eta^{11}lo\eta^{11}$（打雷）

AL 式也可以自身重叠，构成 ALAL 式。如：

ALAL

故*噜*故*噜*（因饥饿腹鸣）—— $ku^{55}lu^{55}ku^{55}lu^{55}$

共*弄*共*弄*（打雷）—— $guo\eta^{11}lo\eta^{11}guo\eta^{11}lo\eta^{11}$

AL 式还可以单独由后面的 l 音节重叠，构成 ABB 式。如：

ABB

撑*冷*冷*（震动金属片）——tsʰaŋ^{55}laŋ^{55}laŋ^{55}

共*弄*弄*（打雷）——guoŋ^{11}loŋ^{11}loŋ^{11}

各*落*落*（圆物滚动）——koʔ^{5}loʔ^{5}loʔ^{5}

双音节拟声词则可以和 l 音节组合成四字格 ALBL 式。在这种格式中，拟声词占一、三音节，互为双声（或早期曾为双声，如下例“寄”和“故”声母同为见母 k，“寝”和“撑”声母同为清彻母 tsʰ），l 声母音节占二、四音节，分别与一、三音节叠韵。如：

ALBL

寄*故* tɕi^{55}ku^{55}——寄*哩*故*卢* tɕi^{55}li^{55}ku^{55}lu^{55}

寝*撑* tɕʰiŋ^{55}tsʰaŋ^{55}——寝*另*撑*冷* tɕʰiŋ^{55}liŋ^{55}tsʰaŋ^{55}laŋ^{55}

这类 ALBL 式在绍兴方言中使用颇多，其他汉语方言也很常见。如：

寄*哩*故*卢*（小声说话）——tɕi^{55}li^{55}ku^{55}lu^{55}

订*另*冻*弄*（风铃吹动）——tiŋ^{55}liŋ^{55}toŋ^{55}loŋ^{55}

寝*另*撑*冷*（戏曲乐队演奏）——tɕʰiŋ^{55}liŋ^{55}tsʰaŋ^{55}laŋ^{55}

劈*列*拍*嘞（柴火火星迸裂）——pʰieʔ^{5}lieʔ^{5}pʰaʔ^{5}laʔ^{5}，pʰieʔ^{3}lieʔ^{5}pʰaʔ^{5}laʔ^{54}

的*历*笃*落*（打算盘）——tieʔ^{5}lieʔ^{5}toʔ^{5}loʔ^{5}，tieʔ^{3}lieʔ^{5}toʔ^{5}loʔ^{54}

悉*列*索*落*（虫子在草丛中爬动）——ɕieʔ^{5}lieʔ^{5}soʔ^{5}loʔ^{5}，ɕieʔ^{3}lieʔ^{5}soʔ^{5}loʔ^{54}

这类四字格 ALBL 式中 AB 的生成，还不能确定是阴声韵、阳声韵、入声韵中由哪一个起头发展而成的。如：

屁*哩*破*拉* pʰi^{55}li^{55}pʰa^{55}la^{55}——聘*另*碰*冷* pʰiŋ^{55}liŋ^{55} pʰaŋ^{55}laŋ^{55}——劈*列*拍*嘞 pʰieʔ^{5}lieʔ^{5}pʰaʔ^{5}laʔ^{5}，pʰieʔ^{3}lieʔ^{5} pʰaʔ^{5}laʔ^{54}

避*里*败*拉* bi^{11}li^{11}ba^{11}la^{11}——并*另*碰*冷* biŋ^{11}liŋ^{11}baŋ^{11} laŋ^{11}——别*历*白*嘞 bieʔ^{1}lieʔ^{1}baʔ^{1}laʔ^{1}，bieʔ^{1}lieʔ^{5}baʔ^{5}laʔ^{54}

此外，还有一种四字格第二音节改用“出*”字，一、三音节也并非双声的格式。这种格式较为少见。如：

地* 出* 部* 溜*（大汗淋漓）—— di^{11}ts^{h}eʔ^{1}bu^{11}liɤ^{11}

定* 出* 髭* 冷*（居室扰动不安）—— diŋ^{11}ts^{h}eʔ^{1}baŋ^{11}laŋ^{11}

敌* 出* 白* 嘞（匆忙做准备）—— dieʔ^{1}ts^{h}eʔ^{1}baʔ^{1}laʔ^{1}，

dieʔ^{1}ts^{h}eʔ^{5}baʔ^{5}laʔ^{54}

要补充说明的是，绍兴方言的拟声词虽然按清浊声母分别读入高调和低调，但首字的音高还决定后字声调为高调或是低调，后字声母本身不再按清浊区分高低，而是和首字保持一致。比如前述“撑* 冷* 冷*”中的“冷*”、“寝* 另* 撑* 冷*”中的“另*”和“冷*”都不读低平，而和首字阴调的“撑*”和“寝*”保持一致读为高调（高平），“定* 出* 髭* 冷*”中的“出*”不读高调（上入），而和首字“定*”保持一致读为低调（下入）。

前字入声的两音节拟声词还可以和 l 音节衍生组合成三音节的 ALB 式。l 音节插在中间，与后一音节叠韵。如：

扑* 痛* p^{h}oʔ^{5}t^{h}oŋ^{55}，p^{h}oʔ^{3}t^{h}oŋ^{55}——扑* 弄* 痛* p^{h}oʔ^{5} loŋ^{55}t^{h}oŋ^{55}，p^{h}oʔ^{3}loŋ^{33}t^{h}oŋ^{55}

这种格式在吴方言中很多见，但很少见于其他方言。如：

拍* 冷* 淌*（碗摔碎了）—— p^{h}aʔ^{5}laŋ^{55}t^{h}aŋ^{55}，

p^{h}aʔ^{3}laŋ^{33}t^{h}aŋ^{55}

白* 冷* 宕*（重物投入水中）—— baʔ^{1}laŋ^{11}daŋ^{11}，

baʔ^{1}laŋ^{11}daŋ^{55}

拍* 嘞□（小物摔在地上）—— p^{h}aʔ^{5}laʔ^{5}t^{h}aʔ^{5}，p^{h}aʔ^{3}laʔ^{3}t^{h}aʔ^{5}

白* 嘞□（重物摔在地上）—— baʔ^{1}laʔ^{1}daʔ^{1}，baʔ^{1}laʔ^{1}daʔ^{5}

扑* 弄* 痛*（轻物投入水中）—— p^{h}oʔ^{5}loŋ^{55}t^{h}oŋ^{55}，

p^{h}oʔ^{3}loŋ^{33}t^{h}oŋ^{55}

勃* 弄* 洞*（重物投入水中）—— boʔ^{1}loŋ^{11}doŋ^{11}，

boʔ^{1}loŋ^{11}doŋ^{55}

扑* 落* 托*（轻物掉在地上）—— p^{h}oʔ^{5}loʔ^{5}t^{h}oʔ^{5}，

p^{h}oʔ^{3}loʔ^{3}t^{h}oʔ^{5}

勃*落*毒*（重物掉在地上）—— boʔ^{1}loʔ^{1}doʔ^{1}，

boʔ^{1}loʔ^{1}doʔ^{5}

葛*棱*瞪*（孤零零的样子：一颗星，~，两颗星，挂油瓶……）

—— kəʔ^{5}ləŋ^{55}təŋ^{55}，kəʔ^{3}ləŋ^{33}təŋ^{55}

搁*落*笃*（很利索地掉下去了）—— koʔ^{5}loʔ^{5}toʔ^{5}，

goʔ^{1}loʔ^{1}doʔ^{1}，goʔ^{1}loʔ^{1}doʔ^{5}

ALB 式中的 B 只有阳声韵和入声韵，没有阴声韵，相互生成的脉络也不是很清楚。如：

白*冷*宕* baʔ^{1}laŋ^{11}daŋ^{11}，baʔ^{1}laŋ^{11}daŋ^{55}—— 白*嘞□ baʔ^{1}laʔ^{1} daʔ^{1}，baʔ^{1}laʔ^{1}daʔ^{5}

三

绍兴方言较多使用拟声词以模拟自然的声音对象。如前所说，拟声词的高低调跟模拟对象有关。不仅如此，拟声词声母韵母的音色也跟模拟对象比较接近。比如，拟声词以高调、清声母模拟清脆的声音，以低调、浊声母模拟沉重的声音。如：

寄*哩*故*卢*（小声说话）—— tɕi^{55}li^{55}ku^{55}lu^{55}

忌*利*跍*路*（钝物摩擦）—— dʑi^{11}li^{11}gu^{11}lu^{11}

的*伯*的*伯*（柴火火星迸裂）—— tieʔ^{5}paʔ^{5}tieʔ^{5}paʔ^{5}，

tieʔ^{3}paʔ^{5}tieʔ^{5}paʔ^{54}

敌*白*敌*白*（杂乱的脚步声）—— dieʔ^{1}baʔ^{1}dieʔ^{1}baʔ^{1}

或兼以清声母送气音或 -ŋ 尾阳声韵模拟连串的声音或回声，以浊声母或 -ŋ 尾阳声韵或入声韵模拟闷哑的声音。如：

刺*刺*刺*（放鞭炮时点燃药线）—— ts^{h}ɿ^{55}ts^{h}ɿ^{55}ts^{h}ɿ^{55}

滞*滞*滞*（烙铁烫到木头）—— dzɿ^{11}dzɿ^{11}dzɿ^{11}

乒*乒*乒*（轻声敲门）—— p^{h}aŋ^{55}p^{h}aŋ^{55}p^{h}aŋ^{55}，

p^{h}aŋ^{52}p^{h}aŋ^{52}p^{h}aŋ^{52}

棚*棚*棚*（重重地敲门）—— baŋ^{11}baŋ^{11}baŋ^{11}，

baŋ^{231}baŋ^{231}baŋ^{231}

扑*弄*痛*（轻物投入水中）—— pʰoʔ^{5}loŋ^{55}tʰoŋ^{55}，

pʰoʔ^{3}loŋ^{33}tʰoŋ^{55}

勃*弄*洞*（重物投入水中）—— boʔ^{1}loŋ^{11}doŋ^{11}，

boʔ^{1}loŋ^{11}doŋ^{55}

塌*塌*塌*（轻快地走）—— tʰæʔ^{5}tʰæʔ^{5}tʰæʔ^{5}

达*达*达*（重步快跑）—— dæʔ^{1}dæʔ^{1}dæʔ^{1}

拟声词在音值上尽量接近模拟的事物，这原是语言的内在要求。绍兴方言属吴方言，音系中的声调本来就有阴高阳低之别，又加声母区分清浊，韵母区分阴阳和舒入，声韵调都有类的区别，因此拟声词在模拟事物时比其他汉语方言有了更多的手段，能更好的满足语言中拟声接近真实的要求。

四

汉语方言对拟声词的研究还比较薄弱。吴方言是研究拟声词较多的，有人对某些现象做过描写，还归纳过构词。如对上海方言的描写：

拍 pʰaʔ^{5}

碰 baŋ$^{23}_{21}$

乒乒 pʰaŋ^{42}pʰaŋ^{42}

塌塌塌 tʰaʔ^{5}tʰaʔ^{5}tʰaʔ^{5}

叽叽咕咕 tɕi$^{42}_{55}$tɕi$^{42}_{33}$ku$^{42}_{33}$ku$^{42}_{21}$

轧辣轧辣 gaʔ$^{12}_{2}$laʔ$^{12}_{5}$gaʔ$^{12}_{3}$laʔ$^{12}_{21}$

叮叮打 tiŋ$^{42}_{55}$tiŋ$^{42}_{33}$taŋ$^{42}_{21}$

的铃铃 tiɪʔ$^{5}_{3}$ liŋ$^{23}_{55}$liŋ$^{23}_{21}$

乒令乒冷 pʰiŋ$^{42}_{55}$liŋ$^{23}_{33}$pʰaŋ$^{42}_{33}$laŋ$^{23}_{21}$

别历白辣 biɪʔ$^{12}_{2}$liɪʔ$^{12}_{5}$baʔ$^{12}_{3}$laʔ$^{12}_{21}$

扑龙通 $p^{h}o?^{5}_{3}\ lo\eta^{23}_{33}t^{h}o\eta^{42}$

踢力托 $t^{h}i\imath?^{5}_{3}\ li\imath?^{12}_{4}\ t^{h}o?^{5}$

其中记叙了拟声词单双音节的重叠式、前后字的重叠式以及和l音节的衍生式，声调则有高低调和本调、变调等。所记拟声词虽未区分条理，但和绍兴方言情况相近，显然和二者同属吴方言有关。

其他方言中的拟声词也缺乏系统的整理。闽方言仅有若干描写。如海丰汕尾方言的ALBL式：

□□□□ $pi\eta^{55}li\eta^{55}pa\eta^{55}la\eta^{55}$（瓷器碰撞、打碎）

$pi\eta^{21}li\eta^{21}pa\eta^{21}la\eta^{21}$（大型木器碰撞）

□□□□ $k^{h}ik^{42}lik^{42}k^{h}uak^{42}luak^{42}$（短促而声音稍高者）

$k^{h}ik^{2}lik^{2}k^{h}uak^{2}luak^{2}$（短促而声音较低者）

海丰方言和绍兴方言一样也有高低调，即以高音域的声调（55和42）表示稍高的声音，以低音域的声调（21和2）表示较低的声音。海丰方言有八个本调（阴平33、阳平55、阴上51、阳上24、阴去213、阳去21、阴入2、阳入42），变调情况也很复杂，总的来说声调的繁复程度和绍兴方言相近。不过拟声词的音高和声母并没有确定的关系，因为方言中的古浊声母已经清化，拟声词和古清浊声母已经失去联系，只和模拟声音的高低有关。

潮阳方言还有单音节拟声词的重叠式，和“叫”连用。如：

□□叫 $m\tilde{e}?^{5}m\tilde{e}?^{5}kio^{31}$（羊叫）

□□叫 $ka^{11}ka^{11}kio^{31}$（下雨）

□□叫 $ip^{1}ip^{1}kio^{31}$（形容伤口隐隐作痛）

此外，还有人提到过北京方言的拟声词。如：

□ xua^{55}（水流动）

□□ $pa^{55}la^{55}$（打算盘）

□□ $p^{h}i^{55}p^{h}a^{55}$（打枪，放爆竹，打算盘）

□□□□ $p^{h}i^{55}li^{55}p^{h}a^{55}la^{55}$（同上）

□□□□ $t^{h}i^{55}li^{55}t^{h}u^{55}lu^{55}$（吸食面条）

□□□□ $ti\eta^{55}li\eta^{55}ta\eta^{55}la\eta^{55}$（撞击金属片）

□□□□ $t\,ɕ^{h}iŋ^{55}liŋ^{55}k^{h}uaŋ^{55}laŋ^{55}$（同上）

北京方言的拟声词只有高调，没有低调。这和前述方言中拟声词兼有高低调的情况不同，也许是因为北京方言本调就比较少的缘故。

目前还未能确切了解汉语方言拟声词的共同规律。但从已有的材料中可见，拟声词都有自己的高低调或高调，构成不同于本调和变调的另一种声调类型，又都能利用舒入声和鼻尾韵等表示清脆的声音或回声等现象。只是某些方言的古浊声母已经清化，高低调和清浊声母之间并无联系。不过，既然它们有共同而特殊的声调类型，又有共同的形成机理，仍然值得进一步深入研究。

参考文献

范　寅《越谚》，谷应山房刊本，1882；上海文艺出版社，1986。
胡明扬（1992）《海盐方言志》，浙江人民出版社，杭州。
李小凡（2006）重叠构词法：语序规则、音韵规则、响度规则——以苏州话为例，《语言学论丛》第34辑，商务印书馆，北京，266—281页。
钱乃荣、许宝华、汤珍珠（2007）《上海话大词典》，上海辞书出版社，上海。
王福堂（1959）绍兴话记音，《语言学论丛》第3辑，上海教育出版社，上海，73—126页。
王洪君（2008）《汉语非线性音系学》（增订版），北京大学出版社，北京。
吴子慧（2007）《吴越文化视野中的绍兴方言研究》，浙江大学出版社，杭州。
许宝华、汤珍珠（1988）《上海市区方言志》，上海教育出版社，上海。
杨必胜、陈建民（1981）海丰话语句中的声调问题，《语言学论丛》第7辑，商务印书馆，北京，133—168页。
张盛裕（1979）潮阳方言的重叠式，《中国语文》第2期，北京，106—114页。
朱德熙（1982）潮阳话和北京话重叠式象声词的构造，《方言》第3期，北京，174—180页。

（100871　北京，北京大学　中文系/中国语言学研究中心）

论汉语语篇的基本单位和流水句的成因 *

王洪君　李榕

提要　1. 确定汉语语篇基本单位的必要性。2. 已有的各家观点。3. 本文对语篇单位的定义：语篇中承载了说话交际时间和说话人交际意图 / 角色 / 语气 / 情态等语用范畴的小单位，并分别用"逗"和"句断"来命名汉语语篇的两级小单位。4. 逗、句断的韵律边界分别是：末位韵母的平拖型延宕 *vs.* 末位韵母敛落型缩短加无声停顿段。5. 逗、句断在书面标点上的表现是：逗号类都对应逗，而句号类分为准句号、真句号两类。准句号跟逗号类一样是逗的体现，其句号则是句断的体现，两者的韵律边界不同，与话题转换的关系也不同。6. 逗、句断在语法构成上的特点是，逗的语法构成是短语，句断的语法构成却相当于英语的句群。汉英韩的对比说明，汉语流水句的成因，一是汉语没有仅由主谓结构占用的小句这一级语法单位，二是对各类短语的直接成分没有语法类的限制。

关键词　汉语语篇基本单位　韵律边界　真句号　准句号　流水句

一　确定汉语语篇基本单位的必要性

语篇的结构有两类，一类是宏观的结构，另一类是微观的结构。

语篇的宏观结构，指的是与一个完整语篇所表达的主旨相关联的直接组成部分及其彼此关系。这方面的研究目前还比较薄弱，一般是借用文章学（包括现代的和中国古典的）术语进行分析，大体停留在文章的起承转合结构上。本文的讨论不涉及语篇宏观结构。

语篇的微观结构，指的是由大小不同的层级性的语篇单位构成的成分结构体系。比如，一般认为，英语语篇可分为"小句（clause）—句子（sentence）—句群（sentence group）—语篇（text）"。

---

*　本文为教育部《现代汉语语篇的结构和范畴研究》（2009JJD740001）项目的研究成果。初稿曾于 2013 年 3 月在香港中文大学举办的"汉语韵律语法研讨会"上报告过。感谢与会同行提出的问题和《语言学论丛》匿名审稿专家提出的修改意见。文中仍存问题由笔者负责。

本文所讨论的汉语语篇的基本单位，属于语篇微观结构最底层的小组块，它到底是个什么样子，对于语篇分析非常重要。比如说，如何定义该单元在语篇中的分界，会直接影响到前指强度或话题链长短的数据，而这些数据又是确定语篇中心人物、分析前景背景及其前景事件进展线索的重要基础。

汉语语篇的最小单位和次小单位，有许多不同于英语小句和句子的特点，这使得汉语语篇这两级单位的定义和命名，以及何者更为基本，都成为需要讨论的问题。比如：

（1）那辆车 $_i$ 价钱太贵，$Ø_i$ 颜色也不好，我 $_j$ 不喜欢 $Ø_i$，$Ø_j$ 也不想买 $Ø_i$。

That car is too expensive. The color is not good either. I_i don't like it and $Ø_i$ don't want to buy it.（转引自 Li & W. 2004）

从书面标点来看，例（1）的汉文是一个由四个逗号句构成的一个句号句。句中共有四个零形前指（Ø），其中三个指向第一逗号段段首的“车”（$Ø_i$），一个指向第三逗号段段首的“我”（j）。而相应的英文却是由三个句号句组成的一个句群，其中前两个句号段均由一个主语和一个含有定式动词的谓语构成，末一个句号段则由一个主语和由并列连词 and 连接的两个含有定式动词的双谓语构成。句群中只有一个零形前指，出现于 and 之后，用零形指代表示并列后项谓语的主语与前项谓语的主语同指。总之，英文用由定式动词标示出的主谓结构小单元和明确的零形指代规则展示出，该语段是由四个主谓结构组成的三个句子构成的一个句群。

英语者大多感到奇怪：汉语怎么可以把这么多的信息放到一个句号段中？或者，像例（1）这样的句号段，看去与英语的 sentence 如此地不同，是否还适合于用“句子（sentence）”这个术语？而对于汉语母语者来说，“一逗到底”十分常见，逗号与句号的使用常常因人而异，但彼此交流却又完全不是问题，这是怎么回事？

所有这些都说明，汉语语篇的最小、次小单位的定义和特点，以及两级单位中哪一个更加基本，都需要专门的讨论。

二 汉语语篇基本单位已有研究回顾

国内外对汉语语篇基本单位的讨论已有不少，但意见较为分歧。而学界对于英语语篇的基本单位却已基本达到共识，可用作参考。因此下面我们先看英语，再及汉语。

2.1 英语语篇的基本单位

英语语篇的基本单位是“语篇小句”。英语“小句”的定义主要有两种，都有明确的形式标准。一种定义是“由一个定式动词（包括功能相当于一个定式动词的并列的多个定式动词）参与构成的主谓结构”，而另一种的形式定义是“由一个动词（包括功能相当于一个动词的并列的多个动词）参与构成的结构”。两者的区别主要在于动词是否加“定式”的限制。

如果按照第一种定义，加上了“定式”限制的小句（即加上了体现为英语动词过去时现在时变化的时范畴、体现为不同情态助词的情态范畴），具备了以语篇成篇时说话人定位的交际语境和交际意图等语用层面的动态要素，因此可以单独构成句子甚至语篇，也称“基础的动态语法单位”，或“基础的使用性语法单位”①。语篇研究中所用的“小句”这个术语，均特指带定式动词的小句，也可特称“语篇小句”。

如果按照第二种定义，不加“定式”的限制，则不定式小句也包括在其中。不定式小句在语篇中是降一级的单位（Halliday 1985），在句子中大多做定语、状语、主语、宾语等不与言语交际的具体时空或说话人立场、意图直接相关的成分，在语篇中的作用相当于短语。第二种定义的“小句”是体现动词与论元之句法语义关系的基本单位，可特称“语法小句”。

本文中所说的小句，如不加特别说明，均指语篇小句。

2.2 汉语语篇的基本单位

虽然少有论著明确地提出“汉语语篇的基本单位”这个术语，但与之相关的研究却不少。下面仅简单评介5种观点，虽然他们所讨论的并不全是语篇的基本单位，但所论都对该问题的研究有较大的影响。

2.2.1 零句本位说

该说由Chao（赵元任1968/1979/1981）提出。“零句”是吕先生的中译。赵的原文是mimor sentense，译为“零”，取其“畸零、零碎”的义项。赵认为句子是两头被停顿限定的一截话语。句子分为整句和零句，整句有主语、谓语两部分（或称话题、说明），而零句只有主语或只有谓语。赵先生还指出，汉语中一个整句是由两个零句组成的复杂句，汉语日常话语中零句是根本，是常规形式。

需要特别说明的是，赵先生并没有“所有整句都是由两个零句组成的复杂句”的意思。如果主语的后面（同时也是谓语的前面）没有停顿，就不把这些主和谓分别分析为零句，就把整个主谓结构只分析为一个简单整句而不是一个复杂句。[②] 比如：

（2a）饭啊，还没得呐！

（2b）饭还没得呐，等等再走。

例（2a）的主语“饭啊”和谓语“还没得呐”之间有较大停顿（还有语气词“啊”），则主谓分别是零句，整体是复杂句。而例（2b）的画线部分虽然也是主谓结构，但主谓之间没有停顿，则主和谓均不是零句，两者只构成一个简单整句。

Chao（赵1968）十分重要。它首次提出的“日常话语的根本”概念，其实是点明了零句是言语的、进入交际的、语用层面的单位而非语法层面的单位。本文所论的“语篇基本单位”正是遵循了这一思路。该说还关联到其他不少重要问题（可参考沈家煊2012），本文将在第五节专门讨论。

另外，吸取半个世纪来语言学的新进展，我们认为Chao（赵

1968）的以上观点有两点或可再进一步。首先是命名。既然说主谓不全的语段（限两端有停顿的）是汉语日常话语的根本，其命名似乎就应避免以主谓俱全的、非常规的“句”作为中心语。“零句”的命名恐怕是出于语言共性的考虑，如果仅从汉语自身特点来看，实在是应该有个自具足的命名才更加合理。而如果从语言共性考虑，我们认为，现代语言学中的“小句（clause）”要比“句（sentense）”更加适合作为语篇分析的最小单位。其次是关于零句的韵律形式。“两头被停顿限定”是个基于主观听感的粗略说法，近年来的实验语音研究已经提供了其中更多的细节，本文的第四节将在这些新研究的基础上更准确地定义汉语语篇最小、次小两级单位所对应的两类韵律形式（两类停延）。

2.2.2　词组本位说

该说的代表学者是朱德熙先生（可参看朱 1985）。其主要论点是：主谓结构在汉语中并不是高于词组的句子结构。也即汉语中主谓、偏正、述宾、述补、并列等各种短语都可以彼此嵌套形成更大的结构，也都可以加上句调而成为句子。因此，词组/短语就是汉语语法的最大单位，是否成句则是语言使用层面上的问题。可以看出，朱的词组本位，说的是语法层面上最大单位的问题，而非语篇层面上的最小单位问题。该说的突出价值是强调了从语法层面看汉语的句子没有专用的结构（主谓结构）的限制。

2.2.3　小句本位说

该说的代表学者是邢福义（1996）。他强调短语与小句的性质完全不同，对小句的定义是“最小的具有表述性和独立性的语法单位”。并解释说，“有表述性”是指“能够表明说话的一个意旨，体现一个特定的意图，每个小句都带有特定的语气”。“有独立性”是指小句不被包含在另一个小句之中。该说的突出优点是，定义中的定语部分和其后的解释，其实是明确地把该说的“小句”定义为了语用层面的单位。他还明确指出过，句调其实是一个语段成为语用层面单位的标记。可惜他对小句定义中的中心语却用了“语法单位”

一词，这就与定义中的定语和其他解释发生了矛盾。

陆镜光（2006）敏锐地发现了上述矛盾。他主张小句是语法单位，一个小句是一个主谓结构，允许省略其中的主语或谓语。他还主张一个主谓结构对应于一个事件，可以以动词为中心联系论元讨论事件；而小句之上才可以讨论事件之间的语用关系，所以小句上面的单位才是语用单位。他还指出，小句可以单独成句，也可以彼此组合而成句群。陆说的突出优点是严格区分了语法单位和语用单位，并明确了“语法小句”只根据动词及其论元关系来确定，也即不定式小句将被包括在其中。但他认为小句不是语用单位的论点我们却不能同意。如前所述，我们认为，英语中增加了定式动词限制的语篇小句就是语用层面的单位。下一节我们还将更详细地阐述我们对于什么是语用层面单位的看法。另外，我们还认为，汉语语篇的最小单位，即使去除与语用语境相关的专用成分，其语法构成也不是主谓结构专用的小句，对此我们将在第六节中专门讨论。

2.2.4 标点句说

该说由宋柔（1992）等提出。宋（2008）更是从计算机处理汉语书面文本的角度明确提出，语言学界语篇分析常用的小句、复句、句群等术语难以给出一致公认的、可操作的定义，而书面文本中单位分界的主要形式标记是标点，所以为了便于操作，把“标点句”作为词和词组以上的语篇单位。其实，语言学界研究语篇的许多论文也是同样处理的，比如陈平（1987）对语篇分析中小句的定义是：“本文一般以标点符号为标记，把用逗号、句号、问号等断开的语段算作小句。”第五节中我们将会论证，汉语书面文本中标点的这些分界，其实与口语中的停延大致对应，的确可作为汉语语篇最小单位的书面标记。

2.2.5 小结

以上各家观点看似对立，其实不乏共同之处。比如零句本位说和邢的小句本位说是从语用层次上说的，词组本位说和陆的小句本位说是从语法层面上说的，标点句是从书面文本的形式标记上说的。除陆之外，以上各家其实都强调了汉语的句没有语法上的限制，不要求一定是主谓结构。下面我们的立论对以上各说都有所吸收，特别是 Chao（赵 1968）。

三 语篇最小单位根本属性的定义

3.1 定义

我们把对汉语语篇最小单位的定义分为根本属性的、形式表现的两个方面。

我们认为，从根本属性上看，语篇最小单位是语用层面的最小单位，也即是进入具体言语交际（包括书面形式）的、承载了以具体交际的说话人定位的时间、说话人交际角色 / 立场 / 意图 / 语气 / 口气等语用范畴的最小单位。

3.2 跨层面单位

我们同意语法单位、语用单位有性质的不同，属于不同的层面。但我们又认为，不同层面的单位并非截然判分而是彼此有关联的。比如高一层面最小单位的形式方面一定要由低层面单位的组合来体现。也即高一层面上的最小线性单位，其形式上的构型一定大于低层面的最小线性单位，但可以与低层面上的较大单位大致重合，从而形成与两层面都有关联的接口单位。这些有跨层面关联的接口单位，一定是语言系统中重要的枢纽性单位。

比如，语法层面单位的性质是音义结合体，音系层面的小单位则本身没有意义，两者的性质完全不同。但高一层面的语法层面上的最小和次小线性单位（语素和词），其形式构型一定大于音系层面的最小线性单位（音段），但语素音形和词音形一定由音系小单位的组合而构成，从而通常会与音系层面较大的单位形成常规关联：汉语的语素音形与音系层的音节大致重合，英语的词音形与音系层的韵律词大致重合。这些有跨层面关联的单位——汉语的音节-语素、英语的韵律词-语法词，正是各自语言系统中音系、语法两层面上都特别重要的枢纽性单位。

我们认为，语法单位与语用单位的关系也与之有平行性：（1）语篇最小单位属于语用层面的最小单位，所以必定是语用范畴的承载体，这是与语法层面单位所不同的本质属性。（2）语篇单位必定会在其层面之下的语法层面或更下面的音系层面、书写层面上有形式的体现，从而语篇单位的形式方面会与这些低层面上的某级单位大致交汇。（3）也即，语法单位或音系单位、书写单位的性质不同于语用单位，但它们作为语用单位的形式方面或再低一层的语法单位的形式方面，可与语用单位形成跨层面的接口单位，这些跨层面的接口单位正是一个语言枢纽性的单位。

王洪君（2010[③]，2011）提出，现代汉语没有形态，无法从语法上定义“定式动词”，因此只能从更加基本的“与以语篇话主定位的交际角色或话主的立场/意图/语气”等语用范畴出发，观察承负有这些语用范畴的语篇单位在更低层面上的形式体现，如韵律上的体现、文字文本上的体现、语法虚词或语法结构上的体现，等等，找出其中的跨层面的关联规律，要特别注意是否有跨层面的单位交汇点。然后以这些跨层面规则性关联的形式方面，也即韵律、书写符号或语法标记，作为定义现代汉语语篇基本单位的形式标准。

王洪君（2000，2011）还特别强调，具有跨层面关联的语篇单位，特别是那些与低层面单位形成交汇关联的语篇单位，由于形式上的边界明确，具有封闭性，所以会形成母语者心理上的自然单位。比如，语篇单位如果同时与韵律上语调单元（IU, intonation unit），或书面上的逗号、句号，或语法上的主谓结构等重合，就更有可能与母语者心理上的单位对应。同时，这些低层面的形式特征，对于计算机自动切分来说，也是方便操作的依据。

3.3 命名

赵元任（1975/1999）曾经指出：“研究现代语言学的学者都同意，对于所研究的对象语言，不应该刻意去寻找我们从前就碰巧会说的那种语言中十分熟悉的东西，而应该努力确定我们实际上碰到了什么，并给它们以适当的名称。”前面我们也已经提到，赵、朱等先生早已指出，汉语日常口语常规的最小单位在句子结构方面与英语小句的巨大差异。因此，为了研究的方便，下面我们先用汉语传统所用的“逗（原用‘读’字）”和“句断”来称说汉语语篇的最小和次小两级单位，在搞清汉语这两级单位在韵律、书面、语法三层次上的反映形式并与英语简单比较之后，再最终确定它们的命名。

四 逗、句断两级语篇单位的韵律边界

4.1 汉语较大的韵律单位边界有两种不同的表现

近20年来，由于社会上对文字文本自动转换为语音的实际需求，关于普通话有声语篇中韵律单元的层级及韵律表现的声学和感知的研究有了长足的进展（曹剑芬1995；王蓓、杨玉芳、吕士楠2001；王蓓2002；郑秋豫2005）。

王蓓（2002）指出：“韵律边界等级是三种声学线索综合作用的结果，即边界前音节的时长、音高变化（音高不连续和音高重置）和无声段。线索越多，韵律边界等级越高。边界前音节的延长和音高的不连续是弱韵律边界的声学线索，而音高重置和无声段是强韵律边界的声学线索。”

这里的“音高重置”是指各级韵律单元（韵律词、韵律短语、语调短语等）的内部都有声调低音线音高的逐渐下降；同时下一个韵律单元的开始处，声调低音线的音高又会在比前一个韵律单元的

末尾处提高（只用低音线可排除与节奏边界无关的、强调重音的影响）。如图 1 所示：

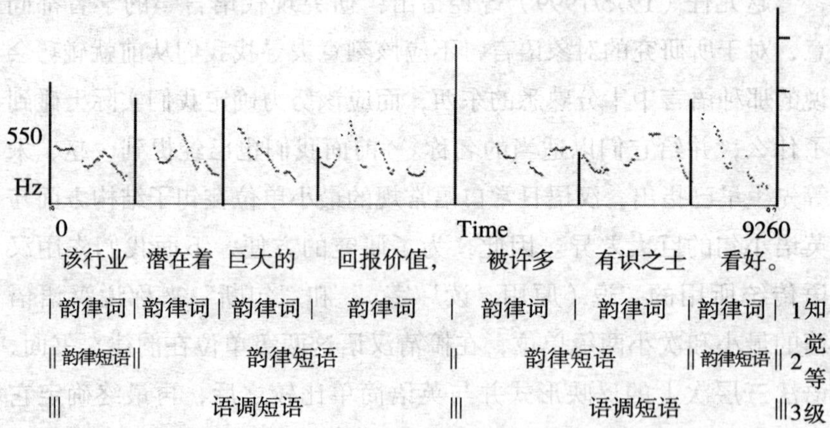

图 1　音高重置示意图（王蓓 2002）

还要特别注意的是，王（2002）上面的话还说明，除音高重置之外，感知上的韵律边界有两种对应物——“（韵律单元末尾）音节的延长”和“无声段（物理上真正的停顿）”。而这两类韵律特征可标记出韵律单元的大小——“韵母延长”与较小、较弱的韵律单元对应，而“无声段”与较大的韵律单元对应。从图 1 可以大致看出，虽然作者把该复句的两个小句都处理为语调短语，但前一个语调短语的末尾是平拖延宕，后一个是急降后加较长的无声段。

“音高重置”在郑（2005）经大量统计和归一化处理后的图 2 中表示得更加清晰：

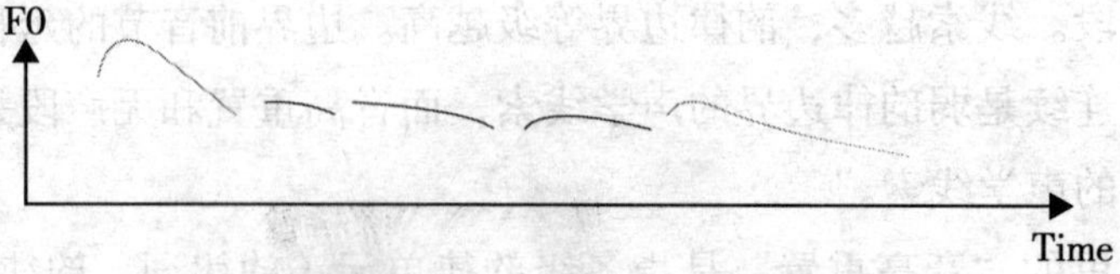

图 2　音高重置示意图（郑秋豫 2005）

郑秋豫（2005）根据台湾语音数据库语料的统计得到的图 3 和

图 4，直接显示出汉语语篇的较小韵律单元和较大韵律单元分别对应于“末尾韵母延宕”（图 3）和“末尾韵母缩短 + 无声段”（图 4）。

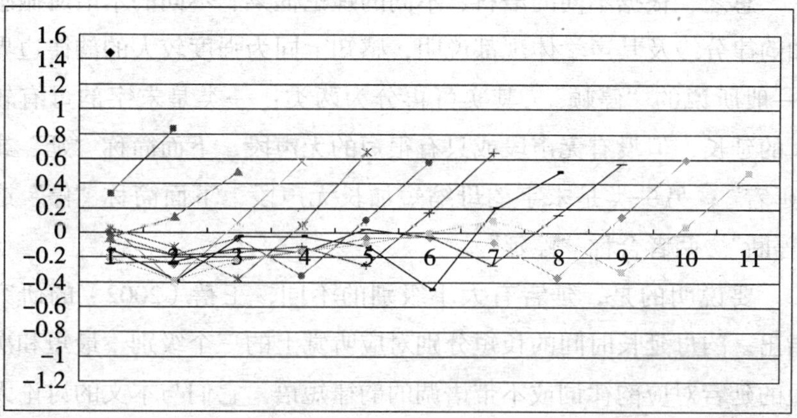

图 3　韵律短语（PPh）模块之音节时长规整系数（郑 2005）

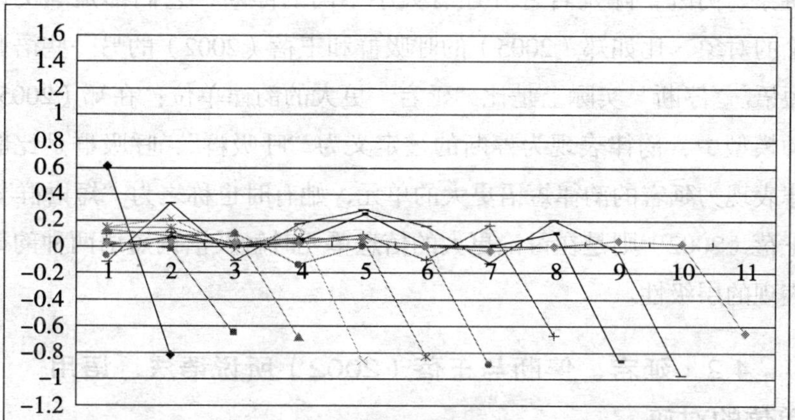

图 4　呼吸群（BG）模块的末尾短语之音节时长规整系数（郑 2005）

图 3、图 4 的纵轴均为各个音节归一化后的时长比例。图 3 是听觉感知到的较小的语篇韵律单元（郑称为“韵律短语”），该图显示，无论该级单元的音节数目是多还是少，末音节的时长均长于单元内的其他音节（表现为末音节总是在纵轴的最高点上）；图 4 是听觉感知到的较大的语篇韵律单元（郑称为“呼吸群”），其末音节

的时长均短于单元内的其他音节（表现为末音节总是小纵轴的最低点上）。

总之，根据不同的语料、不同的理论框架、不同的术语所做感知韵律分级及其声学体现都说明，感知上同为强度较大的韵律边界（一般所说的“停顿”）其实可再分为两类：一类是末字韵母有较大的延长，但没有无声段或只有很短的无声段，下面简称“延”或“延宕”；另一类是末字韵母缩短加长无声段，下面简称“停”或“停断”。两者合称“停延”。

要说明的是，延宕有大小级别的不同，王蓓（2002）的研究指出，韵母延长时间的长短分别对应听觉上的三个级别，最短和次短的延宕对应韵律词或不带语调的韵律短语，它们与本文的讨论无关；而最长的第三级延宕往往对应于某些语调短语，是本文讨论的对象。另外，除延宕之外还有大小不同的停断，它们都是本文讨论的对象，比如郑（2005）的呼吸群和王蓓（2002）的另一些语调短语。“停断”实际上是比“延宕”更大的韵律单位：在郑（2005）的模型中，韵律表现为停断的被定义为“呼吸群”，呼吸群是比韵律表现为延宕的韵律短语更大的单元，她有时也称之为“短语群”；王蓓（2002）则是在讨论更大的信息单元时触及语调短语两种韵律表现的层级性。

4.2 延宕、停断与王蓓（2002）所说语法、语用单位的对应

先看与语法单位的对应。她所说的语法单位指她所说的“小句”以下的单位。她给出的语法单位与停延的关联数据如下：

表1 语法成分对应的知觉等级次数

知觉等级	语法词	语法短语	小句
1 韵律词	1225	—	—
2 韵律短语	239	415	—
3 语调短语	113	103	344

王指出，韵律（知觉的）单位等级与语法单位等级有同级占优的对应关系，体现为对角线上的数据是同行中最高的；但对应又不是绝对的，体现在：较小的语法单元可以与较大的韵律单元对应。比如，语篇中的单个词或一个短语也可以对应一个语调短语。但表中的“小句”只对应最大级别的停延（语调短语）。后面我们将说明，表中的“小句”指对应于汉语语篇中逗号的单位。

再看与语篇单位（王称之为“信息单元”）的对应。下面是王（2002）的相关数据：

表 2　五种大尺度信息单元边界前音节（ms）

	平均值	次数	标准差
小句	238	386	70.54
单句	215	43	50.51
复句	203	114	71.53
段落	190	38	66.41
节	183	11	56.48

表 3　五种信息单元边界处无声段的长度（ms）

	次数	平均值	标准差
小句	378	413	251.78
单句	41	965	393.40
复句	115	1169	377.83
段落	38	2000	406.97
节	11	2396	435.65

作者指出，前一个表的等级方差分析（Kruskal and Wallis 方差分析）结果是，五种大尺度的信息单元间边界前音节的时长差异显著，$H=49.53^{***}$, $P<0.001$。通过多重比较，小句与单句相比，边界前音节时长差异显著；而单句、复句、段落和节之间，边界前音节时长差异不显著。也即小句的边界是边界前音节的时长最长（属延宕型），其他更大的信息单元间边界前音节的时长较短且长度没有显著差异（均属缩短型）。

后一表的等级方差分析（Kruskal and Wallis）结果是，五种信息单元边界处无声段的长度间差异显著，$H=349.56^{***}$，边界等级越高，无声段越长。

需要说明的是，表中的术语“小句”、“单句”、“复句”是在房玉清（1992）的基础上修改确定的，与房所说的“半停顿”和“全停顿”有关，而“半停顿”是指“最后一个音节带拖腔，或带‘啊、呢、吧’等表示停顿的语气助词，书面上用逗号、顿号来表示”。“全停顿”是指“较长的静默，或者最后几个音节加快速度，书面上往往用句号、分号、问号和叹号来表示”。可以看出，定义中前者的韵律表现相当于本文的“延宕”，后者韵律表现相当于本文的“停断”。但王（2002）的上述研究却说明，这两种韵律边界与标点的对应并不那么简单。

总之，王蓓所说的、知觉上同为最高级（三级）停延的韵律边界又可分为“延宕”和“停断”两种类型，它们具有区分语篇不同层级单位的作用——语篇最小单位（“逗”，或称“语篇小句”）右边界的韵律特征是“延宕”，而次小（“句断”）及其更大单位右边界的韵律特征是“停断”。但两者与标点上的逗号、句号或“小句”以上语用单位的关系比较复杂，这些问题我们将在下节详细讨论。

4.3　延宕与基于语用范畴的语篇单位的关系

不少学者认为，汉语口语中同样的一段意思，停延的位置和大小往往各人各样，书面上的逗号、句号的使用也是如此；因此停延和标点，都不宜作为判断语篇单位分界的形式标准。我们的意见却不同。

汉文文本的逗号基本上都体现为口语中的“延”，下面一并讨论。

我们认为，如果仅从语法、语义着眼，是否放置延宕或逗号确实好像没有别义的作用；但对于基于语用范畴表达的语篇单位层级来说，却是有明显区别的。比如：

（3a）张三战战兢兢 de 敲了敲那扇木门。

（3b）张三，战战兢兢 de，敲了敲那扇木门。

（3a）在书面上没有逗号只有一个句号，韵律上是仅在末尾处出现一个停断型边界，共一个语调短语；（3b）则是书面上有两个逗号一个句号，韵律上是中间有两个延宕型边界，末尾有一个停断型边界，共三个语调短语。逗号的数量与延宕型边界的数量是一致的。

两例的语法语义的确差别不大，但从语用角度看，话主想要向受话传达的语用信息是不一样的：（3a）话主想告诉受话的是一个"话题-说明"，"战战兢兢"只是作为张三敲门时的伴随状态，而（3b）话主想告诉受话的却是关于话题"张三"的两个说明：一个是张三处于"战战兢兢"的状态，另一个是张三敲了门。也即张三在敲门前就处于"战战兢兢 de"的状态了，敲门时仍保持着。话主用增加平拖型延宕语调或逗号的分段来表达上述区别，而受话也根据平拖型延宕语调和逗号的分界来获取话主想要表达的上述区别。

4.4 停断与基于语用范畴的语篇单位的关系

平拖型语调只用在话主认为对一个话题的多个说明还没有结束的位置上，如果所有的说明都已经给出，就要用停断型语调了。比如上面（3a）（3b）两例的末尾用的都是停断型语调，而（3b）中间的两个边界都是平拖延宕型的。

韵律上的停断型语调与书面上的标点的对应却比较复杂，我们将在下节专门讨论。

4.5 两类停延对应于汉语语气语调的下级分类

沈炯（1994）指出，汉语四种语气所关联的语调表现为句子的调尾部分的语调走向，而其走向可以分析为两对韵律特征。比如陈述语气的语调表现为：①调尾开始处有高音线骤降，②调尾开始至句末的整个段落的低音线逐渐下降。与陈述语气相对立，疑问语气则表现为：③调尾开始处的高音线只有不明显的渐降，④调尾开始至句末的整个段落的低音线逐渐上敛。比如在单说的"赵发庆半夜去了教育部"之中，①③的语气对比体现在"去"字上：陈述语气的“去”的51调的5会较前一韵律单元中“半”或“夜”的5突然降低许多，而疑问语气的“去”的高音点5较前一韵律单元的5只有很小的下降；②④的语气对比集中体现在句末的“部”字上：陈述语气时句末“部”字声调的5和1之间的音高差距大，1的下降很充分；而疑问语气时句末“部”字的声调却好像压扁了似的，1的音高上敛因而与5的距离变近。

本文讨论的**“延宕”与“停断”的区别，并不改变陈述/疑问等主要语气的对立，而只是在每个主要语气之下又分出结句和不结句两项下位对立**。比如上面所举的陈述或疑问的“赵发庆半夜去了教育部”，都可以有单说和不单说两种情况。在非单说的陈述中，比如“赵发庆半夜去了教育部，才把问题解决了”，逗号前的“部”比起单独结句时的“部”，韵母有明显延长，下降的坡度有明显降缓。而疑问语气则如果是自问自答型的非单说疑问中，句末延宕也会长一些。比如“赵发庆半夜去了教育部？他这个人，不太可能呀！”前一半虽然也用问号，但这种自问的疑问强度较弱，“部”字低音线的上敛明显不如典型的疑问，韵母也明显地长一些。

总之，延宕型韵律边界和书面上的逗号，都是汉语语篇的最小单位“逗”的韵律标记，放置或不放置较大的延宕型韵律边界，对于语篇话主意图的表达是有区别的。而“停断”或书面上的逗号、句号、问号、感叹号，则与语篇单位的关系更加复杂一些，我们将在下节专门讨论。

五　逗、句断两级语篇单位的标点形式

如前所述，房（1992）认为，“半停顿”是指“最后一个音节带拖腔，或带‘啊、呢、吧’等表示停顿的语气助词，书面上用逗号、顿号来表示”，而“全停顿”是指“较长的静默，或者最后几个音节加快速度，书面上往往用句号、分号、问号和叹号来表示”。

书面上的逗号、顿号确实与房（1992）提出的“半停顿”相对

应，其声学相关物的具体表现“延宕”以及在语用范畴表达方面的作用，上节已经做了充分的讨论，本节不再赘述。

问题在“全停顿”。韵律上的“全停顿”，也即本文说的“停断”，上节也已做过详细介绍，但它与标点符号、语气及语篇单位的关系却复杂得多，所以房的说明中对全停顿与句号等的关系加了“往往”的限制。上节已简单提及，书面上的句号、问号在具体上下文中会有单说、非单说两种情况，两种情况中的非单说那类不对应于全停顿。

5.1 汉语句号与语篇单位的复杂对应

如上节所论，话主放置或不放置书面上的逗号，是有语用表达上和韵律上的区别的。那么，更大的单位层级上，放置句号还是放置逗号，是否也有语用表达和韵律上的不同呢？我们初步考察的结果是，在有的位置上，用逗号还是用句号确实有语用表达和韵律上的不同；但在另一些位置上，用逗号还是用句号只是作者习惯的不同。也即，即使在语用、韵律都相同的情况下，母语者也会出现逗号、句号使用分歧的情况。究其原因，这一是由于汉语逗、句两级单位的组合模式有不同于英语的特点，二是由于汉语句号的用法标准有不明确之处。两个原因中的第一个是主要的。

先介绍有关汉语者“滥用”中文逗号的两项调查。

5.1.1 英文逗号句号的确定性与中文逗号句号的两可性

曹逢甫（2003）请台湾师范大学英文高级写作班18名学生（母语均为汉语）为一些英文短文和中文短文加上标点[④]。比如：

（4）曾经是历史最光辉的拳王阿里，近年来胜利以后，总是说要退休，但总未退休，结果败在初出道的史宾斯科手下，本来可以光荣退休，却想不到落下这一个下场。

（5）It seldom rains. The geography books credit this portion of Utah nine to ten inches of precipitation. Actual rainfall and snowfall vary widely from year to year. There are a few perennial springs hidden in secret places knows only to the deer and coyotes, to myself and a few friends, but the water does not flow far before vanishings into the air and under the ground. Even the rain when it comes does not always fall to the ground, but can be seen evaporating halfway down-curtain of blur rain dangling out or reach torture by tantalizing.

这两段的调查结果见下表：

表 4　中英文语篇加标点的实验数据（曹逢甫 2003）

	中文	英文
原文的句子数	1	5
学生确定句子数的平均值	2.53	4.94
学生确定的最少-最多句子数	1—4	3—6
与原文标点相同的学生数	1	6

尽管 18 个被测者的母语都是汉语，但是他们所标的标点与原作者的差异十分明显，彼此之间的差异也相当明显。尽管他们对英语的掌握不如英语母语者，但是他们对英文的标点却与原作者的差异很小。曹逢甫（1979/1995）曾指出，这是因为，在像英语这样的句子取向的语言中，句子是结构完整（主谓结构）的句法单位，主语，宾语的语法关系有明确的标记，句边界很清楚；而在像汉语这样以语段为取向的语言中，句子无法从句法上界定，句边界模糊。

5.1.2　真句号与准句号

其实，汉语者也并非在语篇中间的任何位置都可以用逗号。杜艳冰（2006）对 50 个母语者的问卷调查表明，汉语书面文本的句号、问号、感叹号可以分为两类，她称之为“真句号”和“准句号”。真句号的位置上，50 个被调查人几乎一致地标注为句号、问号、感叹号；而准句号的位置上，30% 至 90% 的被调查人标注为逗号。比如：

（6）雪莱对大海情有独钟，却不会游泳。有一次，他和友人在意大利中部的亚诺里河沐浴，不小心滑进了深水里，像一条鳗鱼似的沉了下去[a。]但他却并不紧张，仿佛压根儿就不打算再从水里浮出来。

（7）他憧憬和呼唤着一个爱与美的未来世界[b。]他渴望并且礼赞那博爱众生的心灵与热诚[c。]或者说，他本身就是一个爱与美的精灵。

（8）他说："你可以去钓鱼。"钓鱼[d?]对我来说，那只是徒劳地举着一根拴着长线的棍子而已。

（9）白天过了就是黑夜，人生之后就是死亡，你怎能忘了生命与白天同样短促[e?]你怎能忘了死亡与黑夜终于会来临？

（10）我好悔[f!]对音乐爱好来得太迟[g!]

上例中的标点均为所引原文的标点。未加方框的标点，表明50个被调查人的填写与原文一致。可以看出，这种情况也有相当的比例。带方框中的标点是原文的，但被调查人的标点有与之不一致的情况。具体来说，带方框各处50个被调查人所用的标点及人次比例为：

[a。]逗号 80%　[b。]逗号 96%　[c。]逗号 86%

[d?]逗号 48% 破折号 20% 不用标点 6%　[e?]逗号 62%

[f!]逗号 70% 破折号 16% 不用标点 2%　[g!]句号 78%

根据以上调查，杜（2006）指出的几点很值得注意：①真句号的位置上都是有小话题转换的地方，而准句号的位置上没有小话题的替换。②疑问语气在自问自答的设问（如[d?]）或对同一话题的并列疑问的前句（如[e?]）时，多可换用逗号。这两种情况也是没有小话题转换的，与陈述语气的准句号有平行性。而真正的向受话的询问且不是同一话题的并列疑问的前句，则所有人都标为问号，如（9）的结束之处。③感叹语气要表达的内容其实跟陈述相同，差别仅在语气的强烈程度。而抹去了标点，读者就失去了判断语气强烈程度的依据。调查结果表明，后面没有小话题转换的感叹号可替换为逗号（如[f!]），应归为"准句号"，后面有小话题转换的感叹号只可替换为句号（如[g!]），应归为"真句号"。

5.2 逗号、句号与语篇单位的关联

杜（2006）的研究十分重要，她论证了汉语文本上的句号、问号、感叹号实际上都可以分成两类，一类是大多数汉语者一致标为句号类标点的“真句号”，一类是汉语者多换用逗号类标点的“准句号”。更重要的是，她还指出了“真句号”与话题转换有很好的对应关系，“准句号”却没有。由于话题转换是判断语篇单位的语言学标准，所以这也就是说，与书面文本中句号、问号、感叹号不尽一致的**“真句号”，才是语篇中真正大于逗的上一级单位！**

正由于汉语书面上有相当比例的句号并不总是大于逗的语篇单位，所以句号对于汉语语篇分析的作用有限。这也可以说明为什么实际上汉语语篇的分析者往往以逗号单位为基础，再根据话题、指代等其他与语篇范畴相关的因素来确定逗之上的那级单位。

句号常常是可替换为逗号的准句号，对于逗号在语篇分析中的作用却没有大的影响；这是因为，所有层级单位体系在组合的线列中都有同样的特点——上级单位的边界必然与某个下级单位的某个边界重合。如果是做语篇的单位切分，则大单位的某个边界必定也是下级某个小单位的边界。比如，由单逗构成单个句断，则句断的左右两边界都与逗重合；由两个逗构成的复杂句断，复杂句断的左右边界分别跟前逗的左边界和后逗的右边界重合。宋柔等学者所依据的“标点句”包括由逗号、句号、问号、感叹号等多种标点分隔开的语段，就是这个道理。其实它们都相当于文字语篇最小的单元——逗。

也就是说，句边界的模棱两可，对汉语语篇分析中“句断”这级较大语篇单位的切分有重要影响，但对语篇最小单位“逗”的切分却影响不大。

5.3 逗号、句号与韵律停延的关联

上节中我们已经指出，书面上的逗号（还有顿号）几乎都与韵

律上较大的平拖型延宕对应，下面只讨论句号。

我们还没有看到专门针对这一问题的系统性研究，王蓓（2002）给出了小句、单句、复句所对应的末尾韵母长度和无声段长短的平均值，但她区分小句/单句/复句的依据只是书面标点，并非真正的语篇单位。郑秋豫（2005）两类韵律边界的依据则只是韵律，没有进一步考察是否与涉及语篇话题转换的真正的语篇单位有关。

我们的语感是：逗号和杜（2006）所定义的准句号与平拖型延宕的韵律边界相关联；而真句号则与韵母缩短加无声段的韵律边界相关联。也就是说，笔者个人的语感是汉语语篇的最小、次小两级单位逗和句断是分别与两类韵律停延对应的，而与书面标点的逗号或句号均并非完全一一对应。我们希望，语音语料库的资料能够进一步人工标注涉及话题转换的语篇单位（真句号单位），这样，我们“真句号对应于停断而准句号对应于延宕”的语感是否能够成立，就可以用语音语料库的统计分析来验证了。进一步地，韵律上的延宕和停断与真正的语篇单位（逗与句断）的对应也就会显示出来，这种对应应该不会像以标点为单位的统计（如上节中的表1—表3）那么复杂。

5.4 中文句号的边界应该如何确定

我们想，汉语者句号使用的不一致应该主要与汉语逗句两级单位的句法构成特点有关，我们将在下节集中讨论。这里想说的是还有个因素需要考虑，这就是对中文句号用法的说明是否合理，是否反映了汉语语篇单位的特点。

中文句号用法的说明往往是“用于陈述句句末”，或“用于表示一个完整意思的完了”。前一个用法说明等于什么也没有说，后一个仅从意义表达来限制，可伸缩性太大。我们以为，韵律上的“延宕”和“停断”（房（1992）提出的术语“半停顿”与“全停顿”更加易懂），可以用来作为逗号、句号用法的标准。这是因为，如前所述，中文的逗号和句号表示的是汉语语篇单位的边界而非语法单位的边界，与之直接关联的形式表现应该是韵律特征。下一节我们还将论述，汉语语篇的最小、次小两级单位，其语法形式方面与英语的小句、句子差别甚大。因此，汉语逗号、句号的使用规范，应该依据汉语的事实，而不宜比照英语一类的语言。以更有利于非专业人士理解"半停顿"、"全停顿"作为术语，再稍加以"延宕"、"停断"的解释，不但学理上更加合理，且相信非专业人士也能够掌握，由此可望使汉语句号的使用少一些分歧。

六 逗、句断两级语篇单位的语法形式

我们认为，汉语语篇最小单位"逗"的语法形式是短语，而次小单位"句断"的语法形式则相当于英语的语段（也称"句群"）；这已经是不少学者论证过的观点，只是他们用的术语不同，似乎影响了体系上的完整。

6.1 汉语语篇最小单位"逗"的语法形式

6.1.1 汉语语篇最小单位"逗"的语法形式是短语而非主谓结构

在英语等许多语言中，定中、述宾等是短语结构，而主谓是小句的专用结构，从而构成了小句和短语两级大小不同的语法单位。同时，在无标记的情况下，只有主谓结构才可以承载语气及其表现形式句调而成为作为语篇单位的小句。汉语却不然。

如2.2所评介的，Chao（赵1968）的零句说、朱（1985）的"汉语的任何短语加上句调就是句子"说，其实都已经指出了汉语语篇最小单位的这一突出特点：汉语中任何短语都可以加上句调成为语篇单位。比如沈（2012）举的例子：

1. 老王$_i$呢？ 2. $Ø_i$又生病了吧！ 3. $Ø_i$也该请个假呀！ 4. $Ø_i$走不动了嘿！ 5. 儿子女儿$_j$呢？ 6. $Ø_j$上班忙吧？ 7. $Ø_{i/j}$请个保姆嘿！ 8. $Ø_{i/j}$工资低呀！ 9. $Ø_{i/j}$先借点呢？ 10. $Ø_i$犟脾气一个呀！

该例的各个标点段都有语调和段末语气词，因此每个标点段都是语用层面的一个单位不成问题。从逻辑关系看，各标点段之间的关系是设问–答问、假设 / 条件 / 让步–结果，结果–原因，现象–评论等其他语言中语篇小句之间的衔接关系，因此每个标点段都属于语用层面的一个单位也不成问题。

但仅从语法上看，除去语气词之后，这些标点段多数都是主谓不俱全的各种类型的短语：1. 单个 N 构成的 NP；2. Adv. + V 组成的状中结构；3. Adv. + ［Aux + VP］组成的状中结构；4.V + 不 + Vi 组成的可能式述补结构；5. N + N 组成的并列 NP 结构；6. V + A 组成的主谓结构；7. V + ［量 + N］组成的述宾结构；8. N + A 组成的主谓结构；9. Adv. + ［V + 量］组成的状中结构；10. N + 数量组成的特殊主谓结构。

这 10 个语法上的各类短语结构（7 个非主谓结构，3 个主谓结构且一个结构的主语不是名词、一个结构的谓语不是谓词），由于有语调和语气词的标记，毫无疑问是独立的语用单位。由此可以看出，语法上的主谓结构在汉语中并没有构成语篇单位的特权，各类结构均可承负语用范畴而成为语用单位是汉语中的“常规现象”。

6.1.2 汉语语篇最小单位“逗”的功能不是语法上的主语或谓语而是语用上的话题或说明

在英语等其他许多语言中，主语和谓语是语法关系。主谓是语法小句内部的两个直接成分，在句法语义上，主语则总是谓动词的一个论元。成对的因果、让步等关系则要用两个主谓小句的衔接来表示。以上说法十分适合于英语，却不太适合于汉语。

沈（2012）阐发了 Chao（赵 1968）零句说的另一重要价值是，论证了汉语中所谓的主语就是话题，所谓谓语就是说明。话题–说明关系的特点是联系松散，并常常是同一语段既担任前面语段的说明，也同时担任后面语段的话题，形成环环相扣式的衔接。比如，上小节中沈（2012）的那个例子的前三句，补全主语谓语及主谓结构之间的逻辑关系应该是：

[[老王$_{i\text{主语}}$呢$_{\text{语气词，询问所在}}$]—[Ø]$_{\text{语境谓语——没在}}$]$_{\text{果因前件}}$—[2.Ø$_{i\text{主语}}$又生病了$_{\text{谓语}}$吧$_{\text{语气词}}$]$_{\text{果因后件/表推测让步前件}}$—[3.Ø$_{i\text{主语}}$也该请个假呀！]$_{\text{让步后件}}$

上例用语法上的三个短语加上语用要素后形成三个逗。其中的逗 1 含有话题“老王”，逗 2、逗 3 可以看作是对逗 1 话题的说明。但问题并不这么简单。逗 2 不仅是对逗 1 话题的说明，还跟逗 1 一起构成话题，被逗 3 说明。同时，逗 3 既是对逗 1 的说明，也是对（1+2）两逗组合体的说明，与（1+2）形成让步条件关系。以上关系在英语中属于小句之间甚至复句之间的关系。

6.1.3 汉语语篇最小单位“逗”没有语法类别的限制，没有名动的形态标记

沈（2012）还特别强调了 Chao（赵 1968）零句说的另一个重要价值是，可以由零句说而推导出汉语的如下特点：汉语中所谓主语（实为话题）不要求是名词性的，所谓谓语（实为说明）也不要求是谓词性的。也即汉语语篇最小单位逗没有名、动等语法类的限制，没有名、动等语法类别的形态标记。这也是朱（1985）的强调重点。

6.2 汉语语篇次小单位“句断”的语法形式

汉语语篇最小单位的语法形式小于英语，而次小语篇单位的语法形式却大于英语，虽然学界常按照中国传统称它为“句”，但它实际上却相当于英语的“句群”。对此，曹逢甫（1979/1995）有充分的论证和说明。我们所介绍的杜（2006）的真句号和准句号的研究也说明，多数汉语者公认的真句号，其实大多相当于英语的数个复句。比如前面的例（6）：

有一次，他和友人在意大利中部的亚诺里河沐浴，不小心滑进了深水里，像一条鳗鱼似的沉了下去 80%，20%。但他却并不紧张，仿佛压根儿就不打算再从水里浮出来 100%。

6.3　汉语流水句的主要成因

不少学者都曾指出汉语语篇多流水句，而流水句许多是“链式话题结构”。比如董（2012）所讨论的古汉语中的“逸则淫，淫则忘善，忘善则恶心生”（《国语·鲁语下》）和前引沈（2012）的自造句“老王呢？又生病了吧？也该请个假呀……”。

流水句的主要成因是什么呢？沈（2012）提出如下原因：①汉语的所谓主语谓语**就是**话题说明，②汉语的话题、说明与名词性、动词性没有关联，它们其实都是并置的指称性成分。

下面介绍一下我们有过的一些思考和研究。我们曾经考虑，汉语流水句的成因可能有：①话题型语言而非主语型语言；②无标记情况下主谓结构的主语可以省略；③语法上不是仅由主谓结构占用的小句这一级单位，也即在语法单位层级体系中，汉语的主谓结构与其他短语结构地位平等，均属短语这一级；④主谓结构的直接成分没有语法形式类的要求，也即主语（或说话题）不要求一定是名性的，谓语（或说说明）也不要求一定是动性的；也不要求谓语动词要有与说话时间相关的定式变化。

如果仅仅对比汉语与英语，我们曾认为上述四点都是汉语流水句的主要成因。因为在这四条标准上，汉语与英语都是截然相反的。

但是后来我们又考察了韩语，发现以上四点中只有③④才是汉语流水句的主要成因。因为，韩语也像英语一样完全没有流水句，但以上四点中的前两点，韩语却与英语不同而与汉语比较相似：①韩语一般被认为是话题与主语并重型语言：韩语中有明确的话题标记和主语标记，且话题标记远比主语标记更常用，如果话题与主语重合，通常只使用话题标记。②仅从表层看，韩语的语篇小句的话题或主语都可以不出现，所以主谓不全的零句在韩语中也十分常见。根据姜贞爱（2006）的统计，韩语的主语中省略的占 28%，而汉语只占 16%；也即韩语主谓不全的小句要比汉语多出相近一倍！金贤姬（2012）对汉文本《骆驼祥子》（第一章）与韩译本的对比研究也发现，韩译本比汉文原本的话题省略多出68个，而比汉文本少的话题省略却仅有9个。她的研究还发现，韩文的话题省略常常可以跨七、八、十来个标点句甚至跨出书面上的段落，还可以在中间出现其他话题之后再继续省略与位于这些话题之前的主话题有同指关系的话题。

韩语在③④两项上则与汉语完全不同：③韩语的小句和复句的结构都是封闭的，小句虽然可以不出现主语，但谓语要有时等定式变化却是必须的。又由于句中所出现的其他名词短语都有明确的格标记，因而做主语的名词短语即使被省略，也不难判定其身份是动词的主语（在具体的上下文中往往也是话题）。复句则一般由两个小句按并列、因果、让步等两两相对的逻辑关系组成，且大多由明确的连词、副词或后助词来标明这些逻辑关系。④韩语的名词、动词有形式上明确的区分，动词如果要出现在主语（或话题）宾语位置上必须要加上动名词的标记（作用类似英语的 -ing），而要出现在主要动词的位置上则必须有时、语态等由语用要素决定的形态变化。更有，韩语叙述语篇中主动句的主语，在有生性上的要求也相当严格（金 2012），这些都是与汉语不同而与英语相同的。

总之，中韩语篇的对比使我们认识到，重视话题、话题省略多从而导致语篇表层的最小单位主谓不全，并不是流水句、链式话题句或句子边界模棱两可的原因。除韩语外，意大利等典型的屈折语，由于形态丰富，动词与主语有人称一致的变化，也像韩语一样经常省略主语，但也不出现流水句或句子边界不清的问题，更支持了上述认识。看来，语法上不是仅由主谓结构占用的小句这一级单位（也即没有“小句”这一级单位），名、动没有句法形态上的区分标记且没有跟小句成分或短语成分的对应，才是汉语流水句的根本成因。

七 余论

前面从韵律、书面标点、语法构成等三个方面讨论了汉语最小、次小两级语篇单位的形式表现，最后我们再返回头来看看汉语这两级语篇单位的命名问题。

韵律上，汉语与英语的差别不太明显。汉语的语篇最小单位对应于“末位韵母平拖型延宕”，语篇次小单位则对应于“末位韵母降敛型缩短 + 无声段”。而英语的语篇最小单位在非单用时（如较长主语与谓语之间，有标记话题主语与其他成分之间，复句的前一小句与后一小句之间），一般是用“平拖型”非结句语调；与之不同，英语的语篇次小单位（如单用的小句末、复句末）一般是用“强升降型”结句语调。

书面标点上，汉文与英文有相当大的差别。汉语最小次小两级语篇单位与标点的对应较差：虽然逗号类标点基本跟汉语语篇最小单位的右边界对应，但句号类标点却仅有一部分跟语篇次小单位句断的右边界对应（是为真句号），另一部分则跟语篇最小单位逗的右边界对应（是为“准句号”）。后一对应是汉语者标点的分歧之处。英语的语篇单位则与标点对应得相当好：语篇最小单位（小句）的右边界一般对应于逗号，语篇次小单位的右边界一般对应于句号。

语法上，汉语与英语的差异十分显著。汉语语篇最小单位的语法形式是各类短语（加语调均可成语篇单位），并且对短语的直接成分的语法类别没有限制；语篇次小单位的语法形式则是由数量不限的短语构成的短语群，并且短语之间常常是链式衔接关系，因此边界常常是开放性的；而英语的语篇最小单位（语篇小句）的语法形式在无标记情况下只限主谓结构（有定式动词和语调），且主语谓语有语法类别（有语法上的形态标记）的限制，语篇次小单位（句子）的语法形式则是由一个或成对的小句组成的封闭性较强的复句。

总体来看，由于语篇单位的形式方面直接由下一层的语法形式构成，而如果语法形式不同则更下面的音系层的形式就肯定不同，书面上的文字形式也肯定不同；所以，汉语最小、次小两级语篇单位与英语的小句、句子的差异是十分显著的，也可以说其实际所指的对象是完全不同的。

当然汉语的这两级小单位与英语的小句、句子从某个角度看也有相同之处——在各自语言中它们都是语篇的最小单位和次小单位，研究各自语言的语篇时，都必须以其中的最小单位作为语篇微观结构分析的起点。

所以，如果着眼于系统的整体性和实际所指的差异，前面我们赋予汉语最小、次小语篇单位的暂时命名**"逗"**和**"句断"**是术语很好的选择。如果仅着眼于单位在层级体系中的大小，或为了在同一术语之下显示它们在不同语言中的实际差异，则汉语的语篇最小、次小单位也可以用与英语术语相同的"小句"、"句子"来称说。只是，在使用这些术语时万万不可忘记，**此小句并非彼小句，此句子并非彼句子**，使用相同术语的目的是要揭示它们在不同语言中的实际表现，是要显示它们在不同语言中所指的差异，而不是要勉强证明它们相同。

附　注

① 这两个术语都是指语用层面的基本单位。

② 这一点是沈家煊先生提醒笔者的。

③ 2010 年 3 月 25 日北京大学计算语言学研究所"汉语处理相关问题研讨会"上王洪君的报告《现代汉语语篇的最小单位及其与英语小句的比较》。

④ 下面给出的是原作者的标点，实验时去掉原文的标点，请学生加上标点。另外，原实验数据是中、英文各两段，我们只从中各取了一段。

参考文献

曹剑芬 （1995） 汉语普通话语句时长分布的基本格局，《中国语言学报》第 7 期，商务印书馆，北京，180—186 页。

陈　平 （1987） 汉语零形回指的话语分析，《中国语文》第 5 期，北京，363—378 页。

房玉清 （1992）《实用汉语语法》，北京语言学院出版社，北京。

金贤姬 （2012）《汉语篇章回指特点的考察——以话题省略和话题生命度等级的汉韩对比为例》，第 14 届中国当代语言学国际研讨会会议论文，西安。

李　榕 （2012）《现代汉语语篇主题性第三人称代词回指的多学科研究》，北京大学博士论文。

陆镜光 （2006） 论小句在汉语语法中的地位，《汉语学报》第6期，武汉，2—14页。

沈家煊 （2007） 汉语里的名词和动词，《汉藏语学报》第1期，商务印书馆，北京，27—47页。

—— （2012） “零句”和“流水句”——为赵元任先生诞辰120周年而作，《中国语文》第5期，北京，403—415页。

沈 炯 （1994） 汉语语调构造和语调类型，《方言》第3期，北京，221—228页。

宋 柔 （2008） 现代汉语跨标点句句法关系的性质研究，《世界汉语教学》第2期，北京，26—44页。

王 蓓 （2002）《汉语韵律知觉的研究》，中国科学院心理研究所博士论文。

王蓓、杨玉芳、吕士楠 （2001） 汉语韵律层级边界的声学相关物，《新世纪的现代语音学——第五届全国现代语音学学术会议论文集》，清华大学出版社，北京，161—165页。

王洪君 （2000） 汉语语法的基本单位与研究策略，《语言教学与研究》第2期，北京，10—18页。

—— （2011） 汉语语法的基本单位与研究策略（文后补记，414—420页），《基于单字的汉语词法研究》，商务印书馆，北京。

王 静 （2000） 论语篇性质与话题的关系，《世界汉语教学》第4期，北京，42—47页。

邢福义 （1996）《汉语语法学》，东北师范大学出版社，长春。

赵元任 （1975英文本/1992中译） 汉语词的概念及其结构和节奏，王洪君中译，《中国现代语言学的开拓和发展——赵元任语言学论文选》，清华文丛之四，清华大学出版社，1992，北京。

郑秋豫 （2005） 北京大学系列讲座《汉语口语语流韵律架构与组织——基于语料库的研究》。

朱德熙 （1985）《语法答问》，商务印书馆，北京。又收在《朱德熙文集（第一卷）》，商务印书馆，1999。

Chao, Yuen Ren （赵元任 1968/1979/1980） *A Grammar of Spoken Chinese*, Berkeley and Los Angeress University of California Press. 吕叔湘节译本《汉语口语语法》，商务印书馆（1979），丁邦新全译本《中国话的文法》，香港中文大学出版社（1980）。

Halliday, M.A.K. （1985） *An Introduction to Functional Grammar*, London: Edward Arnold.

Li Rong & Wang Hongjun （2012） What are the Basic Units of Mandarin Chinese Discourse? *International Journal of Knowledge and Language Processing*, Volume 3, no.4：1-17.

Li Wendan （2004） Topic Chains in Chinese Discourse, *Discourse processing*, Vol.37, no.1：25-45.

Tsao F. （曹逢甫，1979 原 /1995 中译） A Functional Study of Topic in Chinese: The First Step towards Discourse Analysis. Taipei, *Linguistics*, no.2：65-93, 1979;《主题在汉语中的功能研究—迈向语段分析的第一步》，谢天蔚译，1995，语文出版社。

—— （1990 原 /2005 中译） *Sentence and Clause Structure in Chinese: a functional perspective*. Taipei, student book;《汉语的句子和子句结构》，王静译，北京语言大学出版社。

（王洪君：100871 北京大学 中文系 / 中国语言学研究中心 /
教育部计算语言学重点实验室；
李榕：710061 西安外国语大学 汉学院）

上古汉语“夺取”类双及物结构研究 *

大西克也

提要 本文考察上古汉语的“夺取”类双及物动词，得出了如下结论。（1）“夺取”类动词可分两种：“夺”是（三元）非宾格动词，“取”、“受”为（二元）非作格动词。（2）“夺”字构成的双宾结构与“给予”类双宾结构之间没有结构上的差异。（3）能否用于双宾结构由动词的语义起决定性作用，动词的个性优先于句式的语义，上古时期所谓“与格交替”并不常见。

关键词 双及物结构 双宾语 “夺取”类动词 与格交替 上古汉语

1 前言

不管是现代汉语还是古代汉语，双宾结构（Double Object Construction）或双及物结构（Ditransitive Construction）一直是大家关注的热点问题。近年来有学者从构式语法（Construction Grammar）的角度进行深入研究，取得了不少值得重视的成果。古汉语方面有时兵（2007）、Phua（2007）、潘秋平（2010）等研究。本文在时哲的研究基础上对上古汉语“夺取”类双及物结构进行进一步的探讨。

“夺取”类双宾结构在古汉语中大概是问题最多的一类。过去一段时间学者对“夺取”类动词是否构成双宾结构有争论，但是最近几年来大家的看法倾向于承认此类双宾结构。

古汉语的双及物句型主要有两种[①]，即“V＋IO＋DO”（A 式）和“V＋DO（＋Prep.）＋IO”（B 式）。A 式即所谓双宾结构，B 式

* 本文得到日本学术振兴会 2011—2014 年科学研究费补助金基盘研究（B）23320082 的资助。本文初稿在 2011 年 8 月 18 日浙江师范大学召开的第七届海峡两岸汉语语法史研讨会上宣读，蒙与会学者的指教。《语言学论丛》两位匿名审稿人提出了不少宝贵意见，在此表示由衷的谢忱。

则所谓单宾补语结构。例如：

（1）邓南鄙鄾人攻而夺之币。（《左传·桓公九年》7—5a）A 式

（2）夏，四月，取郜大鼎于宋。（《左传·桓公二年·经》5—4B）B 式

使用 A 式还是 B 式，每个动词大体上是固定的，比如“夺”字使用 A 式，“取”字使用 B 式，但也有部分交叉。那么，使用 A 式的动词和使用 B 式的动词有什么不同？一个动词选择使用 A 式或 B 式，表达的意思有什么不同？这是本文讨论的主要问题。

关于这个问题，时兵先生和潘秋平先生提出了很好的意见。时兵（2007：72）认为，第一类只使用 A 式的动词在语义上含有导致所有权转换及其隐喻事件发生的特征；第二类只使用 B 式的动词在语义上含有导致空间位移及其隐喻事件发生的特征；第三类可以接受 A 式和 B 式的动词有很复杂的历史因素。

潘秋平（2010）则认为 A、B 两种句式体现了与事角色“受影响性（affectedness）”的不同。进入 A 式的动词对与事有较大程度的影响，如“赐”、“夺”；进入 B 式的动词则对与事不具有较大程度的影响，如“献”、“取”。潘先生的这个看法很好，但是还有点不大清楚的地方。与事角色“受影响性（affectedness）”的大小程度是由句型实现还是动词语义本身所具？要是前者的话，那么，同一个动词使用在不同的句式中应该可以表达不同的语义。果真是否如此，潘先生没有说清楚。要是后者的话，问题似更大。杨伯峻、徐提《春秋左传词典》中“取”的第二义项是“以强力夺取他人之物”。例如：

（3）子皙怒，既而櫜甲以见子南，欲杀之而取其妻。（《左传·昭公元年》41—15A）

“取”表“以强力夺取他人之物”，其对与事的“受影响性”应该很大，但是几乎没有看到进入 A 式的例子。再如：

（4）侯氏坐取圭，升致命，王受之玉，侯氏降阶，东北面再拜稽首。（《仪礼·觐礼》26 下 17B）

“受”表接受、容纳，其对与事不具有很大的影响，但也可以进入A式。据刘宋川先生的统计（1998：436），在先秦的语料中“受”有33个进入A式的例子。A式和B式表达的结构语义和使用条件，看来还有待进一步的探讨。本文选择三个常用的夺取类动词，即“夺”、“取”、“受”，根据其在战国秦汉文献中的句型分布，考察其语义和句式的互动关系。

2 从“夺”字的非宾格性谈双宾结构的使役性

“夺”字能否带双宾语，过去有争论。最近学者倾向支持能带双宾语的学说，本文也赞同，对此不拟进行详细讨论。[②] 我要强调的是，动词“夺”的论元结构确实存在与事（dative，也可称夺格）论元。请看如下几个例子：

（5）今吾子以好来辱，而谓敝邑强夺商人。是教敝邑背盟誓也。（《左传·昭公十六年》47—19b）

（6）孟子曰：“恭者不侮人，俭者不夺人。”（《孟子·离娄上》7下6a）

（7）是故田氏夺吕氏于齐，戴氏夺子氏于宋。（《韩非子·忠孝》1151）

这三个例子中“夺”的宾语都是与事，不是受事。再如：

（8）此令奸恶大起，人主夺威势，亡国灭社稷之道也。（《商君书·定分》145）

（9）令、丞、尉夺爵各二级。（《墨子·号令》553）

（10）阴敝者土芒（荒），阳察者夺光，人埶者摐兵。[③]（马王堆帛书《十大经》86行下）

（11）彼人之情性也虽桀、跖，岂有肯为其所恶，贼其所好者哉！彼以夺矣。（《荀子·王制》173）

以上四个例子中主语由与事充当。比如例（8）“人主夺威势”

是人主被夺取威势，例（9）"令、丞、尉夺爵各二级"表述令、丞、尉被剥夺爵位，例（10）也同样。例（11）"彼以夺矣"的主语"彼"是侵夺的对象，不是施事。由此可见，"夺"字的各种句式中有如下三式（A表施事，D表与事，P表受事或客体）：

（12a）A夺D

（12b）D夺P

（12c）D夺

句式的如此分布不仅说明"夺"的与事的独立性，还显示出"夺"的一个很重要的特点，即非宾格（作格）性的表现。

关于三价动词的非宾格性，Cheng等（1999：162—164）曾经谈到过。他们使用的例子是所谓"施受同辞"的动词。比如动词"假"出现在如下两种框架：

（13a）唯器与名不可以假人。（《左传》）

（13b）范宣子假羽毛于齐而弗归。（《左传》）[④]

例（13a）中"假"表借出，例（13b）中"假"表借入。他们把这个对立使用的例子概括为：

（14a）Giver V Receiver Object

（14b）Receiver V Object

这个分布和下面的动词"败"的分布实际上是一致的：

（15a）诸侯之师败郑徒兵。（《左传》）：Agent V Patient

（15b）息师大败而还。（《左传》）：Patient V

Cheng等（1999：163）指出这两种句型分布都是作格和使役的交替（the ergative/causative alternation）。动词"夺"的句型分布也和"假"、"败"等动词属于同类的[⑤]，只是施受方向相反。请看下面的例子：

（16a）探其怀，夺之威。（《韩非子·扬权》170）：Receiver V Giver Object

（16b）人主夺威势。（《商君书·定分》145）：Giver V Object

这种句型的交替使用表明"夺"字的双宾语句式和使役密切

相关。Cheng 等（1999：164）认为象例（14a）之类的双宾结构表述有人（授予者）导致领有事件的实现。按照这个观点，例（16a）“夺”字句表述的语义应该是有人（取得者）导致领有事件的消失。两种双宾结构的语义可以描写为：

（17a）A（致事主语）用 V（“假、赐、与”等）的手段导致 C（与事/使事宾语）领有 P（客体宾语）。[6]

（17b）A（致事主语）用 V（“夺”等）的手段导致 C（夺事/使事宾语）失去 P（客体宾语）。

（17a）和（17b）的不同是由 V 的词汇意义来决定的。[7] 时兵（2007：45）认为“夺”类双及物结构中凸现的是施事者对夺事的影响，潘秋平（2010：86）认为双宾结构对与事角色的“受影响性（affectedness）”大，这都可以解释为双宾结构本来具有的语义特点。使事在使役事件中直接蒙受致事的影响而改变其领有状态（实现或消失），从这一点看，不管是授予类或夺取类，我认为其指人宾语不如称使事（causee）好。一般认为双宾语中指人宾语是间接宾语，指物宾语是直接宾语，但是使役活动的目标是指人名词，因此在双宾结构中指人名词应看成其主要宾语，而指物名词为次要宾语。[8]

3 古今汉语“夺取”类双宾结构的差异

现代汉语也有“夺取”类双宾结构：

（18）他偷了李四两台电脑。

有些学者把它分析为使役结构，但黄正德先生对此表示反对。下面引述他的论点（2008：148）：

自从朱德熙（1979）以来许多学者讨论汉语双宾语结构常把给予类与抢偷类相提并论，观察着重于两类结构在语义上的相对之处：给予类动词使他人有所获得，而抢偷类动词导致别人有所损失。基于这种考虑，Zhang（1998）、张宁（2000）、邓思颖

（2003）与徐德宽（2004）主张两种结构都应赋予致使句的分析。“送”和“偷”在词义分解之下，上层轻动词都带有CAUSE的语义成分，但下层轻动词不同：前者是HAVE后者是LOSE（或NOT-HAVE）。把“送”解析为CAUSE-to-HAVE与本文的看法并无二致，但把“偷”解析为CAUSE-to-LOSE则等于把抢偷类双宾结构也纳入非宾格系列，与我们的看法大相径庭。

那么，本文上面分析“夺”字双宾结构为致使结构，具有非宾格的特点，这个看法是否不成立？我认为本文的观点不仅可以成立，还可以用来观察古今汉语夺取类双宾结构的差异。

首先，黄先生把现代汉语的给予类双宾结构解析为非宾格系列，抢偷类双宾结构解析为非作格系列，是根据两种类型双宾结构的表现不同。下面的例子是其中的一种：

（19a）他抢了我五百块钱。

（19b）张三给了李四一本书。

（20a）我被他抢了五百块钱。

（20b）*李四被张三给了一本书。

（21a）他把我抢走了五百块钱。

（21b）*张三把李四给了一本书。

黄先生认为（19a）没有致使的语义，中间论元（即“我”）不是中性或主动的历事（experiencer），而是被动的（间接）受事，因此一般都可以转化为被动的主语（即（20a）），也可以作为把字的宾语（即（21a））。

值得注意，上古汉语的“夺”字句和给予类动词之间看不到句法表现的不同。如上所述“夺”的使事（夺事）论元C和给予类双宾动词一样都可以当主语，构成“C ＋V＋ P”结构：

（22）张唐谓文信侯曰：“臣尝为秦昭王伐赵，赵怨臣，曰：‘得唐者与百里之地。’”（《史记·樗里子》2319）

（23）敖赐谥，为鲁元王。（《史记·吕太后》404）

（24）其已拜，赐未受而死及法耐悪（迁）者鼠（予）赐。（睡

虎地秦简《秦律十八种·军爵律》154号简）

（25）令、丞、尉夺爵各二级。（《墨子·号令》553）

睡虎地秦简和张家山汉简中“夺取”类动词“赀”、“罚”构成这个句型：

（26）不当禀军中而禀者，皆赀二甲，灋（废）。（睡虎地秦简《秦律杂抄》11号简）

（27）擅赋敛者，罚金四两，责所赋敛偿主。（张家山汉简《二年律令》185号简）

其次，“夺”字可以单独带使事宾语，这个特点也和“给予”类双宾动词一致[⑨]：

（28）惠王十年，赐齐桓公为伯。（《史记·周本纪》151）

（29）今吾子以好来辱，而谓敝邑强夺商人，是教敝邑背盟誓也。（《左传·昭公十六》47—19b）

（30）夺彼与此，何其偏也！（《庄子·列御寇》1063）

上古汉语“夺”字的客体论元不能作为“以”字宾语来引进，这一点和“给予”类不同。“夺之币”，不可以换成“以币夺之”。介词“以”引进工具，而“夺”字所表事件完成之前，其客体不在“夺”的施事领域中，因此无法作施事的工具。这只不过“夺”和“给予”类动词施受方向的反映，不影响整个结构的理解。

现代汉语的双及物结构中“夺取”类和“给予”类的句型特点不一样，它们是互相对立的两个类。黄正德（2008：141）指出“给予”类是一种三元非宾格结构，“夺取”类是一种三元非作格结构。[⑩]但是上古汉语的“夺”字双宾句和“给予”类之间不存在结构上的差异，都是三元非宾格结构。[⑪]由此可知，现代汉语“给予”类和“夺取”类的对立是后起的，上古时期只有“给予”类，“夺取”类只不过“给予”类的附庸而已。[⑫]张国宪（2001：515—516）认为双宾结构的原始句式语义是“强制的索取性转移”，而“给予”类双宾机构是后来发展的结果。本文认为这个观点难以成立。[⑬]不管是“给予”类或“夺取”类，双宾结构的原始语义是强制性的领有状态的变化，其领有或失去的方向由动词的词汇意义决定。“夺取”类双宾结构后来独立的机制是以后的课题。⑭

4 二元动词“取”、“受”及其构成的双及物结构

4.1 “取”、“受”能否带双宾语

动词“取”、“受”能否带双宾语，或者哪些例子算双宾语句，大家的看法也不是很一致。比如李佐丰（2003:95）认为“取”、“受”等（赐予动词中的B类动词）“不可以同时带受事宾语和对象宾语，但较常带受事宾语和对象补语”。他对“取”、“受”的双宾语持否定看法。但是从刘宋川（1998:436）的统计数字看，带双宾语的例子不少。时兵（2007:71）也说：“‘取’类动词一般可以接受‘SVO 接受者 O 客体’和‘SVO 客体 O 接受者’两种模式。”他举出了如下例子，认为其中（31a）和（32a）为双宾语：

（31a）取我衣冠而褚之，取我田畴而伍之。（《左传·襄公三十年》40—12AB）

（31b）豆、区、釜、钟之数，其取之公也薄，其施之民也厚。（《左传·昭公二十六年》52—12B）

（32a）受晋赂而辟之，楚之耻也。（《左传·僖公三十三年》17—19A）

（32b）受此书申功，申功已死。（《史记·孝武》467）

（31a）和（32a）是单宾语还是双宾语？“取”和“受”是否经常带双宾语，或者是否偶然带双宾语？这个问题关涉本文的结论，因此必须先做一番考察。

4.2 “取”字

首先讨论“取”字的语法表现。它能否带双宾语，潘秋平先

生的观点值得重视。他（Phua 2007：64—66）指出“取”字不用于“取之N”结构而且经常见到“取其N”句式，根据如此不平衡的表现，认为“取”字不带双宾语。我认为这个看法很好，可以论证“取”属于二元动词，一般不能带双宾语，其双及物句式是加上一个补语的“S取O1（于）O2”介宾补语式。后来，潘先生（2010：81）似乎改了想法，采用了张嘉慧的博士论文的观点，认为“取”字可以带双宾语。请看下面的例子：

（33）伐我保城。（《左传·成公十三年》）

（34）齐侯侵我西鄙。（《左传·文公十五年》）

第一人称代词“吾”，“我”都可以当定语，但是《左传》表军事活动的动词（包括“取、入、焚、袭”等）只有“V我N”而没有“V吾N”。他们据此主张“$V_{军}$我N”是双宾语，否则无法说明为什么不能说“$V_{军}$吾N”。按照这个观点，如下例子应分析为双宾语：

（35）齐人取我英丘。（《左传·哀公二十三年》60—18A）[15]

（36）秦取我羁马。（《史记·十二诸侯年表》607）

我认为这个意见是值得商榷的。周法高（1990：73）说：“‘我’指我们这一方面。高等国文法P.70：‘按我字本义但指我自身，故说文云：我，施身自谓也。而扩张用之，则指一国；战陈之时，则指己师。是为我字扩展用法。’春秋经的‘我’都指鲁国，而无‘吾’字。”周先生说得很清楚，例（33）等的“我”指称鲁国，不是指说话者自身，所以用“我”而不用“吾”。《左传》中只有“$V_{军}$我N”而没有“$V_{军}$吾N”，反映了指称对象的不同，不能用来论证“$V_{军}$我N”是双宾语句。代词“其”和“之”就是格位不同，指称对象没有什么两样，不如顺从潘先生原来的看法，只说“取其N”而不说“取之N”，说明“取N_1N_2”一般是单宾语，N_1是N_2的定语。它要是出现于双及物结构，用的是“S取O_1（于）O_2”介宾补语式。从这一点看，时兵先生说“‘取’类动词一般可以接受‘$SVO_{接受者}O_{客体}$’和‘$SVO_{客体}O_{接受者}$’两种模式”，也是值得商榷的。我认为李佐丰先生说："不可以同时带受事宾语和对象宾语"才接近语言事实。但是有极个别的"取"字出现于双宾语式。关于具体的例子和其语法意义，等到 4.5 节再解释。

4.3 "受"字

下面讨论动词"受"能否带双宾语。如上所述，李佐丰先生认为不可以。但是时兵（2007：143）不这么看，他认为下面的例子是双宾语：

（37）献身在毕公家，受天子休。（《献簋》,《殷周金文集成》8.4205）

（38）受皇天大鲁令（命）。（《五祀𫓧钟》,《殷周金文集成》2.358）

（39）我先祖受天令（命）。（《秦公钟》,《殷周金文集成》，1.262—1.263）

这些例子果真是否双宾语？为了论证这一点，我们调查一下"受命"或"受令"的语法表现。"受命"的对象为人的例子有：

（40）叔仲子谓季孙曰："带受命于子叔孙曰：'葬鲜者自西门。'"（《左传·昭公五年》43—2B）

（41）受命於祖，受成于学。（《礼记·王制》12—4A）

（42）士受命于君。（《礼记·表记》54—23A）

（43）是犹弟子而耻受命於先师也。（《孟子·离娄上》7 上 10A）

（44）子叔昭伯曰："臣受命于君曰……"（《晏子春秋·内篇杂上第五》335）

（45）对曰："豹也受命於君，以从诸侯之盟，为社稷也。"（《国语·晋语八》431）

（46）寡人得受命於先生，此天所以幸先王而不弃其孤也。（《战国策·秦策三》287）

本文所查的语料[16]中所有的例子都是"A 受 P（於 / 于）D"

结构（P：受事；D：与事），没有发现“A受D P”句式。

“受命”对象为国的例子有：

（47）晏平仲言于齐侯曰：“任之会，受命於晋。”（《左传·襄公二十二年》35—3B）

（48）二年，春，郑公子归生受命于楚伐宋，宋华元、乐吕御之。（《左传·宣公三年》21—6A）

（49）庄叔以公降拜，曰：“小国受命於大国，敢不慎仪？”（《左传·文公三年》18—18B）

本文所查的语料中所有的例子都是“A受P（於／于）D”结构，没有发现“A受D P”句式。

“受命”对象为天的例子有：

（50）禹仰视天而叹曰：“吾受命於天，竭力以养人。”（《吕氏春秋·恃君览·知分》1346）

（51）唯天子受命于天。（《礼记·表记》54—23A）

（52）予既受命於天，天命融隆（降）火（《墨子·非攻下》137）

（53）王曰：“吾终以子受命於天矣！”（《战国策·燕策一》1533）

（54）吾受命於天，定立（位）于地，成名于人。（马王堆汉墓帛书《十大经·立命》78行下）

（55）有殷受天命。惟有历年。（《尚书·召诰》15—10A）

《尚书》等部分语料中发现了几个“受天命”这样的说法，但是本文所查的语料中的例子多数是“A受P（於／于）D”结构。可见“受天命”比较特殊，很可能是单宾语。“天命”本身是定中结构，如《论语，季氏》：“畏天命，畏大人，畏圣人之言”等例子可以证明这一点。因此我认为西周金文和《尚书》等语料中所见的“受天命”是单宾结构，既然如此，下面的几个例子也不能保证一定是双宾结构：

（56）天保定尔，俾尔戬谷；罄无不宜，受天百禄。（《诗

经·小雅·天保》9之3—8A）

（57）子罕曰："尔以玉为宝，我以不受子玉为宝。"（《韩非子·喻老》449）

（58）君王后死，后后胜相齐，多受秦间金玉。（《战国策·齐策六》697）

（59）太子商臣谮子上曰："受晋赂而辟之，楚之耻也。"（《左传·僖公三十三年》17—19A）

（60）夏，齐侯将纳公，命无受鲁货。（《左传·昭公二十六年》52—2A）

这种说法可以找到相对应的单宾语形式：

（61）献之皇祖，曾孙寿考，受天之祜。（《诗经·小雅·信南山》13之2—20A）

（62）昔武王克殷，微子启如是。武王亲释其缚，受其璧而祓之。（《左传·僖公六年》13—2A）

（63）楚公子申为右司马，多受小国之赂，以偪子重、子辛。（《左传·襄公二年》29—8B）

（64）故楚庄谓共雍曰："有德者受吾爵禄，有功者受吾田宅。"（《淮南子·缪称训》335）

因此我认为"受 N_1N_2"结构不能保证为双宾结构，其为单宾结构的可能性大一些。

上文引述了潘秋平先生关于"取其N"和"取之N"不平衡分布的观点。"受"字的分布也和"取"字差不多，"受其N"常见，"受之N"极其少见，在《仪礼》中出现一个例子（下详）。据此本文认为，"取"字和"受"字属于二元（非作格）动词，带双宾语属于偶然的现象。

4.4 "取"、"受"与事论元的语法表现

动词"取"和"受"固有的语义结构中没有与事题元，要是引进与事，一般需要介词标识：

（65）是故贤君必恭俭礼下，取于民有制。（《孟子·滕文公上》5上7A）

（66）礼闻取于人，不闻取人。礼闻来学，不闻往教。（《礼记·曲礼上》1—9B）

（67）不受于褐宽博，亦不受于万乘之君。（《孟子·公孙丑上》3上7A）

（68）唯受于公者拜。（《仪礼·大射》18—19A）

例（66）“取于人”谓人君“自到师门，取其道艺”，“取人”谓人君“直取贤人，授之以位，制服而已”（参《礼记正义》1—10），可见“取于人”的“人”是“取道艺”的来源，“取人”的“人”则“取”的对象。“于”的有无影响到“人”的论元角色。但也有少数例子似直接引进其与事，先看“受”字的一个例子：

（69）冬，梗阳人有狱，魏戊不能断，以狱上。其大宗赂以女乐，魏子将受之。魏戊谓阎没、女宽曰：“主以不贿闻于诸侯，若受梗阳人，贿莫甚焉。吾子必谏！”……献子辞梗阳人。（《左传·昭公二十八年》52—31A）

“若受梗阳人”表述向梗阳人受贿，那么“梗阳人”是不是“受”的与事宾语呢？我认为不一定。请看下一个例子：

（70）捷捷幡幡，谋欲谮言，岂不尔受？既其女迁。（《诗经·小雅·巷伯》12之3—22A）

“岂不尔受”也是人称代词当“受”的宾语。郑玄对此解释说：“王仓卒岂将不受女言乎。”据郑笺“不尔受”等于不接受你的进言。同样，“受梗阳人”也可以理解为接受梗阳人的（贿赂）。因为“受”字要求其宾语为接受之物，所以代人名词当其宾语时，赋予与其有关物品的角色。

再看“取”字的例子：

（71）及至乱主，取民则不裁其力，求于下则不量其积，男女不得事耕织之业以供上之求，力勤财匮，君臣相疾也。（《淮南子·主术训》307）

（72）故有仁君明王，其取下有节，自养有度，则得承受于天地，而不离饥寒之患矣。（《淮南子·主术训》307）

这两个例子都是对偶句，直接引进与事，却可做不同的解释。例（71）很可能脱落了介词“于”，说成“取于民”才和下文“求于下”协调。[17] 例（72）则不同。要改为“取于下有节”就和下文“自养有度”不均匀，此例直接引进与事，有韵律的原因。

时兵（2007：45）指出：‘“夺’类双及物结构中，夺事优先于客体被话题化，……‘取’类的夺事不能话题化。”我认为这一事实反映了“取”、“受”和“夺”之间存在着论元结构的重要差异。前者论元结构中不包括与事（夺事），而后者的论元结构中与事（夺事）为独立的成员。

动词“取”和“受”的语义焦点是其施事主语对其客体的获得，没有强取的语义，其与事并不是其操作的对象。这一点从古人的训诂得到旁证。如：

（73）夏，邿乱，分为三。师救邿，遂取之。凡书取，言易也；用大师焉曰灭；弗地曰入。（《左传·襄公十三年》32—2A）

（74）九月，取鄫，言易也。莒乱，着丘公立而不抚鄫，鄫叛而来，故曰取。凡克邑，不用师徒曰取。（《左传·昭公四年》42—29B）

文章开头介绍了《春秋左传词典》的释义，“取”的第二义项是“以强力夺取他人之物”。我认为，《左传》的训诂和《春秋左传词典》的解释并不矛盾。“取”字的核心语义是获得的结果，不关心施事把与事怎样处理，为了实现对象的获得花了多大力气都无所谓，这就是易取也可以用“取”字来表达，强取也可以用“取”来表述的原因。

总之，“取”、“受”和“夺”的语义最大的不同是包含对与事的处置与否，前者不包含，所以只能出现于单宾句；后者包含，所以往往用于表述致使语义的双宾句中。

4.5 “取”、“受”构成的双宾结构及其语义特点

请看下面的一个例子：

（75）从政一年，舆人诵之曰：“取我衣冠而褚之，取我田畴而伍之。孰杀子产，吾其与之！”（《左传·襄公三十年》40—12A）

有学者将此例中的“取我衣冠”和“取我田畴”视为双宾语，我对此表示赞同。上文讨论“取”字能否带双宾语的时候，指出《左传》中出现的许多“取我N”都是单宾语，那么此例看成双宾语，是否前后矛盾？我认为关键在于“我”的指称对象。如上所述，上古汉语“我”和“吾”用法有别，做主语和定语的时候，“吾”为说话者自称，“我”指说话者一方；做宾语的时候，不管指说话者自称或说话者一方，基本上都用“我”，除非一些特殊情况，如代词前置于动词时用“吾”等。此例中后文有“吾其与之”，主语用“吾”，指称此首歌的作者或歌颂者自身。既然如此，那么前文“取我衣冠”和“取我田畴”中的“我”字所指只能解释为作者或歌颂者[18]，否则前后指称不一致。按照“吾”“我”用法的通则，如果“我”字当定语，就无法解释为说话者自身。因此我认为此二“我”字不如看成宾语，“取我衣冠”和“取我田畴”是双宾结构。

将“取我衣冠”等解释为双宾结构，我认为更加适合语境。上面指出双宾结构是致使结构，其语义可以描写为“A（致事主语）用V的手段导致C（与事／使事宾语）领有／失去P（客体宾语）”。其中“领有”或“失去”的语义方向由动词V的词汇意义所决定。因此“取我衣冠”的意义可以分解为“（子产）用‘取’的手段导致‘我’失去‘衣冠’”。“我”当宾语，就意味着其论旨为使事，也就是子产引发的使役事件的直接对象。我曾经论述过，使役句的主语是该使役情景发生的责任所在，说话者往往用来责备主语。[19]“取我衣冠”和“取我田畴”这两句，就是利用使役句（双宾句）的如此功能责怪子产征税政策，使得我无法领有衣冠田畴。

此句如果用单宾句说成“取吾衣冠”，虽然基本语义不变，但其责备口气就淡薄了一些，因为子产的行为的对象从“我”转移到“衣冠”。

《史记》中的下一个例子无疑是双宾结构：

（76）王问，对曰：“鄙语曰，牵牛径人田，田主取其牛。径者则不直矣，取之牛不亦甚乎？”（《史记·楚世家》1702）

此例中单宾句“田主取其牛”和双宾句“取之牛不亦甚乎”交替使用，这实在耐人寻味。前面的“田主取其牛”，客观地描写田主的行为，所以用常用的单宾句来表达。后面的“取之牛”紧跟着说“不亦甚乎”，显然有责怪田主行为的口气，这就是说话者特地用双宾句的原因。“田主取其牛”和“取之牛不亦甚乎”表达的重点不同，不能简单地看“其”、“之”构成异文。[20]

“受”字也偶然使用于双宾结构：

（77）天子曰：“非他，伯父实来，予一人嘉之。伯父其入，予一人将受之。”侯氏入门右，坐奠圭，再拜稽首。摈者谒。侯氏坐取圭，升致命，王受之玉，侯氏降阶，东北面再拜稽首。（《仪礼·觐礼》26下17B）

“王受之玉”是无可否认的双宾结构。此句前有王的讲话：“伯父其入，予一人将受之。”可见王接受侯氏的贡品实际上带有王命的色彩，这样的情况之下说话者才选用了双宾致使结构来强调“王”做致事的地位。这是比较特殊的说法，不能把它一般化来说“受”可以带双宾语。《仪礼》中两个名词性成分之间有领属关系的“取 N_1N_2”式比较多见：

（78）尸降筵，受主妇爵以降。（《仪礼·有司》49—18B）

（79）祝受尸爵，尸答拜。祝易爵，洗酌授尸。尸以醋主妇。（《仪礼·有司》50—14A）

虽然有学者认为它们是双宾结构，但目前没有足够的证据来认定，只好保留。至于《史记》中的类似说法有其独特之处，等到第六节再谈。

5 关于所谓“与格交替”

时兵先生采用“与格交替”理论来解释双宾结构和介宾补语结构的交替使用。所谓“与格交替”指的是双及物结构中双宾结构和介宾补语结构之间的互换关系以及其所体现的语义差异。请看下面的英文的例子：

（80a）Bill sent a walrus to Joyce.

（80b）John sent Joyce a walrus.

认知语言学家认为例（80a）凸现 walrus 向 Joyce 的移动，例（80b）凸现 Joyce 对 walrus 的领有。[21] 时兵（2007：54）指出上古汉语文献中有类似的差异，时先生举出的例子是：

（81）桓公与管仲属孝公于宋襄公，以为太子。……宋以桓公与管仲属之太子，故来征之。（《史记·齐太公世家》1493—1494）

时先生对此解释说：“‘桓公与管仲属孝公于宋襄公’处于叙述主线，强调的是‘托付给对象’；而‘桓公与管仲属之太子’居于叙述副线，是对前文的照应，突出的是‘托付的结果’。”我认为他的着眼很好，但是上古汉语并不是所有的双及物动词可以如此交替使用。本文讨论的三个动词“夺”、“取”、“受”使用双宾结构还是介宾补语结构基本上是固定的，不能自由互换。既然如此，用“与格交替”理论来解释，是否不大妥当？

双宾结构的语义是施事（致事）用动词所表示的手段来导致与事（使事）对客体的领有关系产生强制性的变化。我认为动词“夺”的词汇语义本身非常适合双宾句式的语义，因此上古的语料中常见“夺”字构成的双宾结构。“取”、“受”的词汇意义本身不包含直接操作与事或导致与事对客体的领有关系产生强制性变化的成分，所以基本上不能使用于双宾结构，只有特别强调主语的有责性的时候才临时应用双宾结构来表达。这就表明上古汉语的句式的语义没有英语那样强烈的独立性，相对来说，动词的词汇意义对句型的选择具有决定性的作用。换句话，词汇的强势比句式的强势大一些。

杉村博文（2007：73—74）讨论英汉双宾语结构的不同的文章实在令人深思。他指出，英语可以说“John kicked / threw Bill the ball”，但是汉语普通话不可以说“*踢我一个球”。张伯江（1999）从构式语法理论的观点说明“队长扔我一块木头”这句话成立的理据，但是杉村先生指出这句话的接受度人人有异，几乎所有的南方方言的说话者不接受。据此，他认为英语显示出构式对动词个性的优先性，而普通话似与英语相反。我认为上古汉语和普通话一样，或者更是动词个性优先于构式的语言，起码“夺取”类动词的个性优先于构式。[22]古人不过偶尔尝试将“取”、“受”等动词用到双宾结构强调主语的有责性而已。

6 《史记》中“受”字两种结构的分用

请看下面的两个例子：

（82a）鼂错谓丞史曰：“夫袁盎多受吴王金钱，专为蔽匿，言不反。”（《史记·袁盎鼂错》2742）

（82b）太史公学天官于唐都，受易于杨何，习道论于黄子。（《史记·太史公》3288）

例（82a）为“N_0受N_1（人）N_2（物）”式（称甲式），例（82b）为“N_0受N_1（物）（于）N_2（人）”式（称乙式）。甲式是双宾语还是N_1N_2为定中结构的单宾语，这里暂且不论。值得注意的是在《史记》中甲式和乙式有明显的分工。

首先，“受”字表示受贿行为的时候，只用甲式不用乙式，如：

（83）元狩元年，穰受淮南王财物，称臣，在赦前，诏问谩罪，国除。（《史记·高祖功臣侯者年表》886）

（84）太宰嚭既数受越赂，其爱信越殊甚，日夜为言于吴王。（《史记·伍子胥》2179）

（85）灌夫亦持丞相阴事，为奸利，受淮南王金与语言。（《史记·魏其武安侯》2849）

《史记》中表示受贿行为的“受”共有18例，全都使用甲式。为什么表受贿时偏偏选用甲式呢？回答这个问题之前，我们来看看乙式的语义特点。《史记》中乙式的宾语 N_1 多为表命令、学业等词，如：

（86）阎乐曰：“臣受命于丞相，为天下诛足下。”（《史记·秦始皇》274）

（87）孟轲，驺人也。受业子思之门人。（《史记·孟子荀卿》，2343）

（88）及代赵绾亦尝受诗申公，绾为御史大夫。（《史记·儒林》，3121）

（89）文侯受经子夏。（《史记·六国年表》709）

不管“受命”或“受业”，主语 N_0 的地位一般低于补语 N_2，主语无法直接操作 N_2，所以用乙式来表达是很合适的。其次，乙式中 N_1 和 N_2 之间未必有领属关系。比如例（88）“受诗申公”表述孟子跟申公习诗学，“诗”并不是申公之物。“申公诗”当然也是可以说的（可参“庆氏礼”等说法），但其语义受到定语的限制而特殊化，表申公学派的诗学或申公传承的诗学。[23]“受命／令”《史记》中共有14例（除 N_2 不出现的例子），其中有12例是用乙式的。用甲式的只有如下两例：

（90）于是楚登解扬楼车，令呼宋。遂负楚约而致其晋君命曰：“晋方悉国兵以救宋，宋虽急，慎毋降楚，晋兵今至矣！”楚庄王大怒，将杀之。解扬曰：“君能制命为义，臣能承命为信。受吾君命以出，有死无陨。”……解扬曰：“所以许王，欲以成吾君命也。”（《史记·郑世家》1769）

（91）原过从，后，至于王泽，见三人，自带以上可见，自带以下不可见。与原过竹二节，莫通。曰：“为我以是遗赵毋恤。”原过既至，以告襄子。襄子齐三日，亲自剖竹，有朱书曰：……

襄子再拜，受三神之令。(《史记·郑世家》1795)

例（90）“吾君命”是定中结构，后文“欲以成吾君命也”可证，所指为“晋君命”，具体内容即前文“晋方悉国兵以救宋，宋虽急，慎毋降楚，晋兵今至矣！”如果此句换成“受命吾君”，“命”失去了定语，只能表述从我的主君受命这么一个简单的事实。例（91）“受三神之令”，襄子并不是从三神受令，所以不能改为“受令三神”。

说到这里，我们回到甲式的语义特点。本文认为《史记》中表述受贿采用甲式的原因，就是因为乙式不能凸现 N_1 和 N_2 之间的领属关系。甲式中 N_1（领有者）和 N_2（领有物）邻接，不管是单宾语（定中结构）还是双宾语，都可以表述 N_1 对 N_2 的领有。因此甲式比乙式更加清楚地表达主语受了谁的贿赂。

《史记》中的甲式是单宾语还是双宾语，没有确凿的证据来确定，但我倾向认为是单宾语。请看下面的例子：

（92）太宰嚭既数受越赂，其爱信越殊甚，日夜为言于吴王。(《史记·伍子胥》2179)

这个故事《吴越春秋》作：

（93）嚭喜，受越之赂，爱信越殊甚，日夜为言于吴王，王信用嚭之计。(《吴越春秋·夫差内传第五》72)

可见“受越赂”即“受越之赂”，为单宾语的可能性大一些。虽然如此，甲式解释为双宾语也未尝不可。受贿一般是不对的行为，主语往往是指责的对象。上文已经看到，双宾结构是致使结构，可以用来强调主语的有责性。如果用双宾结构来描述受贿行为，也可以说行文比较合适。就是因为如此，本为单宾语的甲式有可能重新解释为双宾结构，也许为了“夺取”类双宾结构的发展起到了一定的作用。

7 结论

（1）“夺取”类双及物动词可分两种：“夺”是三元（非宾格）

动词，可带双宾语，“取”、“受”为二元（非作格）动词，一般只带单宾语。

（2）“夺”字构成的双宾结构与“给予”类双宾结构之间没有结构上的差异，都是三元（非宾格）动词构成的致使结构。现代汉语中“夺取”类和“给予”类的对立是中古以后形成的。

（3）能否用于双宾结构由动词的语义起到决定性作用：“夺”包含对与事的处置语义，可用于双宾结构；“取”、“受”不包含对与事的处置语义，一般不能用于双宾结构。上古时期所谓“与格交替”并不常见，动词的个性优先于句式的语义。

（4）《史记》中“受”字构成的“N_0受N_1（人）N_2（物）”结构往往用来表述N_0的指责，与双宾结构的语义特点接近。虽然该结构为单宾语的可能性较大，但也未尝不可重新解释为双宾结构，可能为了“夺取”类双宾结构的发展起到了一定的作用。

附　注

① 上古汉语双及物结构还有“以”字式，但是“夺取”类动词的受事一般不做“以”的宾语来引进，因此本文不讨论“以”字式。

② 主张“夺”字不能带双宾语的学者认为“夺之牛”等于“夺其牛”，是“之牛”当直接宾语的单宾语结构。这个看法难以成立，殷国光（1984）、蒋绍愚（1997）、张耕夫（2001）等文章已经做了很有说服力的论证。另外，李佐丰（1998：289）根据“人名从不给地名做定语”的现象来论证了“王夺鬬韦龟中犨”（《左传·昭公十三年》46—4b）等例子只可能是双宾语。

③ 马王堆帛书《经法·国次》13行上作“阳窃者天夺【其光，阴窃】者土地芒（荒）。”

④ 此例和下面例（15ab）引自 Cheng 等（1999：163）。

⑤ 有人认为“败”有清浊别义，用来区别自败和败之。但此说历来有争议，颜之推谓之“穿凿”，无论如何实际上靠句型来区别作格和使役的交替。“假”有上声去声两读，但没有严格对应“借入”和“借出”，所以仍然可以看作根据句型区别语义方向。

⑥ “使事”（causee）是使役句中的角色，相对“致事”（causer）而说的。“与事”和“夺事”是授予/夺取过程中的角色，它们在使役句中相当于“使事”。

⑦ 袁毓林（2004：3）指出：“给予与取得都涉及受事在施事方和与事方之间转移，只是方向相反；因此可以进一步概括为转让。”

⑧ 关于主要宾语和次要宾语的讨论可参时兵（2007：11—30，187—188）。时兵（2007：12）说："如果R（即Recipient）与P（即单宾语句的Patient）在句法、形态等方面相同的表现，那么R就是主要宾语，同时T（Theme）就是次要宾语；反之，如果T与P在句法、形态等方面具有相同的表现，那么T就是直接宾语，同时R就是间接宾语。"按，上古汉语中"夺"的R和T虽然都可以提到动词前面当所谓的"受事"主语，但是R当主语比T当主语更多，而且T当主语并不自由，限制对偶句中，如"身死田夺"（《韩非子·诡使》），"而台已燔，游已夺矣"（《战国策·魏策三》）等。因此，"夺"的指人宾语应是其主要宾语。张国宪（2001：513）说："'索取'义双宾结构中贴近动词的论元是直接宾语，远离动词的论元是间接宾语，是一种句法语义对应构造。"本文也支持张先生的观点。

⑨ 张敏先生将给予动词分成三类，即"与事型"、"受事型"及"中立型"。"与事型"给予动词可单独带与事宾语，不可单独带受事宾语；"受事型"给予动词可单独带受事宾语，不可单独带与事宾语；"中立型"给予动词可单独带受事宾语和与事宾语；或均不可。（见张敏2011：154）据此分类，"夺"和"与"、"予"、"赐"一样属于"中立型"。张先生认为"与"本是"与事型"，汉代以后向"中立型"转换。传世先秦文献中"与"单独带受事宾语的例子确实不常见，但也不是没有，如《管子·大匡》："管仲曰：'君与地，以汶为竟。'"先秦出土文献中"与"字不表"给予"，而相当的词由"予、鼠、舍"等字表述（这一点请参大西克也2012），"予"字也可以单独带受事宾语，如睡虎地秦简《法律答问》140号简："盗出朱（珠）玉邦关及买（卖）于客者，上朱（珠）玉内史，内史材鼠（予）购。"

⑩ 张伯江（2009：145）认为"索取"义的"VN_1N_2"形式中，当N_2前面有数量词，如"吃了他三个苹果"之类的结构，N_1是语义上受V影响的成分，应看作V的主要论元，N_2只是"数量短语"中的一个附属成分，不是V的论元成分，整个格式只是普通的单宾句。张先生的这个观点也显示出"索取"类和"给予"类之间存在结构性差异。

⑪ 这并不是说上古汉语中不存在三元非作格结构，动词"语"可能属于这一类。但我对此方面的研究还不充分，有哪些三元动词属于非作格系列，目前没有明确的看法。

⑫ 宋文辉、阎浩然（2007：33—34）认为双宾语句的发生是多源的。他们说："'夺去'类，形成双宾语句有其独立动因，并不是从'给予'类隐喻扩展而来，二者是异源同形结构。"我认为两者没有结构的不同，没有必要看成"异源同形结构"。

⑬ 张敏（2011：120）指出："若将视野扩充至世界语言里的双及物结构，则其原型意义无疑是给予类。"

⑭ 宋文辉（2010：42）指出上古汉语的双及物句式不管是给予类还是取得类都属于次要宾语型，后来给予类变成了间接宾语型，而取得类双宾语句保

持次要宾语型。至于给予类变成间接宾语型的机制，宋文没有解释清楚。

⑮ 潘先生对《左传》的统计数字不包括这个例子，“取”字在“V+IO+DO”结构中出现的数字为0（见潘2010：92），观点前后矛盾，令人困惑。

⑯ 调查对象除了文末“引用语料版本”所列举之外，还调查了出土文献如郭店楚简、上海博物馆藏战国楚竹书、睡虎地秦简、龙岗秦简、里耶秦简（已公布部分）、放马滩秦简、周家台秦简、岳麓书院秦简（已公布部分）、张家山汉简、孔家坡汉简、《马王堆汉墓帛书〔叁〕》、《同〔肆〕》等等。

⑰ 何宁《淮南子集释》（1998：684）云：“宁案；‘取’下疑脱‘于’字。‘取于民’与‘求于下’相对为文，犹上句‘有充于内’‘取像于外’以两‘于’字相对为文也。”匿名的审稿人指出《淮南子》别本有作“求下”，《文子·上仁》也有类似的句子，作：“闇主即不然，取民不裁其力，求下不量其积，男女不得耕织之业，当以“取民”为是。”按，《文子》作“取民”，原因也是韵律。不能据此说“取”往往带夺事宾语。

⑱ 此歌《吕氏春秋·先识览·乐成》作：“民相与诵之曰：‘我有田畴，而子产赋之。我有衣冠，而子产贮之。孰杀子产，吾其与之。’”“我”亦指歌颂者自身。此例中“我”和“子产”对比使用，这样的情况下倾向选择“我”而不使用“吾”。

⑲ 有关论述请参看大西克也（2009a：392—392，2009b：21，2010：86—87）。

⑳ 田主夺牛的故事散见古书，其他都作“夺”，如《左传·宣公十一年》：“牵牛以蹊人之田，而夺之牛，牵牛以蹊者，信有罪矣，而夺之牛，罚已重矣。”《淮南子·人间训》：“牵牛蹊人之田，田主杀其人而夺之牛，罪则有之，罚亦重矣。”《史记·陈杞世家》：“牵牛径人田，田主夺之牛．径则有罪矣，夺之牛不亦甚乎？”

㉑ 参Langacker（1991：13—14）、中村芳久（2001：82）。

㉒ 给予类动词的情况或许与此相近。潘秋平先生（2011：150）说：“在上古汉语的‘给’类动词上绝不会呈现与格交替的现象。”虽然这个说法过于绝对，但可以看出给予类动词对句式的选择也基本上是固定的。

㉓ 例（92）“文侯受经子夏”，《魏世家》作“文侯受子夏经艺”。此例可能两解。其一即“子夏经艺”为定中结构，文侯习学子夏传承下来的经艺；其二即“文侯受子夏经艺”为双宾语，“王受之玉”一样强调主语文侯作致事的地位。

参考文献

大西克也（2009a）试论上古汉语词汇使役句的语义特点，朱歧祥、周世箴主编《语言文字与教学的多元对话》，东海大学中文系，台中，383—399页。

—— （2009b） 上古汉语“使”字使役句的语法化过程，中国社会科学院语言研究所语言学一室编《何乐士纪念文集》，语文出版社，北京，11—28 页。

—— （2010） 古汉语“来”类动词词汇使役句和句法使役句的语义差异，《中国语言学》第 4 辑，北京大学出版社，北京，73—89 页。

—— （2012） 说“与”和“予”，《古文字研究》第 29 辑，中华书局，北京，644—653 页。

何　宁 （1998）《淮南子集释》，中华书局，北京。

黄正德 （2008） 题元理论与汉语动词题元结构研究，沈阳、冯胜利主编《当代语言学理论和汉语研究》，商务印书馆，北京，136—161 页。

蒋绍愚 （1997） 训诂学与语法学，《训诂论丛》第 3 辑，文史哲出版社，台北，655—664 页。

李佐丰 （1998）《左传》的体词性双宾语，《语苑撷英——庆祝唐作藩教授七十寿辰学术论文集》，北京语言文化大学出版社，北京，279—292 页。

—— （2003）《先秦汉语实词》，北京广播学院出版社，北京。

刘宋川 （1998） 先秦双宾语结构考察，郭锡良主编《古汉语语法论集》，语文出版社，北京，431—454 页。

潘秋平 （2010） 上古汉语双及物结构再探，《历史语言学研究》第 3 辑，商务印书馆，北京，74—94 页。

—— （2011） 从语义地图看上古汉语的双及物结构，《历史语言学研究》第 4 辑，商务印书馆，北京，129—159 页。

杉村博文 （2007） 中国语授与构文のシンタクス，《大阪外国语大学论集》第 35 号，1—28 页。

时　兵 （2007）《上古汉语双及物结构研究》，安徽大学出版社，合肥。

宋文辉、阎浩然 （2007）再论现代汉语双宾语句的句型原型，《语文研究》第 2 期，29—35 页。

宋文辉 （2010） 上古汉语双及物句式的类型学特征与演变机制，《广西师范大学学报》第 1 期，39—44 页。

殷国光 （1984） 关于“为·之·名”、“夺·之·名”的几点看法，《语言学论丛》第 12 辑，商务印书馆，北京，213—227 页。

袁毓林 （2004） 论元结构和句式结构互动的动因、机制和条件——表达精细化对动词配价和句式构造的影响，《语言研究》第 24 卷第 4 期，1—10 页。

张伯江 （1999） 现代汉语的双及物构式，《中国语文》第 3 期，175—184 页。

—— （2009）《从施受关系到句式语义》，商务印书馆，北京。

张耕夫 （2001） 也谈古汉语“夺之 N”的结构及变换分析，《语言学论丛》第 23 辑，商务印书馆，北京，51—62 页。

张国宪 （2001） 制约夺事成分句位实现的语义因素，《中国语文》第 6 期，508—518 页。

张　敏 （2011） 汉语方言双及物结构南北差异的成因：类型学研究引发的新问题，《中国语言学集刊》第4卷第2期，中华书局，北京，87—270页。

中村芳久 （2001） 二重目的语构文の认知构造——构文内ネットワークと构文间ネットワークの症例，《认知言语学论考》no.1，ひつじ书房，东京，59—110页。

周法高 （1990）《中国古代语法·称代编》，中华书局，北京。

Cheng, Lisa L-S, huang, C.-T.James, Li, Y.-H. Audrey, Tang, C.-C. Jane （1999） HOO, HOO, HOO: Syntax of the Causative, Dative, and Passive Construction in Taiwanse *Journal of Chinese Linguistics Monograph Series* 14, Contemporary Studies on the Min Dialects.146-203.

Langacker, Ronald W. （1990） *Concept, Image, and Symbol: the cogNitive basis of grammar* Berlin and New York: Mouton de Gruyter.

Phua, Chiew Pheng （2007） The Double-object Construction in Archaic Chinese: A Preliminary Proposal from the Construction Perspective *Bulletin of Chinese Linguistics* 1.2.59-98.

引用语料版本

《尚书》、《诗经》、《仪礼》、《礼记》、《左传》、《论语》、《孟子》:《十三经注疏》，艺文印书馆影印嘉庆二十年江西南昌府学开雕本。

《荀子》：王先谦 （1988）《荀子集解》，中华书局，北京。

《庄子》：郭庆藩 （1961）《庄子集释》，中华书局，北京。

《墨子》：孙诒让 （1986）《墨子闲诂》，中华书局，北京。

《晏子春秋》：吴则虞 （1962）《晏子春秋集释》，中华书局，北京。

《商君书》：蒋礼鸿 （1986）《商君书锥指》，中华书局，北京。

《韩非子》：陈奇猷 （2000）《韩非子新校注》，上海古籍出版社，上海。

《吕氏春秋》：陈奇猷 （1984）《吕氏春秋校释》，学林出版社，上海。

《国语》：徐元诰 （2002）《国语集解》，中华书局，北京。

《战国策》：诸祖耿 （1985）《战国策集注汇考》，江苏古籍出版社，南京。

《淮南子》：刘文典 （1989）《淮南鸿烈集解》，中华书局，北京。

《史记》：中华书局编辑部 （1959）《史记》，中华书局，北京。

国家文物局古文献研究室 （1980）《马王堆汉墓帛书〔壹〕》，文物出版社，北京。

睡虎地秦墓竹简整理小组 （1990）《睡虎地秦墓竹简》，文物出版社，北京。

（日本，东京大学人文社会系研究科　onishi@L.u-tokyo.ac.jp）

网络语言里“各种”的词汇化和语法化*

——兼论网络语言的语法化特征

储泽祥

摘要 本文主要探讨网络语言里“各种”的词汇化和语法化过程。“各种”从指量短语演变为程度副词，经历了句法变化过程、语义语用变化过程。“各种 VP/AP”从宾语到谓语的变化，促使了重新分析的发生。相应地，“各种”语义、语用上也发生了“客观全部 > 主观大量 > 主观高程度”这样一个变化过程。“各种”表示程度高，倾向于“横向的繁多”，可以表示持续动作动词的程度，弥补了“很”类程度副词这方面的不足。网络语言语法化的主要特征是“共时强度”突出，这与现实语言语法化“历时厚度”突出互为补充。

关键词 网络语言 “各种” 词汇化 语法化

〇 引言

如果把世界分为现实世界和网络世界的话，那么，人们在网络世界使用的语言就是“网络语言”，包括人们在网络上交流时为达到“写、读、说”的目的而使用的语言、文字以及符号，人们在现实世界使用的语言可以称为“现实语言”（包括传统意义上的口语和书面语）。

人们在网络上交流时主要包括三种情况。一是“写”：写博客、发帖、发微博、发新闻等；二是“读”：看新闻、看博客、关注微博、浏览评论等；三是“说”：回帖、评论、转载等。“写”和“说”

---

* 本文曾在“第七届汉语语法化问题国际学术讨论会”（2013 年 10 月 11—14 日，武汉华中师范大学）上宣读。本文的研究得到教育部哲学社会科学研究重大课题攻关项目（11JZD036）的资助。

是网民们表达思想、抒发胸臆的关键。网络语言不仅改变了我们的生活方式，也为语言的发展变化（包括语法化）提供了新的语用环境。网络语言有没有语法化现象？这是一个值得研究的新课题。

网络语言的语法研究成果不够丰富，容易见到的是张云辉（2007），探讨了网络语言语法的一些特征，而网络语言语法化研究就更少了，可以见到的如李艳（2010）对“X奴”里“奴”的语法化做了简单探讨。因此，网络语言的语法化是一个新的课题。

本文以近年来网络语言里的“各种”为例，观察网络语言环境下的语法化情况。请看下面的例子：

（1）大学那会儿，各种同学各种懒，各种课，各种逃。

例中的四个“各种”有两种不同的用法，这两种用法共存在网络语言里。第一种“各种”是指量短语，表示“每一种”（某个事物的全部种类）的意思，“各”是指示代词，“种”是量词，指量短语“各种”是名词“同学”、“课”的定语。第二种“各种”用如程度副词，是形容词“懒”、动词“逃”的状语，强调性状或动作的程度高。从指量短语到程度副词，“各种”经历了词汇化和语法化。本文拟观察“各种”的词汇化和语法化过程，并据此探讨网络语言的语法化特征。

除了标明出处的语料，本文的语料均来自近两年的网络语言。

一 网络语言里“各种”语法化的句法变化过程

1.1 从短语到词：“各种”的词汇化

《现代汉语词典》（商务印书馆，2012年第6版）没有收录“各种”，但收录了“各个”：一是代词，每个义；二是副词，逐个义（如“各个击破”）。其实“各种”也可以作为词来收录。如果把“各种”看作短语，要想成为词，必须满足一个必要条件：中间不能插入其他成分。也就是说，“各种”要想词汇化，必须经历“可插入其他成分 > 较少插入其他成分 > 不能插入其他成分”这样一个词汇性逐渐增加的过程。

从静态角度看，“各种”中间只能插入数词，如“水果蔬菜各一种”、“果冻果汁各两种”、“国花市花各三种”。这种插入数词的情形并不能完全证明“各种”不是词，因为插入任何一个数词，都与“各种”的意义有明显差别。如“各一种颜色”是指“各有一种颜色”，而“各种颜色”是指某个范围内的所有颜色。如果强调“各”与“种”的组合性（“各”可以被“这 / 那”等替换，“种”可以被“类 / 位 / 间”等替换），说“各种”是指量短语，那也是结合紧密的指量短语，实际使用情况可以证明这一点。

从实际使用情况看，“各种”中间很少插入数词，如北京大学中国语言学研究中心现代汉语语料库（3.6 亿字规模）只有 3 例，国家语委现代汉语语料库（1 亿字规模）只有 1 例，都是“各一种”。北京大学中国语言学研究中心现代汉语语料库“各种”有 54962 条，国家语委现代汉语语料库“各种”有 5419 条，因此，实际使用情况表明，“各种”的组配频率较高而且比较稳固，本身已经处于“较少插入其他成分”的准词汇阶段。虽然高频并不意味着“各种”词汇化的发生，但词汇化发生的概率与实例的使用频率是正向相关联的。高频使用对于语言变化起着重要作用，从认知上看，它促使“各种”在心智表征中形成固化，也促使其得以迅速扩散和传播，从而诱发了语法、语义或语音上的变化（王寅 2012：932）。

值得注意的是，双音节结构是双音词最主要的来源（董秀芳 2011:34，148）。“各种”是双音节的结构，“各”与“种”十分靠近，容易黏合在一起而发生词汇化。

网络语言里，不少“各种”的用法，不能用“每种”来替换，更不能插入数词。例如：

（2）几乎每天都在吵架，各种找理由，目的就是要我拿出我妈给我的嫁妆钱，说这是婚后共同财产。

（3）他在学校各种调皮各种逃课，班主任怒了，叫他叫家长。他不敢叫他爸妈啊，这货就叫我冒充他亲哥去见他班主任，话说哥当年也有点稚嫩啊，班主任各种不信啊，让我给他家里的电话他直接和爸妈联系。

如果是“找各种理由”，“各种”还可以替换成“每种”或“每一种”，但像例（2）的“各种找理由”，例（3）的“各种调皮各种逃课”、“各种不信任”，“各种”都不能替换成“每种”或“每一种”。这说明例（2）（3）里的“各种”已经处于“不能插入其他成分”的阶段，已经词汇化了。

1.2 从定语到状语："各种"范畴特征的变化

“各种”的语法化，必然经历丧失原有范畴特征、获得新的范畴特征的过程。

作为指量短语的“各种”，是体词性的，主要语法特征是充当定语修饰 NP（名词性成分），如“各种学生 / 情况 / 条件 / 思潮 / 关系 / 借口 / 眼光”。但网络语言里，词汇化后的“各种”充当状语，是副词性的，修饰 AP（形容词性成分），尤其是修饰 VP（动词性成分），甚至是修饰比较复杂的动词短语。关于“各种”的组配情况，郭妍妍（2013）做了基本的描写。请看下面的例子：

（4）第一次见女友父母各种紧张各种坐立不安有木有，好不容易熬完了，走的时候在走廊跟她爸说“叔叔再见”，结果她爸也回了一句“叔叔再见”，敢情她爸比我还紧张呢。

（5）上学的时候老爹各种思念，放假一回家对我各种嫌弃，嫌我懒经常对着我大吼，恨不得活剥了我。

（6）朋友以前是在 10086 客服工作的！就是那种“人工服务请按 0”的那种！大家都知道，这种服务行业经常会遇到无聊的人各种无理取闹的！当然公司也会规定无论遇到什么样的客户都要始终如一的态度好！后来我朋友有天上晚班有个喝醉的人各种问她要电话，她各种不给！后来那人就开始骂娘！我朋友各种忍！因为公司规定她们不能挂客户电话！必须等客户先挂！结果那人越骂越起劲！开始问我朋友全家，越说越难听，后来我朋友忍不住回了句“同样的祝福送给您”。当然结果很明显，朋友被开除了。

例（4）“各种紧张”、“各种坐立不安”，是“各种”做状语修饰形容词的用法；例（5）“各种思念”、“各种嫌弃”是“各种”做状语修饰动词的用法。例（5）“各种嫌弃”前边还有介词短语“对我”做状语，说明“各种嫌弃”是动词性结构。例（6）体现的是“各种”修饰复杂动词短语的用法，如“各种问她要电话”、“各种不给”。这些例子中的“各种”已经不是原有的范畴特征——充当定语，而是具有了新的范畴功能——充当状语，这是副词的典型特征。为什么说例中的“各种”是副词而不是形容词？一是因为句法功能上“各种”只能充当状语，不能构成用来指称的“的”字短语；二是因为“各种”不能受“很”类程度副词等其他词语修饰。王玲玲（2012）通过“各种”八个分布特征的考察也证明上述例子中的“各种”是副词（副词的隶属度达到0.8）。下面的说法也可以提供佐证：

（7）一奇葩哥们，昨天去坐公交车，上车一元，那货多投了一元，非常不爽，各种抱怨！

（8）a. 军训教官各种严。走进宿舍看到一床被子就骂：“这叠的什么玩意，谁的，给我重叠。”

b. 那时候的教官特严，吃饭时候，我们乱哄哄的，教官发话：“谁吵谁没饭吃！”

例（7）中程度副词“非常”与“各种”形成对举，例（8）的a和b都是说军训教官要求严，副词“特”与“各种”形成对照。这些都能说明“各种”是副词用法。

1.3 从宾语到谓语：“各种VP/AP”的句法功能变化及重新分析的发生

“各种”语法化的关键句法变化过程，是“各种VP/AP”句法功能的变化过程，因为这种句法功能的变化，为重新分析提供了条件。

“各种”的主要句法功能是充当NP的定语，但也可以充当VP/AP的定语，条件是“各种VP/AP”必须充当宾语。例如：

（9）乡下农忙。天气预报了4天的雨。做好了各种准备。

（10）也许深爱上一个人，我们会生出各种惶恐，因为感情一旦失去，会心疼如割。

（11）一天耳濡目染的都是他们对我们的各种威胁，各种恐吓。

（12）诺贝尔文学奖本来是风雅之事。高密地方政府这么一搞，有些大煞风景。但愿目前这一切，都是一些动议，是被大奖击中后的各种不正常和各种凌乱。

例中，宾语位置上的“各种准备”、“各种惶恐”、“各种威胁”、“各种恐吓”以及“各种不正常”、“各种凌乱”，都是定中结构，起指称作用。一旦这些“各种VP/AP”的句法功能发生变化，由充当宾语（或宾语中心语）变成充当谓语，就诱发了对“各种VP/AP”的重新分析。例如：

（13）老妈为了叫我起来，各种骗，各种威胁。

（14）被前公司老板各种恐吓，求救……报警管用么？

例（13）的“各种威胁”，例（14）的“各种恐吓”，都是充当谓语，起陈述作用。这会导致“各种威胁/恐吓”被重新分析为状中结构，并且“各种”被重新分析成“威胁/恐吓”的状语。这是“各种”语法化过程中的关键句法变化，改变了“各种”的原有范畴特征，使“各种”获得了新的范畴特征——状语功能，其语法性质也从指量短语演变成了副词。

应该强调的是，例（9）—例（12）宾语位置上“各种VP/AP”里的“各种”，虽然定语功能没有变化，但语义上产生了变化，主要不是表示类别的全部，而是突出数量多，近似数词“许多”，词汇化程度较高。例（13）、例（14）里，谓语位置上“各种VP/AP”里的“各种”，其句法功能和语义都发生了变化，不再表示数量多，而是表示程度高，“各种”已经完全词汇化了。（参见2.2节的讨论）

作为指量短语的“各种”修饰NP时，“各种NP”通常充当宾语、定语或主语，起指称作用，如“收集各种照片”、“各种毛衣的织法”、“各种矛盾交织在一起”。语法化以后的“各种”，作为副词，仍然可以与NP组配，但“各种NP”不再充当宾语、定语或主语，而是充当谓语或补语，起陈述作用。例如：

（15）坐公交车上班，总能碰见去上学的小学生和送他们的爷爷奶奶。一大早，陆陆续续就只听见：“滴，学生卡！”“滴，老年卡！”路上一个站点，上来一妇女，刷卡的时候，只听到：“滴！”前排座位上不知哪个二货小朋友接了句：“滴！老娘们卡！”车上的人瞬间各种黑线……

（16）今晚跟男友吃饭，他之前追的女生也在，为了表示我不比她差，我一直表现得各种淑女。

例（15）中的“各种黑线”做“车上的人”的谓语，例（16）“各种淑女”处在“得”后的补语位置，都具有陈述功能。

二　网络语言里“各种”语法化的语义语用变化过程

2.1　“各种”语法化的语义基础

“各种”的语法化有两个语义基础：一是“各种”包含“数量多”的意义；二是“各种”偏好内在的性状。

“各种”包含“数量多”的意义。指示代词“各”表示某个范围内的所有个体，包含数量多的意义。“种”可以充当集合量词和个体量词（吕叔湘1984：614—615）。“种”用为集合量词时，用于内部一致而对外有区别的一组事物，如“各种动物/商品/鸟/人”，表示“动物/商品/鸟/人”的所有类别，包含着数量多的意义；“种”用为个体量词时，如“各种风俗/目的”，表示“风俗/目的”的所有个体，也包含着数量多的意义。因此，无论“种”是集合量词还是个体量词，“各种”都具有周遍性，要么表示类别的全部，要么表示个体的全部，都包含有数量多的意义。

“各种”偏好内在的性状。“种”用为个体量词时，强调与同类事物相区别，多用于抽象事物，最容易跟抽象名词组配。“种”偏向于内涵或内在的性质、作用（无界的事物），不太顾及外延或表面的、形式的方面（有界的事物）（吕叔湘 1984：519），因此，相对“件 / 根 / 条 / 支 / 张”等个体量词而言，“种”更容易和外延不突出的无界事物组配，谓词如果表示活动，也是一种无界的特殊“事物”。如例（9）里的“准备”，例（11）里的“威胁”、“恐吓”，都可以受“各种”修饰。

汉语的 VP 或 AP 本来就有陈述和指称两种功能（沈家煊 2012），这是重新分析的诱发力量和促动语法化的重要因素。当例（11）“一天耳濡目染的都是他们对我们的各种威胁，各种恐吓”里那样的“各种恐吓”处在宾语位置时，“恐吓”起指称作用；当例（14）“被前公司老板各种恐吓”里那样的“各种恐吓”处在谓语位置时，“恐吓”起陈述作用。VP 的陈述 / 指称双重功能，是重新分析的内部基础，为人们重新理解提供了选择。

更为关键的是，VP 的指称作用为与“各种”的组配提供了最大的可能性。“各种”本来的常规组配对象是指称作用突出的 NP，而起指称作用的 VP 与起陈述作用的 VP 比起来，前者更靠近 NP，这就为组配带来最大的可能。实际用例中，双音节的 VP 与“各种”组配更容易，可接受度也高一些，如“各种哭诉”、“各种感谢”就比“各种哭”、“各种不承认自己胖”的可接受度要高，这可能与双音节的 VP 指称性更强有关（张伯江 2012；储泽祥、智红霞 2012）。

2.2 “各种”语义的虚化过程

“各种”的语法化，语义上经历了“具体义 > 较少抽象义 > 更多抽象义”这样一个抽象性逐渐增加的过程，具体说来就是经历了

“某事物的全部种类 > 事物的数量多 > 活动或性质的程度高”这样一个逐渐抽象的过程。

作为指量短语的“各种”修饰NP时，“各种”具有周遍性，通常表示NP的全部种类，是“各”与“种”的组合语义，“各种”所表示的NP不同类别的数量范围（外延）是有定的，因此数量比较具体、精确，可以用“每（一）种”来替代，如下面例子中的“各种飞机”：

（17）海军有73艘舰艇共6万吨，各种飞机300多架。（北京大学CCL语料库）

例中“飞机”的种类是有定的，因此“各种”所示的类别数量范围是实在、具体的，与现实的类别数量一致。

如果“各种”修饰NP时，“各种”所表示的NP不同类别的数量范围（外延）是无定的，这时的“各种NP”往往处在宾语位置，那么，“各种”不再是“各”与“种”的组合语义，“各种”的语义倾向于它本身包含的一个语义侧面：数量多。如“找各种理由来推脱”，到底有多少种“理由”并不清楚，因此，“各种”无法表示“理由”的实在、具体的数量，只能理解为“数量多”。特别是在夸张、感叹语境里，“各种”是极言其多，数量并不精确，“各种”的意义有所抽象。例如：

（18）大学一奇葩，从不去上课，临考是各种小抄。

（19）某日，我一同学刚从网吧出来，不料遇上一帮地痞流氓，各种铁链各种匕首，问道：“兄弟，给点钱花呗。”同学淡定地说：“没钱。”

这两个例子都有夸张、感叹的意味。例（18）的“各种小抄”意思是小抄很多，例（19）的“各种铁链各种匕首”意思是各式各样的铁链和匕首，说话人用“各种”表示数量多，不在乎数量是否精确，这时的“各种”近似数词“许多”的用法，用“每种”替换十分勉强，说明“各种”基本上词汇化了。前文例（9）—例（12）宾语位置上的“各种VP/AP”，VP/AP的类别数量也是无定的，因此“各种”的语义倾向于表示数量多。如果放在夸张、感叹的环境中，数量多的语义得到凸显，“各种”更加接近数词“许多”的用法。

“各种”充当VP/AP的状语时，语义进一步抽象化，“各种”的语义已经不属于数量范畴，而是表示动作或性质的程度高。从数量多转向程度高，是隐喻的结果。例如：

（20）兄弟新交一女朋友，脸孔各种清纯，身材各种火辣，还在我面前一直称赞她传统、内向、温柔。

（21）三十六小时没合眼是个啥概念，就是我这样。坐在公交车上各种迷糊各种恶心。车还各种晃。

例中的“各种”表示程度高，大致上可以用程度副词“很”或“非常”来替换。

“各种”的语义从数量多抽象为程度高，可以从实际用例中观察到一些线索。例如：

（22）姐姐的女儿在香港出生香港长大，每年暑假的时候都要回我们老家住一个月。今年7岁了。于是今年回来就山上果园小溪各种疯跑啊！

例中的“各种”表示“疯跑”的程度高，与数量多的联系依然可以从相关成分中观察得到。“疯跑”的程度高体现在“疯跑”场地的众多上：山上，果园，小溪……

在“各种VP”结构中，VP越具体，“各种”的意义就越抽象。例如：

（23）店里丢了贵重物品，作为店长要去消控室看监控录像，谁想那摄像头华丽丽的正对着我办公的桌子，可是从我办公的地方看它可是望向别处的。高潮来了，下面就是4倍的（这个速度看人最滑稽了），看姐在那各种吃各种玩各种抠鼻屎整内衣好不好！我想说这是有多糗，我和领导都在看监控啊！

例中“吃”、“玩”尤其是“抠鼻屎整内衣”都是很具体的动作，跟“准备”、“威胁”等动词比起来，这些具体的动作与“各种”

本来的意义“某事物的全部种类”距离上更加遥远，实义上的搭配也更加困难，因此，只有虚化程度高的“各种”，依赖虚词的身份，才可能与它们组构在一起。

应该注意的是，例（23）里的“各种”不能用“很”类程度副词替换，说明它们的表义功能存在差异，下文第三部分会进行分析、比较。

2.3 “各种”语法化的语用变化过程

语言演变受语用的影响（王士元 2011），“各种”的语法化在语用上经历了“客观性 > 较少主观性 > 更多主观性”这样一个主观性逐渐增加的变化过程，具体说来就是经历了“客观全部 > 主观大量 > 主观高程度”这样一个语用-语义的主观性逐渐增加的过程。

作为指量短语的“各种”修饰 NP 时，表示 NP 的全部类别，数量是客观的，即“客观全部”，如下面例子中的“各种（花纹）”：

（24）碑头、碑侧和碑座上雕刻的各种花纹，成为美术工作者借鉴的蓝本。（北京大学 CCL 语料库）

当“各种 NP”出现在夸张、感叹这种主观性强的语境中时，说话人用“各种”来强调数量多，数量不再精准，即“主观大量”。例如：

（25）正在餐厅吃饭，突然旁边来了一大姐，身上各种香水的味道。咱受不了啊，一点吃饭的胃口都没了。

例中“身上各种香水的味道”是说话人的主观感受，用“各种”是强调香水的混杂、量大，并不在意数量是否精确。

谓语位置上“各种 VP/AP”里的“各种”，主观上强调程度高，通常都是夸张或感叹性的语境。在这种语境中，“各种”是语用焦点，如果说出来，“各种”的“各”是重音所在，必须拉长、加重。例如：

（26）据说男孩学习各种差，女孩各种优秀漂亮！

（27）一女嘉宾下来时候脚崴了一下，男嘉宾便搀了她一下，然后女的就各种表白啊各种感动啊夸男嘉宾各种绅士啊，结果，男嘉宾来一句：“我只是顺手。”

（28）中午各种热啊，跑去买菜，中午准备做糖醋里脊和可乐鸡翅了。回到家开始做可乐鸡翅，各种捣腾啊，鸡翅做好了，一出锅各种不对劲啊。准备做第二道菜糖醋里脊，什么东西都准备好了，锅烧热了准备倒油炸肉。高潮来了，我各种找油啊，各种找啊，终于看见油桶了，可那货却是空的，空的啊。

例中，“各种”所在的句子是带有夸张色彩的感叹句，感叹语气助词“啊”以及叹号都可以表明这一点。在这样的语境中，“各种”承担了说话人要突出、强调的内容，主观性强的语境赋予了“各种”高程度的主观化意义，并凭借谓语位置上的“各种 VP/AP”结构而得以凸显，吸引了交际者的注意，为重新理解“各种”提供了语用条件。

“各种”的主观性意义是共时主观化语境（夸张、感叹）固着下来的结果，而共时的主观化语境能够消解“各种”句法规则的限制（刘正光 2011），使“各种”丧失原本的范畴特征（定语功能），为“各种”获取新的范畴特征提供了临时的句法结构（即“各种 VP/AP”充当谓语），如果网民们在谓语位置上刻意使用“各种 VP/AP”，就会造成“各种 VP/AP”的重新分析（由定中短语重新分析为状中短语）。随着“各种 VP/AP”充当谓语的用法不断扩散，并被更多的网民采纳、运用，“各种”就产生了副词用法。

2.4 “各种”的词汇化与语法化的伴随性

词汇化和语法化之间有一定的平行关系，也就是说，词汇化与语法化在不少方面是相伴随的。Brinton & Traugott（2005/2006：110）列表展示了词汇化和语法化的平行程度（罗耀华等 2013：183）：

	词汇化	语法化
渐变性	+	+
单向性	+	+
溶　合	+	+
聚　结	+	+
去理据性	+	+
隐喻化或转喻化	+	+
去范畴化	—	+
词义淡化	—	+
主观化	—	+
能产性	—	+
频　率	—	+
类型普遍性	—	+

这个表格包括十二个方面，其中“渐变性”等六个方面对词汇化和语法化来说是平行相关的，而“去范畴化”等六个方面是不相关的。从总体或从通常情况看，这个表格所体现的倾向性规律是可信的，但具体到某个词，就不一定适合。“各种”的词汇化和语法化的平行相伴并不限于“渐变性”等六个方面，除了能产性和类型普遍性外，“各种”的词汇化与语法化在其他十个方面都是相伴随的。如“去范畴化”，“各种”在语法化为副词以后，才真正词汇化了，而且词义也淡化了，不能表示与指称对象范围相符的具体数量；再如“主观化”，这既是“各种”词汇化的关键，也是“各种”语法化的关键。至于“频率”方面，“各种”的高频使用，是“各种”词汇化和语法化的共同诱因（参见 4.1 的讨论）。

三　副词“各种”与相关程度副词的比较

3.1　“各种”的程度高：是横向的繁多，不是纵向的高深

“各种”语法化以后，表示程度高，属于程度副词，那么，网络语言里程度副词又多了一个成员。如果“各种”没有自己的独特

表意作用，就会很快被淘汰掉。“各种”到底有什么独特的表意作用呢？通过与“很/十分/非常”等“很”类程度副词的比较，可以发现“各种”的独特表意作用。

副词“各种”表示程度高，是从“数量多”隐喻而来的，因此倾向“横向的繁多”，而不是倾向“纵向的高深”。“横向的繁多”包括两个方面：一是感叹或夸张某人/物具有某种性状的所有细节（“各种”表示 AP 的程度）；二是感叹或夸张某人做某事时穷尽了该件事的所有状况，包括动作的反复（“各种”表示 VP 的程度）。分别举例如下：

（29）第一次参加军训，听说最后表现好会给奖，于是乎各种认真各种努力。

（30）他十五六岁的时候爹妈给他添了个妹妹，他爹妈是做生意的，他就各种带孩子，十五六的孩子正好贪玩啊，那家伙就把洗衣机放点水，然后把妹妹放进去让她自己玩。

例（29）里的“各种认真各种努力”，可以理解为在站军姿、排队列、踢正步、练瞄准等不同细节上都认真努力，这种程度高体现在“横向的繁多”上；而某个项目从早到晚地练习也是认真努力的程度很高，但那是体现在“纵向的高深”上。例（30）更能体现“横向的繁多”，“各种带孩子”，包括反复不断天天带孩子，带孩子吃、喝、拉、撒、睡、玩，玩还有许多方式，这些都是“横向的繁多”的体现。

“很”类副词表示程度倾向“纵向的高深”。传统的程度副词可以形成一个级次序列，从“稍微”到“比较”到“很”到“非常”，程度由低到高，由浅到深。当然，无论是倾向横向的繁多，还是倾向纵向的高深，都是表示程度高，因此，表示 AP 的程度时，“各种”与“很”类副词可以互换，如例（29）可以说成“十分认真十分努力”，但用“各种”还是用“很”类副词，倾向是不同的。因此，即使能与“很”类副词互换，也不能抹杀“各种”的独特表意作用。

更为重要的是，“很”类副词不能修饰心理动词以外的动词，尤其是动作很具体的VP，而“各种”正好弥补了“很”类程度副词的这种不足。例如：

（31）那个男人看我百般不顺眼，只要是我男朋友和我在一起的时候就各种闹，各种劝分手，各种对我男友撒娇说想念。

例中的“各种”不能用“很”类程度副词替换。表示动作程度纵向高深的副词，常见的是“死/拼命/拼死”等副词。“各种”表示动作程度倾向横向的繁多，适合面很宽，如“吃/玩/逃/找/问/送/忍/晃/闹/骗/相信/思念/嫌弃/抱怨/恐吓/斗嘴/勾引/告白/感谢/打扮/教育/讲解/检查/折磨/欺负”都可以用“各种”表示程度，这些动作动词有个共同的特征：都是可持续的。可持续的动作，涉及的状态较多（即横向的繁多），相对的，不能持续的动作，涉及的状态较少，因此，非持续动词如“死/断/熄/完/来/去/到/出现/成立”等一般不能用“各种”表示程度，网络语言里还没有见到“各种死/各种出现”这样的状中结构。

3.2 “各种”的主观性：只描述状态，不描述性质

“各种”的语法化依赖感叹、夸张的主观化语境，“各种”表示程度带有主观性，因此“各种”适合描述状态，不适合描述性质。可以证明这一点的是，“各种VP/AP的”不能用来指称，而“很AP的”可以用来指称。如可以说“买衣服，不一定要买很时髦的”，但不能说“买衣服，不一定要买各种时髦的”。实际用例里，“各种VP/AP”带“的”的情况都很少见，更不用说“各种VP/AP的”用来指称的情况了。“各种VP/AP”一般都在谓语位置，描述主语的各种状态。比较下面例子中的不同用法：

（32）想问下有没有姑娘和我一样，一直以为自己很邪恶各种腐，看了粮百后才发现自己还是很纯洁的。

例中“很邪恶”和“各种腐”都可以处在谓语位置，但“很纯

洁”能进入“是……的”结构，“各种纯洁”就不能这样。

应该说明的是，跟“很/十分/非常”一样，“各种”也不能用来进行程度的比较，如不能说“我比你很聪明”、“我比你各种聪明”。

3.3 “各种”的语用效果：新奇风趣

跟“很”类副词相比，“各种 VP/AP”要新奇风趣一些。例如：

（33）大学隔壁寝室有个丫头，白白嫩嫩胖胖的，长的特别可爱，很像维尼熊，大家都把她当小孩看，平时我们寝室各种猥琐，她一去，我们就各种收敛，不想带坏小朋友。

例中的说法如果换成“很猥琐”、“收敛很多”，就不显得新奇，风趣也少了很多。网络用语追求新奇风趣，因为这样能够吸引网民更多的关注、回复和评论。

四 网络语言语法化的主要特征

4.1 “共时强度”突出，以空间换取时间

网络语言的语法化与现实语言的语法化有许多共同之处，如都是从实到虚的单向性变化，都是从具体到抽象的语义变化，都是从客观到主观的语用变化（吴福祥 2003）。从“各种”的语法化情况看，网络语言语法化的最大特征是“共时强度”突出。

语法化作为一种语言演变事件，离不开时间和空间（彭睿 2011）。这里的“时间”是指时间流逝过程，“空间”是指使用频率和传播范围。长期的使用会诱发语法化，频繁、广泛、大量的短期使用和传播同样可以诱发语法化。对于语法化来说，虽然时间的流逝是绝对的，但依靠广大的空间可以“换取时间”。网络语言同步交际的人数多，省力、省事、省现实时空，传播速度快，传播和影响的范围大，因此，从总体上看，网络语言和现实语言的语法化具有不同的特征。现实语言的语法化更多地依赖长期的使用（“历时

厚度”），网络语言的语法化更多地依赖频繁、大量的使用（“共时强度”）。也就是说，网络语言的语法化主要依赖“共时强度”。网络语言语法化的速度比现实语言快，但其语法化的结果未必能进入现实语言。尽管如此，网络语言的语法化具有自己的特征，是语法化丰富多样的一种体现，也值得观察、研究。

“各种”用如副词，不仅弥补了“很”类程度副词的不足，而且适应了网络上人们宣泄情绪的主观需要，再加上新颖有趣，因此，“各种”的副词用法一出现，广大网民纷纷效仿，频繁使用，并类推扩展，大大加快了“各种”的语法化进程和在网络语言中的可接受度，“各种”最终在网络上形成约定俗成的、规约化的副词用法。我们 2013 年 5 月 4 日从“糗事百科”网站随机抽取了 700 条帖子，“各种”共出现 19 次，其中副词用法 17 次，原本表示“某事物的全部种类”的用法 2 次。这说明在网络语言里“各种”的副词用法已经很常见。

4.2 渐变性不明显

现实语言的语法化是一个渐变性的过程。由 A 语法化为 B，是渐次虚化的过程，虚化有程度之分，层次之别。在 A、B 两个阶段之间，往往有个 A/B 阶段，即遵循“A ＞ A / B ＞ B”的语法化过程。如“把”的语法化过程里，A 阶段的“把”是动词，意思是“握、执”，如“臣左手把其袖，右手揕其胸”（战国策・燕策三）。B 阶段的“把”是介词，如“悠然散吾兴，欲把青天摸”（皮日休诗）。处在 A/B 阶段的“把”，可以理解为动词，也可以理解为介词，是重新分析的关键时期，如“明年此会知谁健？醉把茱萸子细看”（杜甫诗）。

现实语言的语法化“历时厚度”突出，因此，其渐变性可以通过不同时期的语料清楚地表现出来。但网络语言语法化的“共时强度”突出，“历时厚度”不足，这必然带来另一个语法化特征：渐变性不明显。只能从共时的差异去探究语法化的渐变性。“各种”

从定语到状语的变化，“各种 VP/AP”从宾语到谓语的变化，都是从共时差异中分析出来的结果。“各种”不同的用法由于缺乏时间先后上的绝对分别，因此其渐变性并不明显，也不易观察得到。好在现实语言的历史早于网络语言，因此可以借助现实语言进行判断：“各种”在现实语言和网络语言中都存在的定语功能一定在先（A 阶段），现实语言中没有而网络语言中有的状语功能一定在后（C 阶段）。但处在 A/C 阶段的“各种”用法却不容易观察到，例（12）“但愿目前这一切，都是一些动议，是被大奖击中后的各种不正常和各种凌乱”，例（18）“临考是各种小抄”，以及例（25）“身上各种香水的味道”，虽然处在 A、C 之间的阶段，但并不是处在 A/C 阶段，也就是说，例（12）、（18）、（25）“各种”的用法，虽然可以理解为指量短语，也可以理解为数词（B），但并不是“指量短语 / 副词”那样的两可理解环境。“各种”理想的语法化渐变路径可以表示如下（A：指量短语；B：数词；C：副词）：

A > A / B > B > B / C > C

我们观察到了“各种”演变的 A/B 阶段，但更为关键的 B/C 阶段（即“数词 / 副词”阶段），本文并没有观察到。

“各种”从指量短语（A）到副词（C），中间经历了词汇化过程。“各种”首先词汇化为近似“许多”的数词（B），但这种词汇化只是赋予了“各种”语用中的临时词性，还没有稳定下来，就发生了语法化。因此，“各种”从临时的数词（B）虚化为副词（C）的关键过程 B/C 难以观察到，有客观上的原因。也正是因为“各种”的数词用法是临时的，所以直到虚化为副词，“各种”才真正词汇化了。正是在这个意义上，本文才认为“各种”的词汇化和语法化是同步的、相伴随的。

五　结语

网络语言的词汇化和语法化，通常是基于两种需要：一是为了新奇有趣，以吸引关注；二是填补空白或弥补不足，即通过概念化形成新词（词汇化），或形成新的表述形式（如语法化）。“各种”的词汇化和语法化同时满足了这两方面的需要。“各种”语法化为副词，其用法新奇有趣，它表示程度高，倾向于“横向的繁多”，可以表示持续动作动词的程度，弥补了“很”类程度副词这方面的不足，也体现了副词“各种”赖以存在的表意价值。

“各种”词汇化和语法化的形式、语义和语用变化过程，可以总结于下表：

结构形式	语义	语用	结构功能	“各种”的功能	“各种”的性质
各种 NP	全部种类	客观	宾 / 定 / 主	定语	指量短语
各种 NP	数量多	主观	宾语	定语	指量 / 数词
各种 VP/AP	数量多	主观	宾语	定语	指量 / 数词
各种 VP/AP	程度高	主观	谓语	状语	副词

从“各种”的语法化过程可以看出，网络语言语法化的主要特征是“共时强度”突出，这与现实语言语法化“历时厚度”突出互为补充。网络语言的语法化现象，丰富了语法化的内容，也具有研究的价值。

“各种”的 B 阶段用法现实语言里已经存在，可以预料的是，现实语言里“各种”的词汇化方向是成为近似“许多”的数词。表示量大的数词可以虚化成副词，是有一定的普遍性的，如“千万”、“万”、“万万”等副词都是从数词虚化来的。

“各种”的副词用法能否进入现实语言，还需要进一步的观察和研究。不过在青少年口中，已经可以听到“我各种 VP/AP”这样的说法了。

参考文献

储泽祥、智红霞 （2012） 动词双音化及其造成的语法后果——以“战胜”的词汇化过程为例，《汉语学习》第 2 期，14—22 页。

董秀芳 （2011）《词汇化：汉语双音词的衍生和发展》（修订本），商务印书馆，北京。

郭妍妍 （2013） 对新兴结构“各种X”的考察，《文学教育》第5期，56页。

李 艳 （2010） “X奴”的词汇化和语法化，《文学教育》第9期，150页。

吕叔湘（主编）（1984）《现代汉语八百词》，商务印书馆，北京。

刘正光 （2011） 主观化对句法限制的消解，《外语教学与研究》第3期，335—349页。

彭 睿 （2011） 临界频率和非临界频率——频率和语法化关系的重新审视，《中国语文》第1期，3—18页。

沈家煊 （2012） “零句”和“流水句”——为赵元任先生诞辰120周年而作，《中国语文》第5期，403—415页。

王玲玲 （2012） “各种”的副词用法，《文教资料》6月号中旬刊，31—33页。

王 寅 （2012） 认知语言学和历史语言学的最新发展——历史认知语言学，《外语教学与研究》第6期，925—934页。

王士元 （2011） 演化语言学的演化，《当代语言学》第1期，1—21页。

吴福祥 （2003） 关于语法化的单向性问题，《当代语言学》第4期，307—322页。

张伯江 （2012） 双音化的名词性效应，《中国语文》第4期，338—346页。

张云辉 （2007） 网络语言的词汇语法特征，《中国语文》第6期，531—535页。

Laurel Brinton, Elizabetn Closs Traugott （2005/2006） *Lexicalization and Language Change*. Cambridge: Cambridge University Press.（罗耀华、郑友阶、樊城呈、柴延艳译《词汇化与语言演变》，商务印书馆，2013年）

（430079 武汉，华中师范大学文学院 zxchu@mail.ccnu.edu.cn）

话语插说时返回中心解析的参项和准则*

马国彦

提要 本文探讨当一个叙述片段中插入次级片段时返回中心的解析问题。首先对话语插说进行了说明和界定，对延续和非延续过渡的中心返回及返回中心进行了形式描述。在此基础上，围绕跨层相邻语句的过渡方式，以话语体式、视角、插说话段属性为参项讨论了返回中心的解析。提出了话语插说时返回中心解析三准则：话语体式准则、视角准则和插说话段属性准则。重点分析了返回中心实现为名词语和零形式时的条件和机制。

关键词 话语插说 返回中心 解析 参项 准则

1 引言

汉语叙述片段中，有时叙述句之间会插入非叙述性的句子，插说之后重新回到叙述的第一个语句的句法主语有三种可能形式：名词语、代词或零形式。例如：

(1) 在披着露珠的丛草中，在羊肠山径上，年纪大约二十岁，象村姑似的凌前英$_i$，挽着一个小篮，向山下走着。[山下面，是平躺着的晋中平川。汾河，在中间似一条受伤的长虫，蜿蜒地蠕动着。]她$_i$走下山来，便又钻入到高粱和谷苗间的道路上，向着刘村走去。(胡正《碑》)

此例第一句为叙述，由“[ ]”标出的两个句子为插入的非叙述性句子，“她走下山来”是重新回到叙述的第一个语句，主语为代词“她”。“她”回指前文第一个叙述句中的“凌前英”，

* 《语言学论丛》匿名审稿人对本文提出了宝贵修改意见，谨致诚挚谢忱！文中错谬不当之处，概由作者本人负责。

两者同标。

汉语语言学界对句子和语篇层面的指称问题开展了富有成效的研究，取得了丰硕的成果，然而类似例（1）的指称现象却讨论得不多。周国正（2005）从认知角度解释了话语插说及插说前后同指的成因和可能性，但并未深入讨论指称形式的选用受哪些因素制约，需要满足什么条件。从话语篇章的角度观察，指称现象不仅有线形的表现，还有层次的表现（徐赳赳 2010）。例（1）“她”的先行词在插说之前的叙述句中，“她”跨越插说话语回指前文，因此这种回指也是一种层次的表现。

本文以现代汉语书面语篇为例，结合中心理论（Centering Theory）分析当叙述句之间插入非叙述性句子时，返回叙述的回指中心如例（1）“她”的解析问题。首先基于类似例（1）的现象提出对中心理论的两个修正，说明和界定话语插说等概念，对延续和非延续过渡的中心返回及返回中心进行形式化描述。在此基础上，围绕插说前后句子之间的过渡方式，以话语体式、视角、插说话段属性为参项讨论返回中心的解析。

2 中心理论及对中心理论的修正

2.1 中心理论

中心理论是关于话语处理、语篇局部结构和连贯问题的分析框架，它以语义实体（semantic entity）为语篇参与者的注意中心（center of attention），研究语用意图、注意状态、推理复杂性、指称表达形式和语篇局部连贯之间的关系，目标是根据指称联系对中心在相邻语句之间的过渡方式进行范畴化、分类和排序，将推导的本质和难度形式化，利用形式体系计算话语片段的连贯程度（Grosz，Joshi and Weinstein1983；Walker，Joshi and Prince1998）。

中心理论的计算体系主要包括三个制约条件和两条规则。其制约条件可以描述为：在由语句 U_i……U_n 构成的话语片段 D 中，每个语句 U_n：

1）只能有一个回指中心 Cb（U_n，D）；2）下指中心可能不止一个，而是一个集合 Cf（U_n，D），其中的每一个成分都必须在 U_n 中实现；3）回指中心 Cb（U_n，D）是在 U_n 中实现的 Cf（U_{n-1}，D）中显著度最高的成分。

其中，语句 U_{n-1} 的下指中心集合 Cf（U_{n-1}，D）中最有可能成为语句 U_n 回指中心的成分称为优选下指中心 Cp（U_{n-1}，D），它是对 U_n 回指中心的预测，即预期焦点（Sidner 1983）。下指中心的显著度按其语法功能呈等级排列[①]：主语 ＞ 直接宾语 ＞ 间接宾语 ＞ 其他。

中心理论的两条规则为：1）如果语句 U_{n-1} 下指中心集合 Cf（U_{n-1}，D）的某一个成分在语句 U_n 中实现为代词，那么该语句的回指中心 Cb（U_n，D）也应该实现为代词；2）语句过渡方式按一定的顺序排列。延续（continue）过渡优于保持（retain）过渡，保持过渡优于流畅转换（smooth shift），流畅转换优于非流畅转换（rough shift）。

语句过渡方式根据回指中心和优选下指中心两个语义实体之间的关系记录语篇参与者的注意状态变化情况。从语句 U_{n-1} 到 U_n 的过渡方式取决于两个因素：U_{n-1} 和 U_n 的回指中心是否相同；U_n 的回指中心是否同时是其优选下指中心。

2.2　对中心理论的两个修正

中心理论对注意中心切换、语句过渡方式的描述，以及回指的解析集中于水平维度上线性相邻的语句，其制约条件和规则关于局部连贯的运算，可以概括为根据“毗邻经济原则”对回指中心实现情况的观察：对任一话语片段 D 而言，语句 U_n 的回指中心是从紧邻上句 U_{n-1} 的下指中心集合中产生的，并且优选较简形式，而不能从间隔上句 U_{n-2} 或其他在前语句的下指中心集合中产生。否则，该话语片段是不连贯的（Walker 1994；Grosz，Joshi and Weinstein 1995）。

类似例（1）的话语现象启示我们应重新思考中心理论的原则定位和相关规则。毋庸讳言，自然语篇中不仅有线性序列话语，更有研究价值，更能够反映语篇层级结构特征的是在纵向维度上展开的、有层级关系的类似例（1）的话语。这些现象是从语篇局部到整体的界面。基于中心理论而对此类问题进行分析，将会为探索语篇的整体连贯奠定基础。中心理论的目标是解释语篇的局部和整体连贯，而目前的研究主要集中在语篇生成和理解的过程中，语言使用者注意状态的逐句变化。因此，为了进一步完善中心理论，扩大其分析和适用范围，对于回指形式和连贯程度的计算应该考虑话语插说层次和语句之间的层级关系。

中心理论一般不把插入语看作分析单位，中心过渡一般也不考虑插说层次（Taboada 1998；Hurewitz 1998）。Joshi 和 Weinstein（1998）指出，两个连续的、相邻的语句可能不在一个话语片段内，一个话语片段内的两个连续语句也可能不在一个层次上，例如一个话语片段中可能包括一个次片段或语句的组合。换句话说，话语片段内回指中心和先行实体之间的距离，既可能是线性的，也可能是层级性的。

Walker（1998）讨论了中心理论限于相邻语句之间的关系而引发的两个问题：中心往往在跨越话语片段边界之后仍然继续，片段外和片段内的代词指称形式是一致的；即使是在话语片段内部，相邻语句之间也有着强烈的对比，存在层级相近与单纯线性相近的差异。他提出将中心理论、意图结构与话语整体的层级结构整合起来的缓存模式（cache model）以解决这些问题。

本文以话语片段为注意力焦点切换的描述单位，当前状态下回指中心的实现是片段内的运作。本文所说的话语片段指围绕一个单一话题组织起来的单位，参考 Passonneau 和 Litman（1997）的处理方法，以句子为话语片段的基本单元。句子之间可能是相邻的加合关系，也可能是层级关系。

如果考虑插说层次，那么基于线性相邻的毗邻原则应该修正为：一个话语片段中语句 U_n 的回指中心的实现既可能受线性相邻的上句 U_{n-1} 的影响，也可能受层级相邻的上句 U_{n-1} 或插说话语片段的影响。

例如，例（1）是在整体以“凌前英”为主话题的话语片段中，插入了以“山下面”为次话题的片段，即第二句和第三句。插说片段应看成是对第一句中的实体“山下”的精细化说明，进一步介绍了自然环境等相关信息，在语义上受该实体控制。以 Polanyi（2003）的语义树形图表示这一话语片段的组织格局就会发现，第一句和第四句有时间先后关系，两者是平行的，而第二句和第三句则挂靠在第一句的节点（node）下，它们在语义上比第一、四句低一个层级。

由于修正了毗邻原则，考虑了插说部分和话语的不同层次，中心理论的规则 1）对回指形式的描述因此也就需要做相应调整。Grosz（1995）认为，回指中心的实现应该区分零形式和代词，并认为零形式优先于代词，因此规则 1）不宜称为代词规则。我们认同这一修正方案，规则 1）是解释回指中心实现的原则，应根据不同语言并结合中心所处的语篇环境来描述。参照 Kameyama（1998）的“句内中心假设”（Intra-sentential Centering Hypothesis），一个复杂句可以切分成相当于句间中心中的“语句”的中心更新单元（Center-updating unit），这样的中心更新单元事实上相当于通常所说的小句。因此如果同时考虑句内和句间两种情况并结合汉语的实际，前文所说的语句 U_n 就有两种可能性：小句和句子[②]。在规则 2）不变的条件下，规则 1）应调整为：

修正后的规则 1）：当中心更新发生在句内（小句之间）时，如果下指中心 Cf（U_{n-1}，D）的某一个成分在 U_n 中实现为零形式，那么该语句的回指中心 Cb（U_n，D）也应该实现为零形式；当中心更新发生在句间（句子之间）时，如果下指中心 Cf（U_{n-1}，D）的

某一个成分在 U_n 中实现为代词，那么该语句的回指中心 Cb(U_n,D)也应该实现为代词。

需要说明的是，规则 1）和修正后的规则 1）仅是回指中心解析的充分条件，强调在有繁简不等的多个成分共存的前提下，回指中心应优先实现为较简形式，但未说明在其他情况下，如何解释和预测回指中心的实现形式。因此，为了对返回中心进行全面解析，本文的讨论范围包括三种形式：零形式、代词和名词语。

3 话语插说与中心返回

3.1 话语插说

中心理论将语篇结构描述为三个基本成分：意图结构、语言结构和注意状态。意图结构界定语篇的意图，语篇的总体交际意图称为语篇意图，语篇中的片段也包含相关的意图，称作话语片段意图。语篇的连贯性在于话语片段意图的实现有助于语篇意图的实现。语言结构包括语句如何组织为话语片段、话语片段之间的关系，以及语调、形态、句法等语言特征。语言结构最终取决于意图结构，话语片段意图及其间的关系是语篇结构关系的基础。

从中心理论的角度看，类似例（1）的话语片段的组织方式和结构格局是意图结构元素之间的关系及对此做出的认知处理在话语表层的反映。在一个话语片段中，发话者可能认为某一个语篇实体是受话者所不了解的，需要补充必要的背景或相关知识，也可能认为该实体表达的信息不够充分或不太完善，需要作进一步的解释、说明，提供更多的细节，这种在话语片段中对信息进行精细加工的意图，就是信息的精细化（elaboration）意图。

话语片段的信息精细化要求发话者进行前后相续的两种认知处理：推入和弹出。所谓“推入”，指“暂停目前正在进行的工作，记住在什么地方停下的——并开始一项新的工作。这项新的工作通常被认为是比前一项工作‘低一个层次’”（侯世达 1995：168）。

在语言结构中，一旦实施推入处理，就意味着对一个话语片段进行了插入（insertion）操作：将一个新的话语片段植入该话语片段中。其中原话语片段是话语的主体，可以称为“主话段”（Matrix Discourse Segment，MD），而显示插入的、在语义关系上低一个层级的是“插说话段”（Inserting Discourse Segment，ID）。

这种插入操作在话语片段中表现为以某一语句下指中心集合的一个成分为话题，对其加以描写、评述而形成插说片段。该话题可能是该句的回指中心和/或优选下指中心，也可能是初次引入语篇的实体。插说话段是在话语主线推进过程中停顿下来而形成的，表征的是一种从属意图，以明示的话题作为结构节点，插说话段中的所有语句都附着在它之下，受该节点的直接统制，这些语句同时也受与该话题平行的其他节点的统制（Asher 2004），因此在语义关系上插说话段比主话段低一个层级。

就长度大致确定的插入话语片段而言③，实现信息精细化之后，尚需进行“弹出”处理，即“结束这个层次上的操作，在上一层暂停之处恢复操作”（侯世达 1995：168）。在语言结构上，弹出指的是关闭插说话段，返回到话语主线上来，并再次建构主话段。

综合以上，本文讨论的仅有一个层次的话语插说指在一个话语片段中，通过确立话题而在主话段中形成次话段的过程。由于插说话段的分隔，主话段分成了前后两部分，发生话语插说的话语片段的结构格局可以表示为：

（2）$D = MD_1 + (ID) + MD_2$

3.2 中心返回：延续和非延续

厘清话语插说及返回的语法操作，为结合注意状态分析回指中心返回话语主线的形式及各种制约条件奠定了基础。在中心理论中，注意状态在语言结构和意图结构之间起调节作用。中心理论试图将发话者的注意状态与语言形式的选择以及语篇结构匹配起来。选择某一语言形式来指代某一语篇实体就是为了将发话者的意图与注意中心相对应。注意状态制约着指代成分的表层形式，并将当前的语句与上一语句相连接。

包括插说部分的话语片段虽表征一个大的意图结构，但由于进行话语插入操作，因此势必会引起注意状态的变化，注意中心需相应地进行调节：先前中心在工作记忆的堆栈中暂时储存，待插入部分处理完，继续另一部分的主话段时，中心返回话语主线，该中心所代表的语篇实体得以恢复。

按照（2）所描述的发生话语插说的话语片段的结构格局，主话段 MD_2 的第一个语句 U_n 的上句 U_{n-1} 指的是主话段 MD_1 的最后一句。中心返回可据此定义为：U_n 的回指中心 Cb（U_n，MD_2）从 U_{n-1} 的下指中心集合 Cf（U_{n-1}，MD_1）中确定同指实体的过程。返回中心 RC 相应地就是主话段 MD_2 第一个语句 U_n 的回指中心，即：

（3）RC=Cb（U_n，MD_2）

就例（1）而言，返回中心指第四句的“她”，它跨越第二、三句指称第一句中的实体“凌前英”，两者同标。

根据修正后的跨层毗邻原则并结合上文讨论，话语插说不影响中心规则和制约条件的适用。返回中心的实现方式可以参照修正后的规则 1）和规则 2）进行解释和预测。

根据规则 2）和制约条件 3），当从语句 U_{n-1} 到 U_n 的过渡方式为延续时，返回中心即 U_n 的回指中心 Cb（U_n，MD_2）与 U_{n-1} 的回指中心 Cb（U_{n-1}，MD_1）指称同一个实体，并且它同时是 U_n 的优选下指中心 Cp（U_n，MD_2），即返回中心处于语句 U_n 的主语位置。此类返回中心可据（3）重写为（4）：

（4）RC=Cb（U_{n-1}，MD_1）且 RC=Cp（U_n，MD_2）

当从语句 U_{n-1} 到 U_n 的过渡方式是非延续时，有两种可能[④]：一种是流畅转换，返回中心同时是 U_n 的优选下指中心 Cp（U_n，MD_2），但并非 U_{n-1} 的回指中心 Cb（U_{n-1}，MD_1），而是 U_{n-1} 的下指中心集合中的其他成分，同样处于语句 U_n 的主语位置。此类返回中心可据（3）重写为（5）：

（5）RC $\neq$ Cb（U_{n-1}，MD_1）且 RC=Cp（U_n，MD_2）

另一种是保持过渡，返回中心同时是 U_{n-1} 的回指中心 Cb（U_{n-1}，MD_1），但并非 U_n 的优选下指中心 Cp（U_n，MD_2），因而处于语句 U_n 的非主语位置。此类返回中心可据（3）重写为（6）：

（6）RC=Cb（U_{n-1}，MD_1）且 RC $\neq$ Cp（U_n，MD_2）

从话语片段的语义构成来看，符合（4）意味着返回中心是整个话语片段的主话题，话语插入并未对主话题的延续性造成影响。符合（5）指的是前一主话段仅起引出新话题的作用，插说部分和后一主话段是基于新话题而展开的，话题转向使这两部分之间的语义关联度更高。而符合（6）则意味着话语可能会进行流畅转换，也可能会向延续过渡发展。由此还可以看出，对返回中心的解析就是同时对两个层次、三个话语片段的结构、语句之间的关系和连贯问题的研究。

需要注意的是，本节及下文所说的语句 U_n 或 U_{n-1} 在其所在的话语片段中可能是小句，也可能是句子。但由于插说话语的隔断，中心更新必然是在句间发生的，即 U_n 和 U_{n-1} 本为或分属不同的句子。插说部分虽然在认知上可以经由分层处理而删略，但这种距离间隔使注意中心的可及性降低，返回中心除实现为代词外，有可能采用完整的名词语形式，也可能由于其他因素的协同作用取零形式。以下结合相关参项对返回中心进行详细解析。

4 返回中心解析的参项与准则

前文已述及，语篇参与者的注意状态制约着中心的实现形式。当主话段和插说话段在语义层次和信息上的差异表现为充分和适量的区分度，语句过渡较为平稳时，注意状态仅有轻度变化和细微调节，并不会要求返回中心在语言形式上作相应调整。汉语语篇中，由于话语插入是在句子之间进行的，因此这种情况下，返回中心的实现应参照修正后的规则 1)，取代词形式，如例（1）由于插说部分未影响主话题的延续性，因而在第四句返回到话语主线上时，可以顺利关闭并跨越插说片段，返回中心实现为代词。而当结构、语义和信息方面上的区分以及语句过渡方式导致注意状态发生较大变化时，返回中心的实现形式就会必然因此加以调整。那么影响注意状态的因素究竟有哪些呢？

进一步观察例（1）可以发现，这一话语片段属于（4）所描述的中心延续类型，其返回中心之所以能够严格按照规则进行处理，根本原因在于同时满足了以下三个条件：1）主话段和插说话段的话语体式（Discourse Modes，DM）差异明显：一为叙述，一为描写，且主话段前后两部分话语体式一致；2）整个话语片段的视角（Point of View，PV）是同一的，采取的是叙述者视角，无视角变化；3）由插说话段隔开的两个跨层相邻语句之间是延续过渡，插说部分包括的语句数量较少，语义结构比较简单，所涉实体与主话段的中心属于不同的语义范畴，不影响返回中心的可及性，并且无其他词语标记共现。

无疑，以上三个条件中的任何一个发生了变化，都会引起注意状态的调整，从而影响返回中心所采取的形式。而这三者就是制约返回中心实现的参项。

4.1 话语体式与返回中心解析

话语体式的转换与语篇单位的切分是一致的（Smith 2003）。例（1）的主话段和插说话段存在着话语体式上的差异，主话段是对事件的叙述（narration），动作行为在时间的线性推进中编码，而插说话段是对环境的描写，没有时间性，属于描写（description）体式。两者的差异可以通过句式及其中的动词类型、相关的时体标记进行区分。例如，例（1）中主话段的第一句和插说话段的第二、三句都用了体标记"着"，但其作用不同，在主话段中，它标示动作的持续，而在插说话段中，标示的是状态的持续。

话语体式的差异显示的是主话段和插说话段在语义和形式上的不同，虽然插说话段中可能涉及与返回中心有关的实体，但话语体式以时间性为核心的差别保证了足够的区分度，不至于使两者混淆起来，因此可以支持中心的顺利返回，不参与中心选择（Joshi and Weinstein，1995）。

根据话语体式的分布，类似例（1）的话语片段的组织格局可以表示为：

（7）叙述 +（描写或评论）+ 叙述

其中叙述是主线，返回主线指的是暂时停顿之后重新开始叙述。在其他条件相同的情况下，符合这一格局，主话段和插说话段在话语体式上的区分越明显，注意状态发生变化的可能性越小，返回中心越有可能按照修正后的规则 1）取代词形式。换个角度看，叙述和非叙述之间存在话语体式界限，如果返回中心在没有任何标记的情况下实现为零形式，就无法明示话语体式的转换，因此在返回叙述主线时，应以代词桥接。

偏离这一格局有两种情况，一种是话语片段属于（4）定义的中心延续类型，并且返回中心所在的语句在话语体式上与插说话段一致。这种情况下，插说部分对于主话段来说就不是完全关闭的，注意状态会自然地由插说话段顺延至主话段，而无需进行分层处理，由此使层级距离让位于线性距离，返回中心在此渗透性的影响下，加上某些词语的辅助支撑，会采取零形式。如：

（8）一直等到半夜，地上横七竖八躺满烟头，牛爱国$_i$才悄悄潜到“老李美食城”，打开卡车的鼻子盖，用嘴叼着手电，开始换水箱。[换一个水箱得俩钟头，他硬是没弄出声响。看来啥事只要用心，不可能的事就能变成可能。] 然后<u>Ø</u>$_i$跳上车，发动，猛地把车开走，像是偷车。从此半个月，他没敢再来泊头。（刘震云《一句顶一万句》）

例（8）回到话语主线的第一句中虽有三个连续的叙述小句“跳上车，发动，猛地把车开走”，但这些实际上均为动作未完成的短语，整个句子的完结依赖的是叙述者评议性的“像是偷车”，因此这是一个叙述和评议结合的句子，而不单纯是叙述，与插说两句在话语体式上基本一致。换一个角度观察，这种一致性还与插说话段对主线语义构成的影响密切相关：一方面，人物实施的从“开始换水箱”到“跳上车”两个行为之间，事实上还应有一个逻辑环节“换好水箱”，这一环节并不见于主线，而是蕴含在插说的两句话之中[⑤]；另一方面，插说第一句已用代词“他”回指“牛爱国”，这为返回主线时选用最简指称形式奠定了基础。

因此，此例返回话语主线时用“然后”连接，不仅将换水箱行为的完成与接下来的事件联系了起来，标出了插说部分和主话段的语义关联，而且由于这种连接作用保证了注意状态的平稳过渡，因而这属于 Li 和 Thompson（1981）讨论的“句间零形回指”（inter-sentential zero anaphora）现象，即可在语义同指的前提下支撑返回中心采取零形式，不违背“之前从未实现为回指中心的实体，不能解释为零形式的先行成分”这一规则。

正由于此，例（8）如果删略插说话语，同时保持返回中心所在语句的原貌不变，则是不自然、不连贯的：

（8'）一直等到半夜，地上横七竖八躺满烟头，牛爱国才悄悄潜到“老李美食城”，打开卡车的鼻子盖，用嘴叼着手电，开始换水箱。然后跳上车，发动，猛地把车开走，像是偷车。

以上分析显示，从话语体式的角度观察，返回中心实现为零形式是有条件、有标记的，这有助于说明和解释返回中心误用的情况。上一节谈到，当返回中心属于（5）所定义的类型，即语句之间是流畅转换过渡时，返回中心同时是插说话段的话题——返回中心所在语句与插说话段语义关联度高，从而有可能使这一实体滑入（slip）主话段，实现为零形式。如：

（9）十五这天，聚财$_i$还没有起来，就听得院里有人说：“恭喜恭喜！我来帮忙！”他一听就听出是本村的穷人老拐$_k$。[这老拐虽是个穷人，人可不差，不偷人不讹诈，谁家有了红白大事

（娶亲、出丧），合得来就帮个忙，吃顿饭，要些剩余馍菜；合不来就是饿着肚子也不去。像聚财的亲家刘锡元，是方圆二十里内有名大财主，他偏不到他那里去；聚财不过是个普通庄户人家，他偏要到他这里来。］$\underline{Ø}_k$ 说了几句吉利话，就扫院子、担水，踏踏实实做起活来了。（赵树理《邪不压正》）

此例返回中心采取零形式大概有两个方面的原因：一方面，可能是语言使用者认为第四句有“到那里去”、“到这里来”等表示动作行为的动词短语，在话语体式上属于叙述，已回到话语主线；另一方面，返回中心已然实现为代词，以“他”指代“老拐”，因此当过渡方式为延续时，用了零形式。

然而，这一用法似乎是有问题的：首先，第四句是对人物性格的举例说明，并非叙述，参考该句“不”和“要”的使用可知，它在话语体式上与第三句一致，属于插说话段。因而此例不属于线性相邻的句间回指现象。其次，在检索到的六种该小说的版本中，只有这一版本[⑥]是零形式，其他五种在“说了几句吉利话”之前，都有“他来了”这样一个桥接小句。第三，在针对此例的连贯程度进行的语感测试中，18 位受试[⑦]有 15 人认为，以代词“他”作为返回中心比零形式连贯，占 83.3%，只有 3 人认为零形式连贯，占 16.7%。

参考版本差异及连贯程度测试，就这一话语片段而言，返回中心应为代词形式“他”，其所在的主话段 MD_2 应为：

（9’）$\underline{他}_k$ 来了，说了几句吉利话，就扫院子、担水，踏踏实实做起活来了。

而如果添加表示动作或情况接连紧密的词语标记“一”，将返回中心所在句改造为“一……就……”格式，则话语的格局就与例（8）相类，满足了零形式准入的各项条件，返回中心可相应地转换为零形式。这种情况下，受试认为连贯的上升到 17 人，占 94.4%：

（9”）$\underline{Ø}_k$ 一来，说了几句吉利话，就扫院子、担水，踏踏实实做起活来了。

另一种情况是，中心虽然返回，但其所在的语句在话语体式上不同于主话段：如果返回中心所在语句不是典型的叙述，而是描写或判断，就会偏离（7）的组织格局，导致注意状态的调整，为了克服由于话语插说而导致的注意状态变化，标示话语体式的不同，使话语回到主线更自然、更顺利，就需要提高区分度，返回中心倾向于选择复杂的名词语形式。如：

（10）袁传杰$_i$什么都没带，既不照相，也不望远。他绕到亭子外边，在路旁找个地方，坐在台阶上，眯起眼观看下方的湖泊。[从山顶到湖面少说几百上千米之距，此处拿肉眼能看到的鱼，恐怕至少得有巡逻艇之大，必水怪无疑。]袁传杰$_i$并不心存侥幸，没多少期待，不必学那些持望远镜者向湖水大呼小叫。他静静地席地而坐。(杨少衡《喀纳斯水怪》)

此例的主话段是叙述，返回中心所在句则是对人物的心理描写，因此返回中心用了专名重提⑧，依赖自身的标记性使话语主线与插说部分区别开来：插说话段可删略而主话段无需做任何调整。

根据以上讨论，可以在中心规则之下建立关于返回中心解析的话语体式准则：

（11）话语体式准则：在其他条件相同的情况下，如果返回中心所在语句 U_n 的话语体式 DM（U_n,MD_2）与主话段 DM（MD）一致，返回中心参照修正后的规则 1)，应为代词形式；如果不一致，应为名词语形式；如果返回中心所在语句 U_n 的话语体式与插说话段 DM（ED）一致，语义关联度高，且有标记支撑，返回中心可为零形式。

4.2 视角与返回中心解析

简单来说，视角就是感知和认识世界的角度。在语篇中鉴别视角的一种简便方式是观察表示感知、心理活动等动词的使用情况。在叙述话语中，有必要区分事件的叙述者和观察者，两者可能是同一的，叙述者同时是观察者，这时语篇属于叙述者视角框架；也可能是分离的，观察者是可能世界的某一人物，但并非事件的叙述者，这时语篇为人物视角框架。

Turan（1998）的研究表明，注意状态中实体的表征和解释受视角的影响，英语和土耳其语的回指中心在根据规则1）代词化时，对视角的变化都是敏感的。这一论断同样适用于汉语语篇中返回中心的解析。

在其他条件相同的情况下，当一个话语片段的视角一致时，注意状态不变，返回中心按照修正后的规则1）实现为代词。然而，即使在范围受到限定的话语片段中，视角也可能发生转换。视角的转换实质上是话语片段意图的调整：之前仅作为返回中心的实体被确立为视角承载者，需要作为复合元素来处理——这一实体既是语义焦点，又是视角中心，这也就意味着注意状态的变化。在语言形式上，由于单纯的代词形式仅能表现语义中心，不能实现这种复合意图，显示注意状态的变化，因此需要采用名词语形式。

例（1）采取的是叙述者和观察者同一的组织模式，主话段和插说话段均为叙述者视角。立足于视角来描写，其组织格局为：

（12）叙述者视角 +（叙述者视角）+ 叙述者视角

如果主话段的前后两部分都是叙述者视角，属于延续过渡，而插说话段则是人物视角，整个话语片段就会发生从叙述者视角到人物视角再回到叙述者视角的转换。视角的变化引起注意状态的变化，由此必然需要返回中心在形式上进行更明确的标示。如：

（13）跪平 $_i$ 把钱放到牛仔包的最底部，然后开始往包里填衣裳和日用品。当他抓起窗台上的那把牙刷时，他收拾行李的全部动作立刻停止。他 $_i$ 在看那把牙刷。[牙刷毛已经秃了一半，那是我的牙齿磨秃的。刷毛的根部堆积一层白垢，那是多年来各种牙膏的沉积物。红色的牙刷把变成了浅红色，它被我的手捏小了一圈。这是我的牙刷吗？它被我用了多少年？我一点也不记得了。应该把它丢掉。我怎么还用这样的牙刷？] <u>跪平 $_i$</u> 把牙刷丢到垃

圾桶里，他$_i$听到嘭的一声，身子像丢了钱包一样颤动了一下。（东西《过了今年再说》）

此例主话段第三句中动词“看”的进行体用法及插说部分所用的第一人称代词“我”表明，插说的八句直接引语采取的是人物视角，是“跪平”对“那把牙刷”的观察以及由此引发的心理活动，而主话段则是叙述者视角。由于插说话段与主话段的视角框架不一致，并且其间在话语体式、句法语义属性上跨度较大，需要对注意状态加以调整，在叙述者视角下将显著度已然降低的第三人称实体重新确立为焦点，因此返回中心以专名的形式明示。

如果一个话语片段在视角转换方面与例（13）相同，并且中心实体已在插说话段中实现为代词，那么返回中心在所在语句句法性质的影响下，可以取零形式。如：

（14）夜已深沉，朱怀镜$_i$没有半点睡意，玉琴那双深深陷进去的眼睛，总在黑暗中哀怨地望着他。即使在约见裴大年时，他$_i$心里也总在想着玉琴。[不知铁窗里的玉琴怎么样了？她是不是更加消瘦了？她是不是也在想着他？多么可怜的女人！] $\underline{Ø}_i$想着玉琴平日里千般的好，朱怀镜$_i$禁不住潸然泪下。（王跃文《国画》）

此例与上一例的最大不同，在于插说话段为间接引语，属于经过了叙述者梳理的人物视角，或者是叙述者和人物复合为一的视角，中心实体“朱怀镜”在插说话段的用法延续了前一主话段的代词形式“他”，并且返回中心所在语句属于方梅（2008）所讨论的背景从句，处于该从句主语位置的返回中心之所以实现为零形式，是因为从句的句法性质要求这一位置的语义实体必需向后指称主句的主语，即“朱怀镜”。这种零形下指现象进一步说明，返回中心取零形式是有标记的，有相应的准入条件。

循着标记的思路再来观察例（13）。如果将该例插说话段的直接引语转换为转述性的间接引语，使注意中心在其中实现为代词形式“他”，并在返回主线时添加关联标记“然后”，那么插说部分的描绘和体验就为主线上的行为“把牙刷丢到垃圾桶里”提供了语义铺垫，架起了接通插说话段和主话段的桥梁，因而返回中心也可以参考例（8）用零形式。该例返回中心所在句可重写为：

（13'）然后 $\underline{Ø_i}$ 把牙刷丢到垃圾桶里，他听到嘭的一声，身子像丢了钱包一样颤动了一下。

综上关于视角、注意状态、标记和返回中心关系的讨论，可以在中心规则的基础上建立返回中心解析的视角准则：

（15）视角准则：如果返回中心所在语句 U_n 的视角 PV（U_n，MD_2）与主话段 PV（MD）一致，且与插说话段 PV（ED）一致，返回中心参照修正后的规则 1），应实现为代词形式；如果发生视角转换且无标记，返回中心应实现为名词语形式；有标记辅助且满足准入的语义条件，则可为零形式。

4.3 插说话段的结构、语义属性与返回中心解析

除了以上两个因素之外，返回中心的解析还受插说话段自身属性的影响，包括能够与返回中心竞争注意焦点，特别是性、数、人称一致的实体的数量，以及插说部分的句数、语义结构的复杂度等。

当跨层相邻语句之间属于（6）所描述的保持过渡类型，即返回中心虽然是语句 U_{n-1} 的回指中心 Cb（U_{n-1}，MD_1），但并非 U_n 的优选下指中心 Cp（U_n，MD_2）时，它处于 U_n 的非主语位置。中心保持是中心转换的铺垫和前奏。这种情况下，如果插说部分同时是以语句 U_n 的优选下指中心 Cp（U_n，MD_2）为话题的片段，那么在返回主话段时，适用修正后的规则 1）实现为代词的是该优选下指中心，而并非返回中心。由于返回中心的句法显著度降低，那么它在结构中的出现就意味着重新提及，因而需要采用名词语形式。除非返回中心在形式上不可能与该优选下指中心发生混淆，例如性、数或人称不一致。如：

（16）我 $_i$ 一进校门，就碰上了语文教员吕萍 $_k$。[吕萍是我们县里的模范教员，又是人民代表。前几年，她在城里上中学的

时候，我们就认识。这是一个热情的青年，我记得她毕业的那年，正好县里新建立起两座完小，缺少教员。……这几年来她工作得很有成绩，成为我们县里教育界受尊敬的人物了。］这天，她$_k$见了我$_i$，没说了三句话，就问我说：“老马，最近写什么新东西没有？”（马烽《韩梅梅》）

例（16）返回中心是第一人称叙述者“我”，而另一实体“吕萍”是在第一句引入的，同时是插说话段的话题，在返回话语主线时作为优选下指中心，因第一、三人称单数泾渭分明，因而此例这两个中心均实现为代词形式。

事实上，这种组配方式可以说是由第一人称的特殊性造成的。换言之，在这种话语格局下，如果将此例中的“我”换成任何一个第三人称人物如“张三”，当其作为返回中心时，就应实现为名词语而非代词，即[⑨]：

（16'）张三$_i$一进校门，就碰上了语文教员吕萍$_k$。［……］这天，她$_k$见了张三$_i$，没说了几句话，就问他说：“老张，最近写什么新东西没有？”

即使主话段跨层相邻语句之间是延续过渡，属于（4）描述的类型，如果之前的注意中心和插入部分的话题在性、数、人称上一致，并且两者同时返回主线，那么返回中心亦无法根据修正后的规则1）选择代词形式。

如下例（17）中，“春喜”和“老宋”都可以用代词“他”指代，如果两者同时采用这一形式，一方面会导致指代混淆，另一方面，由于插说话段已提升了“春喜”的突显度，因此优选代词的不是返回中心“老宋”，而是“春喜”，因此返回中心只能在名词语和零形式之间进行选择。

这种情况下，返回中心的实现形式以保证足够的区分度为目标，具体选择零形式还是名词语，则取决于插说话段包含的句子数量、语义结构的复杂程度及有无辅助标记这两个变量：当插说话段包含的句子多，语义结构复杂，前后主话段之间的联系疏远，中心返回的难度大，且无标记辅助时，返回中心就倾向于实现为复杂形式；而当对插说话段进行简化处理或添加标记时，则倾向于简单形式。如：

（17）一天，老宋$_i$正做早饭，听见庙门响了一声，接着就听见那口钟当当当地响起来。$Ø_i$隔着竹帘子看，打钟的是本村的教书先生春喜$_k$。[春喜，就是本村人，官名李耀唐，是修德堂东家的本家侄儿。前几年老宋叫春喜就是“春喜”，这会春喜已经二十好几岁了，又在中学毕过业，又在本村教小学，因此也叫不得“春喜”了。可是一个将近六十岁的老汉，把他亲眼看着长大了的年轻后生硬叫成“先生”，也有点不好意思。] 老宋$_i$看见打钟的是他$_k$，一时虽想不起该叫他什么，可是也急忙迎出来。（赵树理《李家庄的变迁》）

在我们针对此例的返回中心取零形式还是专名所做的测试中，18 位受试有 10 人选择了专名即此例的用法，占 55.6%，8 人选择了零形式即“看见打钟的是他”，占 44.4%。当对插说话段进行删减处理，只保留第一句，调整为：

（17’）一天，老宋$_i$正做早饭，听见庙门响了一声，接着就听见那口钟当当当地响起来。$Ø_i$隔着竹帘子看，打钟的是本村的教书先生春喜$_k$。[春喜，就是本村人，官名李耀唐，是修德堂东家的本家侄儿。] $Ø_i$看见打钟的是他$_k$，一时虽想不起该叫他什么，可是也急忙迎出来。

再次测试，选择零形式的上升到 14 人，占 77.8%，而选择专名的仅有 4 人，占 22.2%。这充分说明在存在指称词语相互竞争的情况下，插说话段的结构和语义属性制约着返回中心的实现形式：插说话段简化，意味着“老宋”的突显度提升，因而返回中心也可相应简化。

另一方面，当在句首添加词语标记“一”时，返回中心亦可自然地转换为零形式，而另一实体保持代词不变。返回中心所在句可据此重写为：

（17”）$\underline{Ø}_i$ 一看见打钟的是他$_k$，一时虽想不起该叫他什么，可是也急忙迎出来。

我们又针对这一变换形式进行了测试，认为以此回到话语主线连贯的有16人，占88.9%。

由此，可以建立返回中心解析的插说话段属性准则：

（18）插说话段属性准则：如果中心更新属于保持过渡，且插说话段以语句 U_n 的优选下指中心 Cp（U_n，MD_2）为话题，那么返回中心应实现为名词语，除非其本身为人称代词；如果插说话段中突显度最高的语义实体和返回中心在性、数、人称上一致，且该实体在语句 U_n 中与返回中心共现，那么返回中心应取区分度高的名词语或零形式：插说话段中句子多、语义结构复杂且无标记，返回中心应实现为名词语；反之，则可实现为零形式。

5 结语

中心理论是从计算语言学的角度，对句子之间的依存关系、语篇局部结构和连贯问题进行解释的框架。中心理论向前推进的一个重要方向是开展跨语言研究，通过比较和对比各种规则、概念和条件在不同语言中的适用情况，对该理论进行验证、补充和修正。中心理论的目标是解释语篇的局部和整体连贯，而目前的研究主要集中在线性相邻语句的分析上。为了进一步完善中心理论，扩大其适用范围，对于返回形式和连贯程度的计算应该考虑话语插说层次和语句之间的层级关系。

本文以现代汉语书面语篇为例，分析当一个话语片段中插入次片段时，返回中心的解析问题：中心采取什么样的形式返回，受哪些因素制约，如何以现有的理论框架为基础，通过探讨意图结构、语言结构和注意状态之间的关系，在既有的规则之下建立相关的解析准则，对中心返回进行描述，并作出解释和预测。

本文首先对话语插说进行了说明和界定，对延续和非延续过渡的中心返回及返回中心进行了形式描述。在话语体式一致、视角同一、插说话段的结构和语义属性保持在一定限度的条件下，返回中心的实现可以按照修正后的规则1）进行解析。而当这三者中任何一个发生变化，都会引起注意状态的变化，最终影响到返回中心的实现形式。本文围绕跨层相邻语句之间的过渡方式，通过详细讨论这三个参项与返回中心实现的关系，提出了返回中心解析的三个准则：话语体式准则、视角准则和插说话段属性准则。

研究表明，返回中心实现为代词是无标记的，名词语则能依赖自身的标记性使话语主线与插说部分区别开来，实现为零形式则是有标记的，需要考虑插说话段的渗透性影响，并且同时应满足一定的语义和/或句法条件。

附　注

① “>”表示先于。

② 为了便于分析，本文采取陈平（1987）的处理方法：所谓“句子”指书面上由句号、问号、叹号隔开的单位，而“小句”则指其中以逗号、分号点断的单位。

③ 语言使用者在工作记忆中对语句的识别和处理是一种限制性能力。最简短的插说话语为一个句子。根据 Miller（1956）、Walker（1998）的研究，话语插说部分的上限可假定为9个句子。换言之，插入话语片段的长度通常在1到9个句子之间。我们搜集到的语料验证了这一假定。

④ 由于不存在返回中心与前一主话段无关的情况，因此不会发生非流畅转换。

⑤ 当然，这一环节也可以明示出来，如以“换好水箱以后”替换“然后”，表示时间上的承接。但这样一来，会导致话语片段的整体格局发生变化：返回主线部分不再依赖插说话语的语义支撑，即插说话语成了可选或可删略的部分。

⑥ 人民文学出版社1984年版，高捷编选。

⑦ 参加语感测试者均以汉语为母语，大学以上文化程度。他们同时也参加了对例（17）的判断。

⑧ 在我们检索到的语料中，这种情况一般都同时伴随着视角的转换。视

角问题下一节讨论。

⑨ 为了简便起见，插说部分从略。

参考文献

陈　平 （1987）汉语零形回指的话语分析,《中国语文》第5期，363—378页。

方　梅 （2008）由背景化触发的两种句法结构——主语零形反指和描写性关系从句,《中国语文》第4期，291—303页。

侯世达 （1995）《哥德尔、艾舍尔、巴赫：集异璧之大成》，郭维德等译，商务印书馆，北京。

克里斯特尔 （2000）《现代语言学词典》，沈家煊译，商务印书馆，北京。

廖秋忠 （1992） 现代汉语篇章中的连接成分,《廖秋忠文集》，北京语言学院出版社，北京，62—91页。

刘大为 （2008） 自然语言中的链接结构及其修辞动因，复旦大学首届“望道修辞学论坛”报告。

苗兴伟 （2003） 语篇向心理论评述,《当代语言学》第2期，149—157页。

徐赳赳 （2010）《现代汉语篇章语言学》，商务印书馆，北京。

周国正 （2005） 书面语篇的主题串连与省略,《上海大学学报》社科版第6期，23—34页。

Asher, N （2004） Discourse topic. *Theoretical Linguistics*, 30（2-3）: 163-201.

Grosz, B.J., Joshi, A.K. and Weinstein, S （1983） Providing a unified account of noun phrases. *Discourse Proceedings of the 21st Annual Meeting of the Association for Computational Linguistics*. Cambridge, Mass., 44-50.

—— （1995） Centering: a framework for modeling the local coherence of discourse. *Computational Linguistics*, 21（2）:203-225.

Grosz,B.J.and Sidner, C.L （1998） *Lost Intuitions and Forgotten Intentions*. In Walker, M.A., Joshi, A.K. and Prince, E.F.（eds.）, *Centering Theory in Discourse*. Clarendon Press: Oxford, 39-51.

Hudson-D'Zmura, S.B （1988） *The structure of discourse and anaphor resolution: the discourse center and the role of nouns and pronouns*. University of Rochester. PhD Thesis.

Hurewitz, F （1998） *A Quantitative Look at Discourse Coherence*. In Walker, M.A., Joshi, A.K. and Prince, E.F.（eds.）, *Centering Theory in Discourse*. Clarendon Press: Oxford, 273-291.

Iida, Masayo （1998） *Discourse Coherence and Shifting Centers in Japanese Texts*. In Walker, M.A., Joshi, A.K. and Prince, E.F.（eds.）, *Centering Theory in Discourse*. Clarendon Press: Oxford, 161-180.

Joshi, A.K.&Weinstein,S （1998） *Formal Systems for Complexity and Control of Inference: A Reprise and Some Hints*. In Walker, M.A., Joshi, A.K. and Prince, E.F.（eds.）, *Centering Theory in Discourse*. Clarendon Press: Oxford, 31-38.

Karamanis, N （2001） Exploring Entity-based Coherence. *Proceedings of CLUK4*. University of Sheffield, January 2001, 18-26.

Kibble, R （1999） Cb or not Cb? Centering theory applied to NLG. *Proceedings of ACL'99 Workshop . Discourse and Reference Structure*. University of Maryland.

Li,C.N.&S.A.Thompson （1981） *Mandarin Chinese: A Functional Reference Grammar*. University of California Press.

Passonneau,R.J. and Litman,D.J （1997） Discourse Segmentation by Human and Automated Means. *Computational Linguistics*, 23（1）:103-139.

Polanyi, L. （2003） *The Linguistic Structure of Discourse*. In Schiffrin, D., Tannen, D., and Heidi Ehernberger hamilton,H.E.（eds.）, *The Handbook of Discourse Analysis*. Wiley-Blackwell Press, 265-281.

Smith ,C.S. （2003） *Modes of Discourse: The Local Structure of Texts*. Cambridge University Press.

Turan,U.D. （1998） *Ranking Forward-Looking Centers in Turkish: Universal and Language-Specific Properties*. In Walker, M.A., Joshi, A.K. and Prince, E.F.（eds.）, *Centering Theory in Discourse*. Clarendon Press: Oxford, 139-160.

Walker, M.A. （1998） *Centering, Anaphora Resolution, and Discourse Structure*. In Walker, M.A., Joshi, A.K. and Prince, E.F.（eds.）, *Centering Theory in Discourse*. Clarendon Press: Oxford, 401-435.

Walker, M.A., Joshi, A.K. and Prince, E.F. （1998） *Centering theory in discourse*. Clarendon Press: Oxford.

Yi-Chun Chen and Ching-Long Yeh （2007） Topic Identification in Chinese Discourse Based on Centering Model. *Journal of Chinese Language and Computing*, 17（2）: 83-96.

（上海，华东师范大学国际汉语教师研修基地 guoyan76@sina.com）

事件过程结构及其动态特征 *

——以“摆”类动词构成的附着事件为例

税昌锡

提要 事件是事物或实体随动词表示的动作或关系的变化而从一种事态变为另一事态，再从另一事态变为又一事态直至该事物或实体发生本质改变的过程。基于“摆”类动词构成的附着事件的分析表明：一个完整事件的过程结构包括活动起始、活动持续、活动终结、遗留状态起始和遗留状态持续五种事态；事件随时间依序展开，具有时空性、动态性、次序性、周期性、接续性和过递性等动态特征；“了”“着”“过”在事件过程结构的相应表达式中具有事态标示功能，它们彼此分工，互为补充，一起描述事件展开的全过程。

关键词 事件 事态 事件过程结构 动态特征

一 引言

“附着事件”就是某一动作致使某一实体附着于某一处所的活动过程，其要素包括附着活动的施动者、附着实体、附着处所及附着行为四个方面。其中附着行为是核心，由附着动词体现。附着动词根据其“动态”和“静态（即动作结束后的遗留状态）”特征的强弱或有无可以分为三类。

第一，动词只有动态特征，不具有静态特征，不能描述动作结束后的遗留状态，如“按（手印）”“缝（扣子）”“喷（油漆）”等。以“按”为例，可以说“开始在合同书上按手印”“正在合同书上按着手印”“合同书上按了手印”，但一般不说“* 合同书上按着手

* 本文得到国家社科基金项目（09BYY006）的资助，论文的写作得益于作者在英国卡迪夫大学语言与交流研究中心访学期间同 Tom Bartlett 博士的多次讨论，《语言学论丛》匿名审稿专家提出了许多宝贵意见和建议，谨此一并致谢。

印”“* 手印在合同书上按着”。

第二，动词的动态特征较弱，不能描述动作展开的活动持续过程，而主要描述动作结束后的遗留状态，如“背”“端”“搁”“捏”“握”“保存”“寄存”等。以“背”为例，一般不说“* 开始在背上背大箩筐”“* 正在背上背着大箩筐”，但可以说“背上背了个大箩筐”“背上背着个大箩筐”。

第三，动词兼有较强的动态特征和静态特征，既可以描述活动持续过程也可以描述动作结束后的遗留状态，如“摆”“别（校徽）”“插”“缠”“盛”“垫”“叠”“钉”“堆”“盖”“挂”“裹”“糊”“画”“刻”“埋”“铺”“拴”“填”“贴”“涂”“写”“压”“载”“粘”“装”等。

第三类附着动词较为典型，统称为“摆”类。本文以“摆”类动词构成的附着事件为例，探讨事件过程结构及其表达式的动态特征。以“摆”类动词做谓语中心语，可以构成不同过程或阶段特征的事件表达式。例如：

（1）a. 彤彤打算在讲台上摆花篮。

b. 彤彤开始在讲台上摆花篮了。

c. 彤彤在讲台上摆着花篮。

d. 彤彤在讲台上摆了花篮。

e. 彤彤在讲台上摆过花篮。

f. 讲台上摆了花篮。

g. 讲台上摆着花篮。

h. 讲台上摆过花篮。

例（1）中各例描述以动词“摆”构成的事件在时间轴上从动作没有发生，到进入活动展开阶段，到最终进入活动终结后的遗留状态阶段的全过程。例（1a）的“摆”是计划中的行为，并未在时间轴上展开[①]，不具有过程特征，因此不能与“了”“着”“过”等体貌助词共现；例（1）b—h 描述事件随时间展开的不同事态，“摆”具有过程特征，因此都可以跟相应的体貌助词共现。

仔细分辨，例（1）反映的如下问题仍然值得详细讨论。

第一，例（1）a—e 的施事“彤彤”除非有特定语境，通常不能省略，若略去则句义不全；与之相反，例（1）f—h 的施事不能出现，若出现则有累赘之嫌。与之相关，处所词语在例（1）a—e 中构成介词短语充当状语，在例（1）f—h 中却构成方位短语充当主语。是什么原因导致了这些差别？

第二，同样跟“了”共现，例（1b）、（1d）和（1f）中“摆”的语义是否完全一致？同样跟“着”共现，例（1c）和（1g）中“摆”的语义是否完全一致？同样跟“过”共现，例（1e）和（1h）中“摆”的语义是否完全一致？

第三，根据郭锐（1993），“摆”是典型的双限结构动词，有起点、终点和续段。但仅仅根据“摆”的起点、终点和续段特征无法有效解释其跟“了”“着”“过”共现所产生的上述种种交叉或重叠现象，原因何在？

第四，按照传统观点，例（1d）和（1f）的“了”句法环境相同，都是所谓的“$了_1$”，但其语法意义并非完全一致，是什么原因导致了这种差异？

本文基于过程哲学的相关理论，并在前人研究的基础上，尝试从事件过程结构出发，探讨事件过程结构跟动词过程特征之间的互动关系，并对上述问题做简要讨论。

二 事件及其过程结构模式

关于“事件”和“事态”，迄今为止，学界的认识尚存较大争议，下文在探讨二者本质特征的基础上建立事件过程结构模式，并初步讨论体貌助词“了”“着”“过”在事件过程结构模式中的分布特征。

2.1 “事件”和“事态”

“事件”作为语言学意义的概念常常在中外文献中被提及，但缺乏严格而统一的界定。一般所谓的事件，大多对应于言语中的语句或场景所表达的内容。如 Pawley（1987：335—336）认为事件“是指包含一个动词的小句的意义，动作的发生通常置于特定的时间和地点”。系统功能语言学家 Fawcett（2000：210）也持类似观点，他认为，概念系统中的事件跟语义层面的情形（situation）相对应，在句法层面体现为小句，换言之，小句用以表达情形、描述事件。不过，概念系统中的逻辑形式跟语言的语义层之间并不总是一一对应，有的事件在句法层最终体现为名词词组，具有隐喻色彩，如 the performers' brilliant acting。也有学者（Parsons 1990; Vikner 1994; Zacks & Tversky 2001, etc）将“完整性”（telicity）或“有界性”（boundedness）作为事件的基本属性，认为行为过程到达终结点或状态发生了改变（change of the state）的时体类别才构成事件，如 Zacks & Tversky（2001）将事件定义为“由观察者构想的处于既定位置的有起点和终点的时间片段”。国内学者杨成凯（2002）也曾探讨过事件阶段的语法表示。不过，他把事件定义为“可能世界中的事物呈现的一个事态”，“包括宇宙中所发生的一切动态的变化和静态的景象”。由此杨先生进一步把事件分为不同的类型：“事件可以是从一个处所到另一个处所的事件过程，可以是从一种状态到另一种状态的变化过程，也可以是静物呈现的一种形象或性质”。

按照上述学者的观点，例（1）中各例分别都可以当作“事件”看待，显然，这不利于对动词及其相关成分构成的不同表达式之间相互联系与相互区别的整体认识。

英国哲学家 Whitehead（1929，1978）《过程与实在》的出版奠定了过程哲学的基础。过程哲学观认为，事件天然地蕴含着时间，因此事件就是一个过程而不是一个静止的画面（高云球 2006）。由于动词表示的行为或状态在时间上具有可变性，因此与之相关的事件在时间上也随之处于变化的过程中。基于以上认识，我们把“事件”（event）定义为：

事件（event）就是事物或实体随动词[②]表示的动作或关系

的变化而从一种事态（state of event）变为另一事态，再从另一事态变为又一事态直至该事物或实体发生本质改变的过程。

该定义中的“事件”强调过程，而不仅仅是一个静止的画面，“事物或实体发生本质改变”意即随时间展开过程中的事件其内部变化并非永无休止，而是呈现出一个从量变到质变的转化过程。比如“吃”和“苹果”构成的事件，有一个从活动开始（开始吃苹果），到活动持续（吃着苹果）直至活动终结（吃完了苹果）导致苹果消失（苹果被吃了）的事态转化过程，从活动开始到活动终结后相应状态的产生，事件随之发生了本质改变。

“事态”这一概念在语言学界同样缺乏统一的界定。Vendler（1967：122—147）和 Smith（1991：29—45）等把句子的情状类型（situation type）分为状态（state）和事件（event）两大类，Dik（1997：221）的“事态”（state of affair）其含义大致与 Vendler 和 Smith 的“情状”相当，他的“事态类型”（the type of state of affairs）把事态区分为情景、过程和行动三大类。上述学者的研究对学界有广泛的影响，换言之，学界一般把“情状”或“事态”作为事件和状态的统称。但是，犹如前文所指出的，传统意义的“事件”并不强调其动态过程特征，而“状态”则通常被当作跟“事件”地位对等的概念，因此，上述学者所谓的“情状”或“事态”通常指各种类别的动词及其主要论元的组合所体现的瞬时、持续、起始、结束等过程或阶段。不过也有学者如逻辑学家和哲学家 von Wright（1963：17—34）将“事态”看作事件展开过程中的内部状态。他认为，有一种主要的事件类型可以看作是两种事态的有序配对，体现为在时间连续过程中的两种情状之间的前后顺序关系。事件本身则是由前一种情状的事态向后一种情状的事态的变化（change）或转变（transition）。前一种事态叫作起始事态（initial state），后一种事态叫作终结事态（end-state）。例如“开窗”这一事件包括由“窗户关着”事态到“窗户开着”事态的变化或转变。因此事件也可以叫作一种事态到另一事态的转换（transformation）

或事态转换（state-transformation）（von Wright 1963：27—28）。

鉴于本文强调“事件”随时间展开的动态过程属性，为了跟“事件”相对应，本文吸取 von Wright 对“事态”的认识，并借用“事态”这一概念来说明动词及相关成分构成的事件在随时间展开过程中所呈现的内在过程特征。换言之，“事件”体现为一个完整过程，而“事态”描述一个事件的内部状态。因此，例（1）描述了“摆”及相关论元构成的完整事件，其中各例描述的是该事件随时间展开过程中所呈现的相应事态。

学界通常把 Comrie（1976:3）对“体”下的定义，即体是“对情状的内部时间构成进行观察的不同方式”，看作体貌研究的经典定义，并把他建立的体系统看作经典体系（陈前瑞 2008：15—16）。从“体”的角度看，“事态”可以认为是传统“体”范畴之下的次范畴，也可以归为广义的体范畴，只是前者着眼于动词构成的事件随时间展开的过程性，后者着眼于对情状的内部时间构成进行观察的方式。“事态”这一概念易于说明类似例（1）中“彤彤在讲台上摆了花篮”、“讲台上摆了花篮”中“摆了”的差异，即“了”标示的都是完整体，但前者表示活动终结事态，后者表示遗留状态起始事态。又如（1）中“彤彤在讲台上摆着花篮”、“讲台上摆着花篮”中的“摆着”，虽然都是“未完整体”，但前者表示活动持续事态，后者则表活动终结后的遗留状态持续事态。

2.2 事件过程结构模式

从事句法语义接口问题研究的学者对事件结构的研究通常以言语中的语句或场景所表达的内容为基础。相关研究可以从不同的角度进行，于是形成了各种不同的分析模式，主要有词汇分解，体貌、时间、处所、空间、使因等分析模式（沈园 2007：24—62；周长银 2010）。认知语言学家 Langacker（1991，2002）、Talmy（1985，1988）、Lakoff（1987）、Dirven & Verspoor（2004），以及计算机科学家 Schank & Abelson（1977）等则为解释概念结构的形成和句法构造的基础分别构拟了弹子球模型、舞台模型、力量动态模型、形式空间化假设、事件图式以及脚本理论等。但总体而言，上述学者对事件的认识基本不涉及在时间线条上的动态性质，因此前文例（1）反映的系列问题并不能在上述种种分析模式的基础上得到有效阐释。Panther & Thornberg（1999）从言语行为角度虽然涉及了动态性事件，但并不讨论事件的动态发展跟动词过程特征互动在语言表达式上的体现。

在前文的讨论中，我们在联系过程哲学相关认识的基础上对“事件”提出了新的定义，该定义强调事件的过程性。其实，过程哲学把事件当作过程的观点在语言学界也一直有相关的讨论。吕叔湘（1990：56）在谈到动作和状态之间的关系时认为，“动作和状态是两回事，但不是渺不相关的两回事，事实上是息息相通的”。“动作完成就变成状态。因此凡是叙事句的动词有‘已成’的意味的，都兼有表态的性质”。郭锐（1993）把动词语义的动态属性置于显著位置，指出前人对情状类型的研究忽略了动词过程结构的类型，并根据由动词所表动作或状态的内部过程可能有的起点、终点和续段三要素及其强弱差异，将汉语动词的过程结构分为无限结构、前限结构、双限结构、后限结构和点结构五大类十小类。郭锐的分类系统注意到了动词语义结构中的时间因素，具体分析重视跟表示时间过程意义的时体助词的分布特征相结合，因此，对动词时间结构的把握比起以往的情状类型来更具有可操作性。Dik（1997：223—224）的阶段体（phasal aspectuality）把事件发展的内部阶段分为开始、持续和结束等，包括起始体（ingressive aspect）、进行体（progressive aspect）、继续体（continuous aspect）和终止体（egressive aspect）。崔希亮（2003）认为，在通常认为的事件过程的三个连续阶段（即开始、持续和完成）的基础上，还可以加上开始前和完成后两个阶段，一起构成一个五个阶段的序列。从以上简略介绍可以看出，郭锐（1993）和Dik（1997）对活动终结后所导致的情状有所忽略，而吕叔湘（1990：56）和崔希亮（2003）虽然注意到了活动终结后的情状，但并没有意识到活动终结后的情状也存在一个随时间展开的有起点有续断的过程。因此，例（1）所反映的种种问题并不能在上述学者提出的各种体系里得到便捷的说明。

例（1）所反映的问题表明，某些动词的过程特征所体现的时间属性除涉及活动阶段外，还延至活动结束后的遗留状态阶段，因此，对动词过程结构的考察还需要考虑活动结束后的遗留状态问题。综合前人对动词过程结构的研究，并结合我们对“事件”和“事态”的认识，一个完整事件的过程结构可以描述为如下模式（参考税昌锡 2008，2010，2011，2012）③：

→ 活动前●活动起始 → 活动持续 → 活动终结●遗留状态起始 → 遗留状态持续 →

为方便叙述，以上模式可以图示为图 1：

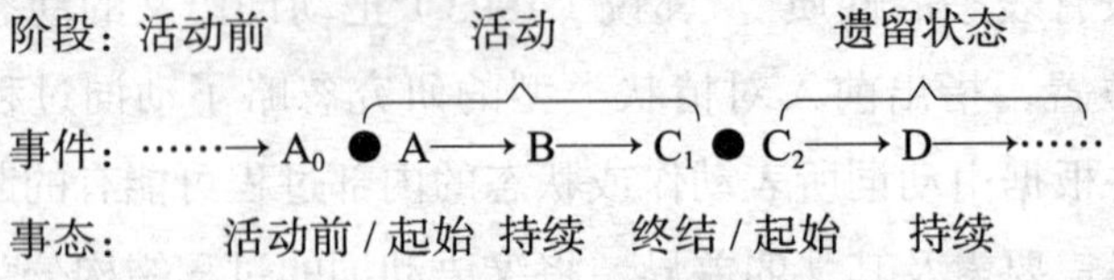

图 1　事件过程结构模式

图中虚线表示事物运动循环反复以至无穷的变化特征，实线表示通常能进入认知视域的一个典型事件的完整变化过程，箭头表示事件变化过程的发展方向，黑圆点表示阶段与阶段之间的临界点。如图所示，一个完整事件的过程结构可以分解为三个阶段六种事态。A_0 表示事件的活动前阶段或活动前事态；A 经 B 到 C_1 反映事件的活动阶段，依次经历活动起始、活动持续和活动终结三种事态；C_1 和 C_2 反映事件从活动阶段进入遗留状态阶段的临界状态；C_2 至 D 反映事件完成后的遗留状态阶段，依次经历遗留状态起始和遗留状态持续两种事态。其中 B 和 D 表示的活动持续和遗留状态持续呈现的是一种均匀的、没有变化的态势。

在图 1 所示的事件过程结构中，事件、阶段和事态三个概念分别具有不同的内涵。"事件"涉及一个完整的变化过程;"事态"是事件展开过程中呈现的内部状态;"阶段"反映事件在展开过程中某些事态具有相同或相异的过程特征，例如，活动前阶段因为动作没有发生，不具有过程性，不可以跟时体助词"了""着""过"等共现，活动阶段无论呈现的是起始事态、持续事态还是终结事态，都具有动态特征，遗留状态阶段无论呈现的是起始事态还是持续事态，都具有静态特征。建立过程"阶段"这一概念有助于探讨不同阶段中事态的过程特征差异。

根据前文的讨论，例（1）可以根据图 1 重新编序为：

（2）A_0. 彤彤打算在讲台上摆花篮。
A. 彤彤在讲台上摆花篮了。
B. 彤彤在讲台上摆着花篮。
C_1. 彤彤在讲台上摆了花篮。
（e. 彤彤在讲台上摆过花篮。）
C_2. 讲台上摆了花篮。
D. 讲台上摆着花篮。
（h. 讲台上摆过花篮。）

对比例（1）和例（2）发现，例（1a）描述图 1 的活动前阶段或活动前事态，例（1）b—d 和例（1）f—g 分别跟图 1 的活动阶段（包括活动起始、持续和终结事态）和遗留状态阶段（包括遗留状态起始和遗留状态持续事态）存在如例（2）以事件过程编序的对应关系。

有两点需要说明。其一，如果将例（1）或例（2）描述事件不同事态的表达式看作常式，在一定的语用环境下，某些常式也可能存在变体形式。如例（$2A_0$）可以说成"彤彤打算把花篮摆在讲台上"，例（$2C_1$）可以说成"彤彤把花篮摆在了讲台上""彤彤把花篮摆讲台上了""花篮被彤彤摆在了讲台上""花篮被彤彤摆讲台上了"，例（$2C_2$）可以说成"花篮摆（在）讲台上了"，例（2D）也可以说成"花篮在讲台上摆着"。语用因素对表达式结构的影响本文暂不讨论。

其二，本文主要讨论以单动词或动结式构成的简单事件，事实上，某些句子也可能由多个动词共同描述一个复合事件，如：

（3）a. 他去商店买了点东西。

b. 他去了一趟商店买了点东西。

例（3a）的“去商店”的过程特征没有实现，可以认为是“买了点东西”这一事件发生的伴随方式，整个句子描述的仍然是一个简单事件；例（3b）的“去了一趟商店”和“买了点东西”都实现为活动终结事态，整个句子可以认为描述的是一个复合事件。为了使论题集中，复合事件的相关问题本文也暂不讨论。

2.3 “了”“着”“过”在事件过程结构中的分布

对比例（1）和例（2）还发现，例（1e）和例（1h）由体貌助词“过”构成的句子在图1中没有对应的事态。究其原因，“过”原为动词，表示从甲处到乙处的过程，虚化后表示行为成为过去或某种经历（王力 1980：309—310）。根据王力先生的观点，我们认为例（1e）的“过”表示从活动起始（图1的A）到活动终结（图1的C_1）的活动阶段成为过去，记为“过$_1$”，例（1h）的“过”表示从遗留状态起始（图1的C_2）到因为某种原因致使遗留状态终结的遗留状态阶段成为过去，记为“过$_2$”。换言之，“过”表示事件过程的某一阶段成为过去，是通常认为的汉语体貌系统中的经历体标记，但在具体的语句中，“过”既可以表示活动阶段成为过去，变为活动经历事态，也可以表示遗留状态阶段成为过去，变为遗留状态经历事态。不仅仅是“过”，例（2）A—C_1和例（2）C_2—D中“了”和“着”的功能本质上也是标示事件随时间展开过程中的不同事态的。例（2A）的“了”标示活动起始事态，记为“了$_1$”，例（2C_1）的“了”标示活动终结事态，记为“了$_2$”，例（2C_2）的“了”标示遗留状态起始事态，记为“了$_3$”④，换言之，“了”是汉语的完整体标记，具体可以标示活动起始、活动终结和遗留状态起始三种事态。例（2B）的“着”标示活动持续事态，记为“着$_1$”，例（2D）的“着”标示遗留状态持续事态，记为“着$_2$”，换言之，“着”是汉语的持续体标记，具体可以标示活动持续和遗留状态持续两种事态。这样，“了”“着”“过”在事件过程结构中的分布可以图示为图 2：

$$\rightarrow A_0 \bullet \underbrace{A（了_1）\rightarrow B（着_1）\rightarrow C_1（了_2）}_{过_1} \bullet \underbrace{C_2（了_3）\rightarrow D（着_2）\rightarrow}_{过_2}$$

图 2　“了”“着”“过”在事件过程结构中的分布

研究汉语时体的文献也注意到“了”“着”“过”的时体意义有变体的存在，如“了”可以表示“开始态”也可以表示“完了态”（太田辰夫 1987：208—210），“着”既可以表示状态持续也可以表示动作进行（刘宁生 1985）。这些变体意义的来源在图 2 中显得更加清晰明确。

2.4　跟事件过程结构相关的研究领域

基于图 1 和图 2 所示的事件过程结构模式，一些随时间而变化的相关句法语义问题可以得到一致和充分的讨论。举要如下。

（一）“摆”类动词兼有较强的动态、静态和持续特征，可以描述事件过程结构模式中所有的过程阶段或事态。但是，语言中大量的动词并不兼有动态、静态和持续特征，只能描述事件过程结构模式的某一种或某几种事态。如“开始”“出发”只有活动起始特征，只能描述活动起始事态；“结束”“失败”只有活动终结特征，只能描述活动终结事态；“劳动”“修理”“讨论”有动态和持续特征但不具静态特征，可以描述活动阶段的活动起始、持续和终结事态，但不可以描述遗留状态；“端坐”“耸立”“悬挂”等只有静态持续特征而不具有动态特征，可以描述遗留状态持续事态，但不可以描述活动阶段的相关事态，等等。因此，基于该模式，我们可以建立动词事态结构的类型系统。

（二）该模式充分注意到了事件展开的过程阶段性，基于此，我们可以讨论事件过程结构跟动词时体的互动关系。目前的时体研究基本上是在 Smith（1991）等“情状体”（situation aspect）和“视点体”（viewpoint aspect）的思路上展开，将事件过程结构和动词过程特征同时纳入时体研究的范围，下述一些目前尚未充分讨论的问题可以引入讨论的范围。

1. 动词的过程特征类型跟时体形态或时体助词的选择限制，如汉语“了”语法意义的复杂性是怎样形成的？哪些动词能跟“过”共现，哪些不能？哪些动词能跟“着”共现，哪些不能？类似问题的讨论在跨语言研究中有无类型学意义？

2. 事件过程结构跟时体形态或时体助词的种种交叉或重叠现象，例如“张三在墙上挂了一幅画”和“墙上挂了一幅画”中“挂”的过程特征和“了”的语法意义是否一致？“李四在墙上贴着广告”和“墙上贴着广告”描述的过程是否相同？类似现象在跨语言的讨论中有无类型学意义？

3. 一些跟时间相关的概念，如“起点”与“终点”，“连续”与“间断”，“动态”与“静态”，“接续”与“过递”等，可以通过该模式得到进一步的认识。

（三）事件的发展随时间而展开，事件跟时间有天然联系。基于这一模式，可以讨论动词的过程特征及其事态时间量度在句法语义上的约束限制。

（四）可以讨论事件过程阶段对动词论元的隐现制约，以及不同类型语言表达式的个性差异及其语法特征。配价理论或题元理论从静态的角度，主要关心动词和名词之间复杂的组配关系。其实，从动态的角度看，事件展开的不同阶段或事态对相关论元的隐现具有制约作用。

限于篇幅，本文不可能对上述诸问题进行详细讨论。宏观上，上述诸问题都跟事件随时间展开的动态性有关，因此，下文拟就事件过程结构的动态特征做简要讨论。

三 事件过程结构的动态特征

事物的变化往往从一种状态变成另一状态，再从另一状态变成又一状态，如此循环往复以至无穷。如图 1 和图 2 所示，本文的讨论实际涉及人们认知视域中的一个变化周期。“了”“着”“过”本质上是标示事件随时间展开过程中所处的事态，它们彼此分工，互为补充，一起描述事件展开的全过程。同时，不同阶段的“了”“着”“过”存在着某种交叉或重叠现象，由此造成本文引言所列举的种种复杂现象。

上述情况反映了事件在时间轴上的展开过程本质上是动态的，其动态特征可以概括为“时空性、动态性、次序性、周期性、接续性和过递性”。时空性和动态性反映事件随时间展开的本质属性，这是因为：一方面，时间和空间是事物存在的条件，另一方面，事件在一定的时空环境中呈现为随时间展开的动态过程，而非静止的画面；次序性和周期性反映事件的动态展开过程是依序演进的，并非杂乱无章，同时，事件在依序展开的不同阶段呈现出周期性特征；接续性和过递性从不同的角度反映事件不同阶段或事态之间的转化递进关系，即后一阶段或事态跟前一阶段或事态之间存在接续关系，前一阶段或事态跟后一阶段或事态之间存在过递关系。要言之，时空性和动态性反映事件过程的动态本质，次序性和周期性与接续性和过递性从时序和衔接两个方面具体反映事件的动态特征。

需要强调的是，并非所有动词构成的事件都具有如图 1 和图 2 所示的完整过程结构，因此，并非所有事件都具有上述动态特征。下文仍以兼具动态和静态特征的“摆”类动词为例展开讨论。由于活动前事态或活动前阶段不具随时间展开的过程特征，下文略而不论。

3.1 时空性与动态性

变化是动词及其构成事件的本质特征，换言之，事件是通过动词表示的动作在一维的时间轴上相继展开的过程，因此，事件具有时空性和动态性。事件的时空性和动态性联系密切，时空性反映动态性，动态性体现于时空性，二者的关系主要表现在两个方面：一是事件在随时间展开的过程中，动词所表动作的参与角色的功能有可能随之发生改变；二是作为构成事件中心成分的动词在随事件展开的过程中其过程特征也在发生变化。

3.1.1 事件过程的时空性对事件参与者的隐现及功能制约

事件的动态展开过程注定要在一维的时间和立体的空间中进行。不过，虽然学界关于动词时相（phase）、时制（tense）和时体（aspect）等时间属性的研究一直是经久不衰的热门话题，但对动词时间属性跟空间属性之间互动关系的讨论似乎有所欠缺。事实上，动词过程特征所体现的时间属性跟其空间属性之间存在着某种互动或制约关系。一般来说，具有“起始”或“终结”特征的动词通常不跟位置或处所性词语共现，具有“续段”或“反复”特征的动词通常可以跟位置或处所性词语共现。例如：

（4）a. 调研工作于三天前开始（结束）。

b. ?调研工作于三天前在花溪村开始（结束）。

c. ??调研工作在花溪村开始（结束）。

（5）a. 莉莉三点钟开始查资料。

?莉莉三点钟在图书馆开始查资料。

b. 莉莉一直在图书馆查着资料。

?莉莉一直查着资料。

c. 莉莉曾经在图书馆查过资料。

?莉莉曾经查过资料。

d. 莉莉五点钟查完资料。

?莉莉五点钟在图书馆查完资料。

例（4）的“开始”和“结束”描述事件的起始事态和终结事态，具有较强的时点特征而其空间位置特征较弱，因此，常跟描述时点的词语共现而不跟描述空间位置的词语共现。例（5）的“查资料”其内在语义结构中具有活动起始、活动持续和活动终结过程特征，当其构成的事件在随时间展开过程中呈现为活动起始或活动终结事态时，需要跟描述时点的词语共现而不跟描述空间位置的词语共现，如例（5a）和（5d）；当其构成的事件呈现为活动持续或活动经历事态时，需要跟描述空间位置的词语共现，如例（5b）和（5c）。另一方面，例（5）“查资料”在不同表达式中所呈现的不同事态特征对不同性质的时间词语的共现要求也说明，事件过程的时空性对事件参与者的功能具有制约作用。

事件过程的时空性对事件参与者的隐现及功能制约在“摆”类动词构成的附着事件中也有充分的体现。在如例（2）所示的附着事件中，参与者语法功能的变化体现在施事的显隐以及处所词语句法关系的变化上。当“摆”及其构成的事件处于活动阶段时，施事是显性的，除特定语境，一般不能省略，因为动作的发生不可能没有施事，施事和动作互为依存。因此，描写活动阶段的动词，即使在一定的语境或上下文中施事被省略，人们也不难做出准确判断。另一方面，当“摆”及其构成的事件进入遗留状态阶段时，因为动作已经结束，施事也因此需要退隐。比较：

（6）A_0. 彤彤打算在讲台上摆花篮。?打算在讲台上摆花篮。
A. 彤彤在讲台上摆花篮了。　?在讲台上摆花篮了。
B. 彤彤在讲台上摆着花篮。　?在讲台上摆着花篮。
C_1. 彤彤在讲台上摆了花篮。　?在讲台上摆了花篮。
（彤彤在讲台上摆过花篮。）　（?在讲台上摆过花篮。）
C_2. 讲台上摆了花篮。　?彤彤讲台上摆了花篮。
D. 讲台上摆着花篮。　?彤彤讲台上摆着花篮。
（讲台上摆过花篮。）　（?彤彤讲台上摆过花篮。）

例（$6A_0$）的“摆花篮”虽然描写的是活动前事态，但“打算”需要动作者的参与，因此省略主语显得语义不完整。例（6）A—C_1描写事件的活动阶段，在缺乏语境或上下文的情况下，省略主语后句子的语义也显得不完整。例（6）C_2—D 描写事件的遗留状态，若仍保留施事，句子的语义显得冗余。

同时，表示附着处所的处所词语在活动阶段和遗留状态阶段的语法功能也发生了改变。按认知语言学的观点，前景信息与背景信息反映在语句表达中，主要靠主语和非主语来区别，人们总倾向于选择知觉范围中突出的事体作为句子的主语，而把不突出的事体选作句子的非主语。从例（2）和例（6）中可以看出，活动阶段的处所词语"讲台"是活动展开的场所，属于背景信息，因此以介词短语"在讲台上"充当状语；而在遗留状态阶段由于动作结束和施事退隐，"讲台"成为"花篮"状态"摆"系属的对象，随之变为前景信息，因此以方位短语"讲台上"充当主语。

时间和空间的改变，除了可能使事件参与者语法功能发生变化，也可能导致事件参与者语义角色功能发生变化。仔细辨别例（2）中各例，其中处所词语"讲台"和摆的对象"花篮"在活动阶段和遗留状态阶段表达式中的语义角色存在差异。就处所词语"讲台"而言，例（2）A_0—C_1 描述事件的活动前和活动阶段，"在讲台上"在该阶段不同事态的表达式中是"摆花篮"这一行为发生的处所，介词"在"通常不能省略，而例（2）C_2—D 描述活动结束后的遗留状态，"讲台上"在表达式中是遗留状态系属的方位，原来的介词短语需省略介词成为方位短语；就"摆"的对象"花篮"来说，其在例（2）A_0—C_1 描述的活动前和活动阶段是动作"摆"的受事，而在例（2）C_2—D 中，"摆"因为不再具有动作特征，"花篮"也因此不再是动作的受事而变成了"摆"这一状态的系事。此外，不同阶段施事的隐现也是事件过程时空性对其制约的结果。

3.1.2 事件过程的动态性与动词的过程特征

事件过程的动态性跟时空性密不可分，时空性反映动态性，动态性体现于时空性。前文从事件参与者的隐现及功能变化的角度对事件过程的时空性进行了初步讨论，本节从动词的体貌特征出发讨论事件过程的动态性。“了”“着”“过”是汉语典型的体貌助词，其功能主要是标示动词或事件的动态性过程特征，因此也有学者称为动态助词（蒋绍愚、曹广顺 2005：198—225）。受国外学界体貌研究的影响，汉语界致力于时体研究的学者对“了”“着”“过”等的研究主要从事件的内在时间构成着手，发表了大量研究成果。不过，从动态过程观的角度看，事件动词跟“了”“着”“过”共现，要受到事件随时间展开过程中动词体现的过程特征的制约，并不是所有的事件动词都可以跟“了”“着”“过”共现（参考郭锐 1993）。以图 2 所示，汉语的“起始”或“终结”义动词通常只跟“了”共现而不跟“着”共现，具有“续段”和“反复”特征的动词一般可以跟“过”共现，具有“起始”“终结”和“续段”特征的动词跟“了”“着”“过”都可以共现。

最典型的是“摆”类附着动词，通过“了”“着”“过”的重复使用，不仅可以描述活动阶段的所有事态，还可以描述遗留状态阶段的所有事态。结合例（2）中各例跟图 2 的对应关系不难发现，例（2）中各例不仅描写了由“摆”构成的附着事件全过程的不同事态，其中动词的过程特征也跟不同事态的表达式呈对应关系。例（$2A_0$）的“摆”动作没有发生，其过程特征不具体，类似描写活动前事态的动词通常不可以跟体貌助词（如“了”“着”“过”等）以及表示体貌意义的动词（如“开始”“着手”等）或副词（如“已经”“正在”“在”等）共现；例（2A）描写事件处于活动阶段的起始事态，动词“摆”通过跟“$了_1$”共现，突显其“活动起始”的过程特征；例（2B）描写事件处于活动阶段的持续事态，动词“摆”通过跟“$着_1$”共现，突显其“活动持续”的过程特征；例（$2C_1$）描写事件处于活动阶段的终结事态，动词“摆”通过跟“$了_2$”共现，突显其“活动终结”的过程特征；例（$2C_2$）描写事件处于活动终结后的遗留状态起始事态，动词“摆”通过跟“$了_3$”共现，突显其“遗留状态起始”的过程特征；例（2D）描写事件处于活动终结后的遗留状态持续事态，动词“摆”通过跟“着$_2$”共现突显其“遗留状态持续”的过程特征。“过”则既可以标示活动阶段成为过去的经历事态（即图2的“过$_1$”），也可以标示遗留状态阶段成为过去的经历事态（即图2的“过$_2$”）。可见，动词的动态性过程特征要受到事件的事态特征以及表体貌义词语的规约。

3.2 次序性与周期性

事件在时间轴上展开所具有的时空性和动态性，还从事件不同阶段或事态的次序性和周期性特征得以体现，具体表现为，事件在不同阶段或事态的语言表达式因为时间上的前后相继关系而在顺序上具有不可逆性。同时，事件在展开过程中的活动阶段和遗留状态阶段虽然在语法特征上存在某些相似性，但由于二者在时间上是前后相继的关系，因此在语法和语义上又都存在某些差异。

3.2.1 事件过程的阶段次序性与事态次序性

如图2所示，一个完整事件在时间轴上的展开过程可以切分为活动阶段和遗留状态阶段。事件在一维的时间轴上相继展开，因此随时间展开的活动阶段和遗留状态阶段的相应表达式也要遵循时序原则，即活动展开在先，遗留状态在后，两个阶段的表达式往往具有不可逆性。不过，由于语言中大量的动词只描述活动展开过程，本身并不兼有活动终结后的遗留状态特征，因此，事件过程的阶段次序性通常只涉及附着动词，尤以“摆”类动词为典型。仍以例（2）略作阐明，例（2）如果如例（7）那样颠倒活动阶段和遗留状态阶段的先后顺序，便会因为时序颠倒而感到有些怪异。

（7）遗留状态阶段

C_2. 讲台上摆了花篮。

D. 讲台上摆着花篮。

（讲台上摆过花篮。）

? → 活动阶段

A_0. 彤彤打算在讲台上摆花篮。

A. 彤彤在讲台上摆花篮了。

B. 彤彤在讲台上摆着花篮。

C_1. 彤彤在讲台上摆了花篮。

（彤彤在讲台上摆过花篮。）

不仅活动阶段和遗留状态阶段具有不可逆性，两个阶段的不同事态间也具有不可逆性。例（8）由于事件展开的事态次序被完全颠倒，因此人们很难捕捉它们在时间先后顺序上的联系。

（8）D. 讲台上摆着花篮。

$\overset{?}{\rightarrow}$ C_2. 讲台上摆了花篮。

（讲台上摆过花篮。）

$\overset{?}{\rightarrow}$ C_1. 彤彤在讲台上摆了花篮。

$\overset{?}{\rightarrow}$ B. 彤彤在讲台上摆着花篮。

$\overset{?}{\rightarrow}$ A. 彤彤在讲台上摆花篮了。

$\overset{?}{\rightarrow}$ A_0. 彤彤打算在讲台上摆花篮。

（彤彤在讲台上摆过花篮。）

需要指出的是，除“摆”类动词外，凡具有起始、终结和续段特征的动词，由它们构成的事件都遵循从起始事态进入到持续事态再转为终结事态的依序展开的过程。

3.2.2 事件过程的阶段周期性

事件在展开过程中的阶段周期性体现在活动阶段和遗留状态阶段的表达式在句法和语义上一方面存在某些相似性，另一方面又存在某些差异。受动词语义结构的制约，事件过程的阶段周期性主要涉及“摆”类动词。试比较例（9）活动阶段和遗留状态阶段的相应表达式：

（9）活动阶段

A. 彤彤在讲台上摆花篮了。

B. 彤彤在讲台上摆着花篮。

C_1. 彤彤在讲台上摆了花篮。

（彤彤在讲台上摆过花篮。）

遗留状态阶段

C_2. 讲台上摆了花篮。

D. 讲台上摆着花篮。

（讲台上摆过花篮。）

周期性体现在活动阶段和遗留状态阶段“了”“着”“过”的重复使用上。对比看出，两个阶段的相似之处在于，都可以用“了”标示起始事态，都可以用“着”标示持续事态，都可以用“过”标示经历事态。但是“了”“着”“过”的重复使用并不说明它们具有完全相同的语法意义，体现在它们所标示的事态特征存有差别，在活动阶段的表达式中标示的是相应的活动事态，在遗留状态阶段的表达式中标示的是相应的遗留状态事态。这种差别还表现在，活动阶段因为具有动态特征而不能省略施事，遗留状态阶段因为动作已经结束施事需要退隐；活动阶段的处所短语只能做状语，遗留状态阶段的方位短语可以做主语（参见3.1的讨论）；活动阶段存在明确的终结事态 C_1，遗留状态阶段不存在明确的终结事态。描述活动阶段的动词可以受动态性词语如“正在”“在”等修饰，描述遗留状态阶段的动词不能受动态性词语的修饰。

总之，事件过程的阶段次序性和事态次序性，以及阶段周期性反映了事件从一个阶段变为另一阶段，或从一种事态变为另一事态的变化轨迹，其对应表达式反映了人类认知事件过程的时序相似性，也为我们准确理解体貌助词在不同阶段或不同事态表达式中的细微差别提供了理论根据。

3.3 接续性与过递性

“接续性”与“过递性”从不同角度涉及事件展开过程中阶段与阶段或事态与事态之间的衔接关系，即事件在随时间展开过程中，后一阶段或事态跟前一阶段或事态之间具有接续性，前一阶段或事态跟后一阶段或事态之间具有过递性。接续性和过递性反映事件不同阶段或不同事态相继展开的连续性。

3.3.1 事件过程的阶段接续性与事态接续性

运动和变化是事物的基本属性，事物自身的内在属性通过外因的作用使其从一种状态变为另一种状态。不言而喻，事件的活动阶段从起始到持续再到活动终结事态，构成一个前后相继的发展过程。同理，事件的遗留状态阶段也有一个从起始到持续的前后相继的发展过程。从相反的角度看，后一阶段或事态跟前一阶段或事态之间存在接续关系，即后一阶段或事态并非凭空产生，而是由前一阶段或事态发展而来。例如：

（10）A. 彤彤在讲台上摆花篮了。

B. 彤彤在讲台上摆着花篮。

C_1. 彤彤在讲台上摆了花篮。

（11）C_2. 讲台上摆了花篮。

D. 讲台上摆着花篮。

立足于例（11）看其跟例（10）的关系，它们之间具有接续性，例（11）描述的遗留状态不可能凭空产生，它必定接续于例（10）描述的活动阶段。同理，例（11D）跟例（11C_2），例（10C_1）跟例（10B），例（10B）跟例（10A）之间也存在接续关系。

3.3.2 事件过程的阶段过递性与事态过递性

所谓过递，是指从前一阶段或事态看其跟后一阶段或事态之间的衔接关系。过递性跟接续性涉及的对象相同，只是角度不同而已。从相反的角度看，上文讨论的阶段接续性与事态接续性则变为阶段过递性与事态过递性。事件过程的事态过递性不再赘述，下文主要讨论活动阶段跟遗留状态阶段的阶段过递性。

活动阶段跟遗留状态阶段虽然性质发生了一些变化，但它们之间仍然存在着紧密的联系，并非渺不相关。两个阶段的联系反映在它们之间存在着过递关系，实际上也反映了事件的阶段连续性。这种过递性连续关系对应于图 1 和图 2 中 C_1 和 C_2 标示的临界状态。其表达式如：

（12）C_1. 彤彤在讲台上摆了花篮。

C_2. 讲台上摆了花篮。

例（$12C_1$）和例（$12C_2$）都有相同的句法成分“摆了花篮”，但例（$12C_1$）中“摆了花篮”的实际语义是“摆花篮”的行为已经结束，而例（$12C_2$）中“摆了花篮”的实际语义是“摆花篮”的行为结束后花篮在讲台上“摆”的状态已经形成。即是说，例（$12C_1$）的“了”表示动作完结，例（$12C_2$）的“了”表示状态起始，换言之，“了”的语法意义具有“完结”“起始”两面性（参考税昌锡 2012）。“了”的这种阶段过递标示功能有点像接力赛中接力棒从前一个人手中传递到后一个人手里，接力棒在交接前后的性质有所不同。

“了”语法意义看似矛盾的“完结”“起始”两面性，其实不难理解。汉语史的研究表明，体貌助词“了”经历了由“终了、了结”义动词到补语，再发展成“形尾”（助词）的虚化过程（王力 1980：302—303；太田辰夫 1987：210—212；蒋绍愚、曹广顺 2005：198—212）。按照语法化的观点，动词“了”发展为体貌助词后，“终了、了结”义变得很虚灵，主要体现为语法意义。语法意义是词语在组合过程中凭借一定的形式而实现的关系意义。以吕叔湘（1990:56）“动作完成就变成状态”的认识为基础，我们发现，“了”在图 $2C_1$ 和 C_2 表示的活动阶段和遗留状态阶段的临界点上是表“终结”（动作完成）义还是表“起始”义（动作完成就变成状态），很大程度上取决于相关动词的过程特征，动词突显终结特征时，“了”表“终结”义，如“结束了一天的劳动”；动词突显起始特征时，“了”表“起始”义，如“开始了一天的工作”；动词的起始、终结特征不明确时，“了”的语法意义模糊，为“起始”“终结”两可状态，如“小丽穿了一件新大衣”，有可能是“穿”的动作已经完结，也可能是“穿”的状态开始。

由于“了”语法意义具有两面性，一些由结果或状态补语构成的动结式后接的“了”，是表完结还是遗留状态起始，往往难以判断。如：

（13）彤彤在讲台上摆齐了花篮。

（14）圆圆在展台上摆满了展品。

例（13）的“齐”指向“花篮”，例（14）的“满”指向“展台”或“展品”。由于动结式语义的合成性，可以认为例（13）和例（14）的“摆”随着“齐”和“满”所表结果或状态的产生而终结，但“齐”和“满”所表示的状态却是随动作终结而形成的。所以，例（13）的“摆齐了”和例（14）的“摆满了”是描述动作完成还是遗留状态起始，可以见仁见智，主要根据说话人意象图式中截取（profile）的是动作还是遗留状态来确定。回到例（12），例（$12C_1$）由于有施事参与，“摆了花篮”更容易理解为动作完结，例（$12C_2$）由于施事不出现，“摆了花篮”更容易解读为遗留状态起始。

需要指明的是，“了”既然可以在遗留状态起始事态（图 2 的 C_2）的表达式中表示“起始”的语法意义，根据词语组配的语义相容原则（邵敬敏 1997；税昌锡、邵敬敏 2006），描述活动起始事态（图 2 的 A）的动词因为具有“起始”特征，也可以跟“了”共现。从语义学的角度看，“动作完成”和“状态起始”间存在着蕴涵与预设关系，即动作完成必然造成某一状态的形成，状态起始必然预设活动的终结。

总之，“了”在事件过程结构中分布于活动起始、活动终结和遗留状态起始三种事态，对应的表达式如：

（15）A. 彤彤在讲台上摆花篮了。

C_1. 彤彤在讲台上摆了花篮。

C_2. 讲台上摆了花篮。

例（$15C_1$）和例（$15C_2$）表明，“了”除了语法意义具有“完结”“起始”两面性外，根据“完结”“起始”之间的蕴涵和预设关系，“了”还起到了标示活动阶段和遗留状态阶段之间的过递关系。同理，例（15A）的“了”也预设了活动前阶段“彤彤原来并没有在讲台上摆花篮”的事实。

3.4 小结

基于图 1 和图 2 所示的事件过程结构模式，以及上述事件过程的动态特征，一些跟过程相关的语言现象可以得到便捷的说明。例如：

（16）a. 讲台上摆了花篮。 a'. 花篮摆讲台上了。

b. 讲台上摆着花篮。 b'. *花篮摆讲台上着。

c. 讲台上摆过花篮。 c'. *花篮摆讲台上过。

例（16a）可以有（16a'）的变换式，原因在于，例（16a）和（16a'）都描述图 1 和图 2 中 C_2 所示的遗留状态起始事态。"了"在例（16a）和（16a'）中尽管句法分布不同，却都是图 $2C_2$ 所示的"$了_3$"，例（16a'）"讲台上"置于动词后，表示动作导致的结果状态，即图 2 所示的 C_2，其语义跟句尾"了""肯定事态出现了变化"或遗留状态起始事态标记功能相容。例（16b）不存在（16b'）的变换式，因为例（16b）描述图 1 和图 2D 所示的遗留状态持续事态，而例（16b'）动词后"讲台上"的结果状态起始特征（图 2 的 C_2）跟"着"应标示的遗留状态持续事态（图 2 的 D）不相容。例（16c）也不存在例（16c'）的变换式，因为例（16c）描述图 1 和图 2 自 C_2 至 D，再因为某种原因致使遗留状态终结成为经历事态，而例（16c'）动词后"讲台上"的结果状态起始特征（图 2 的 C_2）跟"过"应标示的遗留状态经历事态不相容。类似现象人类语言有共性，如英语的例子：

（17）a. The window was broken by Henry.

b. The window was broken for quite a long time.

c. ?The window was broken by Henry for quite a long time.

例（17a）和（17b）的 was broken 虽然形式相同，就时体特征而言都可以认为是完整体，但它们的过程特征有差别，例（17c）则让人感觉怪异。例（17a）有施事者 Henry 在场，broken 具动态特征，整个句子描述如图 1 和图 $2C_1$ 所示的活动终结事态；例（17b）的

broken 描述活动终结后的遗留状态，具静态特征，既然动作已经成为过去，施事者需要退隐，整个句子描述如图 1 和图 2D 所示的遗留状态持续事态；例（17c）让人感觉怪异的原因在于 broken 不可能同时既是动态的又是静态的，整个句子不可能同时既描述活动终结事态又描述遗留状态持续事态。

四 结语

基于过程哲学的相关理论，本文将“事件”定义为：事物或实体随动词表示的动作或关系的变化而从一种事态变为另一事态，再从另一事态变为又一事态直至该事物或实体发生本质改变的过程。“事态”则是事件展开过程中呈现的内部状态。一个完整事件的过程结构包括活动和遗留状态两个阶段，前者又可以切分为活动起始、活动持续和活动终结三种事态，后者也可以切分为遗留状态起始和遗留状态持续两种事态。事件随时间依序展开，具有时空性、动态性、次序性、周期性、接续性和过递性等动态特征，具体表现为事态与事态或阶段与阶段之间的转化递进关系。“了”“着”“过”在事件过程结构的相应表达式中具有事态标示功能，它们彼此分工，互为补充，一起描述事件展开的全过程。“了”可以标示活动起始、活动终结和遗留状态起始三种事态；“着”可以标示活动持续和遗留状态持续两种事态；而“过”则既可以表示从活动起始到活动终结的活动阶段成为过去，也可以表示从遗留状态起始到因为某种原因致使遗留状态终结的遗留状态阶段成为过去。事件过程结构的上述特征可以对本文开头提到的种种现象做出扼要的说明。

为了不使问题复杂化，本文主要以兼具动态和静态特征的附着动词“摆”构成的附着事件作为讨论的基础。事实上，事件的不同阶段或事态都存在相应的动词及其相应的语法表现形式，如“开始”“着手”等只具有活动起始的过程特征，只能描述事件过程结构模式中的活动起始事态，“结束”“终止”等只具有活动终结的过程特征，只能描述事件过程结构模式中的活动终结事态。不同的动词尽管存在过程特征上的差异，但这并不妨碍将其置于本文构拟的事件过程结构模式中加以讨论。为了揭示汉语动词过程特征跟事件过程结构对应表达式的互动关系，将来还有必要做更加深入细致的综合系统的探究。

附　注

① 事件是否处于展开过程中，与事件实际发生与否无必然联系。有的事件可被说话人设定在将来展开，如“我理了发就去散步”“快要下雨了”“马上要开动员大会了”（引自赵世开、沈家煊 1984）。

② 涉及动作或变化的词除动词外，还包括部分动态化的形容词（动形兼类词）如“红了樱桃”“绿了芭蕉”中的“红”和“绿”、部分名词如“都大学生了”的“大学生”，以及动词短语如“吃饱”“喝足”“装糊涂”等。为行文简洁，本文以“动词”总称。

③ 事物的变化往往从一种状态变成另一状态，再从另一状态变成又一状态，如此循环往复以至无穷。本文的讨论实际涉及人们认知视域中的一个变化周期。

④ 本文“了$_1$”“了$_2$”“了$_3$”的分别只是表明“了”在事件过程结构中的分布差异，“着$_1$”“着$_2$”、“过$_1$”“过$_2$”亦如此。语言事实表明，“了”的语法意义具有“完结”“起始”两面性，传统观念的“完成”说、“实现说”等有片面性。

参考文献

陈前瑞 （2008）《汉语体貌研究的类型学视野》，商务印书馆，北京。
崔希亮 （2003） 事件情态和汉语的表态系统，《语法研究和探索》（十二），商务印书馆，北京，331—347 页。
高云球 （2006） 过程哲学——作为建设性的后现代主义，《求是学刊》第 2 期，哈尔滨，49—53 页。
郭　锐 （1993） 汉语动词的过程结构，《中国语文》第 6 期，北京，410—419 页。
蒋绍愚、曹广顺 （2005）《近代汉语语法史研究综述》，商务印书馆，北京。
刘宁生 （1985） 论“着”及其相关的两个动态范畴，《语言研究》第 2 期，武汉，117—128 页。
吕叔湘 （1990）《中国文法要略》（《吕叔湘文集》第一卷），商务印书馆，北京。

邵敬敏 （1997） 论汉语语法的语义双向选择性原则，《中国语言学报》第8期，北京，46—63页。
沈 园 （2007）《句法-语义界面研究》，上海教育出版社，上海。
税昌锡 （2008） 附着事件、附着动词及相关句法语义，《汉语学报》第3期，武汉，12—22页。
—— （2010） 时量补语语义多指现象的认知解释，《华文教学与研究》第4期，广州，61—68页。
—— （2011） 事件过程与存现构式中的“了”和“着”，《语言科学》第3期，徐州，231—245页。
—— （2012） 基于事件过程结构的“了”语法意义新探，《汉语学报》第4期，武汉，44—58页。
税昌锡、邵敬敏 （2006） 论语义特征的语法分类，《汉语学习》第1期，延吉，14—21页。
太田辰夫 （1987）《中国语历史文法》，蒋绍愚、徐昌华译，北京大学出版社，北京。
王 力 （1980）《汉语史稿》，中华书局，北京。
杨成凯 （2002） 事件阶段和语法表示，《语法研究和探索》（十一），商务印书馆，北京，3—17页。
赵世开、沈家煊 （1984） 汉语“了”字跟英语相应的说法，《语言研究》第1期，武汉，114—126页。
周长银 （2010） 事件结构的语义和句法研究，《当代语言学》第1期，北京，33—44页。
Comrie, Bernard （1976） *Aspect: An Introduction to the Study of Verbal Aspect and Related Problems*. Cambridge: Cambridge University Press.
Dik, Simon C. （1997） *The Theory of Functional Grammar*. Part 1: The Structure of the Clause. ed. By Kees Hengeveld, Second, revised version. Berlin & New York: Mouton de Gruyter.
Dirven, René & Marjolijin, Verspoor （1998） *Cognitive Exploration of Language and Linguistics*. Amsterdam: John Benjamins.
Fawcett, Robin P. （2000） *A Theory of Syntax for Systemic Functional Linguistics*. Amsterdam: John Benjamins.
Lakoff, George （1987） *Women, Fire, and Dangerous Things: What Categories Reveal about the Mind*. Chicago: The University of Chicago Press.
Langacker, Ronald W. （1991） *Foundations of Cognitive Grammar, Vol. II: Descriptive Application*. Standford, California: Standford University Press.
—— （2002） *Concept, Image and Symbol: The Cognitive Basis of Grammar*. Berlin: Mouton de Gruyter.
Panther, Klaus-Uwe & Linda Thornburg （1999） The potentially for actuality

metonymy in English and hungarian. In Klaus-Uwe Panther and Giinter Radden（eds.）, *Metonymy in Language and Thought*. Amsterdam: John Benjamin: 333-359.

Parsons, Terence （1990） *Events in the Semantics of English: A Study in Subatomic Semantics*. Cambridge, MA: MIT Press.

Pawley, Andrew （1987） Encoding events in Kalam and English: different logics for reporting experience. In Russel S. Tomlin（ed.）, *Coherence and Grounding in Discourse: Outcome of a Symposium*. Amsterdam/Philadelphia: John Benjamins: 329-360.

Schank, Roger C. & Robert P. Abelson （1977） *Script, Plans, Goals, and Understanding*. Hillsdale, N. J.: Lawrence Erlbaum Associations.

Smith, Carlota S.（1991） *The Paramiter of Aspect*. Dordrecht: Kluwer Academic Publishers.

Talmy, Leonard （1985） Force dynamics in language and thought. In Willian H. Eilfort, Paul D. Kroeber & Karen L. Peterson（eds.）, *Papers from the Parasession on Causatives and Agentivity*. Chicago: Chicago Linguistic Society: 293-337.

—— （1988） Force dynamics in language and cognition. *Cognitive Science*, 12, 49-100.

Vikner, Carl （1994） Change in homogeneity in verbal and nominal reference. In C. Bache, *et al*（ed.）. *Tense, Aspect and Action: Empirical and Theoretical Contributions to Language Typology*. Berlin / New York: Mouton de Gruyter: 139-164.

von Wright, G. （1963） *Norm and Action*. London: Routledge & Kegan Paul Ltd.

Whitehead, Alfred N.（1929） *Process and Reality: An Essay in Cosmology*. New York: Macmillan Publishing Co.

—— （1978） *Process and Reality: An Essay in Cosmology*（corrected edition edited by Griffin David, R. & Sherburne, Donald W.）. New York: The Free Press.

Yang, Suying （1995） The aspectual system of Chinese. Doctoral dissertation at University of Victoria.

Zacks J. M. & B. Tversky （2001） Event structure in perception and cognition. *Psychological Bulletin*, 1, 3-21.

（550001 贵阳，贵州师范大学文学院 shchx65@126.com）

汉韩话题省略和语篇衔接性的对比分析*

金贤姬

提要 作为零指代，省略在语篇中起着保持衔接性的作用。本文对汉韩两语言的话题省略现象进行分析。本文的对比分析表明，虽然汉韩两语言都是话语取向语言，也都是话题省略非常频繁的语言；但在话题省略方面也存在不小的差别：1. 韩语话题省略的频率大大高于汉语；2. 韩语发生话题省略的范围大大超过汉语；3. 以上差别会影响整个语篇的衔接性，韩语对语篇衔接性的要求较高而汉语较低。

关键词 汉韩对比 话题省略 语篇分析 衔接性

1 引言

传递信息是语言表达最重要的目标，为了实现此目标，人们采用多种多样的表达方式。其中，有的信息通过一句话就能够表达出来，而有的信息要通过一连串的句子才能表达出来。反过来说，对语言的分析也是如此，有时仅需要对单个的句子进行分析，而有时却需要对多个句子——就是对多句语篇——来进行分析。而且，即使表达的内容相同，由于所用语言的差别，表达的方式也不同。

本文基于单句语法和语篇语法不同的思想，对不同语言在语篇层次上的实际表达形式的不同进行考察，主要是对汉语韩语话题省略现象进行对比分析。

Li & Thompson（1976）指出，汉语是话题注重型语言，韩语

* 本文的研究得到教育部人文社科重点基地重点项目《现代汉语语篇的结构和范畴研究》（2009JJD740001）的资助。感谢导师王洪君的悉心指导。文章初稿在第 14 届中国当代语言学国际研讨会上宣读过。

是话题和主语并重型语言。也就是说，这两个语言在整体结构上，话题所占的地位都比较高。但从另一方面来看，汉语韩语均非常频繁地发生话题省略，但是其具体表现却很不一样，韩语话题省略的频率远远高于汉语。之前学界对汉语中的话题省略现象已经有不少的分析，但针对语篇的，而且以同样重视话题的两种语言为分析对象的研究并不多。因此，本文通过分析汉韩两语言的语篇材料中的话题省略现象，找出两者之间的差别。

本文所用语料主要为口语性很强的第三人称叙事体小说《骆驼祥子》中文原本和韩文译本的第一章。

人们所表达的信息可分为两类：旧信息和新信息。旧信息是说话者和听话者双方都知道的，一种共识的信息，一般位于句首，是说话时先提到的内容。新信息是说话者将要传达的、听话者未知的信息，一般位于句子的后半部分。如：

（1）我们家的狗啊，就喜欢我儿子，它都不理我。

例（1）中说话者主要想传达的新信息是“就喜欢我儿子，它都不理我”，而且从全句的表达方式看，我们可以知道，说话者认为听话者已经知道自己家里有狗的事实。也就是说，句首成分“我们家的狗”是双方共识的旧信息，而其余部分是说话者给听话者提供的新信息。

上文提到的新、旧信息是客观上存在于语言表达之中的成分。换个角度，从人们运用信息结构的层面来看，则是双方共识的信息越少被提到就越经济。因此，人们要实现语言表达的经济性以及高效率，就会在语言表达中使用省略。比如：

（1a）我们家的狗$_i$啊，就喜欢我儿子，$Ø_i$都不理我。（符号“Ø”表示成分的省略，相同的英文下标表示 Ø 和实际所指的同指关系，下同。）

从整个语言交际情景考虑，或者从单个句子的内容上看，例（1）新信息部分中的“它”都是反复出现的旧信息。因此说话者可以把“它”省略不说，而且听话者也能够理解例（1a）的省略部分指第一分句中的“狗”。如果把分析扩大到更大的上下文语境，还可以有：

（1b）A1：我们家最近开始养狗$_i$了。

B1：哦，怎么样啊？

A2：好像$Ø_i$还没适应好，$Ø_i$就喜欢我儿子，$Ø_i$都不理我。

例（1b）中A2的回答把之前出现过的旧信息“狗”都省略掉了，因为该信息已经在A1的谈话中出现，成为双方共识内容，所以在A2再提该内容就不符合经济原则。所以说，产生省略的底层因素是这种追求高效率的心理而造成的。

另一方面，省略对形成连贯一致的语篇有很大的贡献。根据Halliday & Hasan（1976），省略是实现语篇衔接的工具。正是由于存在省略，才使整个语篇构成更加有连贯性、紧密性的整体。在上文提到，被省略的成分都是双方共识的旧信息。也就是说，虽然在语篇上某个成分不出现，但是对对话参与者来说，语篇前面部分中该成分的线索已经储存在大脑中，因此很容易被激活；并且，在这一激活过程当中，听话者积极地利用语篇前面已出现的线索，这使得该语篇的上下文之间更有连贯性、紧密性。如果说话者把各个旧信息都说出来，不但整个对话听起来很烦琐，而且听话者的注意力也分散到各个局部反而不能把上下文整体连接起来，从而导致语篇的连贯性、紧密性降低。比如：

（1c）??好像我们家的狗还没适应好，我们家的狗就喜欢我儿子，我们家的狗都不理我。

在例（1c）所含三个小句的每个句首位置上，反复出现了相同的名词成分。这样的表达好像是非常明确，其实大大降低了三个小句之间的连贯性、紧密性：对听话者来说，由于每个小句都是自足的，所以没有任何必要把这些小句联系起来；结果，（1c）整体的连贯性、紧密性因此而消失，听话人所接受的信息就如同说话人是在分别三次来说三件彼此没有关系的事情。总之，省略是构成语篇衔接的重要因素，没有省略，语篇各部分之间的联系就会丧失。

2 汉韩主语省略的共性

2.1 被省略的成分

上文提到，省略是人类共有的心理因素导致的，而且是构成语篇的普遍现象。根据 Halliday & Hasan（1976），省略可以发生在体词、谓词、小句成分上。如：

（2a）Four other Oysters followed them, and yet another four.

（2b）— Is John going to come?

— He might.

（2c）— Who was going to plant a row of poplars in the park?

— The Duke was.

例（2a）最后的数词"four"之后应该跟着一个担任中心成分的名词，但是在前一个小句中已经出现过担任中心的名词"Oysters"，所以听话者也能够使"four"恢复为"four Oysters"。例（2b）的答句只用了情态动词而省略了词汇性动词（lexical verb）"come"。例（2c）是小句省略的例子。答句把问句命题中除了疑问所在的部分，包括谓词上的词汇性动词全都省略掉了。

就体词性成分的省略而言[①]，省略的频率高低是跟 Keenan & Comrie（1977）提出的"名词短语可及性等级体系"（NP accessibility hierarchy）一致的。由名词短语充当的主语、直接宾语、间接宾语和旁语等句子成分中，可及性程度等级关系如下：

（3）主语 > 直接宾语 > 间接宾语 > 旁语

也即，这些句子成分的可及程度从左到右依次递减。可及性所关联的一个现象是，可及性低的成分在运用句法规则时受到的限制较大，反之就较小一些。[②]省略现象也是句法规则的一种，所以，主语的省略是最频繁的，宾语其次。

2.2 主语省略的两种类型

虽说主语是最容易省略的成分，但是不同语言主语省略的表现并不一样。这一点涉及 Li & Thompson（1976）提出的“主语注重型语言和话题注重型语言”之分。英语或法语等印欧语属于主语注重型语言而汉语或傈僳语（Lisu）是话题注重型语言。两者之间的最大差别在于，主语注重型语言一定要保持主谓一致关系，而话题注重型语言并不如此。反过来说，在语言的运用中，前者的主要运用模式是句法取向的，而后者语言的主要运用模式是另一种层次上的——话语取向的。因此有一种说法是，与英语相比，汉语不要求主谓一致，因而比较容易省略主语；而英语由于必须有主谓一致关系，所以主语省略现象不如汉语频繁[③]。比如：

（4a）祥子的手哆嗦得更厉害了，揣起保单，拉起车，几乎要哭出来。(《骆驼祥子》)

（4b）Xiangzi's hands were shaking even more violently as he tucked the guarantee away and pulled his rickshaw out, feeling ready to burst into tears.[④]

例（4b）是例（4a）的英译，中文的例（4a）只在第一小句的句首有主语名词“祥子的手”，后续小句的主语“祥子”承前省略。虽然后续句的动词与前句中“祥子的手”并没有直接的论元关系，但是根据上下文能够找出线索，因为“祥子”已经作为“手”的隶属者定语出现，所以后续句可以承前的领属定语而省略主语。相反，英文不允许这种主谓不一致现象，必须把第二个小句上的主语补出来，因此例（4b）增加了原文并不存在的“he”。

但是，与英语不同，印欧语中也存在主语省略频繁的语言。如[⑤]：

（5a）Ø Discuteva.

（5b）He was arguing.

例（5a）是意大利语的句子，例（5b）是与之相应的英文句子。因为意大利语动词具有人称、数范畴的屈折变化，所以仅根据动词形态变化也能够补出其主语是第三人称阳性单数。因此例（5a）虽然只出现动词不出现主语但主语仍是明确存在的。而英语动词的形态已经十分衰退，所以主语不能省略。属于拉丁语的不少语言，跟意大利语一样，可以根据其动词屈折变化省略主语。

综上所述，世界语言存在两类可省略主语的语言：根据动词丰富的屈折变化而省略的，和根据话语的语境而省略的。意大利语属于前者，汉语属于后者。

2.3 韩语的主语省略

韩语，按照 Li & Thompson（1976）的归类，是主语和话题并重语言。而其主语（一般也同时是话题）省略现象也是非常普遍的[⑥]。比如：

（4c）시앙쯔의 손은 더 심하게 떨렸다. Ø 보증서를 받아 품속에 간직하고는 인력거를 끌기 시작하였다.

例（4c）是例（4a）的韩译。韩文把它分成两个句子，但是依然只在第一句用了句首名词“祥子的手”（画线的部分），而第二个句子省略了句首名词。

作为黏着语，韩语的动词形态变化颇为丰富，其所指也各不同。但是与印欧语的屈折体系不同的是，韩语动词的变化形式不能明确的表示人称、数等语法范畴。当然，韩语动词在形态变形上也存在一些是否能与主语搭配的问题；但这种主谓一致关系并不是所有的动词变形都具有的，很多动词的变形并不具有严格的主谓一致的限制。

本文从韩译版《骆驼祥子》抽出 20 个句子，都是翻译过程中发生主语省略现象的句子，由笔者本人给这些句子补上第一人称或第三人称主语。[⑦] 此项小测试主要测验的是在缺主语的情况下读者仅根据动词变形能不能猜出原来的主语，也即动词的变形能不能控制主语人称。结果显示，20 个句子当中仅有 5 个句子要求与原文相应的主语，而剩下的 15 个句子对主语的人称没有要求，即不管第一人称还是第三人称两者都可以。由此可看出，韩语选择主语的主要机制不在于动词的形态变化，更重要的是上下语境的限制。[⑧]

因此我们不能把韩语和拉丁语等同起来，韩语是与汉语类似的语言——话语取向的语言，也都是注重话题的语言。因此，下面进行汉韩对比时，我们将恢复使用“话题省略”的说法，而且其中的“话题”概念较为宏观。这是因为，本文的研究是针对分属不同语言类型的不同语言之间的对比，宏观的话题概念可以更好地涵盖不同体系的话题结构。具体来说就是，本文认为话题的最关键的语用属性是“关于性”。从本文的对比任务出发，我们采取的策略是，只要是具有关于性的论元成分，并且在本文处理的两种文本中有一方带有该语言话题的形式标记，就将它处理为需要进行对比的话题。其中，韩语由于话题具有显性的形式标记，因而作为最主要的标准。另外，韩语中带有主语标记的论元也带有较强的话题性，如果它在汉语中也出现于动词之前，就也纳入本文的对比分析。另外要说明的是，我们的对比分析不包括韩语中带时间、地点标记的成分或仅起连接作用的词语。也即，从揭示语篇推进线索的功能考虑，我们同意话题应该限制于句子论元的观点。

从上面的讨论可以看出，汉韩两种语言话题省略现象的发生方式以及理解方式都是类似的——都根据话语上的共识而产生，依靠上下语境来找出线索而恢复被省略的成分。

3 汉韩话题省略的差别以及与此相关的语篇特点

3.1 汉韩语料分析

如上所述，汉韩语言两者均是话语取向而频繁发生话题省略的语言。但是在此同类现象中也存在细微的差别。也就是说，韩语语篇中话题省略现象更为常见。因此韩国留学生作文中经常发生过度省略话题的句子。比如[⑨]：

（6）我在家想，因为平时不爱运动所以身体这么弱。Ø打算从现在锻炼身体。

（7）现在我拿到了驾驶证。这个价值对别人怎样Ø不知道，但是对我是很值得，很宝贵的东西。

这两个例句的第二个句子均缺话题“我”（例（6）在句首位置、例（7）在句中位置）。但是从韩语的表达习惯来看，不管在同一句还是跨句，不管在句首位置还是句中位置，只要是在前面是议论的话题，则在后面的句子中都可以省略。在韩语者看来，这两个例句都是关于“我”的陈述，而且说话者觉得听话者也知道这一点，所以“我”成为共识的成分，第二个句子的话题就可以省略。如果这两个句子上补出了“我”，句子反而变得不太自然，不太地道。而对汉语者来说，至少例（7）的第二句就似乎不是对“我”的陈述，而是对“（拿到驾驶证的）这个价值”的陈述。也就是说，对汉语者来说，例（7）的第一句与第二句的话题不同，有话题的转换，而韩语者却认为例（7）的第一句与第二句的话题是一致的。所以，汉韩两个语言虽然非常相似，但是其话题控制的范围和话题省略的频率有很大的差别。根据姜贞爱（2006）的统计，韩语话题省略占28%，而汉语只占16%。

本文拟通过对小说《骆驼祥子》汉韩两个版本的比较考察两语言话题省略的差异。为集中考察差异，所以笔者没有全面考察所有被省略的话题，而是集中考察两个版本话题省略不一致的地方。也就是说，找出中文版有话题而韩文版省略话题的情况，或者中文版没有话题而韩文版加了话题的情况，而且进行比较。在比较中我们特别注意了两个语言对话题的编码不同：汉语主要靠位置，即话题必须是句中位置居前且具有论元身份的名词性短语，而韩语主要靠形态标记（格助词），即话题是后面带有表示话题（或主语）的格助词的名词性短语。为了便于在不同体系的语言之间设立相对更为可靠的对比基准，本文主要根据有显性的、确定的话题标记的韩语文本作为依据。即以韩语实际出现了话题（或主语）标记或者人为补出时只能选用话题（或主语）标记作为标准去分析话题省略的差异。

参考许余龙（2004）根据被省略成分的先行词来分类的方法，我们把汉韩话题省略现象分成五类：外指（exophoric）、同句内、前一句、同段内、跨段[⑩]。即，如果被省略话题的先行词不在该语篇中，把它分析为“外指”，如果先行词在同一句子中，就把它分析为“同句内”。同样，先行词在同一段中，它就是“同段内”的；如果被省略成分的先行词不在同一段中，到别的段落才能找到，它就是“跨段”的。分析结果如下：

表1　中文版上有话题而韩文翻译上省略话题的情况

	外指	同句内	前一句	同段内	跨段	总数
个数（百分比）	7（10%）	4（5%）	15（22%）	24（35%）	18（26%）	68

表2　中文版上没有话题而韩文翻译上加话题的情况

	外指	同句内	前一句	同段内	跨段	总数
个数（百分比）	0	3（33%）	6（66%）	0	0	9

首先，比较表1和表2的总数：表1的68是中文版用了话题而韩文版却没有用话题的总数，表2的9是中文版上没有用话题而韩文版却用了话题的总数。就是说，在把中文翻译为韩文的过程中，翻译者把原版中文里用了的68个话题去掉了；与此同时，中文版原本省略的9个话题，翻译者在韩文版中却增加了上去。总体来看，在语篇层级上韩文版的省略话题现象远远超过中文版。也就是说，与汉语相比，韩语更喜欢省略话题。这个结果可以支持上文提到的韩国留学生作文上经常发生偏误的现象。

其次，从省略成分的类型上看，在先行词的分布上也有很大的差别。其中最显著的是韩文上的先行词多半是以段落为单位的：先行词在于同段内的占35%，跨段的占26%。就是说，在韩文上即使先行词和某个成分之间距离较远，但是该成分还是经常被省略。比如下面的例（8）（为了分析与韩文译本的不同，我们在中文原文的基础上，给第三人称代词“他”“他自己”增加了一些标记：“阴影”表示在韩文中用作省略参照点，黑体加下画线表示在韩文中省略不用，阿拉伯数字序号）：

（8）遇上交际多，饭局多的主儿，平均一月有上十来个饭局，他 1就可以白落两三块的车饭钱。加上**他 1–1** 每月再省出个块儿八角的，也许是三头五块的，一年就能剩起五六十块！这样，他的希望就近便多多了。**他 1–2** 不吃烟，不喝酒，不赌钱，没有任何嗜好，没有家庭的累赘，只要**他自己 1–3** 肯咬牙，事儿就没有个不成。他对自己起下了誓，一年半的工夫，他 2——祥子——非打成自己的车不可！是现打的，不要旧车见过新的。

他 2–1 真拉上了包月。可是，事实并不完全帮助希望。不错，**他 2–2** 确是咬了牙，但是到了一年半他并没还上那个愿。包车确是拉上了，而且谨慎小心的看着事情；不幸，世上的事并不是一面儿的。**他 2–3** 自管小心他的，东家并不因此就不辞他；不定是三两个月，还是十天八天，吹了！**他 2–4** 得另去找事。自然，**他 2–5** 得一边儿找事，还得一边儿拉散座；骑马找马，**他 2–6** 不能闲起来。

例（8）是由两个段落构成的，其中编号 1–1 到 1–3 以及 2–1 到 2–6 的“他”，在韩文版上都被省略。编号 1–1 到 1–3 的先行词是第一句上的“他 1”。在阅读时，韩语读者遇到缺话题“他 1–1”、“他 1–2”、“他自己 1–3”的句子，他们就会前溯去找出该句子原话题的线索，可以追溯到“他 1”。

再看编号 2–1 到 2–6 的“他”，这些被省略成分的先行词都在上一个段落上——“他 2”[11]。同样“他 2”成为被省略成分的参照点，韩语读者会以此为参照恢复下文的话题。这两种先行词与省略成分的关系特点是两者的距离相距较远。“他 1”和“他 1–1”、“他 1–2”、“他自己 1–3”都是紧挨着的。包含“他 2”和“他 2–1”的句子虽是相连着的，但是两个句子之间存在着跨段落的界线。所以说，上例的省略以及恢复的整个过程不是以同句或相邻句子为范围发生的，而是以同段落甚至跨段落为范围发生的。与此相比，中文并没有这种以远距离先行词作为参照的删略。在表2上可以看出，汉语中以“(隔句的)同段内”和“跨段”的先行词为参照而省略话题的个数均是0。也就是说，汉语语篇上的省略以及恢复过程，仅仅限制在同句或相邻句上，而在隔句或跨段落的单位上不能承前省略。

再次，就是我们所增加的“外指”省略的区别。中文版中出现了的第一人称和第二人称代词“我(们)”和“你”，有7个在韩文版被省略。比如：

(9)那么，我们就先说祥子，随手儿把骆驼与祥子那点关系说过去，也就算了。

(10)拉去吧，你就是把车拉碎了，要是钢条软了一根，你拿回来，把它摔在我脸上!

在韩译本中，上面(9)(10)两例中的“我们”、“你”都被省略。根据 Halliday & Hasan(1976)，第一、第二人称代词和其所指对象(referent)是依靠交际进行时的情景语境而决定的。也就是说，人称代词“我(们)”和“你”本身就是根据进行对话情景中谁是说话人、谁是听话人来决定的，是根据对话情景而不断变化所指而非固定所指的。因此读者不能仅根据语篇中实际出现的词语追溯到代词所指对象，而要根据语篇提供的场景来确定。但是从可及度的角度来看，因为所指对象是在对话现场实际存在的，所以这些代词可及性很高，自然成为很容易被省略的成分。因此无论是书面语还是口语，韩语的第一、第二人称代词省略频率非常高。在上文举的例(6)、例(7)也可以按照这种道理来解释。统计表明，中文中的外指成分省略要比韩文少。

综上所述，从话题省略的整体情况来看，韩语语篇中的省略的数量远远超过汉语语篇。从具体情况看，则汉语偏向于省略距离较近的成分，而韩语则距离较远的成分也能够较自由地省略。还有就是外指成分省略的差别。虽然这些成分在语篇上下文中并没有出现，但韩语母语者却是只要根据情景语境能够恢复的成分，都要省略。

3.2 汉韩话题省略的语篇衔接性分析

在第一节中我们提到，省略与衔接的关系非常紧密。不同语言省略的表现不相同，说明它们的语篇衔接性也不同，这也得到前面分析结果的支持。也就是说，汉韩两语言的衔接性也是有相当差距的。

按照上文的分析结果，汉韩的话题省略不但存在总数多少的差异，还存在省略性质上的差异。韩语话题省略的多半是以段落为单位的，甚至位于新段落开始的句子也可以承上段而省略话题，如例（8）。这就表明韩语中一个参照实体所管制的语篇范围非常广，在跨段的范围内一直保持着互相依靠的同指关系，从而其语篇的衔接性自然就很高。与此相比，汉语的一个参照实体所管制的范围不是在同一句之内就是在相邻句之内，范围要小得多。也就是说，汉语对语篇内部衔接性的要求要比韩语低许多。

另外，韩语存在“话题转换”[12]之后的语篇还可以承接转换之前的那个话题继续使用省略形式的现象。例（8）的“他 2”在下文有 6 处省略，其实在韩译版中这 6 处省略话题之间还存在另一个话题：韩文版将“他 2–2”和“他 2–3”之间的“那个愿”译成了带有话题标记的话题。这里明显发生了话题转换，但是其后续文依然省略“他 2”。再如：

（11）祥子，在与“骆驼”这个外号发生关系以前，是个较比有自由的洋车夫，这就是说，他是属于年轻力壮，而且自己有车的那一类：自己的车，自己的生活，都在自己手里，高等车夫。

这可绝不是件容易的事。一年，二年，至少有三四年；一滴汗，两滴汗，不知道多少万滴汗，才挣出那辆车。从风里雨里的咬牙，从饭里茶里的自苦，才赚出那辆车，那辆车是他的一切挣扎与困苦的总结果与报酬，象身经百战的武士的一颗徽章。在他1赁人家的车的时候，他2从早到晚，由东到西，由南到北，象被人家抽着转的陀螺；他没有自己。可是在这种旋转之中，他的眼并没有花，心并没有乱，他3老想着远远的一辆车，可以使他自由，独立，象自己的手脚的那么一辆车。有了自己的车，他4可以不再受拴车的人们的气，也无须敷衍别人；有自己的力气与洋车，睁开眼就可以有饭吃。

例（11）由两个段落构成，在韩译本总共出现三个话题："他"、"这"、"那辆车"（均以带阴影表示）。首先，第二段落中的"他1"至"他4"共4个话题都被韩译本省略。这属于先行词在前一个段落的跨段类省略。其次，段落的话题链有三个不同的话题"他—这—那辆车"，但是第三个话题"那辆车"之后又回到对"他"进行说明时，汉语必须重提话题"他"，而韩译本却可以用零形式跨过话题"那辆车"去指代更前面的"他"。这说明韩语的零形指代不但可以隔着段落，并且还可以中间隔着两个不同话题。也即，即使发生了话题转换，但是韩语仍可以保持着与前面话题"他"的衔接性。在韩语中，话题管控范围的大小与其有生性的强弱有关，因此有生的"他"可以隔着无生话题"这"、"那辆车"使用零形前指来衔接，而无生的"那辆车"却不能隔着话题"他"使用零形前指形式来衔接。

除此之外，我们还发现汉韩衔接性的另一个差别。笔者曾试着根据中文原文版的句子结构在韩译本上补出韩文比中文多省略的话题。结果发现，这些中文有而韩文没有的话题，大部分也可以在韩译本的相应位置上补出（尽管不符合韩语的一般习惯），但是其中有18个话题绝不能补在中文原来的位置上，却要补在韩文前一句的句首位置上才比较通顺。比如：

（12a）看着那高等的车夫，他计划着怎样杀进他的腰去…

（12b）（그는：他，韩语要补在与12a最开始相应的位置上）

고등인력거꾼들을 바라보며 Ø 어떻게 허리를 묶어야 날씬하게 들어 가도록 하여…

例（12b）是例（12a）的译句。按原句的结构看，例（12b）的话题应该补在符号“Ø”的位置上，但是根据笔者的语感，韩语却是把话题补在相当于汉语前一句句首的位置（有阴影的部分）才自然。例（12a）中文的结构是在第一小句上有蒙后省略，而话题在后续句才出现。方梅（2008）把这种反指零形话题小句——即例（12a）的第一小句——叫作“非内嵌依附小句”。方指出，这种小句的依附性很强，只能作为一个背景成分。我们从此可以解释为例（12a）两个小句之间衔接性和紧密性较高。但是这种省略而产生出来的衔接性也仅在一个句子范围之内的。所以虽然汉语在同一句子之内的衔接性很高，但是这种衔接性不能覆盖更大的语篇。与此相比，例（12b）韩语被补出的话题是句首的话题成分，而且此话题是从前面到这里一直保持着说者与听者共识的成分。所以这种能够补在句首位置上的被省略成分对较大范围的语篇衔接性会有很大的贡献。这从另一个角度说明韩语整个语篇的衔接性要求比汉语更强。

要说明的是，本节所述汉韩衔接性的差异只是在话题省略以及与此相关的话题位置这个平台上分析出来的结果。语言现象不能以片面的现象来断言，体系完全不同的两个语言之间的对比分析更是如此。汉韩两语言整体衔接性强弱的对比尚待更深入研究。

4 余论

省略是满足交际经济、高效率的需求而产生的现象。省略在语篇上起着保持衔接性的作用。

本文对汉韩两个语言的话题省略现象进行分析。作为话语取向语言，汉韩两个语言都是话题省略非常频繁的语言。但是，我们的研究结果表明，两者之间也存在不小的差别。这就是：①韩语话题省略的频率大大高于汉语；②韩语的发生话题省略的范围大于汉语，韩语的话题省略大多是以段落为范围发生的，而汉语的话题省略不超越相邻的句子；③以上差别会影响到整个语篇的衔接性，导致两个语言对语篇的衔接性的要求有较明显的差别，韩语对语篇衔接性的要求较高而汉语较低。

本文未能提出汉语或韩语在什么情况下省略话题的规律，这主要是因为小说里的省略或译文的省略是因人而异的，不容易找出制约省略的绝对规则。但是对于二语教学来说，尤其是在二语教学的高级阶段，了解两语言的这些倾向性显著差异的规律及其成因都是很有必要的，因此在汉韩话题省略方面还有许多工作要做。比如，我们进行的其他研究已经发现，韩语句子的主语所需要的高生命度的限制也大大严于汉语，同时该现象与本文所讨论的韩语省略话题大大多于汉语的现象之间有很密切的关联。因篇幅限制，这些问题我们将另文讨论。

附　注

① 本文只对名词性话题的省略现象进行研究，名词性宾语以及谓词或小句的省略暂不讨论。

② 参考许余龙（2004）。

③ 严格地说，汉语中被省略的多数是话题，但是这里要与印欧语对比，把被省略的句首成分都称为主语比较简单，所以先姑且称作“主语”。下面进行汉韩对比时再恢复用“话题”的说法。

④ 参考张宁（2009）。

⑤ 参考 Munhwan, Cho（2007）。

⑥ 严格地说，韩语主语和话题各有标记，并且在无标记的两者重合的情况下一般只使用话题标记。语料分析显示，韩语中被省略的成分主要是话题，大多数也与主语重合。同样是因为这里要与印欧语对比，因此先把被省略的句首成分称为主语，下面进行汉韩对比时再用“话题”的说法。

⑦ 因为《骆驼祥子》以叙述为主，对话性句子很少出现，所以在此测试上排除第二人称。

⑧ “Predicates in Korean do not carry properties such as person or plurality of the subject, and thus, the missing element cannot be traced by the information alone, which predicates denote. Therefore, it is inevitable to employ the semantics and pragmatics in order to trace the missing argument. In short, just like in

Japanese, an approach in which the semantics and pragmatics play a role is necessary to trace the missing argument in Korean.” 参考 Taeho Kim（2009：44）。

⑨ 参考刘建霞（2005）。

⑩ “外指”一项是笔者增加的。

⑪ 在例（8）第二段上有两个缺编号的“他”：第一个“他”为第二行“他并没还上那个愿”句上的。这句韩译本则译为“他的愿望并没实现”，韩译本的这个“他”与原版不是平行的结构，本文就排除此“他”；第二个“他”为第三行“东家并不因此就不辞他”句中的。严格来说，这个“他”也可以当“他 2–4”到“他 2–6”的先行词。但是本文研究的对象是话题，所以暂不考虑宾语当先行词的情况。

⑫ 陈晓（2011）中日版《骆驼祥子》（前两章）话题使用情况调查分析，未刊。

参考文献

陈 晓 （2011） 中日版《骆驼祥子》（前两章）话题使用情况调查分析，未刊。

方 梅 （2008） 由背景化触发的两种句法结构，《中国语文》第 4 期。

姜贞爱 （2006）《韩汉政论体语篇的省略和指称衔接对比》，延边大学硕士学位论文。

刘建霞 （2005）《韩国留学生叙事语篇中名词性词语省略的偏误分析》，北京语言大学硕士学位论文。

许余龙 （2004）《篇章回指的功能语用探索》，上海外语教育出版社。

张 宁 （2009） 英汉零形回指的表现特征与翻译，《外国语文》第 6 期。

Munhwan, Cho （2007） 意大利语的省略结构与认知上的还原，《意大利语文学》第 20 辑。

Givon, Talmy （1983） Introduction. *Topic Continuity in Discourse: A Quantitative Cross-Language Study*. Amsterdam Philadelphia: John Benjamins.

Halliday & Hasan （1976） *Cohesion in English*, London: Longman.

Li & Thompson （1976） Subject and Topic: A New Typology of Language, *Subject and Topic*, New York:Academic Press.

Taeho, Kim （2009） Topic Continuity: Zero Anaphora and Case Marker Ellipsis, *Studies in Modern Grammar 56*.

Yamamoto, Mitsumi （1999） *Animacy and Reference*, Philadelphia: John Benjamins.

（北京，北京大学中文系 dec12023@gmail.com）

晋语山蟹两摄的不平行演变研究 *

王为民

提要 官话方言山摄和蟹摄曾存在平行的演变特征，即一等字以开合口分韵，江淮官话至今仍保持这种特征。晋语山摄和蟹摄的主体层次之间不存在这种平行性，其特征是山摄“一等开口字依声母锐钝分韵”，蟹摄一等“哈泰开”与“灰泰合”韵基相同。晋语的这两项特征是其在北宋从北方官话方言脱离时所带特征，这些特征是早期晋语的共同特征，后来受北方官话方言侵蚀，只在核心晋语中保留较多，在边缘晋语中消失殆尽。晋语可能与吴方言等非官话南方方言一样早在南宋之前就形成了，并且有过较长时期的共同发展。是故，晋语山蟹两摄的演变特征与以吴方言为代表非官话南方方言相同或类似。

关键词 晋语 山摄 蟹摄 演变特征

1 引言

自李荣（1985: 2）将“山西省以及毗连地区有入声的方言”独立出来称为“晋语”以来，晋语成为北方方言中最受关注、最富争议的方言。经过二十余年的讨论，学术界对晋语有了更深入的了解，认为晋语是一个有较多特点的方言，且这些特点与现代官话方言迥异。本文即在前人研究的基础上，讨论晋语山摄和蟹摄的演变

* 本文曾于2013年12月14日在全国汉语方言学会第十七届学术年会首届青年学者学术论文大赛决赛（暨南大学，广州）上宣读，获得第二名。本文在写作过程中得到《语言学论丛》匿名审稿专家和全国汉语方言学会首届青年学者学术论文大赛评审委员会（侯精一、李蓝、项梦冰、熊正辉、张振兴）的修改意见。在暨南大学的决赛中，评委刘丹青、麦耘、邢向东、刘莉李、石锋、陈泽平等诸位先生也提出了宝贵意见。最终定稿由王洪君、李小凡先生赐阅，并指正。本文初稿是在美国麻州大学安默思特校区做访问学者时完成的，在写作过程中得到沈钟伟教授的指导。本文在写作及修改过程中曾多次向侯精一先生和乔全生先生请教。又本文写作得到山西省中青年拔尖创新人才支持计划（1105712）和中国博士后科学基金（2014 M550150）的资助，一并致谢！

特征，并讨论这些演变特征与现代北方官话方言之间的差异以及与非官话南方方言之间的关系。

《切韵》的山摄在《中原音韵》分为桓欢（wɔn）、寒山（（$\left\{\begin{matrix} j \\ w \end{matrix}\right\}$）an）、先天（j（w）en）三韵。① 就其来源来说，桓欢来自山摄一等合口，寒山来自山摄一等开口及二等开合口，先天来自山摄三四等。薛凤生（1999：67—68）指出，“皆来韵和齐微韵都是收噫韵，皆来韵来自蟹摄，由于蟹摄也是一个类似山摄的标准外转摄，我们猜想它的演变方式跟山摄咸摄是一致的。把前文讨论过的有关韵母的音变应用到蟹摄上，我们可以设想它后来也形成了三个类似桓欢、寒山、先天的韵部，即 wɔj、（$\left\{\begin{matrix} j \\ w \end{matrix}\right\}$）aj 与 j（w）ej，但在《中原音韵》里，只有皆来韵是来自蟹摄的。细审皆来韵的字，我们可以看出它们完全符合韵基为 -aj 的那一类，即它们包括了全部二等字及一等开口字，可能变为 wɔj 的一等合口字以及可能变为 j（w）ej 的三四等字，都出现在齐微韵里。我认为这表示蟹摄确曾跟山摄一样经历同一个演变过程。不过，由这个过程所形成的 ɔj 与 ej 两个韵部稍后又变入齐微韵了（$\left\{\begin{matrix} ɔ \\ e \end{matrix}\right\}$ → ɨ/_j）。由此可知，低元音前后三度对比的消失首先发生在收噫的韵里，这在《中原音韵》以前相当久就出现了。到底早多少，我们不能确知，但《切韵指掌图》已经给了我们一个暗示。因为普通的韵图都是一开一合相对应的。可是止摄和蟹摄的开合却是并了起来，成了两开对两合，这种不合理的两两相对的现象，大概就是因为当时上述的音变已经发生了。《指掌图》的作者，既要照顾原来的等韵形式，又要考虑到‘杯、回、西、鸡’之类字的实际读法已经属齐微，所以造成不合理的现象。《中原音韵》比较客观，不管原来等韵的归属，而直接把那些字都归入齐微韵，原来的齐微韵是止摄三等字，有开有合，韵母是 -jɨj、-wɨj。”薛以上论述的要点是，山摄和蟹摄在宋元时期北方的演变有平行性，都是开一与开二、合二的韵基合为一类。具体可分为四个特点：（1）一等依开合分韵，（2）二等开合同韵，（3）开一开二韵基合流，（4）合一合二韵基对立。我们认为，宋元北方官话的以上四个特点中的（1），即山蟹两摄一等字的韵基是否依开合分化，是山蟹两摄其他分化合流音变的基础。

本文将由此出发首先讨论山蟹两摄的演变特征在山西境内晋语中的表现，接着讨论其在山西境外晋语中的遗存和发展，然后讨论其与现代北方官话之间的差异及其与吴方言等非官话南方方言之间的共同性。大多数汉语方言与现代北方官话一样，其山摄和蟹摄曾经历过平行的演变过程。但晋语与现代北方官话不同，晋语山蟹两摄的演变不具这种平行性，但却与吴方言等非官话南方方言存在共同性。本文暂不讨论山摄入声韵的演变。②

2 山西境内晋语山蟹两摄的演变特征

2.1 吕梁片方言山蟹两摄的演变特征

2.1.1 吕梁片方言山蟹两摄的读音状况

2.1.1.1 吕梁片方言山摄的读音状况

这里将吕梁片方言山摄字的读音状况列为表1，双线以上10个点属于汾州小片，以下5个点属于隰县小片，下同。③ 由于我们的讨论主要集中在山摄一等字及其与二等之间的关系之上，故这里只列出一二等字的读音状况，其他片亦仿此。

表1-1 吕梁片方言山摄一等字的读音状况

（本表为白读音或没有文白异读的读音，下同）

例字 读音 方言点	丹	拦	残	肝	安	半	短	官
	山开一平寒端	山开一平寒来	山开一平寒从	山开一平寒见	山开一平寒影	山合一去换帮	山合一上缓端	山合一平桓见
兴县	tã^{24}	lã^{44}	ts^{h}ã^{44}	kɣ̃^{24}	ŋɣ̃^{24}	pɣ̃^{51}	tuɣ̃^{314}	kuɣ̃^{24}
静乐	tæ̃^{24}	læ̃^{33}	ts^{h}æ̃^{33}	kæ̃^{24}	ŋæ̃^{24}	pæ̃^{53}	tuæ̃^{314}	kuæ̃^{24}
岚县	tɑŋ^{214}	lɑŋ^{44}	ts^{h}ɑŋ^{44}	kiẽ^{214}	ŋiẽ^{214}	pẽ^{53}	tuẽ^{312}	kuẽ^{214}
临县	tæ^{24}	læ^{44}	ts^{h}æ^{44}	kiᴇ^{24}	ŋiᴇ^{24}	puo^{53}	tuo^{312}	kuo^{24}
方山	tæ^{224}	læ^{44}	ts^{h}æ^{44}	kiɛ^{224}	ŋiɛ^{224}	puo^{51}	tuo^{535}	kuo^{224}

（续表）

离石	tæ^{24}	læ^{44}	tsʰæ^{44}	kiɪ^{24}	ŋiɪ^{24}	pou^{52}	tu^{312}	kou^{24}
柳林	tæ^{24}	læ^{55}	tsʰæ^{55}	kie^{24}	ŋie^{24}	pei^{53}	tuei^{412}	kuei^{24}
中阳	tæ^{35}	læ^{44}	tsʰæ^{44}	kie^{35}	ŋie^{35}	pə^{53}	tuə^{412}	kuə^{35}
汾阳	tã^{314}	lã^{22}	tsʰã^{22}	ki^{314}	ŋi^{314}	pu^{55}	tu^{412}	ku^{314}
石楼	tɑŋ^{214}	lɑŋ^{44}	tsʰɑŋ^{44}	kɑŋ^{214}	ŋɑŋ^{214}	pɑŋ^{52}	tuɑŋ^{413}	kuɑŋ^{214}
永和	tɑ̃^{33}	lɑ̃^{35}	tsʰɑ̃^{35}	kɛi^{33}	ŋɛi^{33}	pɛi^{53}	tuɛi^{312}	kuɛi^{33}
隰县	tæ^{41}	lɑ̃^{24}	tsʰɑ̃^{24}	kæ^{41}	ŋæ^{41}	pæ^{55}	tuɑ̃^{21}	kuɐr^{41}
汾西	tɑ̃^{11}	lɑ̃^{35}	tsʰɑ̃^{35}	kɑ̃^{11}	ŋɑ̃^{11}	pɑ̃^{55}	tuɑ̃^{33}	kuɑ̃^{11}
大宁	tɛ̃^{31}	lɛ̃^{24}	tsʰɛ̃^{24}	kɛ̃^{31}	ŋɛ̃^{31}	pɛ̃^{55}	tuɛ̃^{31}	kuɛ̃^{31}
蒲县	tæ̃^{51}	læ̃^{13}	tsʰæ̃^{13}	kæ̃^{51}	ŋæ̃^{51}	pæ̃^{33}	tuæ̃^{11}	kuæ̃^{51}

表 1-2　吕梁片方言山摄二等字的读音状况

例字 读音 方言点	山	眼	删	颜	鳏	拴	关	弯
	山开二 平山生	山开二 上产疑	山开二 平删生	山开二 平删疑	山合二 平山见	山合二 平删生	山合二 平删见	山合二 平删影
兴县	sã^{24}	niã^{314}	sã^{24}	niã^{44}	kuã^{24}	ʂuã^{24}	kuã^{24}	uã^{24}
静乐	sæ̃^{24}	ȵiæ̃^{314}	sæ̃^{24}	ȵiæ̃^{33}	kuæ̃^{24}	—	kuæ̃^{24}	væ̃^{24}
岚县	sɑŋ^{214}	niɑŋ^{312}	sɑŋ^{44}	niɑŋ^{44}	—	suɑŋ^{214}	kuɑŋ^{214}	uɑŋ^{214}
临县	sæ^{24}	niᴇ^{312}	sæ^{44}	niᴇ^{44}	—	suæ^{24}	kuæ^{24}	uæ^{24}
方山	sæ^{224}	niɛ^{535}	sæ^{44}	niɛ^{44}	kuæ^{224}	suæ^{224}	kuæ^{224}	uæ^{224}
离石	sæ^{24}	niæ^{312}	sæ^{44}	niæ^{44}	—	suæ^{24}	kuæ^{24}	uæ^{24}
柳林	sæ^{24}	nie^{412}	sæ^{55}	nie^{55}	kuæ^{24}	suæ^{24}	kuæ^{24}	uæ^{24}
中阳	sæ^{35}	nie^{412}	sæ^{44}	nie^{44}	—	ʂuæ^{35}	kuæ^{35}	uæ^{35}
汾阳	sã^{314}	niã^{412}	sã^{22}	niã^{22}	kuã^{314}	ʂuã^{314}	kuã^{314}	uã^{314}
石楼	sɑŋ^{214}	niɑŋ^{413}	sɑŋ^{44}	niɑŋ^{44}	kuɑŋ^{214}	ʂuɑŋ^{214}	kuɑŋ^{214}	uɑŋ^{214}
永和	sɑ̃^{33}	niɑ̃^{312}	sɑ̃^{33}	niɑ̃^{35}	kuɑ̃^{33}	ʂuɑ̃^{33}	kuɑ̃^{33}	uɑ̃^{33}
隰县	sæ^{41}	niɑ̃^{21}	sæ^{41}	niɑ̃^{24}	—	suæ^{41}	kuæ^{41}	uæ^{41}
汾西	sɑ̃^{11}	niɑ̃^{33}	sɑ̃^{11}	niɑ̃^{35}	kuɑ̃^{11}	suɑ̃^{11}	kuɑ̃^{11}	uɑ̃^{11}
大宁	sɛ̃^{31}	niɛ̃^{31}	sɛ̃^{31}	niɛ̃^{24}	kuɛ̃^{31}	ʂuɛ̃^{31}	kuɛ̃^{31}	uɛ̃^{31}
蒲县	ʂæ̃^{51}	ȵiæ̃^{11}	sæ̃^{51}	ȵiæ̃^{11}	kuæ̃^{51}	suæ̃^{51}	kuæ̃^{51}	uæ̃^{51}

2.1.1.2　吕梁片方言蟹摄的读音状况

这里将吕梁片方言蟹摄的读音状况列为表 2。由于以往学者在讨论蟹摄的演变特征时主要讨论一二等韵母之间的差别，为了方便比较且限于篇幅这里也只列一二等字的读音状况，其他片亦仿此。

表 2–1 吕梁片方言蟹摄一等字的读音状况

例字 / 读音 / 方言点	开 蟹开一 平咍溪	孩 蟹开一 平咍匣	带 蟹开一 去泰端	害 蟹开一 去泰匣	辈 蟹合一 去队帮	队 蟹合一 去队端	罪 蟹合一 上贿从	外 蟹合一 去泰疑
兴县	k^{h}ᴇ^{24}	xᴇ^{44}	tᴇ^{51}	xᴇ^{51}	pᴇ^{51}	tuᴇ^{51}	tsuᴇ^{51}	uᴇ^{51}
静乐	k^{h}ae^{24}	xae^{33}	tae^{53}	xae^{53}	pei^{53}	tuei^{53}	tsuei^{53}	vei^{53}
岚县	k^{h}ei^{214}	xei^{44}	tei^{53}	xei^{53}	pei^{53}	tuei^{53}	tsuei^{53}	uei^{53}
临县	k^{h}ɛe^{24}	xɛe^{44}	tɛe^{53}	xɛe^{53}	pɛe^{53}	tuɛe^{53}	tsuɛe^{53}	uɛe^{53}
方山	k^{h}ɛe^{224}	xɛe^{44}	tɛe^{51}	xɛe^{51}	pɛe^{51}	tuɛe^{51}	tsuɛe^{51}	uɛe^{51}
离石	k^{h}ɐɪ^{24}	xɐɪ^{44}	tɐɪ^{52}	xɐɪ^{52}	pɐɪ^{52}	tuɐɪ^{52}	tsuɐɪ^{52}	uɐɪ^{52}
柳林	k^{h}ɛe^{24}	xɛe^{55}	tɛe^{53}	xɛe^{53}	pɛe^{53}	tuɛe^{53}	tsuɛe^{53}	uɛe^{53}
中阳	k^{h}ɛe^{35}	xɛe^{44}	tɛe^{53}	xɛe^{53}	pɛe^{53}	tuɛe^{53}	tsuɛe^{53}	uɛe^{53}
汾阳	k^{h}ei^{314}	xai^{22}	tei^{55}	xei^{55}	pei^{55}	tuei^{55}	tʂuei^{55}	uei^{55}
石楼	k^{h}ei^{214}	xei^{44}	tɛi^{52}	xei^{52}	pei^{52}	tuei^{52}	tsuei^{52}	uei^{52}
永和	k^{h}ei^{33}	xɛi^{35}	tɛi^{53}	xei^{53}	pei^{53}	tuei^{53}	ts^{h}uei^{53}	uei^{53}
隰县	k^{h}ei^{41}	xər^{24}	tei^{55}	xei^{55}	pei^{55}	tuei^{55}	tʂuei^{55}	uei^{55}
汾西	k^{h}ei^{11}	xɑi^{35}	tɑi^{55}	xɑi^{53}	pei^{55}	tuei^{55}	ts^{h}uei^{53}	uɑi^{53}
大宁	k^{h}ɛe^{31}	xɛe^{35}	tɛe^{55}	xɛe^{55}	pei^{55}	tuei^{55}	tsuei^{55}	vɛe^{55}
蒲县	k^{h}ai^{51}	xai^{11}	tai^{33}	xai^{33}	pei^{33}	tuei^{33}	tsuei^{33}	uai^{33}

表 2–2 吕梁片方言蟹摄二等字的读音状况

例字 / 读音 / 方言点	拜 蟹开二 去怪帮	豺 蟹开二 平皆崇	牌 蟹开二 平佳并	寨 蟹开二 去夬崇	怪 蟹合二 去怪见	坏 蟹合二 去怪匣	歪 蟹合二 平佳晓	快 蟹合二 去夬溪
兴县	pai^{51}	ts^{h}ai^{44}	p^{h}ai^{44}	tsai^{51}	kuai^{51}	xuai^{51}	uai^{24}	k^{h}uai^{51}
静乐	pae^{53}	ts^{h}ae^{33}	p^{h}ae^{33}	tsae^{53}	kuae^{53}	xuae^{53}	vae^{24}	k^{h}uae^{53}
岚县	pai^{53}	ts^{h}ai^{44}	p^{h}ai^{44}	tsai^{53}	kuai^{53}	xuai^{53}	uai^{214}	k^{h}uai^{53}
临县	pɛe^{53}	ts^{h}ɛe^{53}	p^{h}ɛe^{44}	tsɛe^{53}	kuɛe^{53}	xuɛe^{53}	uɛe^{312}	k^{h}uɛe^{53}
方山	pɛe^{51}	ts^{h}ɛe^{51}	p^{h}ɛe^{44}	tsɛe^{51}	kuɛe^{51}	xuɛe^{51}	uɛe^{535}	k^{h}uɛe^{51}
离石	piɛ^{52}	ts^{h}ɐɪ^{44}	p^{h}iɛ^{44}	tɕiɛ^{52}	kyɛ^{52}	xyɛ^{52}	yɛ^{24}	k^{h}yɛ^{52}
柳林	pɛe^{53}	ts^{h}ɛe^{55}	p^{h}ɛe^{55}	tsɛe^{53}	kuɛe^{53}	xuɛe^{53}	uɛe^{24}	kuɛe^{53}
中阳	pɛe^{53}	ts^{h}ɛe^{44}	p^{h}ɛe^{44}	tsɛe^{53}	kuɛe^{53}	xuɛe^{53}	uɛe^{35}	k^{h}uɛe^{53}
汾阳	pai^{55}	ts^{h}ai^{22}	p^{h}ai^{22}	tsai^{55}	kuai^{55}	xuai^{55}	uai^{314}	k^{h}uai^{55}
石楼	pɛi^{52}	ts^{h}ɛi^{44}	p^{h}ɛi^{44}	tsɛi^{52}	kuɛi^{52}	xuɛi^{52}	uɛi^{412}	k^{h}uɛi^{52}

（续表）

永和	pɛi^{53}	ts^{h}ɛi^{35}	p^{h}ɛi^{35}	ts^{h}ɛi^{53}	kuɛi^{53}	xuɛi^{53}	uɛi^{33}	k^{h}uɛi^{53}
隰县	pei^{55}	ts^{h}ai^{24}	p^{h}ai^{24}	ts^{h}ei^{55}	kuei^{55}	xuei^{55}	uei^{41}	k^{h}uei^{55}
汾西	pɑi^{55}	ts^{h}ɑi^{35}	p^{h}ɑi^{35}	sɑi^{53}	kuɑi^{55}	xuɑi^{53}	uɑi^{11}	k^{h}uɑi^{55}
大宁	pɛe^{55}	ts^{h}ɛe^{24}	p^{h}ɛe^{24}	tsɛe^{55}	kuɛe^{55}	xuɛe^{55}	uɛe^{31}	k^{h}uɛe^{55}
蒲县	pai^{33}	tʂ^{h}ai^{11}	p^{h}ai^{11}	tsai^{33}	kuai^{33}	xuai^{33}	uai^{31}	k^{h}uai^{33}

2.1.2 吕梁片方言山蟹两摄的读音状况分析

2.1.2.1 山摄读音状况的分析

在雅克布森–哈利的特征系统中，有 acute 和 grave 两种区别性特征。从实验语音学上看，acute 体现为“在高频率段呈现能量集中区”，用来表示非外围调音，包括齿音、齿龈音、龈腭音、腭音等。grave 体现为“在低频率段呈现能量集中区”，用来表示外围调音，包括唇音、舌根音、小舌音等。王力（1981b）将 acute 翻译为“清越性”，将 grave 翻译为“函胡性”④。后来学者将 acute 翻译为“锐音（性）”，将 grave 翻译为“钝音（性）”。从这个角度看，中古汉语的声母可划分为锐音（acute）和钝音（grave）两类，端、知系属于锐音声母，帮系和见系属于钝音声母。由此可见，兴县方言山摄一等开口字以声母的锐钝分韵，锐音声母字韵基为 ã，钝音声母字韵基为 ɤ̃。同时还可以看出，兴县方言山摄一等开口锐音声母字的韵基与二等字相同，山摄一等开口钝音声母字的韵基与山摄一等合口字韵基相同。兴县方言山摄字最重要的特征就是“一等开口字依声母锐钝分韵”。

再仔细观察，除了静乐和石楼之外，其他方言均与兴县方言一样表现出“一等开口字依声母锐钝分韵”的演变特征。此外，隰县小片的永和方言也是如此。

其实王洪君（1991:43）已经注意到了吕梁片方言的这一特征。王先生指出“在晋中盆地及其西邻吕梁、北邻忻州的一小区方音中，山（咸）的白读音在开合两呼中分为主元音对立的两套韵母。这种分别与中古的一二等有关，但不完全对应。实际的分界是：合口一等（全部）和开口一等见系字为一类，开一非见系字和开合二等为另一类。为行文方便，下面把这两类分别称作山（咸）一等和山（咸）二等。这一对立在各点保留的程度不一。”

值得注意的是，忻州只是一等开合主元音不同（即以开合分韵），与晋中盆地和吕梁山摄一等开口见系与非见系主元音不同的特征（即本文所谓“一等开口字依声母锐钝分韵”）不同。这一看法对后来学者的影响很大，但此后许多学者均将注意的焦点集中在山摄一等开口见系韵母与二等开口韵母的差别之上（即充分注意了晋语保持一二等的差别这一存古特征）而忽略了锐钝分韵的演变特征及其意义。⑤

由上可知，吕梁片山摄一等字在演变上存在两种不同的模式，一种是开口字依声母锐钝分韵（层次 1），另一种是开口字不依声母锐钝分韵（层次 2）。前者显然是吕梁片方言主体层次，而后者实与现代北方官话一致，应该是受现代北方官话影响的结果。

这充分说明，吕梁片方言山摄字的主体层次不曾经历过薛（1999）所提的三分模式。

2.1.2.2　蟹摄读音状况的分析

由表 2–1 可见，除了静乐之外，汾州小片方言蟹摄一等字不以开合分韵。⑥ 这显然与官话方言不同。⑦ 官话方言蟹摄一等“哈”与“灰”韵基不同，“泰$_{开}$”与“泰$_{合}$”韵基也不同。隰县小片的永和、隰县、汾西也曾存在这种特征，不过例外稍多。

比较表 2–1 与表 2–2，可见除了静乐、临县、方山、柳林、中阳、大宁之外，吕梁片方言蟹摄一等字的韵基与二等字的韵基不同。静乐、大宁是一等开口与二等同韵，这是典型的北方官话型方言的特征。方山、临县、柳林、中阳则是一二等同韵，这应该是吕梁片方言一二等不同韵的进一步发展。关于晋语一二等韵母的差异，田希诚（1993）、沈明（1999）和白静茹（2009：45—55）等都曾详细讨论，但讨论的焦点仅限于山西方言一二等韵母的差异本身，没有涉及山摄和蟹摄的演变特征。就蟹摄来说，保持一等合口与二等合口的差异不是晋语的特色，官话方言也曾是如此。若仅着眼于一二等的差异，则晋语与官话方言相比只不过是存古特征多少的问题。若着眼于蟹摄的演变特征，我们就可以揭示晋语与现代北方官话演变模式上的根本差异。

总之，吕梁片方言蟹摄一等字存在两个不同的读音层次，层次A是“哈泰$_{开}$”与“灰泰$_{合}$”同韵基，层次B是“哈泰$_{开}$”与“灰泰$_{合}$”不同韵基。层次A是吕梁片方言的主体层次，层次B是受现代北方官话影响而形成的。可见，吕梁片汾州小片蟹摄字的主体层次也不曾经历过薛（1999）所提的三分模式。

2.1.3 吕梁片方言山蟹两摄的演变特征

综上，汾州小片方言是最能代表吕梁片方言山摄和蟹摄演变特征的方言，其特征为山摄“一等开口字以声母锐钝分韵”，蟹摄一等字开合不分韵。我们认为这不仅仅是吕梁片方言山蟹两摄的演变特征，而是整个早期晋语山蟹两摄的演变特征。不过由于受现代北方官话方言的侵蚀，晋语其他片山蟹两摄的演变特征不若吕梁片明显，但仍然能找到存在过的痕迹。

2.2 并州片山蟹两摄的演变特征

2.2.1 并州片山摄的演变特征

2.2.1.1 并州片山摄字的读音状况[⑧]

表3–1 并州片山摄一等字的读音状况（“/”前为文读，后为白读，下同）

例字 / 读音 / 方言点	单	难	残	干	寒	搬	端	酸	官
	山开一平寒端	山开一平寒泥	山开一平寒从	山开一平寒见	山开一平寒匣	山合一平桓帮	山合一平桓端	山合一平桓心	山合一平桓见
太原	tæ̃^{11}	næ̃^{11}	ts‘æ̃^{11}	kæ̃^{11}	xæ̃^{11}	pæ̃^{11}	tuæ̃^{11}	suæ̃^{11}	kuæ̃^{11}
文水	taŋ^{22}	naŋ^{22}	ts‘aŋ^{22}	keŋ^{22}	xeŋ^{22}	peŋ^{22}	tueŋ^{22}	ɕyeŋ^{22}	kueŋ^{22}
太谷	tã^{22}	nã^{22}	ts‘ã^{22}	kẽ^{22}	xẽ^{22}	pẽ^{22}	tyẽ^{22}	ɕyẽ^{22}	kuẽ^{22}
清徐	tɛ^{11}	nɛ^{11}	ts‘ɛ^{11}	kɛ^{11}	xɛ^{11}	pɛ^{11}	tuɛ^{11}	suɛ^{11}	kuɛ^{11}
平遥	tɑŋ^{13}	nɑŋ^{13}	ts‘ɑŋ^{13}	kɑŋ^{13}	xɑŋ^{13}	pɑŋ^{13}	tuɑŋ^{13}	suɑŋ^{13}	kuɑŋ^{13}

（续表）

介休	tæ̃^{13}	næ̃^{13}	ts‘æ̃^{13}	kæ̃^{13}	xæ̃^{13}	pæ̃^{13}	tuæ̃^{13}	suæ̃^{13}	kuæ̃^{13}
孝义	taŋ^{11}	naŋ^{11}	ts‘aŋ^{11}	kaŋ^{11}	xaŋ^{11}/ ꜀xɤ^{11}	paŋ^{11}/ puɤ^{11}	tuaŋ^{11}/ tuɤ^{11}	suaŋ^{11}/ suɤ^{11}	kuaŋ^{11}/ kuɤ^{11}
祁县	tɑ̃^{33}	nɑ̃^{33}	ts‘ɑ̃^{33}	kɯ̃^{33}	xɯ̃^{33}	pɯ̃^{33}	tuɯ̃^{33}	suɯ̃^{33}	kuɯ̃^{33}
娄烦	tæ^{33}	næ^{33}	ts‘æ^{33}	kæ^{33}	xæ^{33}	pæ^{33}	tuæ^{33}	suæ^{33}	kuæ^{33}
寿阳	tæ^{21}	næ^{21}	ts‘æ^{21}	kæ^{21}	xæ^{21}	pæ^{21}	tuæ^{21}	suæ^{21}	kuæ^{21}
盂县	tæ̃^{412}	næ̃^{22}	ts‘æ̃^{412}	kæ̃^{412}	xæ̃^{22}	pæ̃^{412}	tuæ̃^{412}	suæ̃^{412}	kuæ̃^{412}
榆社	ta^{22}	na^{22}	ts‘a^{22}	ka^{22}	xa^{22}	pa^{22}	tua^{22}	sua^{22}	kua^{22}

表 3-2　并州片山摄二等字的读音状况

例字 / 读音 / 方言点	班	山	删	艰	奸	鳏	关	湾	患
	山开二 平删帮	山开二 平山生	山开二 平删生	山开二 平山见	山开二 平删见	山合二 平山见	山合二 平删见	山合二 平删影	山合二 去谏匣
太原	pæ̃^{11}	sæ̃^{11}	sæ̃^{11}	tɕie^{11}	tɕie^{11}	kuæ̃^{11}	kuæ̃^{11}	væ̃^{11}	xuæ̃^{45}
文水	paŋ^{22}	saŋ^{22}	sen^{22}	tɕiaŋ^{22}	tɕiaŋ^{22}	—	kuaŋ^{22}	uaŋ^{22}	xuaŋ^{35}
太谷	pã^{22}	sã^{22}	sã^{22}	tɕiẽ^{22}	tɕiẽ^{22}	kuã^{22}	kuã^{22}	vã^{22}	xuã^{45}
清徐	pɛ^{11}	sɛ^{11}	sɛ^{11}	tɕie^{11}	tɕie^{11}	kuɛ^{11}	kuɛ^{11}	vɛ^{11}	xuɛ^{35}
平遥	pɑŋ^{13}	sɑŋ^{13}	sɑŋ^{13}	tɕiɑŋ^{13}	tɕiɑŋ^{13}	—	kuɑŋ^{13}	uɑŋ^{13}	xuɑŋ^{35}
介休	pæ̃^{13}	sæ̃^{13}	sæ̃^{13}	tɕiẽ^{13}	tɕiẽ^{13}	—	kuæ̃^{13}	uæ̃^{13}	xuæ̃^{45}
孝义	paŋ^{11}	saŋ^{11}	—	tɕiaŋ^{11}	tɕiaŋ^{11}	—	kuaŋ^{11}	uaŋ^{11}	xuaŋ^{53}
祁县	pɑ̃^{33}	sɑ̃^{33}	sɑ̃^{33}	tɕiɑ̃^{33}	tɕiɑ̃^{33}	kuɑ̃^{33}	kuɑ̃^{33}	uɑ̃^{33}	xuɑ̃^{35}
娄烦	pæ^{33}	sæ^{33}	sæ^{33}	tɕie^{33}	tɕiɛ^{33}	—	kuæ^{33}	væ^{33}	xuæ^{54}
寿阳	pæ^{21}	sæ^{21}	sæ^{21}	tɕie^{21}	tɕie^{21}	kuæ^{21}	kuæ^{21}	uæ^{21}	xuæ^{45}
盂县	pæ̃^{412}	sæ̃^{412}	sæ̃^{412}	tɕiæ̃^{412}	tɕiæ̃^{412}	—	kuæ̃^{412}	væ̃^{412}	xuæ̃^{55}
榆社	pa^{22}	sa^{22}	sa^{22}	tɕie^{22}	tɕie^{22}	kua^{22}	kua^{22}	va^{22}	xua^{45}

2.2.1.2　并州片山摄的演变特征

由表 3 可见，并州片方言山摄字的演变模式可以分为两类，A 一等开口见系与非见系韵母相同，包括太原、清徐、平遥、介休、娄烦、寿阳、盂县和榆社；B 是一等开口见系与非见系韵母不同，包括文水、太谷、孝义、祁县。

B 的演变特征与吕梁片方言山摄一等字的层次 1 相当，都是“一等开口字依声母锐钝分韵”，A 与吕梁片方言的层次 2 相当。可见晋语山摄字演变特征在吕梁片保留较多，在并州片保留较少。

2.2.2 并州片蟹摄的演变特征

2.2.2.1 并州片蟹摄的读音状况

表 4-1 并州片蟹摄一等字的读音状况

例字 / 读音 / 方言点	带	来	腮	该	开	杯	堆	雷	会
	蟹开一去泰端	蟹开一平咍来	蟹开一平咍心	蟹开一平咍见	蟹开一平咍溪	蟹合一平灰帮	蟹合一平灰端	蟹合一平灰来	蟹合一去泰匣
太原	tai^{45}	lai^{11}	sai^{11}	kai^{11}	k‘ai^{11}	pei^{11}	tuei^{11}	luei^{11}	xuei^{45}
文水	tai^{35}/te^{35}	lai^{22}	—	kai^{22}/ke^{22}	ke^{22}	pe^{22}	tue^{22}	lue^{22}	xue^{35}
太谷	tai^{45}	lei^{22}	sai^{22}	kei^{22}	k‘ei^{22}	pei^{22}	tuei^{22}	luei^{22}	xuei^{45}
清徐	tai^{35}	lai^{11}	sai^{11}	kai^{11}	k‘ai^{11}	pai^{11}	tuai^{11}/tɕy^{11}	luai^{11}	xuai^{35}
平遥	tæ^{35}	læ^{13}	sæ^{13}	kæ^{13}	k‘æ^{13}	pei^{13}	tuæ^{13}	luæ^{13}	xuæ^{35}
介休	tɛi^{45}	lɛi^{13}	sɛi^{13}	kɛi^{13}	k‘ɛi^{13}	pei^{13}	tuɛi^{13}	luɛi^{13}	xuɛi^{45}
孝义	tai^{53}/tei^{53}	lai^{11}	sei^{11}	kai^{11}/kei^{11}	k‘ai^{11}/k‘ei^{11}	pei^{11}	tuei^{11}	luei^{11}	xuei^{53}
祁县	tai^{35}	lai^{33}/lei^{33}	sei^{33}	kei^{33}	k‘ei^{33}	pei^{33}	tuei^{33}	luei^{33}	xuei^{35}
娄烦	tɛi^{54}	lɛi^{33}	sɛi^{33}	kɛi^{33}	k‘ɛi^{33}	pei^{33}	tuei^{33}	luei^{33}	xuei^{54}
寿阳	tai^{45}	lai^{21}	sai^{21}	kai^{21}	k‘ai^{21}	pei^{21}	tuei^{21}	lei^{21}/lai^{21}	xuai^{45}
盂县	tɑɛ^{55}	lɑɛ^{22}	sɑɛ^{412}	kɑɛ^{412}	k‘ɑɛ^{412}	pei^{412}	tuei^{412}	luei^{22}	xuei^{55}
榆社	tɛ^{45}	lɛ^{22}	sɛ^{22}	kɛ^{22}	k‘ɛ^{22}	pei^{22}	tuei^{22}	luei^{22}	xuei^{45}

表 4-2 并州片蟹摄二等字的读音状况

例字 / 读音 / 方言点	排	斋	牌	阶	鞋	乖	怪	拐	快
	蟹开二平皆并	蟹开二平皆庄	蟹开二平佳并	蟹开二平皆见	蟹开二平佳匣	蟹合二平皆见	蟹合二去怪见	蟹合二上蟹见	蟹合二去夬溪
太原	pai^{11}	tsai^{11}	pai^{11}	tɕie^{11}	ɕie^{11}/xai^{11}	kuai^{11}	kuai^{45}	kuai^{53}	k‘uai^{45}
文水	pai^{22}	tsai^{22}	p‘ai^{22}	tɕiai^{22}	ɕiai^{22}/xai^{22}	kuai^{22}	kuai^{35}	—	k‘uai^{35}
太谷	pai^{22}	tsai^{22}	p‘ai^{22}	tɕiai^{22}	xai^{22}	kuai^{22}	kuai^{45}	kuai^{323}	k‘uai^{45}
清徐	pai^{11}	tsai^{11}	p‘ai^{11}	tɕie^{11}	xai^{11}	kuai^{11}	kuai^{35}	kuai^{53}	k‘uai^{35}
平遥	—	—	pæ^{13}	tɕiᴇ^{13}	xæ^{13}	kuæ^{13}	kuæ^{35}	kuæ^{53}	k‘uæ^{35}
介休	pɛi^{13}	—	pɛi^{13}	tɕiᴇ^{13}	ɕiᴇ^{13}/xɛi^{13}	kuɛi^{13}	kuɛi^{45}	kuɛi^{423}	k‘uɛi^{45}
孝义	pai^{11}	tsai^{11}	p‘ai^{11}	tɕiai^{11}	ɕiᴇ^{11}/xai^{11}	kuai^{11}	kuai^{53}	kuai^{312}	k‘uai^{53}
祁县	p‘ai^{33}	tsai^{33}	p‘ai^{33}	tɕiei^{33}	ɕiei^{33}/xai^{33}	kuai^{33}	kuai^{35}	kuai^{213}	k‘uai^{35}
娄烦	p‘ɛi^{33}	tsɛi^{33}	p‘ɛi^{33}	tɕiɪ^{33}	xai^{33}	kuɛi^{33}	kuɛi^{54}	kuɛi^{312}	k‘uɛi^{54}
寿阳	p‘ai^{21}	tsai^{21}	p‘ai^{21}	tɕie^{21}	ɕie^{21}/xai^{21}	kuai^{21}	kuai^{45}	kuai^{423}	k‘uai^{45}

（续表）

盂县	pʻɑɛ22	tsɑɛ412	pʻɑɛ22	tɕiɑɛ412	ɕiɛ22/xɑɛ22	kuɑɛ412	kuɑɛ55	kuɑɛ53	kʻuɑɛ55
榆社	pɛ22	tsɛ22	pʻɛ22	tɕi22	ɕi22	kuɛ22	kuɛ45	kuɛ312	kʻuɛ45

2.2.2.2 并州片蟹摄的演变特征

由表 4 可见，并州片蟹摄字的读音类型可以分为四种类型：A. 一等开口与二等开合口为一类，一等合口与二等合口不同类，包括太原、娄烦、盂县、榆社；B. 一等为一类，二等为一类，包括文水、太谷、孝义、祁县⑨；C. 一等和二等为一类，包括平遥、介休、寿阳（白读）和清徐。其实如果再考虑三四等字，则平遥、介休、寿阳与清徐并不同类，因为前者一二等与三四等合口不同类，而后者同类，因此可以把清徐称为 D 型。

B 型一二等有别，这正与吕梁片汾州小片方言兴县、岚县、离石、汾阳和石楼蟹摄字演变特征相同。C 型与临县、方山相同。D 型与柳林、中阳相同，是 C 型的继续发展，即一二等和三四合口合并。A 型与静乐相同，这是典型的现代北方官话型，应该是被现代北方官话方言覆盖的结果，这可由高本汉记录的太原方言的历史材料得到证明。

无论是 B、C、D 那种类型，都蕴含着一个共同的演变特征，即蟹摄一等字开合同韵基。

高本汉（1915—1926/2003）曾调查过百年前的太原方言，其蟹摄字的读音状况与现代的 D 类型一致，如表 5 所示。太原方言蟹摄字的演变是晋语蟹摄字演变模式的极端发展。百年前太原方言蟹摄字的读音类型与现代并州片清徐方言，大包片怀仁、左云、右玉和左权方言蟹摄字的读音类型完全一致。太原方言演变特征的转换表明，晋语的演变特征在百年前要比现在更明显，保留得更多。随着普通话的推广，晋语受现代北方官话的侵蚀越来越严重。我们讨论晋语的演变特征，应当以晋语自身的主体特征为依据，而不能以受现代北方官话侵蚀留下的特征为依据。

总之，排除现代北方官话方言的影响，晋语并州片山摄和蟹摄与吕梁片一样表现出不平行的演变特征。

表 5-1　百年前太原方言蟹摄一等字的读音[10]

开口	贝	沛	戴	耐	来	灾	财	该	孩
	帮泰去	滂泰去	端代去	泥代去	来哈平	精哈平	从哈平	见哈平	匣哈平
	pɛi	pʰɛi	tɛi	nɛi	lɛi	tsɛi	tsʰɛi	kɛi	xɛi
合口	辈	配	陪	堆	推	雷	催	魁	会
	帮队去	滂队去	并灰平	端灰平	透灰平	来灰平	清灰平	溪灰平	匣泰去
	pɛi	pʰɛi	pʰɛi	tuɛi	tʰuɛi	luɛi	tsʰuɛi	kʰuɛi	xuɛi

表 5-2　百年前太原方言蟹摄二等字的读音

开口	排	斋	皆	挨	摆	债	柴	解	矮
	并皆平	庄皆平	见皆平	影皆平	帮蟹上	庄卦去	崇佳平	见蟹上	影蟹上
	pʰɛi	tsɛi	tɕie	ɣɛi	pɛi	tsɛi	tsʰɛi	ɕie	ɣɛi
合口	乖	怪	怀	坏	歪	拐	挂	快	话
	见皆平	见怪去	匣皆平	匣怪去	晓佳平	见蟹上	见卦去	溪夬去	匣夬去
	—	kuɛi	—	xuɛi	—	—	kua	kʰuɛi	xua

表 5-3　百年前太原方言蟹摄三四等字的读音

开口	蔽	例	滞	制	批	帝	西	鸡	启
	帮祭去	来祭去	澄祭去	章祭去	滂齐平	端霁去	心齐平	见齐平	溪荠上
	pi	li	tsɿ	tsɿ	pʰi	ti	ɕi	tɕi	tɕʰi
合口	赘	税	卫	锐	废	吠	秽	圭	惠
	章祭去	书祭去	云祭去	以祭去	帮废去	并废去	影废去	见齐平	匣霁去
	tsuɛi	suɛi	vɛi	zuɛi	fɛi	fɛi	xuɛi	kuɛi	xuɛi

2.3　五台片山蟹两摄的演变特征

2.3.1　五台片山摄的演变特征

2.3.1.1　五台片山摄的读音状况

表 6-1　五台片山摄一等字的读音状况[11]

读音/例字/方言点	丹	坦	伞	竿	按	断	酸	官	欢
	山开一平寒端	山开一上旱透	山开一上旱心	山开一平寒见	山开一去翰影	山合一上缓定	山合一平桓心	山合一平桓见	山合一平桓晓
五台	tæ̃^{213}	tʰæ̃^{213}	sæ̃^{213}	kæ̃^{213}	ŋæ̃^{52}	tuə̃^{52}	suə̃^{213}	kuə̃^{213}	xuə̃^{213}

（续表）

忻州	tɑ̃^{313}	t^{h}ɑ̃^{313}	sɑ̃^{313}	kɑ̃^{313}	ŋɑ̃^{53}	tuɒ̃^{53}	suɒ̃^{313}	kuɒ̃^{313}	xuɒ̃^{313}
阳曲	tε^{213}	t^{h}ε^{213}	sε^{213}	kε^{213}	ŋε^{353}	tuε^{353}	suε^{213}	kuε^{213}	xuε^{213}
朔州	tæ^{312}	t^{h}æ^{312}	sæ^{312}	kæ^{312}	ŋæ^{53}	tuæ^{53}	suæ^{312}	kuæ^{312}	xuæ^{312}
应县	tε̃^{43}	t^{h}ε̃^{54}	sε̃^{54}	kε̃^{43}	ŋε̃^{24}	tuε̃^{24}	suε̃^{43}	kuε̃^{43}	xuε̃^{43}
原平	tε̃^{213}	t^{h}ε̃^{213}	sε̃^{213}	kε̃^{213}	ŋε̃^{53}	tuε̃^{53}	suε̃^{213}	kuε̃^{213}	xuε̃^{213}
偏关	tæ̃^{214}	t^{h}æ̃^{214}	sæ̃^{214}	kiᴇ^{214}	ŋiᴇ^{52}	tuæ̃^{52}	suæ̃^{214}	kuæ̃^{214}	xuæ̃^{214}
灵丘	tæ^{44}	t^{h}æ^{44}	sæ^{44}	kæ^{44}	ŋæ^{52}	tuæ^{52}	suæ^{44}	kuæ^{44}	xuæ^{44}
浑源	tæ^{52}	t^{h}æ^{52}	sæ^{52}	kæ^{52}	ŋæ^{13}	tuæ^{13}	suæ^{52}	kuæ^{52}	xuæ^{52}
繁峙	tε^{42}	t^{h}ε^{42}	sε^{42}	kε^{42}	ŋε^{35}	tuε^{35}	suε^{42}	kuε^{42}	xuε^{42}
代县	tε^{213}	t^{h}ε^{213}	sε^{213}	kε^{213}	ŋε^{53}	tuε^{53}	suε^{213}	kuε^{213}	xuε^{213}
定襄	tæ̃^{214}	t^{h}æ̃^{214}	sæ̃^{214}	kæ̃^{214}	ŋæ̃^{53}	tuε̃^{53}	suε̃^{214}	kuε̃^{214}	xuε̃^{214}
河曲	tæ^{24}	t^{h}æ^{24}	sæ^{24}	kæ^{24}	ŋæ^{53}	tuæ^{53}	suæ^{24}	kuæ^{24}	xuæ^{24}
宁武	tãn^{213}	t^{h}ãn^{213}	sãn^{213}	kãn^{213}	ŋãn^{53}	tuãn^{53}	suãn^{213}	kuãn^{213}	xuãn^{213}
保德	tan^{213}	t^{h}an^{213}	san^{213}	kan^{213}	an^{53}	tuan^{53}	suan^{213}	kuan^{213}	xuan^{213}

表 6-2 五台片山摄二等字的读音状况

例字 / 读音 / 方言点	板	盼	铲	艰	眼	幻	撰	关	患
	山开二 上潸帮	山开二 去翰影	山开二 上产初	山开二 平山见	山开二 上产疑	山合二 去裥匣	山合二 上潸崇	山合二 平删见	山合二 去谏匣
五台	pæ̃^{213}	p^{h}æ̃^{52}	ts^{h}æ̃^{213}	tɕiæ̃^{213}	niæ̃^{213}	xuə̃^{52}	tsuə̃^{52}	kuæ̃^{213}	xuə̃^{52}
忻州	pɑ̃^{313}	p^{h}ɑ̃^{53}	ts^{h}ɑ̃^{313}	tɕiε̃^{313}	niɑ̃^{313}	xuɒ̃^{53}	tsuɒ̃^{53}	kuɑ̃^{313}	xuɒ̃^{53}
阳曲	pε^{213}	p^{h}ε^{353}	ts^{h}ε^{213}	tɕiε^{213}	niε^{213}	xuε^{353}	tsuε^{353}	kuε^{213}	xuε^{353}
朔州	pæ^{312}	p^{h}æ^{53}	ts^{h}æ^{312}	tɕiε^{312}	iε^{312}	xuæ^{53}	tsuæ	kuæ^{312}	xuæ^{53}
应县	pε̃^{54}	p^{h}ε̃^{24}	ts^{h}ε̃^{54}	tɕiε̃^{43}	iε̃^{54}	xuε̃^{24}	tsuε̃^{24}	kuε̃^{43}	xuε̃^{24}
原平	pε̃^{213}	p^{h}ε̃^{53}	ts^{h}ε̃^{213}	tɕiε̃^{213}	iε̃^{213}	xuε̃^{53}	tsuε̃^{53}	kuε̃^{213}	xuε̃^{53}
偏关	pæ̃^{214}	p^{h}æ̃^{52}	ts^{h}æ̃^{214}	tɕi^{214}	i^{214}	xuæ̃^{52}	tʂuæ̃^{52}	kuæ̃^{214}	xuæ̃^{52}
灵丘	pæ^{44}	p^{h}æ^{52}	ts^{h}æ^{44}	tɕiæ^{44}	iæ^{44}	xuæ^{52}	tsuæ^{52}	kuæ^{44}	xuæ^{52}
浑源	pæ^{52}	p^{h}æ^{13}	ts^{h}æ^{52}	tɕiε^{52}	iε^{52}	xuæ^{13}	tsuæ^{13}	kuæ^{52}	xuæ^{13}
繁峙	pε^{42}	p^{h}ε^{35}	ts^{h}ε^{42}	tɕie^{42}	ie^{42}	xuε^{35}	tʂuε^{35}	kuε^{42}	xuε^{35}
代县	pε^{213}	p^{h}ε^{53}	ts^{h}ε^{213}	tɕie^{213}	ie^{213}	xuε^{53}	tsuε^{53}	kuε^{213}	xuε^{53}
定襄	pæ̃^{214}	p^{h}æ̃^{53}	ts^{h}æ̃^{214}	tɕiæ̃^{214}	niæ̃^{214}	xuæ̃^{53}	tsuε̃^{53}	kuæ̃^{214}	xuæ̃^{53}
河曲	pæ^{24}	p^{h}æ^{53}	ts^{h}æ^{24}	tɕiε^{24}	iε^{24}	xuæ^{53}	tʂuæ^{53}	kuæ^{24}	xuæ^{53}
宁武	pε^{213}	p^{h}ε^{53}	ts^{h}ε^{213}	tɕie^{213}	ie^{213}	xuε^{53}	tsuε^{53}	kuε^{213}	xuε^{53}
保德	pan^{213}	p^{h}an^{53}	ts^{h}an^{213}	tɕian^{213}	ian^{213}	xuan^{53}	tʂuan^{53}	kuan^{213}	xuan^{53}

2.3.1.2　五台片山摄的演变特征

由表6可以看出，山西境内五台片方言只有偏关像吕梁片和并州片方言那样表现出山摄一等开口寒韵字依声母锐钝分化的演变特征。关于偏关方言，我们有必要进行讨论。根据崔淑慧（2004）的调查，偏关方言寒韵舌齿音字韵母为ɛ，牙喉音字韵母为iɛ，舌齿音字韵母与二等开口舌齿音字同韵，牙喉音字韵母与二等开口牙喉音字韵母i不同韵。同时，寒韵一等牙喉音字韵母与麻开三韵母ie也不同韵。我们对此进行了核实，发现偏关方言寒韵舌齿音字韵母应为æ̃与牙喉音字韵母iᴇ不同韵，寒韵牙喉音字韵母与麻开三韵母同韵都是iᴇ，且与二等山删开口牙喉音字韵母i不同韵。这与侯精一、温端政（1993）记录的偏关方言基本一致。⑫ 这表明，偏关方言寒韵舌齿音字与牙喉音字韵母确实有别。但仍然值得关注的是，偏关方言一等合口字韵母与二等合口合并，这与吕梁片和并州片一等开口寒韵字依声母锐钝分化的方言不同，这些方言一等合口字韵母与二等合口都不同韵，偏关方言的这种情况，应该是受官话方言影响而形成的。

2.3.2　五台片蟹摄的演变特征

2.3.2.1　五台片蟹摄的读音状况

表7-1　五台片蟹摄一等字的读音状况

例字 / 读音 / 方言点	才 蟹开一平咍从	奈 蟹开一去泰泥	开 蟹开一平咍溪	爱 蟹开一去代影	艾 蟹开一去泰疑	对 蟹合一去队端	雷 蟹合一平灰来	崔 蟹合一平灰清	最 蟹合一去泰精
五台	tsʰɛ^{33}	nɛ^{52}	kʰɛ^{213}	ŋɛ^{52}	ŋɛ^{52}	tuei^{52}	luei^{33}	tsʰuei^{213}	tsuei^{52}
忻州	tsʰæ^{31}	næ^{53}	kʰæ^{313}	ŋæ^{53}	ŋæ^{53}	tuei^{53}	luei^{31}	tsʰuei^{313}	tsuei^{53}
阳曲	tsʰæe^{22}	næe^{353}	kæe^{213}	ŋæe^{353}	ŋæe^{353}	tuei^{353}	luei^{22}	tsʰuei^{213}	tsuei^{353}
朔州	tsʰɛi^{35}	nɛi^{53}	kʰɛi^{312}	nɛi^{53}	nɛi^{53}	tuei^{53}	—	tsʰuei^{312}	tsuei^{53}
应县	tsʰɛi^{31}	nɛi^{24}	kʰɛi^{43}	nɛi^{24}	nɛi^{24}	tuəi^{24}	ləi^{31}	tsʰuəi^{43}	tsuəi^{24}
原平	tsʰæɛ^{33}	næɛ^{53}	kʰæɛ^{213}	ŋæɛ^{53}	ŋæɛ^{53}	tuəi^{53}	luəi^{33}	—	tsuəi^{53}
偏关	tsʰᴇi^{44}	nᴇi^{52}	kʰi^{214}	ŋi^{52}	ŋi^{52}	tuᴇi^{52}	luᴇi^{44}	tsʰuᴇi^{214}	tsuᴇi^{52}
灵丘	tsʰɛe^{312}	nɛe^{52}	kʰɛe^{44}	nɛe^{52}	nɛe^{52}	tuei^{52}	—	tsʰuei^{44}	tsuei^{52}
浑源	tsʰɛe^{22}	nɛe^{13}	kʰɛe^{52}	nɛe^{13}	nɛe^{13}	tuɛe^{13}	lɛe^{22}	tsʰuɛe^{52}	tsuɛe^{13}

（续表）

繁峙	tsʰai^{44}	nai^{35}	kʰai^{42}	ŋai^{35}	ŋai^{35}	tuai^{35}	luai^{44}	tsʰuai^{42}	tsuai^{35}
代县	tsʰai^{44}	nai^{53}	kʰai^{213}	ŋai^{53}	ŋai^{53}	tuei^{53}	luei^{44}	tsʰuei^{213}	tsuei^{53}
定襄	tsʰæ^{31}	næ^{53}	kʰæ	ŋæ^{53}	ŋæ^{53}	tuei^{53}	luei^{31}	tsʰuei^{214}	tsuei^{53}
河曲	tsʰɐi^{44}	nɐi^{52}	kʰɐi	ŋɐi^{52}	ŋɐi^{52}	tuei^{52}	luei^{44}	tsʰuei^{24}	tsuei^{52}
宁武	tsʰei^{44}	nei^{53}	kʰei^{34}	ŋei^{51}	ŋei^{51}	tuei^{51}	luei^{44}	tsʰuei^{34}	tsuei^{53}
保德	tsʰai^{44}	nai^{52}	kʰai^{214}	ai^{52}	ai^{52}	tuei^{52}	luei^{44}	tsʰuei^{214}	tsuei^{52}

表 7–2　五台片蟹摄二等字的读音状况

例字 / 读音 / 方言点	埋	豺	晒	界	崖	槐	拐	歪	快
	蟹开二平皆明	蟹开二平皆崇	蟹开二去卦生	蟹开二去怪见	蟹开二平佳疑	蟹合二平皆匣	蟹合二上蟹见	蟹合二平佳晓	蟹合二去夬溪
五台	mei^{33}	tsʰɛ^{33}	sɛ^{52}	tɕiɛ^{52}	nɛ^{33}	xuɛ^{33}	kuɛ^{213}	uɛ^{213}	kʰuɛ^{52}
忻州	mæ^{31}	tsʰæ^{31}	sæ^{53}	tɕiæ^{53}	næ^{31}	xuæ^{31}	kuæ^{313}	uæ^{313}	kʰuæ^{53}
阳曲	mei^{22}	tsʰæe^{22}	sæe^{22}	tɕiɛ^{22}	næe^{22}	xuæe^{22}	kuæe^{213}	uæe^{213}	kʰuæe^{22}
朔州	mei^{35}	tsʰɛi^{35}	sɛi^{53}	tɕiɛ^{53}	—	xuɛi^{35}	kuɛi^{312}	uɛi^{312}	kʰuɛi^{53}
应县	məi^{31}	tsʰɛi^{31}	sɛi^{24}	tɕiɛ^{24}	—	xuɛi^{31}	kuɛi^{54}	vəi^{43}	kʰuɛi^{24}
原平	məi^{33}	tsʰæɛ^{33}	sæɛ^{53}	tɕiɤ^{53}	—	xuæɛ^{33}	kuæɛ^{213}	væɛ^{213}	kʰuæɛ^{53}
偏关	mᴇi^{44}	tsʰᴇi^{44}	sᴇi^{52}	tɕi^{52}	nᴇi^{44}	xuᴇi^{44}	kuᴇi^{214}	uᴇi^{214}	kʰuᴇi^{52}
灵丘	mei^{312}	tsʰɛe^{312}	sɛe^{52}	tɕie^{52}	—	xuɛe^{312}	kuɛe^{44}	vɛe^{44}	kʰuɛe^{52}
浑源	mɛe^{22}	tsʰɛe^{22}	sɛe^{13}	tɕiɛ^{13}	—	xuɛe^{22}	kuɛe^{52}	vɛe^{52}	kʰuɛe^{13}
繁峙	mai^{44}	tsʰai^{44}	sai^{35}	tɕie^{35}	nai^{44}	xuai^{44}	kuai^{42}	uai^{42}	kʰuai^{35}
代县	mei^{44}	tsʰai^{44}	sai^{53}	tɕie^{53}	nai^{44}	xuai^{44}	kuai^{213}	uai^{213}	kʰuai^{53}
定襄	mæ^{31}	tsʰæ^{31}	sæ^{53}	tɕie^{53}	næ^{31}	xuæ^{31}	kuæ^{214}	væ^{214}	kʰuæ^{53}
河曲	mɐi^{44}	tsʰɐi^{44}	sɐi^{52}	tɕiɛ^{52}	nɐi^{44}	xuɐi^{44}	kuɐi^{24}	vɐi^{24}	kʰuɐi^{52}
宁武	mei^{44}	tsʰei^{44}	sei^{51}	tɕie^{51}	nei^{44}	xuei^{44}	kuei^{34}	uei^{34}	kʰuei^{51}
保德	mai^{44}	tsʰai^{44}	sai^{52}	tɕiai^{52}	nai^{44}	xuai^{44}	kuai^{213}	uai^{213}	kʰuai^{52}

2.3.2.2　五台片蟹摄的演变特征

由表 7 可以看出，偏关、浑源、繁峙、宁武蟹摄一等字开合不分韵，其他各点则与现代北方官话方言一样，开合分韵。这说明吕梁片、并州片蟹摄字的演变特征在五台片也曾经存在过，由于受到北方官话方言的侵蚀，这一特征逐渐被现代北方官话方言覆盖了。

此外，偏关方言蟹摄一等牙喉音字的韵母与舌齿音韵母不同，但与二等牙喉音字韵母相同，一等舌齿音字韵母与二等舌齿音字韵母也相同，这说明偏关方言蟹摄一等牙喉音字韵母的演变是在一二等合并之后发生的变化。这应该与偏关方言蟹摄一二等字牙喉音声母字后都有 i 介音有关。

总之，五台片偏关方言是目前发现的唯一一个具备吕梁片和并州片山蟹两摄演变特征的方言。同时，偏关方言也是目前发现的唯一一个山蟹两摄一等开口字均依声母锐钝分韵的方言。

2.4 大包片和上党片山蟹两摄的演变特征

从现有的调查材料来看，山西境内大包片和上党片方言山摄字基本没有表现出与吕梁片和并州片一样的演变特征。不过，蟹摄一等开合口同韵的现象在大包片和上党片都有所体现。为节省篇幅，下面只列蟹摄一等字的读音状况。

2.4.1 大包片蟹摄的演变特征

2.4.1.1 大包片蟹摄的读音状况[13]

表 8 大包片蟹摄一等字的读音状况

读音 / 例字 / 方言点	才	奈	开	爱	艾	对	雷	崔	最
	蟹开一平咍从	蟹开一去泰泥	蟹开一平咍溪	蟹开一去代影	蟹开一去泰疑	蟹合一去队端	蟹合一平灰来	蟹合一平灰清	蟹合一去泰精
大同	ts^{h}ɛe^{313}	nɛe^{24}	k^{h}ɛe^{31}	nɛe^{24}	nɛe^{24}	tuɛe^{24}	lɛe^{313}	ts^{h}uɛe^{31}	tsuɛe^{24}
怀仁	ts^{h}ɛi^{313}	nɛi^{24}	k^{h}ɛi^{31}	nɛi^{24}	nɛi^{24}	tuɛi^{24}	lɛi^{313}	ts^{h}uɛi^{31}	tsuɛi^{24}
山阴	ts^{h}ɛe^{313}	nɛe^{335}	k^{h}ɛe^{313}	nɛe^{335}	nɛe^{335}	tuei^{335}	lɛe^{313}	ts^{h}uei^{313}	tsuei^{335}
天镇	ts^{h}ɛe^{22}	nɛe^{24}	k^{h}ɛe^{31}	ŋɛe^{24}	ŋɛe^{24}	tuɛe^{24}	luɛe^{22}	ts^{h}uɛe^{31}	tsuɛe^{24}
右玉	ts^{h}ɛe^{212}	nɛe^{24}	k^{h}ɛe^{31}	ŋɛe^{24}	ŋɛe^{24}	tuɛe^{24}	lɛe^{212}	ts^{h}uɛe^{31}	tsuɛe^{24}
左权	ts^{h}ɛi^{11}	nɛi^{53}	k^{h}ɛi^{31}	nɛi^{53}	nɛi^{53}	tuɛi^{53}	luɛi^{11}	ts^{h}uɛi^{31}	tsuɛi^{53}
和顺	ts^{h}ai^{22}	nai^{44}	k^{h}ai^{31}	ŋai^{44}	ŋai^{44}	tuei^{44}	luei^{22}	ts^{h}uei^{31}	tsuei^{44}
平定	ts^{h}E^{44}	nE^{24}	k^{h}E^{313}	ŋE^{24}	ŋE^{24}	tuei^{24}	luei^{44}	ts^{h}uei^{313}	tsuei^{24}
阳泉	ts^{h}æe^{44}	næe^{24}	k^{h}æe^{312}	ŋæe^{24}	ŋæe^{24}	tuei^{24}	luei^{44}	ts^{h}uei^{312}	tsuei^{24}

2.4.1.2 大包片蟹摄的演变特征

由表 8 可以看出，大包片大同、怀仁、天镇、右玉、左权 5 点蟹摄一等开合口同韵，山阴虽然开合口不同韵，但“雷”字白读却与开口字同韵，这似乎表明山阴也曾经是蟹摄一等开合口同韵的方言。和顺、平定和阳泉则开合口不同韵。

2.4.2 上党片蟹摄字的演变特征

2.4.2.1 上党片蟹摄字的读音状况

表 9 上党片蟹摄一等字的读音状况[14]（“=”线以上为长治小片，以下为晋城小片）

读音 例字 方言点	耐	菜	才	开	爱	推	雷	崔	最
	蟹开一去代泥	蟹开一去代清	蟹开一平咍从	蟹开一平咍溪	蟹开一去代影	蟹合一平灰端	蟹合一平灰来	蟹合一平灰清	蟹合一去泰精
沁源	nɛi^{53}	tsʰɛi^{53}	tsʰɛi^{33}	kʰɛi^{212}	ŋɛi^{53}	tʰuei^{212}	nei^{33}	tsʰuei^{212}	tsuei^{53}
沁县	nɛ^{55}	tsʰɛ^{55}	tsʰɛ^{33}	kʰɛ^{213}	ŋɛ^{55}	tʰuei^{213}	nuei^{33}	tsʰuei^{213}	tsuei^{55}
武乡	nɛ^{55}	tsʰɛ^{55}	tsʰɛ^{33}	kʰɛ^{113}	ŋɛ^{55}	tʰuei^{113}	nuei^{33}	tsʰuei^{113}	tsuei^{55}
襄垣	nai^{55}	tsʰai^{55}	tsʰai^{11}	kʰai^{33}	ŋai^{55}	tʰuei^{33}	nuei^{11}	tsʰuei^{33}	tsuei^{55}
黎城	nᴇ^{53}	tsʰᴇ^{353}	tsʰᴇ^{53}	kʰᴇ^{33}	ɣᴇ^{353}	tʰuei^{33}	nuei^{53}	tsʰuei^{33}	tsuei^{353}
平顺	nai^{53}	tsʰai^{353}	tsʰai^{22}	kʰai^{313}	ɣai^{353}	tʰuei^{313}	nuei^{22}	tsʰuei^{313}	tsuei^{353}
潞城	nai^{343}	tsʰai^{53}	tsʰai^{13}	kʰai^{213}	ɣai^{53}	tʰuei^{213}	nuei^{13}	tsʰuei^{213}	tsuei^{53}
长治	næ^{53}	tsʰæ^{44}	tsʰæ^{24}	kʰæ^{213}	æ^{44}	tʰuei^{213}	nuei^{24}	tsʰuei^{213}	tsuei^{44}
屯留	næ^{13}	tsʰæ^{53}	tsʰæ^{13}	kʰæ^{313}	ɣæ^{53}	tʰuei^{313}	nuei^{13}	tsʰuei^{313}	tsuei^{53}
长子	nai^{53}	tsʰai^{45}	tsʰai^{24}	kʰai^{213}	ŋai^{45}	tʰuei^{213}	nuei^{24}	tsʰuei^{213}	tsuei^{45}
长治县	næ^{42}	tsʰæ^{22}	tsʰæ^{44}	kʰæ^{213}	æ^{22}	tʰuei^{213}	nuei^{44}	tsʰuei^{213}	tsuei^{22}
壶关	nai^{353}	tsʰai^{42}	tsʰai^{13}	kʰai^{33}	ɣai^{42}	tʰuei^{33}	nuei^{13}	tsʰuei^{33}	tsuei^{42}
陵川	nᴀi^{24}	tsʰᴀi^{24}	tsʰᴀi^{53}	kʰᴀi^{33}	ɣᴀi^{24}	tʰuei^{33}	nuei^{53}	tsʰuei^{33}	tsuei^{24}
高平	nɛe^{53}	tsʰɛe^{53}	tsʰɛe^{33}	kʰɛe^{33}	ɣɛe^{53}	tʰuei^{33}	nuei^{33}	tsʰuei^{33}	tsuei^{53}
晋城	nᴇ^{53}	tsʰᴇ^{53}	tsʰᴇ^{113}	kʰᴇ^{33}	ɣᴇ^{53}	tʰuɛe^{33}	nuɛe^{113}	tsʰuɛe^{33}	tsuɛe^{53}
阳城	næ^{53}	tsʰæ^{53}	tsʰæ^{13}	kʰæ^{11}	ɣæ^{53}	tʰuæ^{11}	nuæ^{13}	tsʰuæ^{11}	tsuæ^{53}

2.4.2.2 上党片蟹摄字的演变特征

由表 9 可以看出，上党片长治小片各方言点蟹摄一等字均以开合分韵，晋城小片陵川、高平、晋城也是如此。只有晋城小片的阳城方言表现出蟹摄一等开合同韵的演变特征，这与吕梁片和并州片蟹摄字的演变特征是一致的。

3　山西境内晋语山蟹两摄的演变特征在山西境外晋语中的遗存

3.1　山西境内晋语山蟹两摄的演变特征在陕北晋语中的遗存

3.1.1　山西境内晋语山摄的演变特征在陕北晋语中的遗存

根据李建校（2006）的调查，陕北晋语吕梁片的佳县（佳芦、乌镇、坑镇）、吴堡（宋家川、岔上、张家山）、清涧（宽洲、石盘），志延片延川（延川），五台片神木（贺家川、万镇）、绥德（枣林坪）等晋语山摄存在类似山西境内晋语的演变特征，如表10所示。

表10　陕北晋语山摄一等字的读音状况

例字 / 读音 / 方言点	单	拦	炭	安	干	旱	端	酸	官
	山开一平寒端	山开一平寒来	山开一去翰透	山开一平寒影	山开一平寒见	山开一上旱匣	山合一平桓端	山合一平桓心	山合一平桓见
佳芦	tæ̃^{214}	læ̃^{33}	t^{h}æ̃^{53}	ŋie^{214}	kæ̃^{214}	xie^{53}	tuə^{214}	suə^{214}	kuə^{214}
乌镇	tæ^{214}	læ^{44}	t^{h}æ^{53}	ŋie^{214}	kie^{214}	xie^{53}	tuo^{214}	suo^{214}	kuo^{214}
坑镇	tæ^{213}	læ^{24}	t^{h}æ^{53}	ŋie^{214}	kie^{213}	xie^{53}	tuɤ^{213}	suɤ^{213}	kuɤ^{213}
宋家川	tæ̃^{214}	læ̃^{33}	t^{h}æ̃^{53}	ŋie^{214}	kæ̃^{214}	ɕie^{53}	tuə^{214}	suə^{214}	kuə^{214}
岔上	tæ̃^{24}	læ̃^{33}	t^{h}æ̃^{53}	ŋie^{24}	kie^{24}	ɕie^{53}	tuɤɯ^{24}	suɤɯ^{24}	kuɤɯ^{24}
张家山	tæ̃^{24}	læ̃^{33}	t^{h}æ̃^{53}	ŋie^{24}	kie^{24}	xie^{53}	tuɤ^{24}	suɤ^{24}	kuɤ^{24}
宽洲	tɛ^{213}	lɛ^{24}	t^{h}ɛ^{53}	ŋi^{213}	ki^{213}	xi^{53}	tu^{213}	su^{213}	ku^{213}
石盘	tɛ^{213}	lɛ^{33}	t^{h}ɛ^{53}	ŋi^{213}	ki^{213}	ɕi^{53}	tuɯ^{213}	suɯ^{213}	kuɯ^{213}
延川	tæ̃^{314}	læ̃^{35}	t^{h}æ̃^{53}	ŋɯɛ̃^{314}	kɯɛ̃^{314}	xɯɛ̃^{53}	tuɯɛ̃^{314}	suɯɛ̃^{314}	kuɯɛ̃^{314}
贺家川	tæ̃^{213}	læ̃^{44}	t^{h}æ̃^{53}	ŋiɯ̃^{213}	kæ̃^{213}	xiɯ̃^{53}	tuɯ̃^{213}	suɯ̃^{213}	kuɯ̃^{213}
万镇	tæ̃^{213}	læ̃^{44}	t^{h}æ̃^{53}	ŋie^{213}	kæ̃^{213}	xie^{53}	tuo^{213}	suo^{213}	kuo^{213}
枣林坪	tæ̃^{24}	læ̃^{33}	t^{h}æ̃^{53}	ŋie^{24}	kie^{24}	xie^{53}	tuo^{24}	suo^{24}	kuo^{24}

由表10可以看出，上述陕北晋语12个方言点山摄一等开口字表现出依声母锐钝分韵的特点，这与山西境内晋语吕梁片主体层次的演变特征是一致的。

3.1.2 山西境内晋语蟹摄的演变特征在陕北晋语中的遗存

与山摄一样，山西境内晋语蟹摄的演变特征在陕北晋语中也有遗存，吕梁片佳县（坑镇）、吴堡（宋家川、岔上、张家山）、清涧（宽洲、石盘），志延片延川（延川），五台片神木（贺家川、万镇）、绥德（枣林坪）10点都表现出蟹摄一等开合不分韵的演变特征，如表11所示。不过，佳县的佳芦和乌镇2点的蟹摄字一等开合分韵，已被官话方言覆盖。

表11 陕北晋语蟹摄一等字的读音状况

读音 例字 方言点	胎 蟹开一平咍透	财 蟹开一平咍从	开 蟹开一平咍溪	带 蟹开一去泰端	盖 蟹开一去泰见	堆 蟹合一平灰端	灰 蟹合一平灰晓	碎 蟹合一去队心	最 蟹合一去泰精
佳芦	t^hai^{214}	ts^hai^{33}	k^hai^{214}	tai^{53}	kai^{53}	$tuei^{214}$	$xuei^{214}$	$suei^{53}$	$tsuei^{53}$
乌镇	t^hai^{214}	ts^hai^{44}	k^hai^{214}	tai^{53}	kai^{53}	$tuei^{214}$	$xuei^{214}$	$suei^{53}$	$tsuei^{53}$
坑镇	t^hai^{213}	ts^hai^{24}	k^hai^{213}	tai^{53}	kai^{53}	$tuai^{213}$	$xuai^{213}$	$suai^{53}$	$tsuai^{53}$
宋家川	t^hai^{214}	ts^hai^{33}	k^hai^{214}	tai^{53}	kai^{53}	$tuai^{214}$	$xuai^{214}$	$suai^{53}$	$tsuai^{53}$
岔上	t^hae^{24}	ts^hae^{33}	k^hae^{24}	tae^{53}	kae^{53}	$tuae^{24}$	$xuae^{24}$	$suae^{53}$	$tsuae^{53}$
张家山	t^hae^{24}	ts^hae^{33}	k^hae^{24}	tae^{53}	kae^{53}	$tuae^{24}$	$xuae^{24}$	$suae^{53}$	$tsuae^{53}$
宽洲	t^hai^{213}	ts^hai^{24}	k^hai^{213}	tai^{53}	kai^{53}	$tuai^{213}$	$xuai^{213}$	$suai^{53}$	$tsuai^{53}$
石盘	t^hai^{213}	ts^hai^{33}	k^hai^{213}	tai^{53}	kai^{53}	$tuai^{213}$	$xuai^{213}$	$suai^{53}$	$tsuai^{53}$
延川	t^hai^{314}	ts^hai^{35}	k^hai^{314}	tai^{53}	kai^{53}	$tuai^{314}$	$xuai^{314}$	$suai^{53}$	$tsuai^{53}$
贺家川	t^he^{213}	ts^he^{44}	k^he^{213}	te^{53}	ke^{53}	tue^{213}	xue^{213}	sue^{53}	$tsue^{53}$
万镇	t^hei^{213}	ts^hei^{44}	k^hei^{213}	tei^{53}	kei^{53}	$tuei^{213}$	$xuei^{213}$	$suei^{53}$	$tsuei^{53}$
枣林坪	t^hae^{24}	ts^hae^{33}	k^hae^{24}	tae^{53}	kae^{53}	$tuae^{24}$	$xuae^{24}$	$suae^{53}$	$tsuae^{53}$

总之，无论是山西境内吕梁片晋语还是山西境外的陕北吕梁片晋语，其山蟹两摄的演变特征都是最能代表晋语演变特征的方言。同时也说明，志延片和五台片晋语也存在吕梁片山蟹两摄的演变特征。

3.2 山西境内晋语山蟹两摄演变特征在内蒙古晋语中的遗存

3.2.1 山西境内晋语山摄的演变特征在内蒙古晋语中的遗存

目前内蒙古晋语可资利用的材料较少，不过根据陈章太、李行健（1997）的调查，临河方言中仍然隐约可见山西境内晋语山摄一等开口依声母锐钝分韵的演变特征，如表12所示。临河现称巴彦淖尔，根据沈明（2006）的分区，属于五台片。内蒙古晋语五台片临河方言山摄一等字的表现与山西境内晋语五台片偏关方言表现有相同之处，但更加趋向于官话。原因是临河方言寒韵牙喉音字韵母的主元音也变得与舌齿音字相同了。

表12　临河方言山摄一等字的读音状况⑮

读音＼例字＼方言点	丹	蛋	干	赶	肝	看	岸	短	官
	山开一平寒端	山开一去翰定	山开一去翰见	山开一上旱见	山开一平寒见	山开一去翰溪	山开一去翰疑	山合一上缓端	山合一平桓见
临河	$tã^{213}$	$tã^{53}$	$kiã^{213}$	$kiã^{213}$	$kiã^{213}$	$k^hiã^{53}$	$ŋiã^{53}$	$tuã^{213}$	$kuã^{213}$

内蒙古晋语是明清以来因山西移民而形成的。在山西境内晋语中，以保存山摄一等开口字依声母锐钝分韵最典型的吕梁片和并州片方言来说，吕梁片方言山摄一等见系字大多有i介音，但兴县、永和没有，并州片方言则全都没有i介音。这说明，山摄一等开口字依声母锐钝分韵不是由于见系字先产生i而形成的。此外，临河山摄一等见系字的读音状况与山西境内晋语有很大不同。如果，承认临河话也是因移民而形成的话，那么早期临河话山摄一等见系字的读音状况当与山西境内晋语是基本一致的，也就是说见系字的元音都不读前低元音a。现代临河话山摄一等开口见系字读前低元音应该是受北方官话影响而形成的。与此类似的是呼和浩特方言，根据高本汉的记录，一百年前，呼和浩特方言山摄一等开口字的元音与一等合口字的元音不同，还存在“寒山”与“桓欢”的区别，这与山西境内五台片忻州、定襄、五台方言是一致的，但是根据邢向东（1998）的调查，现代呼和浩特方言山摄一等开口字与一等合口字的主元音已经无别了，这显然是受北方官话方言的影响而形成的。

3.2.2 山西境内晋语蟹摄的演变特征在内蒙古晋语中的遗存

根据陈章太、李行健（1997）的调查，山西境内晋语蟹摄的演变特征在内蒙古晋语中集宁（今乌兰察布市）和二连浩特方言中也有遗存，这两个方言属于张呼片，如表 13 所示。集宁和二连浩特方言至今仍然保持蟹摄一等开合口不分韵的演变特征。

表 13　集宁和二连浩特方言蟹摄一等字的读音状况 ⑯

读音＼例字	胎	泰	灾	开	害	堆	推	蜕	灰
方言点	蟹开一平咍透	蟹开一去泰透	蟹开一平咍精	蟹开一平咍清	蟹开一去泰匣	蟹合一平灰端	蟹合一平灰透	蟹合一去泰透	蟹合一平灰晓
集宁	t^{h}ɛi^{22}	t^{h}ɛi^{24}	tsɛi^{22}	k^{h}ɛi^{22}	xɛi^{24}	tuɛi^{22}	t^{h}uɛi^{22}	t^{h}uɛi^{24}	xuɛi^{22}
二连浩特	t^{h}ɛ^{33}	t^{h}ɛ^{24}	tsɛ^{33}	k^{h}ɛ^{33}	xɛ^{24}	tuɛ^{33}	t^{h}uɛ^{33}	t^{h}uɛ^{24}	xuɛ^{33}

3.3　山西境内晋语山蟹两摄演变特征在河北晋语中的遗存

3.3.1　山西境内晋语山摄的演变特征在河北晋语中的遗存

根据目前的调查材料，在河北晋语中还没有发现山西境内晋语山摄演变特征的确切记录。但是根据《河北省志·方言志》的记录，平山县有一个地名为“寒虎河”，当地人读为［xəŋ^{33} a xuɤ^{33}］。将“寒”读为［xəŋ^{33}］很值得关注。或许，平山方言像山西的文水方言一样，“寒”字早期读若［xən］一类的读音。由于现代平山方言臻摄的韵尾已经由前鼻音变成后鼻音 ŋ，故“寒”白读为［xəŋ^{33}］，与文读［xæ^{33}］不同。果真如此，这将成为平山方言寒韵字舌齿音与牙喉音有别的痕迹。不过，这一点还需要进一步深入考察。

3.3.2　山西境内晋语蟹摄的演变特征在河北晋语中的遗存

河北阳原方言属于晋语张呼片，山西境内晋语蟹摄一等字开合口不分韵的演变特征在阳原方言中还有遗存，如表 14 所示。

表 14　阳原方言蟹摄一等字的读音状况 ⑰

读音＼例字	胎	灾	蔡	该	孩	堆	蜕	崔	灰
方言点	蟹开一平咍透	蟹开一平咍精	蟹开一去泰从	蟹开一平咍见	蟹开一平咍匣	蟹合一平灰端	蟹合一去泰透	蟹合一平灰清	蟹合一平灰晓
阳原	t^{h}ɛi^{31}	tʂɛi^{31}	tʂ^{h}ɛi^{24}	kɛi^{31}	xɛi^{211}	tuɛi^{31}	t^{h}uɛi^{24}	tʂ^{h}uɛi^{31}	xuɛi^{31}

4　晋语山蟹两摄的演变特征与现代北方官话之间的差异

晋语山蟹两摄的演变特征与官话方言不同，不过限于篇幅，我们这里只讨论晋语与以北京话为代表的现代北方官话方言之间的差异。

4.1　晋语山摄的演变特征与现代北方官话方言之间的差异

以北京话为代表的北方官话方言山摄一二等现在已经完全合并，如表 15 所示。这与晋语山摄字的演变特征“一等开口字依声母锐钝分韵”完全不同。

表 15–1　北京话山摄一等字的读音状况

例字 / 读音 / 方言点	单	难	赞	散	干	端	钻	算	官
	山开一 平寒端	山开一 平寒泥	山开一 去翰精	山开一 上旱心	山开一 平寒见	山合一 平桓端	山合一 平桓精	山合一 去换心	山合一 平桓见
北京	tan^{55}	nan^{35}	tsan^{51}	san^{214}	kan^{55}	tuan^{55}	tsuan^{55}	suan^{51}	kuan^{55}

表 15–2　北京话山摄二等字的读音状况

例字 / 读音 / 方言点	班	山	删	艰	间	关	环	患	湾
	山开二 平删帮	山开二 平山生	山开二 平删生	山开二 平山见	山开二 平山见	山合二 平删见	山合二 平删匣	山合二 去谏匣	山合二 平删影
北京	pan^{55}	ṣan^{55}	ṣan^{55}	tɕien^{55}	tɕien^{55}	kuan^{55}	xuan^{35}	xuan^{51}	uan^{55}

4.2　晋语蟹摄字的演变特征与现代北方官话方言之间的差异

北方官话方言蟹摄字的演变特征是一等开口与二等为一类，一等合口与二等合口不同类，如表 16 所示。这也与晋语蟹摄一等字开合不分韵的演变特征不同。

表 16–1 北京话蟹摄一等字的读音状况

例字 / 读音 / 方言点	带	来	宰	该	孩	背	内	退	最
	蟹开一去泰端	蟹开一平咍来	蟹开一上海精	蟹开一平咍见	蟹开一平咍匣	蟹合一去队帮	蟹合一去队泥	蟹合一去队透	蟹合一去泰精
北京	tai^{51}	lai^{35}	tsai^{214}	kai^{55}	xai^{35}	pei^{51}	nei^{51}	t‘uei^{51}	tsuei^{51}

表 16–2 北京话蟹摄二等字的读音状况

例字 / 读音 / 方言点	排	牌	斋	柴	街	乖	怪	快	怀
	蟹开二平皆并	蟹开二平佳并	蟹开二平皆庄	蟹开二平佳崇	蟹开二平佳见	蟹合二平皆见	蟹合二去怪见	蟹合二去夬溪	蟹合二平皆匣
北京	p‘ai^{35}	p‘ai^{35}	tʂai^{55}	tʂ‘ai^{35}	tɕie^{55}	kuai^{55}	kuai^{51}	k‘uai^{51}	xuai^{35}

5 晋语山蟹两摄的演变特征与吴方言等南方方言之间的关系

5.1 晋语山摄字的演变特征与吴方言等南方方言之间的关系

晋语山摄“一等开口字依声母锐钝分韵”在北方方言中是独树一帜的，但却与以吴方言为代表的非官话南方方言有相当一致的表现。下面我们就以吴方言苏州话和温州话、赣方言南昌话、客家方言梅县话及粤方言广州话为例来说明这个问题，如表 17 所示。⑱

表 17 吴、客、赣、粤方言山摄一等字的读音状况

例字 / 读音 / 方言点	单	难	残	干	寒	搬	端	酸	官
	山开一平寒端	山开一平寒泥	山开一平寒从	山开一平寒见	山开一平寒匣	山合一平桓帮	山合一平桓端	山合一平桓心	山合一平桓见
苏州	ᴇ^{44}	nᴇ^{24}	zᴇ^{24}	kø^{44}	ɦø^{24}	pø^{44}	tø^{44}	sø^{44}	kø^{44}
温州	ta^{44}	na^{31}	za^{31}	ky^{44}	jy^{31}	bø^{44}	tø^{44}	sø^{44}	ky^{44}
南昌	tan^{42}	lan^{24}	tsʰan^{24}	kɔn^{42}	hɔn^{24}	pɔn^{42}	tɔn^{42}	sɔn^{42}	kuɔn^{42}
梅县	tan^{44}	nan^{11}	tsʰan^{11}	kɔn^{44}	hɔn^{11}	pan^{44}	tɔn^{44}	sɔn^{44}	kuɔn^{44}
广州	tan^{53}	nan^{21}	tʃʰan^{21}	kɔn^{53}	hɔn^{21}	pun^{53}	tyn^{53}	ʃyn^{53}	kun^{53}

晋语山摄字的演变特征与吴、客、赣方言表现如此一致，而与现代北方官话表现迥异，当不是偶然，应引起学术界的关注。

侯精一（1999：14—28）指出："晋语的某些特点与官话方言以至吴方言有一些共同之处。与官话方言有共同之处，这是很自然的，毋须再讨论，与吴方言的关系却值得注意。这个问题桥本万太郎教授在十几年前就提出来了。"[19]

秋谷裕幸、邢向东（2010）认为"晋语和中原官话汾河片中存在着不少与其他北方方言不同的音韵特点，因而引起许多学者的注意。其中特别令人关注的是一些罕见于一般北方方言而常见于南方方言的音韵特点，这些特点一般都是存古的"。

薛才德（2012）曾以《吴语与山西方言若干韵母的比较》[20]为题，对吴语与山西方言的韵母进行过比较研究。

张琨（1985/1993）曾在《切韵的前 *a 和后 *ɑ 在现代方言中的演变》中讨论过寒韵字锐钝分韵在现代方言中的表现，但当时由于材料的限制，没有提到晋语。

游汝杰（2000：105—109）认为，粤、赣、客家方言与晚唐以来的北方话有直接的渊源关系。郑伟（2011：359）提出，吴方言寒韵字的锐钝分韵是晚唐至北宋通语南下影响的结果，吴语的主体层次是晚唐至北宋南下的北方官话，现代吴、客、赣、粤都存在寒韵字锐钝分韵现象。北宋邵雍《声音倡和图》第十二图将"安"（寒韵钝音字）和"丹山"（寒韵锐音字、山韵字）分别列在"开"（一等）、"发"（二等）两行。这说明"寒"韵锐音字已经与二等合并且与钝音字分韵。雅洪托夫（1980/1986：193）早已注意到《声音倡和图》的这一特征，并将此与南方方言联系起来，雅氏所举南方方言的例子如表 18 所示。同样是由于当时材料的限制，雅氏没有将此与晋语联系起来。

表 18 "安"、"丹"、"山" 在南方方言中的读音状况

《切韵》		临川	梅县	广州	无锡	温州
安	ʔan	on	ɔn	ɔn	o	y

（续表）

丹	tɑn	tan	tan	tan	tɛ	ta
山	ʂan	san	san	san	sɛ	sa

此外，《集韵》将《广韵》“旱”与“翰”韵中的锐音声母字移入相应的合口“缓”、“换”韵中，显示出“寒”韵的锐音字与钝音字有别。这说明在北宋的时音系统中，的确存在山摄一等寒韵字锐钝分韵的特征。

基于此，我们可以说，晋语山摄“一等开口字依声母锐钝分韵”与吴方言等南方方言一样是对晚唐至北宋通语的保留，是共同存古。不过应该值得注意的是，晋语同吴方言等非官话南方方言一样自北宋之后与通语分道扬镳，形成现代晋语。

总之，越来越多的研究表明，晋语与非官话南方方言存在值得关注的早期共同发展。

5.2 蟹摄字的演变特征与吴方言等南方方言的关系

张琨（1993/2009：2254）指出山西怀仁、平遥、文水等方言蟹摄一等字依然保持着开合同韵现象。怀仁属于大包片，平遥、文水属于并州片。现在看来其实这不是个别现象，是晋语的一个很重要的演变特征。此外在陈章太、李行健（1997）提供的93个方言点材料中，只有阳原、大同、离石、集宁和二连浩特5点存在“哈泰$_{开}$”与“灰泰$_{合}$”同韵现象，虽然这5个点不能完全代表晋语，但足以表明这是晋语的典型特征，而与其他官话方言无关。

晋语的这一特征在北方方言中是独树一帜的，但与南方方言有共同性。由表19可以看出，“哈泰$_{开}$”与“灰泰$_{合}$”同韵基仅在吴方言苏州话和客家方言武平话中有所表现。另外，张琨（1993/2009：2255）还指出，广东新会、广东花县、广东惠州、闽西上杭、闽西长汀、湖南娄底哈韵和泰韵开口字读合口与灰韵、泰韵同韵。这表明“哈泰$_{开}$”与“灰泰$_{合}$”同韵不若山摄“一等开口字依声母锐钝分韵”在吴方言等南方方言表现得如此整齐。

表 19　吴、客、赣、粤、闽方言“咍泰$_{开}$”与“灰泰$_{合}$”的读音状况

例字 读音 方言点	带	来	腮	该	开	杯	堆	雷	最
	蟹开一去泰端	蟹开一平咍来	蟹开一平咍心	蟹开一平咍见	蟹开一平咍溪	蟹合一平灰帮	蟹合一平灰端	蟹合一平灰来	蟹合一去泰精
苏州	tᴇ^{412}/tɒ^{412}	lᴇ^{24}	sᴇ^{44}	kᴇ^{44}	k^{h}ᴇ^{44}	pᴇ^{44}	tᴇ^{44}	lᴇ^{24}	tsuᴇ^{412}
温州	te^{42}	le^{31}/lei^{31}	se^{44}/sei^{44}	ke^{44}	k^{h}e^{44}	pai^{44}	tai^{44}	lai^{31}	tsai^{42}/tse^{42}
南昌	tai^{45}	lai^{45}	sai^{42}	kai^{42}	k^{h}ai^{42}	pi^{42}	tui^{42}	lui^{45}	tsui^{45}
五平	—	luɛi^{22}	—	kuɛi^{45}	k^{h}uɛi^{45}	pɛi^{45}	tuɛi^{45}	lɛi^{45}	tsɛi^{452}
梅县	t^{h}ɔi^{52}	lɔi^{11}	sɔi^{44}	kɔi^{44}	k^{h}ɔi^{44}	pi^{44}	tɔi^{44}	lui^{11}	tsui^{52}
广州	tai^{33}	lɔi^{21}/lɐi^{21}	ʃɔi^{53}	kɔi^{53}	hɔi^{53}	pui^{53}	tøy^{53}	løy^{21}	tʃøy^{33}
厦门	tai^{11}	lai^{24}	sai^{55}/ts^{h}i^{55}	kai^{55}	k^{h}ai^{55}/k^{h}ui^{55}	pue^{55}	tui^{55}/tu^{55}	lui^{24}	tsue^{11}

王洪君（1999）曾以开口一等重韵的现代反映讨论过汉语方言的历史关系，王先生将一等重韵在现代汉语方言中的反映分为 5 种类型。一闽方言型，二吴赣徽型，三粤湘客型，四核心晋语型，五北方官话型。王文指出：“晋语蟹摄的韵类合流的方向与二、三、五型不一样，说明它是北方方言中不同于标准语的另一支系。”一等开合是否分韵是宋元时期汉语方言演变的一个重要特征之一，它同一等开口的分并一样体现着汉语方言之间的历史关系。核心晋语不能区别蟹摄一等开口重韵，但却体现着一等开合同韵的演变特征。南方方言既有区分蟹摄开口一等重韵的层次，也有不区分的层次；既有蟹摄一等开合同韵的层次，也有不同韵的层次。

6　晋语山蟹两摄主体层次形成的时代及相关问题

从上面的分析可以看出，晋语山摄和蟹摄主体层次的演变特征存在明显的不平行现象，为什么会形成如此特征呢？我们认为，晋语同其他非官话南方方言一样是不同层次的累积而形成的，而不同的层次都或多或少与不同时期的北方通语有关。由于晋语地处北方山地，较好地保存了不同层次的读音，从而与现代官话方言不同。

晋语山摄主体层次“一等开口字依声母锐钝分韵”的演变特征与北宋历史文献《集韵》和《声音倡和图》所反映的寒韵舌齿音声母字与牙喉音声母字韵母不同的特点是一致的，应该是北宋通语的层次。

根据李红（2006）的研究，在《切韵指掌图》中，蟹摄一等重韵咍泰已经不分，且其开口字与合口字分属该摄和基摄，这说明此时蟹摄一等开合口字已经分韵。晋语蟹摄主体层次的演变特征是“一等字开合不分韵”同时不区别一等重韵“咍”与“泰”，这表明晋语蟹摄主体层次是早于《切韵指掌图》而晚于《韵镜》的层次。

这说明，从山蟹这两个典型外转摄的演变来看，晋语至迟在南宋之前就与北方的官话方言分道扬镳了。游汝杰（2000：105—106）曾指出：“汉语南方各大方言中吴语、湘语、粤语、赣语、平话的直接源头应是古代北方汉语，可以说是直接从古汉语分化的；闽语和徽语则是从吴语分化的，客方言是从赣语分化的……上述各大方言除了徽语形成的历史尚不明确之外，其他方言都是在南宋之前就形成了。”从这个角度出发，我们就容易理解为什么晋语与以吴方言为代表的非官话南方方言在山蟹两摄的演变特征上存在共同性了。这是因为晋语和以吴语为代表的非官话南方方言都在南宋之前就形成了，它们的诸多共性特征都是北宋通语的保留。

7 结论

总之，晋语山摄主体层次的演变特征是“山摄一等开口字依声母锐钝分韵”，蟹摄主体层次的演变特征是“蟹摄一等开合不分韵”。这两种特征是晋语在北宋从北方官话方言脱离时所带特征。晋语山蟹两摄演变的不平行性是整个早期晋语的共同特征。后来受北方官话方言侵蚀，晋语的这种特征在核心晋语有较多保留，而在边缘晋语中则消失殆尽。晋语山蟹两摄主体层次的演变特征与现代官话方言迥异，而与吴方言等非官话南方方言相同或类似。晋语可能与吴方言等非官话南方方言一样早在南宋之前就形成了，这是它们在音韵特征上存在诸多共性的原因所在。

附　注

① 此处拟音依据薛凤生（1999），为了避免引起混淆，将介音符号 y 改为 j，下同，包括引用在内。$\begin{Bmatrix} j \\ w \end{Bmatrix}$ 表示 j、w 不可以同时出现，但可以同时都不出现，这样“寒山”韵就有三类韵母，即 an、jan、wan。本文所谓“韵”是指“韵基”相同，即主要元音和韵尾相同。所谓“同韵”即韵基相同，所谓“分韵”即韵基不同，不涉及介音问题。

② 山摄一等开口入声字在现代北方官话方言中也存在依声母锐钝分化的演变特征，如“达”与“葛”同为山摄一等入声曷韵字，但现代它们的韵母不同。同时，山摄一等开口舌齿音入声字的元音与合口入声字的元音也不同，如“达”与“夺”元音不同。关于这一点，本人的另一篇文章《北宋寒韵系字的锐钝分化与元代北方方言“寒山”与“桓欢”分韵之间的关系》（JCL 待刊）有详细讨论。

③ 根据沈明（2006）的分区，晋语吕梁片由汾州和隰县两个小片组成，共 19 点。汾州小片中佳县、清涧和吴堡属于陕北，将在下文讨论。交口因材料较少暂不讨论。

④ 王力（1981a, 1981b）对 Roman Jakobson, C. Gunnar M. Fant, Morris Halle 的 *Preliminaries to Speech Analysis—The Distinctive Features and Their Correlates* 翻译为《语音分析初探——区别性特征及其相互关系（上）》和《语音分析初探——区别性特征及其相互关系（下）》，分别刊登在《国外语言学》1981 年第 3 期和第 4 期。

⑤ 如田希诚（1993）、沈明（1999）、乔全生（2008）、白静茹（2009）、王琼（2012）、韩沛玲（2012）。此外，刘勋宁（1983）就已经在《陕北清涧方言的文白异读》一文中指出清涧方言山咸摄一二等舒声韵的见系字读音不同，山摄一等见系白读音读［i］韵母，二等见系字读［iɛ］韵母。这关注的焦点仍然是一二等之间的差异。清涧方言属于陕北晋语吕梁片。

⑥ 汾阳和石楼有个别一等开口字例外，但通过与有文白异读音类中的白读音对比，我们可以发现这些例外读音都是文读音，故不影响我们的讨论。如汾阳“带”有两个读音，文读为“tai꜄”，白读为“tei꜄”，而“孩”只有一读“꜀xai”，通过比较可知“꜀xai”为文读音。

⑦ 官话方言有个别泰韵合口字与开口字同韵，如“外”和“会计”的“会”。

⑧ 根据沈明（2006）的分区，晋语并州片共16个方言点，这里只选择材料比较充分的12个点，交城、灵石、古交和榆次暂不讨论。

⑨ 王琼（2012）曾指出文水、孝义、祁县等有文白异读的方言咍韵见系与非见系韵母不同，见系韵母与二等有别，非见系韵母与二等合并，我们认为不确。文水、孝义的“带”以及祁县的“来”等非见系白读韵母显然与见系白读一样。就白读来说，这些方言的咍韵一等字并未表现出见系与非见系韵母的差异。

⑩ 高本汉的调查未标字调，故表7所列字音没有标调。

⑪ 根据沈明（2006）的研究，山西境内五台片方言共18点，其中河曲、岢岚、神池、五寨4点因材料较少，暂不讨论，下同。

⑫ 我们的调查人为张宝玉，男，33岁，山西省偏关县城关人，山西大学汉语方言学硕士毕业，现为忻州市政协公务员，能说家乡话和普通话。崔秀婵，女，20岁，山西省偏关县老营镇岩头村人，能说家乡话和普通话。同时，这里也参考了张宝玉对偏关方言音系的调查结果。

⑬ 根据沈明（2006）的分区，山西境内大包片共13个方言点，其中大同县、左云、昔阳、阳高因材料较少，暂不讨论。

⑭ 根据沈明（2006）的分区，山西境内上党片共19个方言点，其中沁水、安泽、泽州3点因材料较少，暂不讨论。此处材料均来自王利（2008）。

⑮ 临河方言的调查者为：盛守谋、邢向东。

⑯ 集宁和二连浩特方言的调查者为：马叔骏、邢向东。

⑰ 阳原方言的调查者为：胡士云、徐幼军。

⑱ 材料来源于北京大学中国语言文学系语言学教研室（2004）《汉语方音字汇》。

⑲ 桥本万太郎在1981年写给侯精一先生的信中曾提出过晋语与吴语之间存在共同特点的话题，兹录于下：我在想为什么汾阳话里有了那么大的音韵变化。三十多年前我第一次跟刘桂萍女士学汾阳话的时候想到的是：也许跟吴语有关，因为韵尾弱化和复元音的单元音化是吴语音节结构的两个特点。这次在去机场的汽车里，我向李荣先生报告汾阳话的一些特点的时候，李先生立刻指出温岭话也有相似的韵尾弱化。侯先生下一次去山西省时，能不能注意这些方言另外还有没有吴语的特点。例如：(音韵结构上）有没有全浊正齿音的擦音化（普通话也有这特点，不过不像吴语那么彻底！）;（语法特点上）有没有指示词的三分法——近称：中称：远称（虽然我个人看法差一点）；等等？有些词尾、副词也可能像吴语的，不过这些特点，外人很难找出。……（中称和远称的分别也可能是很微妙——声调的一些分别，或只是个重音的分别。不知侯先生听过李荣花了四十多年时间才觉得温岭话有类似的分别？他谈到这一点是在两年前他访问我们所时）。

⑳ 第五届西北汉语方言、双语与民俗学术研讨会论文，目前还未正式发表，故未见到其所研究内容。

参考文献

白静茹 （2009）《吕梁方言语音研究》，北京大学博士学位论文。
白云、杨萌、石琦 （2012）《山西东部方言研究》（左权卷），九州出版社，北京。
白云、张宝玉、高洪波 （2009）《浑源方言研究》，九州出版社，北京。
北京大学中国语言文学系语言学教研室 （2004）《汉语方音字汇》，语文出版社，北京。
蔡 权 （1994）《蒲县方言志》，山西高校联合出版社，太原。
曹瑞芳 （2004）《山西石楼方言音系》，《吕梁教育学院学报》第3期，63—70页。
—— （2005）《山西阳泉方言音系》，《吕梁教育学院学报》第2期，63—70页。
陈茂山 （1995）《定襄方言志》，山西高校联合出版社，太原。
陈鹏飞 （2004）《豫北晋语语音演变研究》，延边大学出版社，延吉。
陈章太、李行健 （1997）《普通话基础方言基本词汇集》（语音卷），语文出版社，北京。
崔容、郭鸿燕 （2009）《大宁方言研究》，九州出版社，北京。
崔淑慧 （2004）《山西北区方言语音研究》，暨南大学博士学位论文。
—— （2005）《代县方言研究》，山西人民出版社，太原。
崔霞、贺宏、李颖 （2012）《朔州方言研究》（朔城区卷），九州出版社，北京。
丁邦新 （1998）《丁邦新语言学论文集》，商务印书馆，北京。
—— （2008）《中国语言学论文集》，中华书局，北京。
高本汉 （2003）《中国音韵学研究》，商务印书馆，北京。
郭 慧 （2009）《山西宁武三区话语音研究》，兰州大学硕士学位论文。
郭建荣 （1989）《孝义方言志》，语文出版社，北京。
郭校珍、张宪平 （2005）《娄烦方言研究》，山西人民出版社，太原。
韩沛玲 （2012）《山西方言音韵研究》，商务印书馆，北京。
河北省地方志编纂委员会 （2005）《河北省志·方言志》，方志出版社，北京。
侯精一 （1999）《现代晋语的研究》，商务印书馆，北京。
侯精一、温端政 （1993）《山西方言调查研究报告》，山西高校联合出版社，太原。
胡双宝 （1988）《文水方言志》，语文出版社，北京。
江荫禔、李静梅 （1995）《灵丘方言志》，山西高校联合出版社，太原。
蒋文华 （2007）《应县方言研究》，山西人民出版社，太原。
金梦茵 （1989）《原平方言志》，语文出版社，北京。

李　红 （2006）《〈切韵指掌图〉研究》，吉林大学博士学位论文。
李建校 （2005）《静乐方言研究》，山西人民出版社，太原。
—— （2006）《陕北晋语语音研究》，北京语言大学博士学位论文。
李建校、崔容、郭鸿燕、余跃龙 （2007）《榆社方言研究》，山西人民出版社，太原。
李建校、刘明华、张琦 （2009）《永和方言研究》，九州出版社，北京。
李　荣 （1985）《官话方言的分区》，《方言》第1期，2—5页。
李如龙、张双庆 （1992）《客赣方言调查报告》，厦门大学出版社，厦门。
李　伟 （2010）《汉语阳泉方言语音变异研究》，中国社会科学出版社，北京。
李小平 （1991）《临县方言志》，山西高校联合出版社，太原。
—— （2004）《山西离石方言音系》，《吕梁教育学院学报》第4期，61—67页。
—— （2005）《山西河曲方言音系》，《吕梁教育学院学报》第3期，64—70页。
林　欢 （1987）《方山调查字表》，北京大学方言调查资料。
刘勋宁 （1995）《再论汉语北方话的分区》，《中国语文》第6期，447—454页。
—— （1983/1998）《陕北清涧方言的文白异读》，《现代汉语研究》，北京语言文化大学出版社，北京，187—196页。
马国凡、邢向东、马叔骏 （1998）《内蒙古汉语方言志》，内蒙古教育出版社，呼和浩特。
孟庆海 （1991）《阳曲方言志》，社会科学文献出版社，北京。
潘耀武 （1990）《清徐方言志》，山西高校联合出版社，太原。
乔全生 （2008）《晋方言语音史研究》，中华书局，北京。
乔全生、陈丽 （1999）《平遥话音档》，上海教育出版社，上海。
乔全生、程丽萍 （2009）《汾西方言研究》，九州出版社，北京。
秋谷裕幸、邢向东 （2010）《晋语、中原官话汾河片中与南方方言同源的古词语》，《语言研究》第2期，105—110页。
沈　明 （1999）《山西方言韵母一二等的区别》，《中国语文》第6期，428—435页。
—— （2006）《晋语的分区（稿）》，《方言》第4期，343—356页。
—— （2009）《山西岚县方言音系》，《方言》第4期，326—341页。
史秀菊 （2009）《盂县方言研究》，九州出版社，北京。
孙小花 （2009）《五台方言研究》，九州出版社，北京。
田希诚 （1987）《和顺方言志》，语文出版社，北京。
—— （1993）《山西方言古二等字韵母略说》，《语文研究》第4期，41—48页。
王福堂 （1999）《汉语方言语音的演变和层次》，语文出版社，北京。
王洪君 （1991）《阳声韵在山西方言中的演变（上）》，《语文研究》第4期，

40—47页。
——（1992）《阳声韵在山西方言中的演变（下）》,《语文研究》第1期，39—50页。
——（1999）《从开口一等重韵的现代反映看汉语方言的历史关系》,《语言研究》第1期，61—75页。
——（2006）《层次与演变阶段——苏州话文白异读析层拟测三例》,《语言暨语言学》第1期，63—86页。
王　力（1981a）《语音分析初探——区别性特征及其相互关系（上）》,《国外语言学》第3期，1—11页。
——（1981b）《语音分析初探——区别性特征及其相互关系（下）》,《国外语言学》第4期，1—22页。
王　利（2008）《晋东南晋语语音研究》，山东大学博士学位论文。
王临惠（2003）《汾河流域方言的语音特点及其流变》，中国社会科学出版社，北京。
王　琼（2012）《并州片晋语语音研究》，北京大学博士学位论文。
王文卿（2005）《晋源方言研究》，语文出版社，北京。
王希哲（1991）《左权方言志》，山西高校联合出版社，太原。
温端政（1983）《怀仁方言志》,《语文研究》增刊。
——（1985）《忻州方言志》，语文出版社，北京。
温端政、沈明（1999）《太原话音档》，上海教育出版社，上海。
吴文杰（2008）《平定方言研究》，山东大学硕士学位论文。
武玉芳、林静、李慧卿（2012）《朔州方言研究》（右玉卷），九州出版社，北京。
项梦冰、曹晖（2005）《汉语方言地理学》，中国文史出版社，北京。
谢自立（1990）《天镇方言志》，山西高校联合出版社，太原。
邢向东（1998）《呼和浩特话音档》，上海教育出版社，上海。
徐通锵（1993）《文白异读与历史比较法》,《徐通锵自选集》，河南教育出版社，郑州。
薛凤生（1999）《汉语音韵史十讲》，华语教学出版社，北京。
——（1986）《国语音系解析》，学生书局，台北。
雅洪托夫（1986）《汉语史论集》，北京大学出版社，北京。
杨述祖（1983）《太谷方言志》,《语文研究》增刊。
杨述祖、王艾录（1984）《祁县方言志》,《语文研究》增刊。
杨增武（2002）《平鲁方言研究》，山西人民出版社，太原。
杨增武、崔霞（2007）《山阴方言研究》，山西人民出版社，太原。
游汝杰（2000）《汉语方言学导论》，上海教育出版社，上海。
张楚、王为民（2013）《太原（含南北郊区）方言古蟹摄字的演变模式》,《语言科学》第2期，302—309页。

张 琨 （1985/1993）《切韵的前 *a 和后 *ɑ 在现代方言中的演变》，《汉语方音》，学生书局，台北。

—— （1993/2009）《闽方言中蟹摄韵的读音》，《中研院历史语言研究所集刊论文类编（语言文字编·方言卷）》第 3 册，2251—2263 页。

张益梅 （1991）《介休方言志》，山西高校联合出版社，太原。

赵秉璇 （1984）《寿阳方言志》，《语文研究》增刊。

郑 伟 （2011）《〈切韵〉寒韵字的演变特征与现代吴语》，《中国语文》第 4 期，352—363 页。

支建刚 （2012）《豫北晋语语音研究》，北京语言大学博士学位论文。

R.L. 特拉斯克 （2000）《语音学和音系学词典》，语文出版社，北京。

Roman Jakobson, C. Gunnar M.Fant, Morris Halle, （1963） *Preliminaries to Speech Analysis—The Distinctive Features and Their Correlates*, Cambridge: The MIT Press.

（030006 太原，山西大学语言科学研究所
山西大学中国语言文学博士后流动站
wangwmwang@sxu.edu.cn）

附着形式“者”的逆形态化

齐 冲

提要 本文讨论的问题主要有两个：“者”的形态句法属性和“者”的历时演变机制。我们从形态句法、语义及韵律的角度，并尝试运用一些新的方法证明了“者”在现代汉语里的形态句法特征介于词缀和词根之间，为附着形式。通过对从西周金文到现代汉语的“者”字结构的实例分析，我们证明了“者”的形态句法发展路径。该研究结果显示：“者”的历时演变机制为“逆形态化”，也就是一个从词缀演变到附着形式的过程。
关键词 “者”字结构 附着形式 历时分析 逆形态化

1 前言

有关助词“者”的研究很多，主要问题涉及两个方面。第一，“者”的形态句法成分如何确定？第二，“者”的历时演变路径是什么？换句话说，“者”在古汉语中的各种语法功能之间是否有一定的联系？对于第一个问题，大多数学者把“者”判断为词缀（Chao 1968；朱德熙 1982；Packard 2000 等）。但也有学者认为“者”是黏着词根（何元建 2011）或附着形式（clitic）（董秀芳 2002，2004）。这些分歧主要是由于检验的标准和运用的方法不同。本文将制定两套检验框架：形态句法和韵律；并在此基础上运用对比和排除法进行论证。分析的结果是“者”具有附着形式的属性。第二个问题一直以来都是汉语历时语法研究的主题之一（吕叔湘 1943；王力 1980；朱德熙 1983；袁毓林 1997；石毓智、李讷 1998；曹广顺 1999）。最近的研究倾向于把“者”的各种功能进行最大限度的统一，如 Aldridge（2009）从句法功能的角度分析“者”在古汉语中的各种用法，最后把它们都归为限定词（determiner）。Yap &

Wang（2011）则运用“轻名词”（light noun）假设对古汉语中“者”的各种功能进行说明和解释[①]。本文将通过分析实例，建立两个基本条件：名物化功能和表［+人］功能，以能否满足这两个条件来划分“者”的不同类型的功能。在对“者”进行分类之后，我们将通过对“者”语法演变路径的分析来讨论“者”的历时演变机制。

2 现代汉语中的“者”字结构及其属性

现代汉语中带“者”的词汇和短语数量很多，尤其是在书面语中。带“者”的语言形式也十分多样。从我们对北大语料库CCL中的检索发现，“者”不仅可以和单音节词或双音节组合，如例（1），它还可以和一些多音节短语或小句组合，如例（2），形成名物化（nominalization）结构：$[X+者]_{N/NP}$，X（主干）=VP/AP。这个结构我们称之为“者”字结构。

（1）a 译者，听者

b 罢工者，参与者

（2）a 那些为邀请某些港台歌星而慷慨解囊出以巨资者

b 患有《婚姻法》中规定的禁止结婚的疾病者

从能产性来看，三音节的“者”字结构，即例（1）b类，语例最多，达1088/1778[②]；双音节，即例（1）a类，达到96/1778例。三音节以上的多音节语例为594/1778，即例（2）。这一方面说明“者”的连结性很强，主干（X）的形式可以多样。另一方面说明“者”的能产性主要体现在“双音节词+者”。总的来说，“X+者”可归为开放性结构。

同时，我们看到“者”主要和主干（X）为动词或动词短语相组合（1304/1778），主干为形容词或形容词短语的“者”字结构占216/1778例，如例（3），主干为名词或名词短语的“者”字结构占258/1778例，如例（4）。

（3）勇敢者，困难者，长寿而乐观者

（4）笔者，素食者，亚里士多德主义者

主干为副词的“者”字结构，如“再者”③，在现代汉语中数量极少，且并不具能产性，不是本文的分析对象。也有主干为数词的“者”字结构，如“二者”④，同样属于名物化中的特殊现象。

例（3）中形容词性的主干（“勇敢”、“困难”等）可被看作状态谓词（stative predicate）。而例（4）中的名词性主干也隐含了一个谓词，如：素食者＝（吃／信仰）素食者。

以上的统计说明“者”字结构有这样几个特点：a. 主干主要为双音节或多音节，单音节少；b. 主干必须为谓词性结构；c.“者”的功能就是把述谓主干名物化。这几个特点还无法说明“者”字结构的形成条件和制约机制。从动词语法性质的角度来分析，我们可以判断某些谓词性主干是不能进入“者”字结构的，如：助动词（“可能”、“可以”）和系动词（“是”、“成为”）。从句法结构和语义逻辑上说，比似动词（“等于”、“像”）也不能成为“者”字结构的主干。除此之外，有些谓词很难进入“者”字结构，然而却不易对此现象做出解释。Chao（1968）指出“者”在文言里的常用性无限制，但在口语里就相当受限制。例如有“译者”，而没有“抄者”；有“学者”而没有“教者”。他从语用的角度认为纯白话的动词不跟“者”结合。如：*跑者，*打者，*吃者，*喝者。对于“者”字结构生成的条件，我们将从形态句法的角度来进行分析和讨论。

2.1 “者”字结构中动词论元结构的继承

我们知道，有关“名物化”的理论主要体现在两个不同的分析层面上。一个为形态层面。自 Chomsky（1970）以来，词汇论假设（Lexicalist Hypothesis）对“名物化”的生成描写主要体现在形态上；“名物化”即为动词性或形容词性的词干通过派生或屈折操作产生名词性词项，这些操作是在词库中完成的。另一个层面为形态句法。这种分析方法确立“名物化”不仅涉及形态操作，还要受到句法的影响。因此对“名物化”的分析应放到形态层面和句法环境中。

该分析角度强调“名物化”的能产性。⑤

我们选择形态句法分析方法，是因为首先“者”字结构在很多情况下为短语结构，形式上超出了词的内部形态。其次“者”字结构具有很强的能产性。证明“者”字结构的名物化是体现在形态句法层面上的，最直接和有效的办法就是观察主干谓词的论元结构是否被名物化后的“者”字结构继承了。如动词“爱好”的语义论元有两个，域外论元为施事，域内论元为受事⑥。它通过“者”名物化后就变成了“爱好者”，其中“者”就占据了域外论元成为施事，而受事没有在“爱好者”中表现出来。我们从例（5）a就可以看到“戏剧”是“爱好”的域外论元；从例（5）b中观察到“老生唱腔”蕴含“戏剧”，因而受事也为“戏剧”。如果论元结构得不到饱和（saturated）就会出现例（5）c的情况。

（5）a 他是戏剧的爱好者。

b 虽然只是一个爱好者，但他的老生唱腔堪称专业。

c ?他是一个爱好者。⑦

上面“爱好者”这个例子是“者”字结构自身的论元缺省，需要在句法环境，甚至在篇章中找补回来。这样的例子存在于主干为“VV形式的动词”、“NV动词”、“AV动词”或单音节动词。大部分情况下，“者”字结构本身的论元就是饱和的。例（6）中的主干为VN形式的动词，其中的“N”就是“者”字结构中的域内论元。例（7）a中的主干为VP+NP的动词短语；例（7）b中的主干为一个命题；例（7）c与例（7）a相反，它的主干为NP+VP的动词短语。

（6）逃税者；爱国者；打人者

（7）a 持有不同意见者

b 因毒瘾而感染艾滋病者

c 外交护照持有者

还有主干为一价动词的“者”字结构，如例（8）a，主干为非宾格动词。当然，还有一些非宾格动词，如“断”“裂”等无法与

“者”组合形成“者”字结构（*断者、*裂者），原因是这些非宾格动词的语义特征［－人］与“者”的语义特征［＋人］无法兼容。也有主干为二价动词的被动态形式，如例（8）b的主干为无施事的被动形式[⑧]。

（8）a 死者；来者；逝者

b 被捕者；被杀者；被害者

以上的分析虽然说明“者”的角色可为施事或受事，但在语法功能上它是主干的主语，经过关系化（relativization）操作后成为语义为［＋人］，即体现为后附于主干的“的人”或“的”[⑨]这样的助词。我们的观点是，谓词在名物化之后，即在“者”字结构中的论元结构同它在名物化之前是相同的。也就是说，论元结构的饱和是形成“者”字结构的基本条件。我们也可以从侧面来证实这个观点。

现代汉语动词中存在一些述补结构（VR），结构中两个谓词的语义指向（或称“题元角色”）是不同的。如“打断”中“打”为施事的动作，“断”为受事的状态。“者”字结构中，由于“者”只能是施事或受事，语义指向相反的述补结构无法成为“者”的主干。

（9）a ?打断者；b ?推倒者；c ?掀翻者

但是在实际语料中我们还是可以找到一些特例，如在google网上搜索到像“萨达姆雕像推倒者”这样的语例。而“打断者”和“掀翻者”也只有一两个孤例。它们都有一个共性，即：1.为临时用法，无能产性；2.受事论元能在句法环境或篇章中找到。因此，述补结构在“者”字结构的环境中论元的饱和是一个必要条件。

从逻辑语义的角度来看，三价动词也无法在没有语境的情况下担任“者”字结构的主干，原因也是“者”的题元单一性造成的。但是在网络语料（google）中我们同样能找到一些实例。例（10）a是一个短语，其中的“给予者”并不孤立，前面定语实际上是充当“给予”语义上的主题（theme），句法上的直接宾语。而语义上的受益（beneficiary）在文章中则是指的读者。例（10）b 中的主题（“礼”）和受益（“接受者”）在句中就表现出来了。

（10）a 人生存在意义的给予者⑩

b 送礼能表明赠送者和接受者的关系。

以上我们分析了述补结构和三价动词在“者”字结构中的生成条件，结果显示语义指向不同的述补结构和三价动词的论元数目以及题元角色必须在“者”字结构中或其上下文中表现出来。然而我们知道这些动词的论元结构同“者”字结构是不兼容的。即便如此，这些动词还是可以成为“者”的主干，其条件是它们所需的论元在更大的环境中表现出来⑪。由此证明“者”字结构中的论元结构的确是继承了名物化之前谓词的论元结构。Chao（1968）提到的那些不可和“者”组成“者”字结构的动词（?抄者，?教者，?跑者，?打者，?吃者，?喝者）在 google 网页上都能搜得到⑫，所有这些“者”字结构例子中的论元在短语或语篇环境中都能得到饱和。

2.2　小结与讨论

现代汉语中“者”字结构的特征主要是：主干为谓词性结构，其论元须饱和化，论元结构范围为短语或跨短语。“者”为它的一个论元，并使其名物化。由于“者”前的主干可为词，短语或小句，“者”字结构的论元可出现在短语小句里，甚至在语篇中，“者”的形态句法特征应该比词缀更自主，但因为其语法意义占主导，它又不能被视为词。以下从类型学的角度来观察“者”的“非词缀”和“非词”的特性。

首先说“者”不同于词缀，我们是从其他语言中的类似现象得到的证实。英语加 -er 后缀的词语并不要求所有的名物化结构中的论元饱和化（Grimshaw 1990; Rappaport & Levin 1992）。和英语一样，法语加 -eur 后缀的词语（即名物化词语）也不需要论元结构饱和（Roy & Soare 2012）。原因就是，从派生构词的角度来看，论元饱和并不是名物化结构成词的基本条件。

现代汉语派生构词的例子如下：动词 + 名词性后缀的词语中，若动词为二价，在论元缺省（argument reduction）的情况下，名词性后缀也照样能构成派生词（主要为工具类）："起子"、"铲子"、"锄头"，而且词语中缺省的论元并不需要在上下文中补回。这里的"子"和"头"都具有名物化的功能，而它们是确确实实的词缀。

其次说"者"不同于词，是因为从句法的角度，"者"无法自由运用，不是一个形式上的自由成分；从形态的角度，"者"没有独立性，如"……的者"或"者的……"是不成立的；最后从韵律的角度，"者"在话段（utterance）中不能同前面的主干脱离开来⑬而留有停顿，例如：*全世界劳动 // 者团结起来。

同时，从实例上看，绝大多数"者"字结构不能被看作词，"者"字结构显示出能产性，并具有组合性（compositionality），也就是说该结构没有习语化⑭。

以上分析的"者"的特性同形态句法类型中的附着形式（clitic）的性质相符合（有关附着形式形成的理论，请参看 Hopper & Traugott 2003; Haspelmath 2010）。所以我们认为"者"在现代汉语中是一个附着形式⑮。

如果要证明"者"为附着形式，就必须证明"者"是否符合附着形式的特性。下面我们将从附着形式类型学的理论角度出发，探讨"者"同附着形式的性质的对应。同时，我们将把词缀和词根的性质同"者"进行比较，以排除它为这两种形态类型的可能性，由此确定"者"为附着形式。

2.3 "者"作为附着形式

语言中的附着形式的类型十分复杂，而且呈多样化（Halpern 2001）。Zwicky & Pullum（1983），Zwicky（1985），Anderson（1992），Haspelmath（2010）从类型学的角度对附着形式的性质有过非常详细的描写和分析，综合起来有以下几点：

1. 在韵律方面，附着形式和主干（host）形成一个整体单位。附着形式缺乏韵律的独立性。

2. 形态上，一般情况下，附着形式表现为单音节的黏着语素。

3. 从词类的角度，附着形式常为介词，助词和代词。

4. 句法方面，附着形式可以依附一个短语，也可以依附一个词。这是附着形式区别于词缀的一个最重要的特点。

5. 附着形式在语义上不具有特质（idiosyncrasies），同词缀不一样，它的意义在“主干 + 附着形式”这个环境中是可以预测的。同时，它的功能更具语法性，如表示体、格、情态、指称等。这是附着形式区别于词或词根的一个最重要的特点。

以上附着形式的五条性质中的后四条在现代汉语“者”的属性中都有所体现。第一，形态上，“者”为单音节的黏着语素；第二，词类的划分上，“者”为结构助词；第三，句法上“者”可依附一个短语或一个词[16]；第四，正如我们前面分析的，“者”字结构具有组合性，因此是透明的，可以预测的。同时，“者”的主要功能把谓词主干名物化，其功能主要为语法性的。关于五条性质的第一条（韵律），事实上也是最重要的一条，则需要我们进一步分析证明。

Hayes（1989）的韵律层级（Prosody Hierarchy）为五个不同的范畴，其中一个最主要的范畴就为“附着词组”（Clitic Group），说明附着形式和主干组合成一个特殊的韵律单位。现代汉语里的“者”同主干的关系是依附的关系，这在我们上面分析论元结构时已经做了说明。从韵律的角度，各个语言对于附着形式与主干的这种依附关系的表现形式也不一样。英语表现在音节上，法语表现在节律形式上。我们认为现代汉语中主要的表现形式为声调，正如 Nevis（1988）指出的，附着形式的音韵在很大程度上表现在连续变音规则（Sandhi rules）如元音和谐等。现代汉语中的连续变调也属于此类。我们下面来分析“者”字结构的连续变调规则。

附着形式，如后附形式（enclitic），它们对主干（host）语音的影响和后缀对词根（root）语音的影响有着很大的不同。一般后附词影响的是主干中最后一个音节，也就是同它最靠近的一个音节，而后缀对词根语音的影响则无规律性。[17]

我们知道现代汉语中两个上声音节在连续变调的作用下使前一个音节变成阳平，如果有更多的上声音节，它们的变调规则则要根据音系，句法（辖域的宽窄）和语用（强调／非强调）来判断。现代汉语中的“者”为上声，我们在测试中假设它前面一个音节，也就是主干中的最后一个音节也为上声，那么不论句法或语用有什么变化，这个主干中的最后一个音节一定是要受到“者”的影响而变为阳平声调（例如表1）。而我们知道现代汉语语句中存在前一个上声音节不受最后一个上声音节的影响的例子，这种情况主要是语用强调时的重音现象造成的（吴宗济 1982；Chen 2000）。这个现象说明“者”同前面那个音节（或主干的音节）形成一个韵律单位，这个韵律单位不会受到句法和语用作用的影响。而“者”的这个韵律特征正符合附着形式五条性质中的第一条。

表1

动词声调	亲吻 ≫1–3	嘲讽 ≫2–3	整理 ≫3–3≫2–3	后悔 ≫4–3
动词 + 者	亲吻者 ≫1–2–3	嘲讽者 ≫2–2–3	整理者 ≫2–2–3	后悔者 ≫4–2–3

另外，袁野（2011）也根据重读最大投射理论分析出“者”字结构，如“传播病毒者”为一个节律单位（次重—重—轻）。这事实上也说明“者”同主干形成的是一个整体单位。

以上的分析结果显示，现代汉语中“者”的形态句法属性为附着形式，它完全符合类型学中有关附着形式的基本定义。“者”在现代汉语中附着形式的地位是如何取得或演变过来的是汉语形态学研究的重要一环。我们将在下一节从历时的角度对此问题进行讨论。

3 “者”的历时演变——逆形态化

关于古汉语中“者”的语法功能，已经有过很多研究。主要分歧在于“者”的语法功能分类。杨伯峻（1981）属于比较全面的分类，他把“者”分为四大类：A. 助词，同动词和形容词组合，使之名物化，义为“的”或“的人”。B. 助词，同（时间）副词组合，无具体意义，仅为韵律需求或加强状语作用。C. 通“之”[18]。D. 语气词。从辞源的角度来看，西周早期的金文，如“令方彝”铭文中可找到“者”字，一般认为此字通“诸”（表［多数］或［某类］），如例（11）。同样的语法功能也见于“首阳吉金簋”铭文[19]，如例（12）。

（11）癸未，明公朝至于成周，出命，舍三事命，遝卿事寮、遝者尹、遝里君、遝百工、遝者侯、侯甸男，舍四方命。

（12）隹（唯）九月，者子具服。

Pulleyblank（1995：126）指出古汉语中的“者”，“诸”，“之”同源，由某一代名词（pronominal root）滋生而来，他主要是从上古音构拟上得到的判断。我们认为“者”的最初用法（西周时期）就是表［多数］或［某一类］[20]，只是到了春秋时代，“者”的这个用法产生了喉塞韵尾的脱落，随之产生了文字的替换（者 > 诸），见例（13）。

（13）*taʔ[21]（> tsyaeX > zhe3）者⇒*ta（> tsyo > zhu1）诸

这样推断既可以解释古汉语中“诸”无法统一的语法功能[22]，也可以给“者”的语法功能演变提供一个较为合理的，符合语言经济性的解释。[23]

我们认为“者”在西周时期表［多数］或［某一类］并在形态上呈现前缀特征：者 X，X = N［+ 有生］。其前缀特征首先体现在“者”的位置固定（依附在词根之前），无法插入其他语言成分[24]。其次，根据 Haspelmath（2010）对词缀类型学的分析，前缀所依附的词干属性必须是有同一性的。西周时期的“者”所依附的词干都为名词性，而且都具有［＋有生］的特征。而春秋战国时期的文献中“者”所依附的主干可以是动词性的，也可以是形容词性的或名词性的。从以上的分析和比较来看，西周时期的“者”具有前缀特征。最后从语义和句法的角度，它可以和表“多数”的形容词共现。如例（14）和例（15）。

（14）好倗（朋）友雩百[25]者婚遘（媾）（乖伯归夆簋）

（15）麦易（賜）赤金，用乍（作）鼎，用從井（邢）侯征事，用鄉（饗）多者友。（麦方鼎）

“者X”被表“多数”的形容词（例句中的“百”和“多”）修饰说明“者X”已构成词单位，“者”为前缀。[26]西周以后“者”的功能呈多样化。

我们在下面的分析中将对“者”语法功能的演变进行描述并试图进行一个统一的处理。

3.1 古汉语中“者”的功能种类

传世文献中，从《诗经》时代开始，“者”的用法就有三种。有表“的人”的语义，如例（16），也有指“的样子”，如例（17）或“这样的”，如例（18）表［状态］、［情况］及［存现］的语法功能。例（17）和例（18）的语义也可以被视作一个指示词“这”或“那”。陆天桥（1984）的研究也证实壮语北方方言（te）、侗语（tʲa）、布依语（ti）、水语（tsa）[27]的远指指示词（相当于现代汉语的“那”）与古汉语的“者”同源。他认为同这些亲属语言相似古汉语中的“者”就是一个后置指示词。

《尚书》中只有一例，表［状态］[28]的语法功能，如例（19）。金文中的表［多数］或［某一类］的“者”在《诗经》中已经找不到了。

（16）a 不知我者，谓我士也骄。（《国风·魏风》）

b 十亩之间兮，桑者闲闲兮。（《国风·魏风》）

（17）a 蜎蜎者蠋，烝在桑野。（《国风·豳风》）

b 彼苍者天，歼我良人。(《国风·秦风》)

(18) 薄言駉者[29]，有驈有皇，有骊有黄，以车彭彭。(《鲁颂》)

(19) 八、庶征：曰雨，曰旸，曰燠，曰寒，曰风，曰时。五者来备，各以其叙，庶草蕃庑。(《尚书》12 《周书·洪范》)

例 (16) 中的“者”相当于杨伯峻 (1981) 文中的 A 类功能，这个功能很容易识别。例 (17) 也为 A 类，但不指 [人]，只是把前面形容词成分名物化了，描述形容词主体 (而非对象) 的性质。例 (18) 和例 (19) 中的“者”与杨文里的 B 类相符，因为 B 类的例子“古者”，“昔者”，“今者”中的“者”的功能是指其左边成分的状态，由于左边成分 (X) 为时间词，“者”就指它的时间状态，类似“X 之时”或“在 X 时”。同理，如果左边成分为名词，如例 (18)，那么“者”的功能就是指该事物或东西或人的状况。在这个表 [状态] 的种类中，我们也可加入“前者”，“后者”中的“者”，因为它在此结构中指的也是“某方位”这种状态[30]。从杨文中的实例来看，C 类也是表状态，所以也可以并入 B 类。D 类的“语气词”[31] 在《诗经》中没有出现，可能是由于《诗经》的语体限制，因为这类“者”字结构通常是在句子间进行的。比如《孟子》中的例句：

(20) a 不为者与不能者之形何以异？(《孟子》梁惠王章句上)

b 仲尼之徒无道桓文之事者，是以后世无传焉，臣未之闻也。(《孟子》梁惠王章句上)

例 (20) a 中的“者”很显然应该视为“不为”或“不能”的“情况”。例 (20) b 句的大意为：“孔子的学生们没有谈到齐桓公，晋文公的事迹这件事，所以也没有传到后代，我也不曾听说过。”其中“者”仍应理解为“这个情况 / 事情”。

根据以上的分析，我们从语法及语义的角度把“者”分为两类：一类为 [+人]，另一类为 [−人] 或者 [+状态]。前者例如 (16)；后者则包括例 (17) —例 (20)。从时序的角度来看，西周金文中的表 [多数] 或 [某类] 的“者”应该是这两类“者”的来源。但我们得不到类型学，尤其是语法化理论的支持。就这一点，我们会在后面进行分析。

表［－人］或者［＋状态］的这一类“者”由于在形态句法和功能上存在区别，我们又可再下分为两小类：第一是谓词成分后的名物化标记。这一类包括例（17）和例（20）；第二是名词性成分后面表［状态］或［存现］标记。这一类的例子为例（18）和例（19）。由于这第二小类同“存格”（Essive）[32]的功能和性质相同，这类“者”可被视为存格标记。

第一类“者”，也就是在谓词性成分后带有名物化标记［＋人］的“者”，在运用中同后缀不一样，它具有一定的自主性。这一点和我们在第2节分析的现代汉语中的“者”是有共同之处的。我们来看下面几个例子。

单音节形容词＋者

（21）智者、愚者（《史记》）；往者、来者（《论语》微子）；
大者、小者、远者、近者（《左传》襄公三十一年）

短语＋者

（22）a 好事者为之也。（《孟子》万章章句上）
b 故善战者服上刑，连诸侯者次之。（《孟子》离娄上）

句子/复杂短语＋者

（23）a 不失其身而能事其亲者，吾闻之矣。（《孟子》离娄上）
b 诸假两云梦池鱼及有到云梦禁中者。（《龙岗秦简》）
c 有献不死之药于荆王者。（《战国策》）

我们看到“者”可在不同的语法环境中出现，它的自主性标志着它并不是构词的词缀，古汉语中的名物化标记“者”和现代汉语中的“者”是有可比性的。我们还是把它识别为附着形式。

第二类“者”中的第一个小类，也就是在谓词性成分后带有名物化标记［－人］的“者”，也具有一定的自主性。除了例（20）以外，我们还有以下例子：

（24）子曰：“苟有用我者，期月而已可也，三年有成。”（《论

语 13.10》)

(25)伍奢有二子，不杀者，为楚国患。(《史记·楚世家》)

这一类“者”也拥有附着形式的特点。

第二类“者”中的第二个小类，即存格的“者”，由于其功能主要是凸显名词的性质，使它具象化，所以这类“者”的运用范围主要在名词性的实词上，它的形态特性为一个构词成分，更确切地说它拥有一个后缀的特征。

3.2 “者”演变的特性

综上所述，古汉语（西周金文期后）中的“者”共有三个功能：1. 存格；2. 谓词成分后的名物化标记［－人］；3. 谓词成分后的名物化标记［＋人］。第 1 种（存格）仅限于形态句法功能，也就是说它只能运用于后缀，被描述部分在它左边，语法功能为标记词干的［状态］。后两种事实上是同朱德熙（1983）的“自指”和“转指”的分析相符的。“自指”为谓词性成分所产生的单纯的词类的转化；这和我们分析“者”的第 2 种（［－人］）是相符的。“转指”则是除了词类的转化外，词义也发生明显的变化；这正是第 3 种（［＋人］）。由于第 3 种不仅具有形态句法功能（后缀和名物化），还兼有语义功能（指某类人），因此带有此类功能的“者”，其实词义会相对另外两类更强一些。

很多研究证明“者”后来被“底”代替（吕叔湘 1943；袁毓林 1997；曹广顺 1999）。根据石毓智、李讷（1998），助词“者”是在 9 世纪到 15 世纪这个期间被结构助词“底（的）”替代的。他们认为数量词的“底”独用的功能为其取代“者”字短语创造了条件。15 世纪的《老乞大》中“底”完全取代了“者”，“者”也就在同时丧失了第 2 种功能 。

我们认为是具有状态和性质特征的助词“者”转化为了“底”，即我们所说的第 2 种。第 3 种虽然也可以被“底／的”代替，但其结构毕竟是缺省的，也就是说它是有标记性（marked）的，例如

“打人的”，虽然其语义可以同［＋人］联系起来，但在没有语境的条件下，也可以同［工具］联系起来。更为合理的解释应该是第3种“者”一直被延续下来，直到现在。

下图简要地勾画出“者”从古汉语到现代汉语的演变和发展。我们认为“者”的发展主要分三个阶段。第一阶段的“者”为前缀，第二阶段的“者”为后缀和附着形式，第三阶段为“者”单独的附着形式阶段。

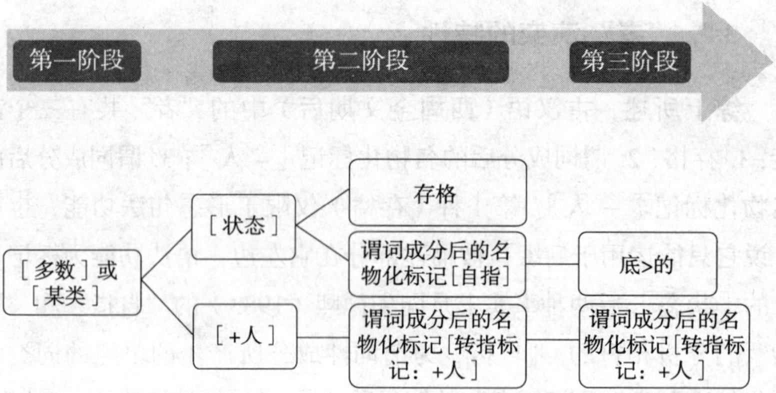

图1

语法化理论中有一条普遍的原则，那就是一个语言单位经历由实到虚的过程，或者说语言单位的缀化过程：形态化（morphologization）为语法化的一个部分，形态化一般认为要经过以下过程[33]：

（26）实词 / 词根 > 附着形式 > 词缀

然而，我们所看到的图1中“者”的三个阶段的发展方向却是与（26）相反的。Brinton & Traugott（2005：78—81）在分析词汇化理论时谈到逆形态化（demorphologization），她们认为逆形态化是词汇化的前奏，如（27）所示，也就是说它是词汇化的开始。逆形态化属于词汇化的一个阶段。词汇化的单向性体现在往更实在的词汇义发展。

（27）词库 < 词汇化 < 逆形态化 < 形态

逆形态化的特点为词义淡化（bleaching），它会使语义更加具体化，而不会泛化。这同古汉语到现代汉语发展而来的“者”的特点是符合的。此外，带［多数］或［某类］功能的“者”演变到带［＋人］的“者”用语法化理论是无法作出合理的解释的，如 Heine & Kuteva（2002）通过类型学研究制定出“people > plural”的语法化轨迹。然而古汉语中“者”的发展轨迹却是相反的［多数］或［某类］>［＋人］[34]，这也恰恰证明了“者”的逆形态化[35]。Yap & Wang（2011）从类型学的角度对名物化现象进行分析，认为高度黏着的词缀或附着形式一般为名物化产生的特征之一，而名物化是一种独特的语法化路径。我们看到汉语中的附着形式“者”也具备名物化功能，但它变化的路径却更为独特，它在词汇化过程中并没有完成整体的演变，只是在形态句法上更趋于自主，如：“X 主义者”，“X 者们”等等；在语义上更加类别化，如，“X 者”和“X 员”，“X 人”，“X 家”，“X 生”，“X 手”等虽然是近义语素（都指［＋人］），但它们在语义或语用的区别使它们在很大程度上成为标类语素。

“者”的逆形态化也符合我们观察到的语言事实。本文第 2 节统计出现代汉语中的三音节和三音节以上的“者”字结构能产性最高，说明“者”主要不是包含在词[36]的范域，而是包含在短语或句子的范域，同时说明“者”作为后缀已不具能产性，这是“者”的逆形态化作用产生的结果。

4 结语

汉语中名物化标记“者”的语法地位如何确定是一个较为复杂的问题，它牵涉的方面很广。本文讨论的问题主要有两个：“者”的形态句法属性和“者”的历时演变机制。

通过对“者”字结构的论元体系的分析，我们观察到“者”字结构的主干为谓词性成分，其论元须饱和化，也就是说它的论元结构承续名物化前的形式；“者”作为主干的一个论元，其功能就是使谓词性成分名物化。“者”字结构的论元结构范域为短语或跨短语。“者”的形态句法特征介于词缀和词根之间。我们通过对附着成分类型学特征的分析和对比，从形态句法、语义及韵律的角度，并使用了一些新的方法证明了“者”在现代汉语里为附着形式。

“者”的历时演变过程也是很多文献讨论的主题。本文在实例分析的基础上，制定两个基本条件：名物化功能和表［+人］功能，以能否满足这两个条件来划分“者”的不同类型的功能。本文讨论了“者”在西周金文中的前缀功能：表“多数”或“某类”；依附在带［+人］义的词根前。然后分析出古汉语（西周金文期后）中的“者”共有三个功能：1. 存格；2. 谓词成分后的名物化标记［-人］；3. 谓词成分后的名物化标记［+人］。存格仅限于形态句法功能，也就是说它只能运用于后缀，被描述部分在它左边，语法功能为标记词干的［状态］。后两种事实上是同朱德熙（1983）的“自指”和“转指”的分析相符的。最后指出谓词成分后的名物化标记［-人］演变为助词“底/的”，而谓词成分后的名物化标记［+人］这一功能直到现代汉语还使用。通过对“者”演变路径（见图1）的分析，我们得出以下结论：“者”的历时演变机制为“逆形态化”，也就是一个从词缀演变到附着形式的过程。

附　注

① 但是古汉语中“者”作“的人”讲时，其实体义较强，违背轻名词的特性。关于轻名词的分析和定义，请参看 Huang（2009）。

② 这些数据都是通过对北大语料库 CCL 中“者”字结构语例进行的统计结果。1778 这个数据为 CCL 中检索到的“者”字结构的语例总数。

③ “再”在古汉语中为动词，意为“重复”，东汉时期出现的“再者”（《太平经》）为“第二”意，和现代汉语意义相同。古汉语中的“再者”事实上也是“谓词 + 者”这样典型的名物化的“者”字结构。

④ “二者”兼有两个意思：个体化的“第二”和整体化的“两个”。

⑤ 关于“名物化”的形态句法分析法，请参看 Alexiadou & Rathert（2010）。

⑥ 这里的“施事”和“受事”为 Dowty（1991）所指的原型角色（proto-roles）。

⑦ 在没有上下文的情况下，这个句子很难成立。

⑧ 一般情况下，这类被动态动词的施事隐含在上下文中，有时应从篇章层面把施事论元补回。

⑨ 在现代汉语中，对应“的”的情况如：要嫁就嫁有北京户口的。事实上，这句话中的“的”也可替换上“的人”，它是“的人”的一种简化形式。

⑩ “给予者”的另一个意义是指“捐献人体器官的人”，译自于英语的giver。

⑪ 这一点也说明了这类动词同“者”的结合只能是暂时的，在还没有习语化的情况下是无法进入词库的。

⑫ 其中“教者”、“抄者”在CCL语料库中都能搜到。

⑬ 根据Haspelmath（2010），这一点是区分词单位和其他形态单位的一个重要标准。

⑭ 现代汉语中有很少一部分“者”字结构已经词化，如“记者”、“作者”、“学者”等，但它们来源于古代汉语（董秀芳2002），经过演变，意义不再具有组合性。

⑮ 持此观点的还有董秀芳（2002，2004）。

⑯ Anderson（1992：198—223）指出附着形式没有节律的独立性。他同时也指出附着形式实际上就是短语缀（phrasal affixes），这事实上就是对于附着形式的一种定义。

⑰ 关于这方面的论述，可参考Halpern（2001：103）。

⑱ 王力（1980）认为“者”和“之”同源，理由是“者”和“之”同为照母，且语法上有相互替换的现象，语义上也十分相近。但我们还是赞同志村良治（1995）的观点，因为证明“者”和“之”同源的论据还不够充分。如“者”上古在鱼部，中古为麻韵，而“之”上古为之部，中古为之韵，转换的具体实现还值得进一步研究。

⑲ 对于此器皿的描述，请参考首阳斋、上海博物馆、香港中文大学文物馆合编《首阳吉金——胡盈莹、范季融藏中国古代青铜器》，上海古籍出版社2008年，第74、83页。

⑳ 甲骨文中“者”字没有出现。

㉑ 我们采用的是白一平和沙加尔2011年最近的上古音构拟（Baxter-Sagart Old Chinese reconstruction, version of 20 February 2011: http://crlao.ehess.fr/docannexe.php?id＝1202）

㉒ “诸”的一类语法功能为［多数］或［某一类］，而另一类语法功能则为“之于”、“之乎”、“之如”的合音字。

㉓ 一般认为金文中的“者”与后来的“者”只是假借字的关系，并非同一个语言成分。这也是一位匿名审稿专家的意见。但我们的观点是金文中表“多数”或“某类”的“者”同以后的古汉语中的存格与表［＋人］的“者”是有语法和语义的衍生分布关系的。存格是表事物状态和性质的一种语法标

记，它使事物具象化，类别化，这个现象可视为金文“者”的“某类”义的延伸。而金文中“者”的依附词干为［＋人］的语义特征则派生出了古汉语助词“者”的“的人”义。这些现象在类型学研究中都有实例证明（Heine & Kuteva 2002）。另外，金文“者”和以后古汉语中的“者”在形态句法上都具有黏着语素的基本特点。当然，如果把文字和语音的因素加上，其派生关系更是明显。如果从语言经济性和分析性的角度来看，语法及语义具有连贯性的两个语素“者”和“诸”比带有假借关系、语法和语义的分布松散、交错的同样两个语素要更经济、更具分析性。

㉔ 从台湾中研院史语所的《殷周金文集成》及《新收殷周青铜器铭文暨器影汇编》（电子版）中的检索显示金文文献中没有出现“者 +X”中间插入其他成分或“者 +X+Y”这样的“者”后出现并列式的短语形式。

㉕ “百”为数量多的意思。

㉖ 一位匿名审稿专家认为“者”不应该看作前缀，而应该看作限定词，属于虚词（此观点和董秀芳（2004）相同）。但是，“者”如果是虚词的话，也就是说“者”为形态句法中的一个独立成分，那么例句中的“百者婚遘”或“多者友”就应该分析为“［多数］$_A$+者［多数 / 某类］+X_N”，显然这样的解读就出现了冗余的现象。我们知道由于文体的特殊性和文字载体（器皿）的限制，金文中用词用句一般十分精练、简洁，这种冗余现象不太可能出现。同样的例句，比较合理的分析应为：“［多数］$_A$+［者 X］$_N$”，也就是说“者”应视为前缀。

㉗ 原文中的注音符号上加上了声调。我们在这里做了简化。

㉘ “者”在“五者”中把数词“五”具象化或状态化，意为“五种东西 / 五个事情”。同样，“二者”的意义也为“两个东西 / 两个事情”。

㉙ 杨伯峻（1981：337）认为此处“者”应为代词，相当于“它”。但此处的“駉”不似为动词，应为名词，意为“高大肥壮的马”或依《说文解字》说，为“牧马苑”之意。这两种意义后的“者”字功能不变。

㉚ 时间词和方位词在古汉语中有时具有名词性，有时具有形容词性和副词性。但在加虚词“者”的情况下，我们把它们视为名词性。

㉛ 杨伯峻（1981）所描述的“语气词”实际上指的是一种表［提示］和［状态］的语法标记。“语气词”“者”的意义可根据主干义释为“这样的”或“的情况”等等。但它本身并没有词汇意义。

㉜ 存格是指状态和性质的一种语法格。各语言中的存格在句子中的表现形式也不一样，有的以词组或词的形式，如英语和法语。有的以词缀的形式，如芬兰语：词根 lapsi“孩子”加上存格后缀 na，形成新的派生词 lapsena“作为孩子”。芬兰语句中存格的例子如下：

Käytätkö tätä hökkeliä talona?
你用　这个　棚子　房子—存格
你把这个棚子当作房子用？

同时，芬兰语中这个存格还可以用于指称时间和地点。如：X ＝某时间，X＋na＝ 在某时间，这同古汉语“昔者”、“古者”中的“者”的功能也是相同的。这样的例子在芬兰语中如：tänä vuonna“今年 / 在今年”，huomenna“明天”。对存格的更多讨论，请参看 Blake（2001），Haspelmath（2010）。

㉝ 具体论述请参考 Hopper & Traugott（2003: 140-174 ）和 Brinton & Traugott（2005）有关形态化的理论。

㉞ 这里的［＋人］属于不定指或通指的人。这一点也符合 Heine & Kuteva（2002）定义中的 people。

㉟ 董秀芳（2004）认为“者”是依照从虚词到词缀语法化的发展轨迹，但其转变完成的不彻底。这个观点和本文的主张是相反的。

㊱ 我们所说的“词”并不是以“韵律词”为定义单位，而是通过它的习语性（idiomaticity）（Haspelmath 2010）来判断，即：“X＋者”具习语性（非组合性）就为词，反之，则为短语。事实上，这也符合词汇完整性假设（Lexical Integrity Hypothesis）的操作原则。

参考文献

曹广顺 （1999）《〈佛本行集经〉中的“许”和“者”》，《中国语文》第 6 期，440—447 页。

董秀芳 （2002）《词汇化：汉语双音词的衍生和发展》，四川民族出版社，成都。

—— （2004）《汉语的词库与词法》，北京大学出版社，北京。

顾阳、沈阳 （2001）《汉语合成复合词的构造过程》，《中国语文》第 2 期，122—133 页。

何元建 （2011）《现代汉语生成语法》，北京大学出版社，北京。

黄布凡等 （1992）《藏缅语族语言词汇》，中央民族学院出版社，北京。

陆天桥 （1984）《试以壮侗语族诸语言重释古代汉语“夫”与“者”》（油印本），中央民族学院少数民族语言研究所。

吕叔湘 （1943/1984）《论底、地之辨及底字的由来》，《汉语语法论文集》（增订本），商务印书馆，北京。

石毓智、李讷 （1998）《汉语发展史上结构助词的兴替》，《中国社会科学》第 6 期，165—180 页。

太田辰夫 （1987）《中国语历史文法》，蒋绍愚、徐昌华译，北京大学出版社，北京。

王 力 （1980）《汉语史稿》，中华书局，北京。

吴宗济 （1982）《普通话语句中的声调变化》，《中国语文》第 6 期，439—450 页。

杨伯峻 （1981）《古汉语虚词》，中华书局，北京。

袁 野 （2011）《重读最大投射理论语汉语含动名词短语重音的研究》,《现代外语》第1期，27—33页。
袁毓林 （1997）《“者”的语法功能及其历史演变》,《中国社会科学》第3期，160—178页。
张国宪 （1997）《“$V_{双}$ + $N_{双}$”短语的理解因素》,《中国语文》第3期，176—186页。
志村良治著，江蓝生、白维国译 （1995）《中国中世纪语法史研究》，中华书局，北京。
朱德熙 （1982）《语法讲义》，商务印书馆，北京。
—— （1983）《自指和转指——汉语名词化标记“的、者、所、之”的语法功能和语义功能》,《方言》第1期，16—31页。
中国文物研究所、湖北省文物考古研究所 （2001）《龙岗秦简》，中华书局，北京。
Aldridge Edith （2009） The Old Chinese Determiner *zhe*. In Paola Crisma, Giuseppe Longobardi, eds., *Historical Syntax and Linguistic Theory*, 233-248. Oxford University Press.
Alexiadou, Artemis & Rathert, Monika（eds.）（2010） *The Syntax of Nominalizations Across Languages and Frameworks*. Mouton de Gruyter.
Alexiadou, Artemis & Schäfer, Florian （2010） On the syntax of episodic vs. dispositional -er nominals. In Alexiadou A. & Rathert M.（eds.）*The Syntax of Nominalizations Across Languages and Frameworks*. Mouton de Gruyter, 1-38.
Anderson Stephen R. （1992） *A-Morphous Morphology*. Cambridge University Press.
Baxter William h. （1992） *A Handbook of Old Chinese Phonology*. Berlin; New York: Mouton de Gruyter.
Black Barry （2001） *Case*. Cambridge University Press.
Brinton Laurel J. & Traugott Elizabeth C. （2005） *Lexicalization and Language Change*. Cambridge University Press.
Chao Yuenren （1968） *A Grammar of Spoken Chinese*. Berkeley: University of California Press.
Chen Matthew Y. （2000） *Tone Sandhi: Patterns across Chinese Dialects*. Cambridge University Press.
Chomsky Noam （1970） Remarks on Nominalization. In: R. Jacobs and P. Rosenbaum（eds.）. *Readings in English Transformational Grammar*, Ginn, Waltham, MA, 184-221.
Dowty David （1991） Thematic proto-roles and argument selection, *Language*, 67.3: 547-619.

Grimshaw Jane （1990） *Argumet Structure*, Linguistic Inquiry Monograph -18. Cambridge. Massachusetts: The MIT Press.

Haspelmath Martin （2010） *Understanding morphology*. Oxford University Press.

Harbsmeier Christoph （1981） *Aspects of Classical Chinese Syntax*. Scandinavian Institute of Asian Studies, Monograph Series N ° 45. London & Malmö: Curzon Press Ltd.

Hayes Bruce （1984） The phonology of rhythm in English. *Linguistic* Inquiry 15：33-74.

Hayes, B. （1989） The prosodic hierarchy in meter. In P. Kiparsky & G. Youmans（eds）, *Rhythm and meter*, 201-260. San Diego: Academic.

Halpern Aaron L. （2001） Clitics. *The Handbook of Morphology*. Ed. by A. Spencer & A. M. Zwicky. Blackwell Publishing.

Heine Bernd & Kuteva Tania （2002） *World Lexicon of Grammaticalization*. Cambridge University Press.

Hopper Paul J. & Traugott Elizabeth Closs （2003） *Grammaticalization*, Second Edition. Cambridge University Press.

Huang C.-T. James （2009） Lexical decomposition, silent categories, and the localizer phrase. *Yuyanxue Luncong* 39:86-122.

Nevis, Joel A. （1988） *Finnish Particle Clitics and General Clitic Theory*, Garland.

Packard Jerome L. （2000） *The morphology of Chinese. A linguistic and cognitive approach*. Cambridge: Cambridge University Press.

Pulleyblank Edwin G. （1995） *Outline of Classical Chinese Grammar*. UBC Press.

Qi Chong （2012） Le nominalisateur Zhe en chinois moderne, Journée d'études NOMICO-Nominalisations et Corpus. Nancy，septembre 2012.

Rappaport Hovav M. & Levin B. （1992） -er nominal: implications for a theory of argument structure, in Stowell T. & Wehrli E. eds. *Syntax and Semantics*, vol. 26, *Syntax and the Lexicon*, San Diego Academic Press, 127-153.

Roy Isabelle & Soare Elena （2012） L'enquêteur, le surveillant et le détenu: les noms déverbaux de participants aux événements, lectures événementielles et structure argumentale, *Lexique* 20: 207-231.

Yap Foong Ha & Jiao Wang （2011） From light noun to nominalizer and more, The grammaticalization of *zhe* and suo in Old and Middle Chinese. In Yap Foong Ha, Karen Grunow-Harsta and Janick Wrona（eds）. *Nominalization in Asian Languages, Diachronic and typological perspectives*, 61-107. Amsterdam / Philadelphia: John Benjamins Publishing Company.

Zwicky Arnold M. （1985） Clitics and Particles. *Language* 61.2：283-305.
Zwicky Arnold M. & Pullum Geoffrey K. （1983） Cliticization vs. inflection: English n't. *Language* 59：502-513.

（法国，巴黎狄德罗大学 / 巴黎第七大学 / 法国东亚语言学研究所
qi.chong@univ-paris-diderot.fr）

“㹀”字考辨

赵　彤

《汉语大字典》、《汉语大词典》都收了一个“㹀”字，音 bó，义为“母牛”。二书注音不知何据。1915 年出版的《中华大字典》认为“㹀”是“牸”的讹字，可惜囿于辞书体例并未加以说明。以下我们将对相关材料进行分析，证明“㹀”确为“牸”之讹字。

第一，文献中出现的“㹀”字往往有写作“牸”的异文，而且多数能确定本当作“牸”。下面来看几条比较典型的书证。

（1）汉曹操《与杨太尉书》：“谨赠足下……四望通幰七香车一乘、青㹀牛二头。”这是《汉语大字典》和《汉语大词典》引的最早书证。此文出自《古文苑》，各本均作“㹀”。但是《太平御览》[①]卷七七五、《容斋随笔十二 · 曹操杀杨修》[②]、《山堂肆考》[③]卷一八〇所引均作“牸”。

（2）《说苑·政理》：“臣故蓄牸牛。”《四部丛刊》本作“㹀”，《丛书集成初编》本作“牸”。向宗鲁（1987：148）谓当作“牸”。

（3）《齐民要术 · 养牛马驴骡》：“陶朱公曰：子欲速富，当畜五牸。”注：“牛、马、猪、羊、驴五畜之牸。”《四部丛刊》、《万有文库》、《丛书集成初编》作“㹀”，《龙溪精舍丛书》作“牸”。缪启愉（1982：291）谓当作“牸”。此句出自《孔丛子 · 陈士义》，各本亦有异文。按，此处当为韵文：富，先秦职部长入，汉代转入之部[④]；牸，之部。《孔丛子》真伪向来有争议，从这段韵文来看，可能至少一部分成书于汉代[⑤]。

（4）《资治通鉴》晋永和十二年：“曾不若一羸牸。”各本多作“牸”，文渊阁《四库全书》作“㹀”。胡三省注：“疾置翻。”可见当为“牸”。

（5）明康海《中山狼》第三折："有一个老㹀在那里曝日。""老牸，老牸……""俺老牸是也。"《汉语大字典》引了第一例。《盛明杂剧》第一处作"㹀"，后三处皆作"牸"，《新镌古今名剧酹江集》四处皆作"牸"[⑥]。《中国十大古典喜剧集》（重订增注本）四处皆作"牸"。按，当以"牸"为是，"㹀"字古书中罕用，现代方言中亦不见（详下文），杂剧中不大可能使用。

当然，也有少数书证没有作"牸"的异文，如《汉语大字典》引的宋陆游《晚晴出行近村闲咏景物》："老㹀行将新长犊，空桑卧出寄生枝。"各本皆作"㹀"。

第二，从词汇的角度来看，"牸"的分布较广，而"㹀"的使用则很受限制。汉语中表示动物性别的词往往成对出现，如"牝牡"、"雌雄"、"公母"，而且一般不会专用于某一种动物。"牸"与"牯"成对使用，如唐陆龟蒙《祝牛宫辞》："四牸三牯，中一去乳。""牸"也不限于指母牛。如上引《齐民要术》注："牛、马、猪、羊、驴五畜之牸。"又如《汉书·食货志上》："众庶街巷有马，仟伯之间成群，乘牸牝者摈而不得会聚。"此指母马。而"㹀"字则专指母牛，而且很少与指公牛的词成对使用。宋范成大《冬日田园杂兴》之五："牯㹀无瘟犊儿长，明年添种越城东。"《丛书集成初编》本作"牸"，《四部丛刊》、《全宋诗》皆作"㹀"。与"牯"成对使用，也说明本当作"牸"。

第三，从词源上来看，"牸"与"子字孳滋崽囝"等可以构成一个词族（参看王力 1982:98—99），其中"牸"是雌性动物，"字"是生育，二者的关系十分明确。而"㹀"字则是孤立的，孛声及同音字中再找不到其他有表示雌性动物或相关意义的字。

第四，"牸"在现代方言中仍然使用，官话、湘、赣、客、粤等方言均有分布，所指也不限于母牛。如客家方言广东大埔话，牛、羊、猪、狗均可用牸[⑦]。而"㹀"字在方言中尚未发现。

第五，历代字书、韵书均未收录"㹀"字。如果"㹀"（bó）字在古书中确实使用过，或者在口语中真实存在过，历代字书、韵书中就不大可能全无记录。

综上所述，“犊”在古书中可靠的用例非常少，在现代方言中毫无踪迹，历代字书、韵书中全无记录，从词汇的系统性来看也很可疑，基本上可以确定是“犊”的讹字。在俗字中，我们也能找到其他“丶”写作“十”的例子。如“迹”字所从的“亦”在《邢思贤墓志》中写作“赤”（吴钢 2004：67），“懷”字右上的“亠”在《王庭芝墓志》、《王嵩墓志》中写作“十”（吴钢 2004：80），在《张猛龙碑》中写作“土”（秦公 1985：425）。从少数书证“犊”没有作“犊”的异文来看，“犊”有可能已经被作为“犊”的俗体使用，因为原本没有“犊”字，所以不会造成同形相混的情况。再从字书、韵书均不收“犊”的情况来看，“犊”始终没有取得“犊”字异体的资格，因此今天编写工具书还是应当参照《中华大字典》的做法，将其看作讹字。至于《汉语大字典》所引刘师培《左盦外集·名物溯源续补》说：“牝牛亦为犊牛，牝马亦名犊马，而牝豕名豝，巴、孛亦一声之转。”乃不知“犊”为讹字，强为说解。从语音上看，“巴”在鱼部，“孛”在物部，古音相差甚远，无可转之理。

附　注

① 上海涵芬楼影印宋本，中华书局 1960 年重印。

② 孔凡礼点校本，中华书局 2005 年版。

③ 文渊阁《四库全书》本。

④ 参看罗常培、周祖谟（1958/2007）。

⑤ 萧旭《〈孔丛子〉校补》已怀疑“犊”为“犊”之讹字。发表在电子刊物《学灯》第二十四期，网址 http://www.confucius2000.com/admin/list.asp?id=5420。

⑥ 均据《续修四库全书》。

⑦ 参看许宝华、宫田一郎主编（1999）。

参考文献

罗常培、周祖谟　（1958/2007）《汉魏晋南北朝韵部演变研究》（第一分册），中华书局，北京。

缪启愉　（1982）《齐民要术校释》，农业出版社，北京。

秦　公 （1985）《碑别字新编》，文物出版社，北京。
王季思主编 （1991）《中国十大古典喜剧集》（重订增注本），齐鲁书社，济南。
王　力 （1982）《同源字典》，商务印书馆，北京。
吴钢辑、吴大敏编 （2004）《唐碑俗字录》，三秦出版社，西安。
向宗鲁 （1987）《说苑校证》，中华书局，北京。
许宝华、宫田一郎主编 （1999）《汉语方言大词典》，中华书局，北京。

（100872　北京，中国人民大学文学院　drjaudong@ruc.edu.cn）

《皇极经世·声音唱和图》声母体系的再构拟

沈小喜

提要 现代学者们一般认为宋代邵雍的《皇极经世·声音唱和图》反映的是某地实际语音的音系，本文在详细分析现代学者们的研究方法和研究成果的基础上，对邵氏的研究方法论进行了详细解读，重新构拟了十二音代表的声母体系，认为邵雍定声母为117个音素是在象数易学的框架下设置了一个理想型的音韵体系，在当时的实际语言中《声音唱和图》中的一些音并不存在，邵雍制定的音韵体系中包含了梵语的音韵体系。

关键词 邵雍 《皇极经世·声音唱和图》 声母体系 再构拟 象数易学

1 绪论

邵雍（1011—1077），北宋人，字尧夫，谥号康节，先祖为河北范阳人。邵雍幼时跟随父亲邵古（989—1067）迁至共城居住，父亲过世后在伊川地区入葬，因此其多被认为是河南人，随后邵雍定居洛阳。邵雍受“隐逸不仕”的家风影响，终身隐居，不入仕途，著有《皇极经世书》、《观物》、《渔樵问答》、《击壤集》、《邵子全书》等。[①]

在现代音韵学著作中，邵雍的《皇极经世·声音唱和图》所占比重并不大。大部分情况下都是用一两行诸如“根据当时口语音新创制的韵图”之类的简单介绍一笔带过。[②] 王力（1984：210）认为“宋邵雍《皇极经世》所载的‘天声地音’，看标题好像要讲一些秘密，其实是很不精明的声母韵母配合表”，没有对《皇极经世·声音唱和图》的学术价值做出过多评价。

周祖谟（1942）主张《皇极经世·声音唱和图》反映了宋代的

实际语音，指出“若乃论及宋代，则迄今尚无撰述见称于世。笔者读邵雍《皇极经世·声音唱和图》，颇怪其分声析韵与《广韵》大相径庭，及取其《击壤集》读之，观其诗文之协韵，无不与图相合，方知此书实为特出，原不以韵书自拘。其分辨声母虽未脱宋人三十六母之窠臼，而能以时音为重，迥非当时之等韵图所可比拟。由是乃悟欲考宋代语音，所资虽多，此其选矣”。周祖谟认为，邵雍虽然原籍范阳，但他幼时即随父迁往共城，随后在河南地区周游30余年。据此，邵雍的语音应为洛邑方言，而宋代当时的首都汴梁距离洛邑并不远，因此可以推断汴梁语音跟洛邑方言应该比较相似。为此，周祖谟将与邵雍同时期的洛邑文人程颢、程颐、尹洙、陈与义和汴梁文人韩维、宋庠、宋祁等的诗文用韵，和《皇极经世·声音唱和图》进行了对比，结果显示，这些诗人的用韵情况和《皇极经世·声音唱和图》完全相符，这说明《皇极经世·声音唱和图》反映的语音系统就是当时的汴洛音。

陆志韦（1946，1988）也在《记邵雍〈皇极经世〉的“天声地音”》一文中指出，中古浊音在现代方言变为清音的居多，这变化发现的记载最早见于邵雍的《皇极经世》，我们研究古官话音的历史，应当先说明它的“天声地音”所代表的音值。

谢·叶·雅洪托夫（1986）在《十一世纪的北京音》中提出，虽然学界普遍认为周德清的《中原音韵》是反映北京方音的最早文献，但实际上，邵雍的《皇极经世·声音唱和图》比周书出现得更早。他强调，邵雍祖籍为位于北京南侧、距离北京只有几十公里的范阳，而邵雍是在三十岁那年才迁至洛阳附近居住的。众所周知，人在儿时习得的语言特征并不会随着年龄的增大而被忘记，因此他认为，《皇极经世·声音唱和图》反映的并不是洛阳方音，而是北京方音。

此外，现代学者们一致认为其研究价值在于：通过研究《皇极经世·声音唱和图》可以了解到11世纪中叶的音韵特征和当时的音韵研究水平，此书可以看作是描述官话雏形的具有革新性质的韵图先河。③

可是在明清时代，人们对邵雍《皇极经世·声音唱和图》的评价却正好与此相反。明清时代的韵书和韵图中经常会论及邵雍的《皇极经世·声音唱和图》，受此书的音韵研究方法启发而创制的韵图很多，当时的朝鲜学者受邵氏影响的也不在少数，特别是朝鲜时期的儒学大家徐敬德（1489—1553），认为“能通邵子之声音者，始能知韵字乎”（李圭景 1989：218），高度赞扬了邵雍在音韵学上的贡献，并对《皇极经世·声音唱和图》中的象数易学体系和音韵体系进行了深入研究和批判性的分析；曾 8 次连任领议政的著名文臣崔锡鼎（1646—1715），用训民正音对《皇极经世·声音唱和图》标音后，受其研究方法的启发，也创制了一个能够构拟万物之声的韵图；此外，朝鲜时期著名的博学家黄胤锡（1729—1791）也用训民正音对《皇极经世·声音唱和图》进行标注，并对其进行了批判性分析。

现代学者和明清学者关于邵雍的《皇极经世·声音唱和图》的这两种明显不同的评价，可以认为是由于学者们关心领域的不同和“声韵学”自身追求的价值变化而产生的。20 世纪初西洋语言学理论的传入，给中国的现代语言学研究提供了机遇，人们开始使用现代语言学的研究方法来研究中国古音。人们依据谐声字、《诗经》、《楚辞》等所反映的上古音材料重新构拟了上古音韵体系，通过韵书、韵图及现代方音数据重新构拟了中古音韵体系，通过《中原音韵》以后的现代北京音构拟了近代音音韵体系，对汉语的历史变迁过程进行了阶段性的描述。这些研究方法，在中国语言研究的立场上，将中国语言研究提升到了科学研究的层次。但是，这些语言学方法首先需要以研究语言资料及其文化背景的文献学方法为前提。

本文在详细分析邵雍对声音的研究方法论的基础上，重新构拟

《皇极经世·声音唱和图》的音韵体系。限于篇幅限制，本文主要构拟声母系统。

2 《皇极经世·声音唱和图》的象数易学体系

为了更好的理解《皇极经世·声音唱和图》的体系，我们首先来具体讨论一下邵雍是如何用常数概念来解释声音的。

邵雍认为，天来自动，地来自静。因此，根据天地之间动静变化的大小，可以分为太阳、少阳、太阴、少阴和太柔、少柔、太刚、少刚。阴阳交汇产生天的四象，即日月星辰；刚柔交汇产生地的四象，即水火土石。[④] 邵雍的四象可以与八卦数字相互组合。《皇极经世·观物内篇》对此论述如下："太阳之体数十，太阴之体数十二，少阳之体数十，少阴之体数十二，少刚之体数十，少柔之体数十二，太刚之体数十，太柔之体数十二。进太阳少阳太刚少刚之体数，退太阴少阴太柔少柔，是谓太阳少阳太刚少刚之用数；进太阴少阴太柔少柔之体数，退太阳少阳太刚少刚之体数，是谓太阴少阴太柔少柔之用数。太阳少阳太刚少刚之体数一百六十，太阴少阴太柔少柔之体数一百九十二，太阳少阳太刚少刚之用数一百一十二，太阴少阴太柔少柔之用数一百五十二。以太阳少阳太刚少刚之用数，唱太阴少阴太柔少柔之用数，是谓日月星辰之变数；以太阴少阴太柔少柔之用数，和太阳少阳太刚少刚之用数，是谓水火土石之化数。日月星辰之变数一万七千二十四，谓之动数；水火土石之化数一万七千二十四，谓之植数。再唱和日月星辰水火土石之变化，通数二万八千九百八十一万六千五百七十六，谓之动植通数。"

上述内容可以用图式表示如下。

十声：　①字＋○＋● -------------------- 10声×4×4＝160（体数）
　　　　②字＋○ ------------------------- 7声×4×4＝112（用数）

③ 字 ------------------------------------ 112 − 29 = 83

十二音：① 字 + □ + ■ ------------------- 12 音 ×4×4 = 192（体数）

② 字 + ------------------------------- 192 − 40 = 152（用数）

③ 字 ------------------------------------ 152 − 20 = 132

全数：① 160（正声体数）× 192（正音体数）= 30,720 —— 动物全数

192（正音体数）× 160（正声体数）= 30,720 —— 植物全数

② 112（正声用数）× 152（正音用数）= 17,024 —— 动物用数

152（正音用数）× 112（正声用数）= 17,024 —— 植物用数

③ 17,024（动物用数）×17,024（植物用数）=289,816,576 —— 动物植物全数

邵雍首先将音节分为“天声”和“地音”两部分，并将十天干代入到天声，称之为“十声”；将地音与十二支相结合，称之为“十二音”。“十声”的“声”意为韵母，“十二音”的“音”意为声母。

十声①和十二音①是把世上所有的音韵体系用象数易学计算后人为设定的体系，包括无音无字的●和■及有音无字的○和□；十声②和十二音②将有音无字的○和□包含在内，112 声和 152 音相结合后产生的 17024 音，是世上可能存在的所有声音的总和；十声③和十二音③是通过汉字音推测出来的音韵体系。

《皇极经世书》的第七卷到第十卷中，用了很长的篇幅详细说明了由天声 160 声和地音 192 音一一组合而成的 30720 个音素的字例。后南宋蔡原定等人将这巨幅内容整理为一张图表，使其核心内容一目了然。这张图表，就是今天的《声音唱和图》。（藤堂明保 1980）《声音唱和图》的“唱”和“和”意为“天声唱地音”或“地音和天声”。下图即为《声音唱和图》。

正声图正音图

			平	上	去	入					开	发	收	闭
			日	月	星	辰					水	火	土	石
一声	辟	日	多	可	个	舌		一音	清	水	古	甲	九	癸
	翕	月	禾	火	化	八			浊	火	□	□	近	揆
	辟	星	开	宰	爱	○			清	土	坤	巧	丘	弃
	翕	月	回	每	退	○			浊	石	□	□	乾	虬

（续表）

二声	辟	日	良	两	向	○		二音	清	水	黑	花	香	血
	翕	月	光	广	况	○			浊	火	黄	华	雄	贤
	辟	星	丁	井	亘	○			清	土	五	瓦	仰	□
	翕	辰	兄	永	莹	○			浊	石	吾	牙	月	尧
三声	辟	日	千	典	旦	○		三音	清	水	安	亚	乙	一
	翕	月	元	犬	半	○			浊	火	□	爻	王	寅
	辟	星	臣	引	艮	○			清	土	母	马	美	米
	翕	辰	君	允	巽	○			浊	石	目	貌	眉	民
四声	辟	日	刀	早	孝	岳		四音	清	水	夫	法	□	飞
	翕	月	毛	宝	报	霍			浊	火	父	凡	□	吠
	辟	星	牛	斗	奏	六			清	土	武	晚	□	尾
	翕	辰	○	○	○	玉			浊	石	文	万	□	未
五声	辟	日	妻	子	四	日		五音	清	水	卜	百	丙	必
	翕	月	衰	○	师	骨			浊	火	步	白	备	鼻
	辟	星	○	○	○	德			清	土	普	朴	品	匹
	翕	辰	龟	水	贵	北			浊	石	旁	排	平	瓶
六声	辟	日	宫	孔	众	○		六音	清	水	东	丹	帝	■
	翕	月	龍	甬	用	○			浊	火	兑	大	弟	■
	辟	星	鱼	鼠	去	○			清	土	土	贪	天	■
	翕	辰	乌	虎	兔	○			浊	石	同	覃	田	■
七声	辟	日	心	审	禁	○		七音	清	水	乃	妳	女	■
	翕	月	○	○	○	十			浊	火	内	南	年	■
	辟	星	男	坎	欠	○			清	土	老	冷	吕	■
	翕	辰	○	○	○	妾			浊	石	鹿	荦	离	■
八声	辟	日	●	●	●	●		八音	清	水	走	哉	足	■
	翕	月	●	●	●	●			浊	火	自	在	匠	■
	辟	星	●	●	●	●			清	土	草	采	七	■
	翕	辰	●	●	●	●			浊	石	曹	才	全	■
九声	辟	日	●	●	●	●		九音	清	水	思	三	星	■
	翕	月	●	●	●	●			浊	火	寺	□	象	■
	辟	星	●	●	●	●			清	土	□	□	□	■
	翕	辰	●	●	●	●			浊	石	□	□	□	■

（续表）

十声	辟	日	●	●	●	●		十音	清	水	■	山	手	■
	翕	月	●	●	●	●			浊	火	■	土	石	■
	辟	星	●	●	●	●			清	土	■	□	耳	■
	翕	辰	●	●	●	●			浊	石	■	□	二	■
								十一音	清	水	■	庄	震	■
									浊	火	■	乍	□	■
									清	土	■	叉	赤	■
									浊	石	■	崇	辰	■
								十二音	清	水	■	卓	中	■
									浊	火	■	宅	直	■
									清	土	■	坼	丑	■
									浊	石	■	茶	呈	■

3 《皇极经世·声音唱和图》声母体系的再构拟

《皇极经世·声音唱和图》的十二音体系，根据声母的发音方法，可以分为一、塞音、塞擦音，二、摩擦音，三、鼻音、边音等三部分。下面按顺序依次讨论。

一、塞音、塞擦音

《皇极经世·声音唱和图》的十二音中，第1、5、6、8、11、12音，由见、帮、端、精、照、知组字母按照二清二浊的方式排列如下。

	水	火	土	石
	清	浊	清	浊
	全清	仄声全浊	次清	平声全浊
1音	见母	仄声群母	溪母	平声群母
5音	帮母	仄声并母	滂母	平声并母
6音	端母	仄声定母	透母	平声定母

（续表）

8音	精母	仄声从母	清母	平声从母
11音	照母	仄声床母	穿母	平声床母
12音	知母	仄声澄母	彻母	平声澄母

在中古36字母中，清音的送气和不送气具有辨义功能，属独立音素；而浊音的送气与否则不具有辨义功能，不是独立音素。可是在图中，邵雍将全浊声母按照平仄分别进行排列。这种不同格的排列方式意味着两者之间存在着某种音值上的差异，而邵雍正是考虑到了"平声全浊"和"仄声全浊"中存在的这种音值差异才会如此排列。另外，"平声全浊"声母不与"送气清音"声母相混，"仄声全浊"声母不与"不送气清音"声母相混，各自分开排列，也说明"平声全浊≠送气清音"，"仄声全浊≠不送气清音"，两者之间确实存在着某种音值上差异。那么，让我们大胆推测一下，是否可以如下图所示，将清音的送气不送气这个辨义资质赋予浊音，使送气与否也成为浊音的一个具有辨义功能的音素呢？

十二音	全清	仄声全浊	次清	平声全浊
	不送气	不送气	送气	送气

这种音理排列在现实中也不是不存在的。我们在现代方音中可以找到类似的例子，引证"平声全浊"和"仄声全浊"的音值。例如，四川老湖广话中的永兴话，共有37个声母，其中全浊声母12个，按照送气不送气两两对立，且送气全浊声母均为平声。即，全浊声母可以分为送气平声和不送气仄声两部分。⑤

老湖广话	全清	仄声全浊	次清	平声全浊
	不送气	不送气	送气	送气

通过老湖广话中的永兴话这个例子，我们可以认为邵雍将全浊声母按照平仄区分，并通过送气不送气来实现，在音理上是合理的。本文对十二音中的塞音、塞擦音拟音如下。

十二音	水清	火浊	土清	石浊
	全清	仄声全浊	次清	平声全浊
	不送气		送气	
1音	见 k	群仄 g	溪 k‘	群平 g‘
5音	帮 p	并仄 b	滂 p‘	并平 b‘
6音	端 t	定仄 d	透 t‘	定平 d‘
8音	精 ts	从仄 dz	清 ts‘	从平 dz‘
11音	照 tʂ	床仄 dʐ	穿 tʂ‘	床平 dʐ‘
12音	知 tɕ	澄仄 dʑ	彻 tɕ‘	澄平 dʑ‘

如上所示，邵雍将声母分为四部分的做法，虽然始于象数易学，但考虑到邵雍《皇极经世·声音唱和图》的创作意图和语音数据的特殊性，可以认为他的声母四分法中也反映了梵语的音韵体系。梵语的25个声母的体系如下图所示。⑥

迦	佉	伽	恒	俄
k	k‘	g	g‘	ŋ
遮	车	阇	膳	若
tʂ	tʂ‘	dʐ	dʐ‘	Nʐ
咤	他	茶	袓	拏
ʈ	ʈ‘	ɖ	ɖ‘	ɳ
多	他	陀	弹	那
t	t‘	d	d‘	n
波	颇	婆	洮	摩
p	p‘	b	b‘	m

邵雍作为士大夫文人阶层中的一员，具有强烈的时代使命感；同时，北宋初期，社会又迫切需要一套能够和佛教的圣语概念相抗衡的新的语言理论体系。因此，邵雍在师承父亲邵古的佛教系统的语言理论的基础上，创立了符合时代要求、完整精密的儒教至上的语言理论体系。所以，与一般韵书和韵图中出现的中古时期的汉语音韵体系不同，邵雍将全浊声母按送气和不送气区分的作法，有可能是考虑到梵语的语音体系，为了构造一个能够将梵语的声母体系也包含进来的语音体系而做出的权宜之选。

二、摩擦音

下面讨论一下摩擦音。邵雍将摩擦音按清浊分类。[7]

	2音				3音				4音				9音				10音			
	开	发	收	闭	开	发	收	闭	开	发	收	闭	开	发	收	闭	开	发	收	闭
水	黑	花	香	血	安	亚	乙	一	夫	法	□	飞	思	三	星	■	■	山	手	■
清	晓 x				影 ʔ				非 f				心 s				审 ʂ			
火	黄	华	雄	贤	□	爻	王	寅	父	凡	□	吠	寺	□	象	■	■	士	石	■
浊	匣 ɣ				喻 ø				奉 v				邪 z				禅 ʐ			

2音的"雄"字，王仁煦《切韵》是"羽隆反"，喻母；《广韵》是"羽弓切"，喻母；《集韵》是"胡弓切"，匣母。因此，可以推断邵雍将"雄"字归入匣母，是根据《集韵》的系统音而定。

3音的"爻"字，《广韵》是"何交切"，匣母，而图中将其归入喻母。这可能是因为在邵雍时代匣母中的一部分字的声母已经脱落，与喻母相混，例如现今北方的"爻"读为"遥"（余昭切，喻母）[8]。另外，在邵雍时代，影母为喉塞音，喻母为元音开头音。而喉塞音没有与之相对应的浊音，元音开头音中也不可能存在清音，所以邵雍可能是在将所有音按照清浊分类后，不得不将无法归类的影母和喻母放到一起的。（李荣 1956：172）

4音中，邵雍只是将非母和奉母按清浊对立，而没有像塞音那样按照"全清—仄声全浊—次清—平声全浊"分类，从这点看邵雍时期非母和奉母应该已经读为摩擦音［f］和［v］。十二音中不单独标示敷母，说明当时非母已经读为摩擦音，而摩擦音没有送气不送气之分，所以可以推测当时敷母已经和非母合流，同读为［f］。慧琳《一切经音义》的声类中，非母和敷母也已合流，唇音共有七类，这可以说是一个很好的旁证。此外，非敷合流，在高彦休《唐阙史》的《李可及戏三教条》中也有论及。

咸通中，优人李可及者，（中略）自称三教论衡。其隅坐者问曰："既言博通三教，释迦如来是何人？"对曰："是妇人。"问者惊曰:“何也? ”对曰:“金刚经云:‘敷座而坐’。或非妇人,何烦夫坐,然后儿坐也? ”⑨

这是利用“敷”“夫”同音,“而”“儿”同音,将《金刚经》中的“敷座而坐”解释为同音的“夫座儿坐”的一个小笑话。“敷”“夫”同为虞韵,“敷”为敷母,“夫”为非母。通过这个小笑话我们可以知道,当时非敷已经合流。

对比9音中的“思”、“寺”,(8音中的“自”)在其他韵图中的排列位置,可以发现,虽然与《韵镜》和《七音略》不同,但是和《切韵指掌图》大体上是一致的。这个现象可以看作是邵雍图反映了《切韵指掌图》的音韵体系的例证。⑩

	十二音	《切韵指掌图》	《四声等子》	《韵镜》	《七音略》
自	8音/开	1等	无记载	4等	4等
思	9音/开	1等	无记载	4等	4等
寺	9音/开	1等	4等	4等	4等
象	9音/收	4等	4等	4等	4等
星	9音/收	4等	4等	4等	3等

除了“象”字和“星”字这两个例字外,《皇极经世·声音唱和图》是与《切韵指掌图》最为接近的韵图。

10音中的“士”是床母,“石”是禅母。黄淬伯(1899—1970)在《慧琳一切经音义反切考》(黄淬伯1930)中指出,慧琳将床母和禅母视为同一类;白涤洲(1930)在《切韵声类考》中也指出,《集韵》中床母和禅母的反切上字可以相互系联。浊塞擦音和摩擦音混同的例子在现代方言中也可以找到例证,例如在吴语中,某些地方浊塞擦音和摩擦音读音相同,某些地方则一律读为摩擦音。在上海,某些声母虽然有塞擦音和摩擦音两类,但各地区的读法却各不相同。由此可知,邵雍在其设定的音系中将床母和禅母合流了。

三、鼻音、边音

下面看看鼻音和边音的情况。在同一个音下,邵雍先将摩擦音按清浊排列后，再将鼻音和边音等次浊音按清浊排列。

<table>
<tr><td rowspan="2"></td><td colspan="4">2 音</td><td colspan="4">3 音</td><td colspan="4">4 音</td><td colspan="4">10 音</td></tr>
<tr><td>开</td><td>发</td><td>收</td><td>闭</td><td>开</td><td>发</td><td>收</td><td>闭</td><td>开</td><td>发</td><td>收</td><td>闭</td><td>开</td><td>发</td><td>收</td><td>闭</td></tr>
<tr><td rowspan="2">土
清</td><td>五</td><td>瓦</td><td>仰</td><td>□</td><td>母</td><td>马</td><td>美</td><td>米</td><td>武</td><td>晚</td><td>□</td><td>尾</td><td>■</td><td>□</td><td>耳</td><td>■</td></tr>
<tr><td colspan="4">疑</td><td colspan="4">明</td><td colspan="4">微</td><td colspan="4">日</td></tr>
<tr><td rowspan="2">石
浊</td><td>吾</td><td>牙</td><td>月</td><td>尧</td><td>目</td><td>貌</td><td>眉</td><td>民</td><td>文</td><td>万</td><td>□</td><td>未</td><td>■</td><td>□</td><td>二</td><td>■</td></tr>
<tr><td colspan="4">疑</td><td colspan="4">明</td><td colspan="4">微</td><td colspan="4">日</td></tr>
</table>

<table>
<tr><td colspan="2"></td><td colspan="2">水清</td><td colspan="2">火浊</td><td colspan="2">土清</td><td colspan="2">石浊</td></tr>
<tr><td rowspan="4">7
音</td><td>开</td><td>乃</td><td rowspan="3">泥</td><td>内</td><td rowspan="3">泥</td><td>老</td><td rowspan="3">来</td><td>鹿</td><td rowspan="3">来</td></tr>
<tr><td>发</td><td>妳</td><td>南</td><td>冷</td><td>荦</td></tr>
<tr><td>收</td><td>女</td><td>年</td><td>吕</td><td>离</td></tr>
<tr><td>闭</td><td colspan="2">■</td><td colspan="2">■</td><td colspan="2">■</td><td colspan="2">■</td></tr>
</table>

这里值得注意的是，鼻音和边音按清浊分类后，归入清音的字均为中古上声字，而归入浊音的字均为中古平、去、入声字。即，鼻音、边音中的“上声：非上声”这种音声学上的对立，在邵雍十二音中通过“清：浊”这种音韵学上的对立表现出来。

在汉语的演变过程中，鼻音的疑母字和微母字先变为摩擦音，再变为零声母这个过程，是一个普遍规律。从这点看，可以认为次浊音变化为清音。可是，为什么这个变化规律只在上声中出现呢？与其他平、去、入声相比，邵雍是根据上声的什么音韵特征将其归入清音的呢？

在十二音中，清浊是具有辨义功能的音素。因此，邵雍应该是在设法把鼻音和边音排列到已经设定好的音韵体系的过程中，发现可以根据声调来辨别清浊，并据此反映音值之间的差异。这个假设，根据下面几个证据，也有可能成为事实。

第一，李荣对鼻音和边音的调类变化，曾经解释如下：“古鼻音字边音字调类的演变，只有在古上声是跟着清音声母字走的。平去入三声的古鼻音字边音字都不跟清音声母字走。在邵康节的时候，鼻音字边音字的读法一定依上声或非上声而有所不同，吴语黄岩、温岭的鼻音字边音字平去入三声字带浊流，上声字声门紧缩，不带浊流，可以引为傍证。”（李荣 1956：171）即，邵雍时代的鼻音和边音的读法中，必定存在上声或非上声的区别。

第二，在 S.E.Yakhontov 指出的现代方言中的例证中，邵雍时代的次浊音中必定存在“上声：非上声”之区别这个观点，也可以得到进一步的理解。他指出：“邵雍的清浊不是指辅音声母的清浊，而是指调高：高调为清，低调为浊。这就是说，邵雍的方言不像《切韵》那样有四个声调，而像杭州话那样有七个声调：四个高调，三个低调。在曾有浊音（不是响音）声母的字里，上声变成了低调的去声，邵雍自己以及他同代人的诗韵可以证明这一点；但在曾有响音声母的字里，上声成了清一色的高调。其余三个声调则各自分为高低两调”，并以杭州话为例。[11]

下面看看杭州话的声调系统。

《切韵》声调		平	上	去	入
杭州话	清音声母	1	3	4	6
	鼻音声母	2	3	5	7
	浊音声母	2	5	5	7

杭州话有七个声调，其中 1、3、4、6 调为高调，2、5、7 调为低调。如上表所示，只有鼻音声母的上声字读为高调。由此可见，邵雍只将鼻音、边音声母的上声字排列在“清”音下，应该是为了表现其音值上的某个不同。

第三，在苗瑶语的声母系统中，我们可以找到更直接的例证。[12]大部分苗瑶语中，有两种鼻音：浊鼻音“m-, n-, ɳ-, ŋ-, l-”和清鼻音“hm-, hn-, hɳ-, hl-”。其中清鼻音“hm-, hn-, hɳ-, hl-”大体上只在调值较高的声调中出现。以苗语的黔东方言[13]为例，8 个声调中，双唇浊鼻音和舌尖浊鼻音在所有的声调中都可见，而清鼻音则只在调值在 3 以上的 1、3、5、7 声调中出现。

声调		1	2	3	4	5	6	7	8
调值		33	55	35	11	44	13	53	31
双唇鼻音	清	hoŋ（该）		hi（牙）		hɑ（说）		hen（见）	
	浊	moŋ（病）	mɑ（拍）	mɑ（躲）	mɑ（马）	men（井）	mɑŋ（亲）	mɑŋ（揉）	mɑ（砍）
舌尖鼻音	清	hɛ（天）		hɑŋ（听）		hiu（年）		hiɑŋ（汗）	
	浊	nɑŋ（蛇）	nɑŋ（草）	noŋ（这）	nɑŋ（鼠）	nen（钓）	noŋ（雨）	noŋ（自己）	nɛ（庄）

大部分汉藏语系的清鼻音都有送气成分及清音化成分，因为清音化是送气成分作用后的结果。（张永言 1984）苗语的黔东方言中的不送气鼻音自然也全部带有送气成分。

边音的情况更值得关注。苗语的黔东方言的声母中，有不送气清浊边音和送气清边音两种，其中不送气清浊边音在所有声调中都可见，而送气清边音则只见于声调高于 3 的 1、3、5、7 调。

声调			1	2	3	4	5	6	7	8
调值			33	55	35	11	44	13	53	31
边音	不送气	清	ɑ（骗）	ɑ（漏）	ɑ（狗）	ɑŋ（院）	ɑŋ（修）	ɑ（富）	ɑ（讨）	ɑ（夬）
		浊	lɛ（个）	lɛ（位）	lɛ（短）	lɑ（流）	lei（到）	lɑ（土地）	lɑ（说）	lɑ（溢）
	送气	清	hi（想念）		hi（拨）		hɑ（绳子）		hi（粥）	

苗语黔东方言的送气清鼻音和送气清边音声母只在调值大体上较高的 1、3、5、7 调中出现。苗语的这种音韵体系与邵雍设定的格式正好相符合。

2、3、4、7、10 音	水	土	火	石
	清		浊	
苗语黔东方言	送气清鼻音		不送气浊鼻音	
	送气清边音		不送气浊边音	

通过前面的讨论，我们可以知道邵雍是根据声调来区分鼻音、边音的清浊的。除此之外，在邵雍的十二音中，娘母不自成一类。实际上，在《切韵》和《广韵》中，娘母与泥母不对立，反切上字也无法系联为两类。在慧琳的《一切经音义》声类中，泥娘也不分。因此，我们可以认为娘母实际上是不存在的，它只是字母学家们为了组成一个完整对称的体系而人为设立的。邵雍《声音唱和图》的7音中，泥娘不分也说明了这个情况。

通过上述讨论，我们可以推测，邵雍将全浊音按照平仄分类，将次浊音按照上声和平去入声调的差异分类，是为了显示根据音高辨别送气和不送气的某种听觉上的差异。那么，邵雍为什么将全浊音按送气不送气分类，而将次浊音按照清浊分类呢？我们在一个出乎意料的文献中找到了这个问题的答案。朝鲜时期的《训民正音·合字解》中，有如下解释："半舌有轻重二音。然韵书字母唯一，且国语虽不分轻重，皆得成音。若欲备用，则依唇轻例，ㅇ连书ㄹ下，为半舌轻音，舌乍附上腭"。半舌重音和半舌轻音，无论是在韵书中还是在韩语里，都不能成为独立音素，所以，"ㄹ"和"ㆡ"这两个音素是根据音的生成原理，人为假定出来的。自然"ㆡ"的用例，无论是在《训民正音·用字例》还是在15世纪的其他文献中都是无法找到的。据此，我们可以推测，邵雍构想的是一个将声音的生成原理放在象数易学的框架下形成的理想的声母体系。本文构拟的邵雍《声音唱和图》的声母体系可以图示如下。

	水 清	火 浊	土 清	石 浊
1音	k	g	kʻ	gʻ
2音	x	ɣ	ŋʻ	ŋ
3音	ʔ	j	mʻ	m
4音	f	v	ɱʻ	ɱ
5音	p	b	pʻ	bʻ
6音	t	d	tʻ	dʻ
7音	nʻ	n	lʻ	l

（续表）

8音	ts	dz	ts‘	dz‘
9音	s	z	□	□
10音	ʂ	ʐ	Nʑ‘	Nʑ
11音	tʂ	dʐ	tʂ‘	dʐ‘
12音	tɕ	dʑ	tɕ‘	dʑ‘

4 结语

宋朝在平息混乱分裂的局面并最终统一中国后，为了实现封建专制主义下的中央集权统治，迫切需要重新恢复儒教的权威地位。宋代的士大夫统治阶层，虽然在表面上比较排斥当时主导思想界的佛教和道教，但他们的佛教和道教造诣实际上都很深厚，他们理解并接受了佛教和道教深奥的哲学体系，并构建了儒教中原本缺乏的思想理论。

在这个时代背景和学术氛围下，作为北宋统治阶层成员的邵雍，在老师李之才传授的象数易学和承袭自父亲邵古的佛教声音知识的基础下，建立了较佛教的正音思想更有优势的性理学语言观。

他首先提出宇宙万物的声音生成理论，并用数值具体表示出来。用象数易学计算出来的音韵体系总共有十声 160 × 十二音 192 = 30,720 个，其中包括了无声无字的●■和有声无字的○□。《四库术数类丛书》用了 286 页的篇幅，将 160 个十声和 192 个十二音两两组合形成一个个音素的过程详细具体的例示出来。所以，30720 这个数值是邵雍考虑了世界上所有的音后算出的音素总和。

本文具体考察了十二音代表的声母体系。《声音唱和图》中特别的排列格局将全浊声母按平仄分类，在现代方言四川老湖广话中的永兴话里，全浊声母按送气与否相互对立，送气全浊声母为平声，不送气全浊声母为仄声。本文根据这个例证，验证了邵雍将全浊音按照平仄排列的合理性，并大胆推测，邵雍是根据这个音理将平声全浊声母归类为送气，仄声全浊声母归类为不送气的。

可是，送气全浊音和不送气全浊音在汉语的音韵体系中并不存在。那么，邵雍为何设定这两个音素呢？回答这个问题需要结合邵雍所处的时代背景和学术氛围。邵雍是北宋的性理学家，精通父亲邵古传承的佛教，那么他应该是熟知梵语浊音区分送气和不送气的。因此，邵雍追求的世界所有音，有可能是在兼容佛教语言观后，把梵语的音韵体系也包含进去了的。

此外，邵雍将鼻音、边音也分为上声鼻音、边音和非上声鼻音、边音。这种区分方式表现的音值差异，本文通过苗语的黔东方言考证了其音理的合理性，并明确其是通过区分上声和非上声来辨别鼻音、边音的清音和浊音的。

那么，邵雍为何要设置这样的音素呢？朝鲜世宗时期编撰的《训民正音·制字解》中，根据音的生成原理人为的将边音“ㄹ”区分为清音“ᄛ”和浊音“ㄹ”，而这两个音实际上并没有使用实例。据此我们推测，邵雍是在象数易学的框架下设置了一个理想型的音韵体系，而并不管其是否实际使用。

总之，邵雍定为声母的117个音素，是一个将梵语的音韵体系也包含进去的音韵体系，表现出性理学家具有的试图将梵语正音也涵盖进去的文化优越感。邵雍不负“北宋五子”的荣耀，《声音唱和图》最终被后世收录到《性理大典》中，作为性理学语言观流传后世。因此，如果按照现代学者们的观点，仅将《声音唱和图》作为反映某地实际语音的音系来研究，那么将很难掌握《声音唱和图》的真实面目。如果考虑到邵雍是将《声音唱和图》设定为可包容世界上所有音的音韵体系编辑设定的话，我们应该将主要考察其所处文化背景的文献学研究方法作为前提。

附　注

①《宋史·邵雍传》:“嘉祐诏求遗逸，留守王拱宸以雍应诏，授将作监主簿，复举逸士，补颍州团练推官，皆固辞乃受命，竟称疾不之官。”

② 唐作藩的《音韵学教程》中，关于邵雍和他的《皇极经世书·声音唱和图》的介绍只有一行：“……第三类是完全打破了传统广韵系统，根据当时口语音，重新编制的图表。这一类的韵图有宋代邵雍的《皇极经世·声音唱和图》……”。(《音韵学教程》，北京大学出版社，1991，73页。)

③ 除上面提到的文献之外，关于《皇极经世·声音唱和图》的研究成果还有如下几篇：李荣《皇极经世十声十二音解》，《切韵音系》，北京：中国科学院印行，1952，165—173页；藤堂明保《中国语音その历史的研究》，东京：光生馆，1980，137—139页；竺家宁《论〈皇极经世·声音唱和图〉之韵母系统》，淡江大学：《淡江学报》第20期，1983；李思敬，“宋初汴洛音”，《中国大百科全书·语言文字》，中国大百科全书出版社，1992，371—374页；沈小喜《〈皇极经世·声音唱和图〉研究》，韩国延世大学1995年博士学位论文。(当时笔者观点与其他学者相同，也认为该书反映的是当时的实际语音。)

④ 《皇极经世·观物内篇》：“天之大，阴阳尽之矣，地之大，刚柔尽之矣。天生于动者也，地生于静者也，一动一静交而天地之道尽之矣。动之大者，谓之太阳。动之小者，谓之少阳。静之大者，谓之太阴，静之小者，谓之少阴。太阳为日，太阴为月。少阳为星，少阴为辰。日月星辰交而天之体尽之矣。太柔为水，太刚为火，少柔之土，少刚为石。水火土石交而地之道尽之矣。”《二程全书·粹言一》：“今之学者有三弊，溺于文章，牵于训诂，惑于异端。苟无是三者，则将安归？必趋于圣人之道矣。”

⑤ 四川地区的老湖广话（永兴话）具有如下语音特征。

一、声母37个：p, p‘, b, b‘, m, f, t, t‘, d, d‘, n, ts, ts‘, dz, dz‘, z, s, tʂ, tʂ‘, dʐ, dʐ‘, ʐ, ʂ, tɕ, tɕ‘,dʑ, dʑ‘, ɳ, ɕ, k, k‘, g, g‘, ŋ, x, ɣ, ø.

二、韵母38个：ɿ, ʅ, ɚ, i, u, y, yu, a, ia, ua, o, yo, e, ie, ue, ye, ai, iai, uai, ei, uei, au, iau, əu,iəu, an, ian, uan, yan, ən, in, uən, yn, aŋ, iaŋ, uaŋ, oŋ, yoŋ.

三、声调4个：阳平55, 阴平21, 上声53, 去声14.

（见崔荣昌·李锡梅，《四川境内的老湖广话》，《方言》，1986年第3期，188—197页。）

［b‘］b‘u 葡（並）| b‘a 拔跋（並）扒（帮）| b‘ie 劈（滂）| b‘ei 培陪赔（並）| b‘iau 瓢嫖（並）| b‘an 盘（並）| b‘ian 便（並）| b‘ən 盆彭膨（並）| b‘in 贫频平（並）| b‘an 旁（並）| b‘on 朋蓬棚（並）

［d‘］d‘i 堤题提（定）| d‘o 驮驼铎（定）| d‘ai 台抬苔（定）| d‘au 桃逃陶（定）| d‘əu 头投（定）| d‘an 潭谈檀（定）| d‘ian 田填（定）| d‘uan 团（定）| d‘ən 腾藤痛（定）| d‘in 亭停庭（定）

［dz‘］dz‘ai 才财材（从）| dz‘uei 垂禅槌锤（澄）| dz‘au 曹槽从朝潮（澄）| dz‘an 残惭（从）缠（澄）| dz‘ əu 雠酬（禅）绸稠筹（澄）| dz‘ən 存曾层（从）橙（澄）| dz‘uan 床（崇）| dz‘on 从丛（从）虫重（澄）

［dʐ‘］dʐ‘uan 椽传（澄）全泉（从）拳权（群）| dʐ‘ən 沉陈尘呈程（群）臣成城诚承丞（禅）| dʐ‘uan 长肠场（澄）

[dʑʻ] dʑʻiau 樵瞧（从）乔侨桥（群）| dʑʻiəu 求球（群）雠酬（禅）绸稠筹（澄）| dʑʻian 钱前（从）干虔（群）| dʑʻin 秦情晴（从）勤芹琴擒（群）成诚城丞承臣（禅）程沉陈（澄）| dʑʻian 强墙场肠（澄）| dʑʻyon 穷邛（群）

[gʻ] gʻuei 葵逵（群）| gʻuan 狂（群）

（引用自崔荣昌、李锡梅《四川境内的老湖广话》,《方言》, 1986年第3期，192—193页。）

⑥ 梵语的音译字各家略有不同，本文主要依据《大涅盘经·文字品》。（赵憩之《等韵源流》，台北：文史哲出版社，1985，6—7页。）

⑦ 将2、3、4音归为摩擦音是依据现在的"分类基准"。

⑧ 周祖谟《问学集》下册，592页："ɣ在方言中往往失落，故后世读与喻母相混，……图中喻母一类之爻字广韵何交切，属匣母，邵氏列入喻母与今日北方读爻如遥正同。"

⑨ 高彦休《唐阙史》,《知不足斋丛书本》，卷下，7页。

⑩ 对此，陆志韦指出："司马光和邵雍时期相同，同为洛阳人士。后人将《切韵指掌图》托伪为司马光所作，并不是空穴来风的。"（陆志韦《记邵雍皇极经世的天声地音》,《陆志韦近代汉语音韵论集》，北京：商务印书馆，1988，43页。）此外，李荣也注意到了这个现象，指出："无法得知邵氏的声音学和《切韵指掌图》之间到底是什么关系。"（李荣《皇极经世十声十二音解》,《切韵音系》，北京：中国社会科学院，1952，173页。）

⑪ S. E. Yakhontov,《汉语史论集》，北京：北京大学出版社，1986，192页。Yakhontov以杭州话为例，认为邵雍的方言中存在七个声调。本文认为邵雍是根据音的高低来辨别音质的，并在此立场上再次引用杭州话中的例证。

⑫ 中央民族学院苗瑶语研究室编,《苗瑶语方言词汇集》，北京：中央民族学院出版社，1987。

⑬ 苗瑶语是汉藏语系中一个具有悠久历史的语言，内部方言复杂，其中苗语黔东方言，苗语湘西方言，苗语川黔滇方言，苗语滇东北次方言，瑶族布努话，瑶语勉方言，瑶语标敏方言等七个方言都有各自明显的特征。其中苗语的黔东方言由于使用人数最多，被称为代表方言。

参考文献

白涤洲 （1930）《切韵声类考》,《历史语言研究所集刊》第三本第二分，159—236页。

岑麒祥 （1988） 古印度人对于语言的看法和语法分析,《语言学史概要》，北京大学出版社，北京，10—16页。

崔荣昌、李锡梅 （1986） 四川境内的老湖广话,《方言》第3期，188—197页。

冯友兰 （1992）《中国哲学史》下册，中华书局，北京。
黄淬伯 （1930） 慧琳一切经音义反切声类考,《历史语言研究所集刊》第一本二分，14，19，20 页。
李圭景 （1989）《五洲衍文长笺散稿》XVII，民文库，首尔。
—— （1989） 古典国译丛书,《五洲衍文长笺散稿》XVII，민문고，首尔。
李　荣 （1956）《切韵音系》，科学出版社，北京。
刘蔚华 （1982）论邵雍的哲学思想,《中国哲学思想史研究》第 4 期。
陆志韦 （1946） 记邵雍《皇极经世》的“天声地音”,《燕京学报》第 31 期。
—— （1988）《陆志韦近代汉语音韵论集》，商务印书馆，北京。
平田昌司 （1984） 皇极经世声音唱和图与切韵指掌图,《东方学报》第 56 册，195—196 页。
邵　古 （1993）《正音叙录》《四库术数类丛书》，上海古籍出版社，上海。
邵雍著、上野日出刀译 （1979）《伊川击壤集》，明德出版社，东京。
沈小喜 （1995）《皇极经世·声音唱和图》研究，韩国延世大学博士学位论文。
—— （2013）《汉字正音观的通时研究》，韩国梨花女子大学出版社，首尔。
藤堂明保 （1980）《中国语音韵论》，光生馆，东京。
王　力 （1984）《中国语言学史》，中国图书刊行社，北京。
王应麟 （1974）《困学纪闻》卷一，世界书局，台北。
谢·叶·雅洪托夫（苏）（1986）《汉语史论集》，唐作藩、胡双宝选编，北京大学出版社，北京。
张行成 （1993）《易通变》,《四库术数类丛书》，上海古籍出版社，上海。
张永言 （1984） 关于上古汉语的送气流音声母,《音韵学研究》第一集，中国音韵学研究会编，中华书局，北京，256 页。
周祖谟 （1942） 宋代汴洛语音考,《问学集》下册，中华书局，北京。
朱伯昆 （1988）《易学哲学史》中册，北京大学出版社，北京。

（韩国，梨花女子大学中文系　sohoo@ewha.ac.kr）

语法分析的取向和范畴再探
——陈保亚《当代语言学》所引发的思考

潘秋平

提要 本文根据陈保亚《当代语言学》的讨论对语法分析的理论取向和所应设立的语法范畴进行进一步的思考，并从认知语言学的角度提出词和句式或许并非截然二分，而一旦我们采取这个观点，语法分析中把记忆和规则二分的格局或许也须重新思考，而这也促使我们对《当代语言学》中的"平行周遍"原则进行进一步的分析和讨论。由于语素在《当代语言学》中是个重要的语法范畴，本文最后也讨论了语素提取中的剩余语素问题。

关键词 语法分析 认知语言学 句式 平行周遍 剩余语素

0 问题的提出

陈保亚的《当代语言学》(简称《当代》)是一部很有价值的讨论语法分析的专著。这部专著集中讨论"话语的理解和生成需要哪些初始概念和程序"(《当代》的引言)，梳理了二十世纪三十年代的结构主义语言学到九十年代的转换生成语法的重要文献，除了对理解和生成话语所需的初始概念和程序进行介绍和说明外，更重要的是，指出存在于这些概念和程序中的问题，并对这些问题提出解决方案。正因为《当代》立意高，因此不论我们是否同意这部书对语法分析的总体框架的设计(见第1节)，书中所涉及的许多核心问题都是普通语言学界所持续关心的，而书中对这些问题的讨论也和目前学界所关心的一致，如Heine & Narrog(2010)，因此我们正可以在这本书的基础上对应如何进行语法分析做更进一步的思考。

1 记忆或规则还是记忆和规则？

这一节主要说明和讨论《当代》所建立起的语法分析框架。这个分析框架其实就是书中所说的理解和生成话语所需的初始概念和程序。按我们的理解，书中认为语法分析必须先提取语素（见第3节的讨论），并在语素的基础上通过平行周遍条件获得语法层面上的规则单位和规则（见第2节的讨论）。在这个基础上，《当代》进一步论证了转换规则的必要性，也强调了语义结构关系在理解和生成话语中的地位。我们就这个整体框架设计做一些初步的讨论。

首先，在理解和生成话语所需的初始概念中，值得我们注意的是，词（word）并未占据重要的地位，取而代之的是语符（formative）。"语符"这个概念在《当代》的语法分析框架中占据了个非常重要的地位①，因此我们这里稍做一些介绍。

《当代》第三章讨论了单位和规则的问题，指出语素和词都不能作为语法的基本单位，原因就在于若把前者当成语法的基本单位，则无法区分规则的语素组和不规则的语素组，而若把词作为生成话语的基本单位，则我们必须能有效地把词提取出来，而这一点目前仍无法做到。有鉴于此，《当代》提出以语符作为生成话语的基本单位：

> ……我们把规则语素"白车"中的"白"和"车"称为语符，把不规则语素组"白菜"也称为语符。关于语符，可以给出两个定义：
>
> 最短规则语素组中的直接成分。
>
> 没有一个成分可以进行平行周遍替换的有意义的片断。
>
> 语符组合满足可周遍推导的性质。人脑或计算机中储存语符的地方称为语符库，储存规则的地方称为规则库。
>
> （《当代》50页）

《当代》的语法分析框架区分语符库和规则库，这和转换生成语法区分词库（lexicon）和句法（syntax）存在一致的地方，即把须靠记忆的语法单位和靠即时运算的规则单位分开。《当代》不取“词库”，而改以“语符库”代替，原因除了前述的无法有效地提取词作为基本的生成单位之外，我们认为应还在于转换生成语法内部对词库的内容其实也存在分歧。乔姆斯基对词库的定义如下：

> the repository of all（idiosyncratic）properties of particular lexical items.
>
> （Chomsky 1995：30）

换言之，词库所包含的语法单位必须是无法靠规则生成出来的，但是我们也发现转换生成语法内部对词库也存在着这样的看法：

> 词库的任务有三个。一个是储存已经进入记忆的语言符号，如词根和词缀；一个是用词根和词缀去构成复杂的词，如合成词和有屈折变化的词；另一个是向句法输送词项。
>
> （何元建 2011：7）

由于词库能包括由词缀和词根所构成的合成词，而按形态学（morphology）研究，词缀可分成屈折（inflection）和派生（derivation）两大类型，而两者的区分就在于前者比后者更具能产性（productivity）。这个认识虽不一定完全准确（参见 Bauer 2003），但不论怎么样，这已清楚地揭示了转换生成语法的词库中也包含了由规则所生成的语法单位，因此原本的二分格局其实是无法有效地加以维持的。转换生成语法对此并非没有觉察，因一系列关于名物化（Nominalization）的讨论都可放在这个背景下来理解，而何元建（2011：97）也指出：

> ……词根即已经进入了记忆的词形式，而合成词是用规则，即用操作系统，生成出来的，如派生词、复合词、重复词、重叠词和缩略词。不过有一些证据表明，原来由规则生成出来的词，基于某些原因，也会进入记忆，变成词根。这包括两类情况。一、句法结构因为具备双音节的形式经过历时的演变为词根；二、词

结构因为具备双音节的形式经过历时演变为词根。

我们认为即使承认汉语的合成词也会进入记忆，变成词根，但是仍然无法解决《当代》中所指出的属于词库中的一部分合成词具有“平行周遍”的能力（如“老李”），而另一部分的则无（如“桌子”）。就这个问题，《当代》的办法是以“平行周遍”为主要的考虑，把不符合“平行周遍”要求的语素组划分进了语符库，而符合要求的则由于可即时运算，因此都是由规则库中的规则生成出来了的。这样的处理解决了转换生成语法的词库问题，还有一个极大的好处，那就是巧妙地绕过了判词的问题。Haspelmath（2011）就指出词（word）作为一个跨语言比较的语法范畴（comparative concept）是有问题的：

> I show that there are no good criteria for defining such a concept. I examine ten criteria in some detail (potential pauses, free occurrence, mobility, uninterruptibility, non-selectivity, non-coordinatability, anaphoric islandhood, nonextractability, morphophonological isiosyncrasies, and deviations from biuniqueness), and I show that none of them is necessary and sufficient on its own, and no combination of them gives a definition of "word" that accords with linguists' orthographic practice.

由于任何的语法分析框架都必须面对所有的人类语言，因此在缺乏一套既有效又具普遍性的判断词的办法的情况下，把毫无问题的词（如“人”）和不规则的语素组合（如“白菜”）都划入了语符库不失为个办法，进而让我们就能集中精力于规则的讨论上。正因为如此，《当代》强调了：

> 区别词和词组跟区别不规则语素组和规则语素组是两个不同的问题，目的也不一样。
>
> （《当代》49 页）

也指出了：

> 如果语符库中充分收集了单位和不规则组合，那么其他组合

就可以作为规则组合来处理，这时从单位分布预测规则短语或规则组合的分布就可以实现了。

（《当代》73页）

这一个总体设计基本维持了转换生成语法的二分格局，即把属于记忆和属于规则的单位进行清楚的区分。这样的二分格局达到精简的目的，而《当代》也着重强调了这一点：

语符库和规则库中存放的项目数量是有限的，生成话语的基本单位和生成话语的规则是紧密联系在一起的，因此提取语符和规则时，有两个更基本的原则要遵守：

有限原则：语符的数量是有限的，规则的数量是有限的。

最优原则：在语符的数量已经确定的情况下，规则的数量越少越好；在规则的数量已经确定的情况下，语符的数量越少越好。

（《当代》50页）

但问题是人类语言是否以最简易的原则来运转，并且不容许一点羡余（redundancy）现象。这不是个能轻易解决的问题，但须指出的是，认知语言学家对此多持怀疑的态度（可参见认知语言学界对usage-based model的讨论，见Bybee 1985, 1995, 2001；Langacker 1987, 1988, 1991a, 1999），进而也怀疑现有语法分析中所维持的严格二分格局。Langacker（1987：28）就以下列的例子说明二分格局的困境：

Consider a previous example, namely the problem of how to deal with forms like *stapler* in certain versions of the generative framework. There is an apparent dilemma: if a form is derived by rule, one cannot account for its special properties, i.e. the fact that it means more than just 'something that staples'; if it is simply listed in the lexicon, on the other hand, it cannot be assimilated to the productive V+-*er* derivational pattern, which is certainly seems to instantiate.

Langacker（1987：28—29）更进一步指出把记忆和规则做截然二分是一种“规则/罗列谬误”（rule/list fallacy）：

The mistake is to assume that it has to be one and not the other. There is nothing intrinsically implausible about a position combining the central features of both analyses. The position would allow the claim that *stapler* is in fact an instance—of the V+-*er* derivational rule; beyond its status as an exemplar of this pattern, *stapler* constitutes an established lexical item whose semantic value is specialized in ways the pattern itself does not specify. The source of the apparent problem is exclusionary fallacy, together with certain artifactual properties of the generative model（e.g. the process metaphor—it is hard to conceptualize an expression that is "derived" or "constructed" by a rule being simultaneously listed in the lexicon as a fixed unit）.

This example represents an important version of the exclusionary fallacy that I will call the rule/list fallacy: the assumption, on grounds of simplicity, that particular statements（i.e. lists）must be excised from the grammar of a language if general statements（i.e. rules）that subsume them can be established.

须指出的是，由于《当代》以"平行周遍"的标准强化了记忆和规则的区分，因此上述的例子确实是能在《当代》的框架中按"平行周遍"的标准而获得妥善的解决。我们这里要再进一步讨论的是通过强化记忆和规则的区分在人类语言分析上是否会遇到其他系统内部问题。

首先，我们看一下《当代》（51页）中的例子：

表1

1	2	3	4
老来	老李	老虎	老板
老去	老张	老鹰	老手
老睡	老刘	老鼠	老实

《当代》以上述的例子说明"老 +X"的语素组合有的是平行周遍

的，因此是规则组合（如第1栏和第2栏），而有的则不是平行周遍的，因此不是规则组合（如第3栏和第4栏）。根据这个认识，《当代》把规则语素组划分入规则库，而把不规则语素组划入语符库：

表2

	不规则语素组	解释性规则语素组	生成性规则语素组
理解过程	记忆	规则	规则
生成过程	记忆	记忆	规则
语素组	老板	老虎	老刘
判定原则	不平行	平行不周遍	平行周遍
分类	不可解释语符	可解释语符	语符组合

值得注意的是，规则库中包括了传统意义上的词组（如"老来"）和词（如"老李"）。按《当代》的说法，区分规则语素组和不规则语素组跟区分词和词组不同，因此在生成话语中，词并不占据关键的地位，这会产生两个问题，一是如何在转换生成语法的系统内处理不同的生成规则的问题，二则是《当代》所提取出来的规则组合是否都一致能通过转换生成语法所强调的词汇独特原则（lexical integrity）的考验。

我们先处理第一个问题。转换生成语法发展到了今天，基本的语法分析框架是一种二分格局，而属于规则的部分的讨论也从最早的词组结构规则（phrase structure rules）演变为X杠理论。X杠理论可以下列的转写规则来表示：

XP → … X'…

X' → … X…

宋国明（1997：55）对此有一说明和解释：

> X代表任意的一个词类，可以是名词，动词、介词等。（29a）[②]的意思是一个词组XP要先改写成X'……然后X'才能再继续改写成词组之首X。虚线代表了词组中的其他成分可以出现在X'或X的左边或右边。X'这个节是介于词组XP与词首X中间的单位：

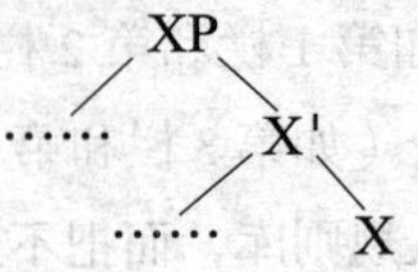

我们可以把 X'视为 X 的一个延伸……

值得指出的是，X 杠理论和词组结构规则比较，最大的优势就在于它不区分词类，因此能适用于所有的词类，达到了句法运算上的高度精简的目的。此外，这里所谓的词类除了包括词汇范畴（lexical categories）外，也包括了功能范畴（functional categories），而这类范畴就包括了由屈折语素（即 I）最大投射的屈折词组（inflectional phrase，即 IP）、由限定符（即 D）最大投射的限定符组（determiner phrase，即 DP）等（详见 Carnie 2006）。《当代》按“平行周遍”的标准把“老来”和“老李”都视为规则语素组，这确实有一定的道理，但是若放置在 X 杠理论中来考虑，则会产生了这样的问题：“老来”是动词词组（VP），因此是“来”这个动词（V）的最大投射，而“老李”由于也和“老来”一样是规则语素组，因此按《当代》的办法，这也必须在规则库解决：

所有单音节姓氏语素放在“老”的后面，整个语素组表示尊敬。

（《当代》52 页）

而在转换生成语法系统中，规则库中的 X 杠理论并未涉及派生词缀（derivational affix）的生成，因此这就产生了一种两难的局面：按《当代》的设计，“老李”应在规则库，而按转换生成语法对规则库的设计，“老李”不应在规则库。“老李”的情形和汉语的合成复合词形成类似，顾阳、沈阳（2001）就指出“售票员”等合成复合词虽是通过论元结构的变化形成，但不是在句法中形成的，而只可能是在句法之前的词汇层面结构变化的结构，因合成复合词只具有词的性质而并没有词组的性质。

另外，转换生成语法中也有词汇独特原则（lexical integrity principle）。这条原则主要强调了：

Rules of syntax can refer/apply to entire words or the properties of entire words, but not to the internal parts of their properties.

（haspelmath & Sims 2010：203）

换言之，句法操作手段能影响词，但不能影响词内部结构的组成部分。按《当代》的办法，“老来”和“老李”都是规则语素组，都应归入规则库，可是它们之间存在一个重要的不同：它们虽都是“老+X”的语素组合，都无法在中间插入成分进行扩展，但“老来”中的“老”能进一步和词组搭配（如“老 + 来仓库”、“老 + 去学校”），而“老李”中的“老”却不能。由于《当代》不否定词组在语法分析中也有存在的价值（《当代》49—50 页），因此若我们把“老 +X”的组合按 X 能否是词组也视为一种扩展，而扩展其实就是一种句法操作手段，那么“老来”和“老李”在受扩展影响的表现上明显是完全不同的。按词汇独特原则，若把“老来”归入转换生成语法的规则库，“老李”由于不受扩展的影响，因此就必须归入词库。在这一点上，“老李”和“老虎”在句法表现上其实是相当一致的，右项一定不能是词组，因此不应该进入规则库。

讨论到这里，我们发现《当代》在结构主义和转换生成语法的路子上对其中存在的问题提出了解决方案，而这其中最关键的地方就是强化了转换生成语法中的二分格局，并以规则库和语符库分别取代了句法（syntax）和词库（lexicon）。这一步的改动虽有极好的道理，但是若和转换生成语法的整体设计一搭配起来考虑，则会产生前述的困难。

从《当代》第三章的分析，我们知道词库中不应该包括任何由规则组成的单位，但是在人类语言中，却存在着一批由词缀和词根构成的单位，而这些单位就是形态学（morphology）的研究对象（Bauer 2003；Haspelmath 2010 等）。在形态学的教科书上，一般都把词（word）、形态或词法（morphology）和句法（syntax）当成语法描写的三个重要层面，而如何把这种三分的格局变为二分的格局，从结构主义到转换生成语法都有不同的办法：朱德熙（1982，

2010）把形态或词法划入词的范围，构成了词和词组的区分；转换生成语法则把形态或词法中的屈折构词法划入句法，而把派生构词划入词，构成了词库和句法的区分;《当代》的做法则是不区分屈折或派生构词，而把形态或词法中满足平行周遍的条件的都划入规则库，而把其他不满足的则划入语符库。由此可见，不同的解决方案虽然并不完全相同，但是在处理的取向上却是相当一致的，都集中在如何在已有的记忆和规则的对立下把由形态或词法所产生的问题进行处理。二分格局的问题除了上述所说的之外，认知语言学家对此也有所觉察。Langacker（1987：35）就指出二分格局导致了语言学家对语言事实的忽视：

A conception of grammatical structure emphasizing discrete components naturally encourages the investigator to focus his attention on phenomena consistent with this type of organization. He concentrates primarily on prototypical instances from each component, where the distinctions seem readily apparent, and tends to overlook any data that do not fit neatly into the pre-established boxes. Thus selected, the data under investigation of course appear to reinforce the original componential arrangement. A case in point is the putative distinction between syntax and lexicon. In the classic conception（now considerably modified）, syntax was thought to deal with novel, multi-word expressions（phrases, clauses, and sentences）assembled in accordance with general rules. Lexicon was the province of fixed expressions, most no larger than single words; not predicable by rules of any generality, they had to be listed individually. The two classes of phenomenon thus stood sharply opposed with respect to novelty, generality, and size.

The dichotomous perspective made it inevitable that a large body of data fitting neither category would be mostly ignored. I refer here to the huge set of stock phrases, familiar collocations, formulaic expressions, and standard usages that can be found in any language and thoroughly permeate its use. ......

There are literally thousands of these **conventional expressions** in a given language, and knowing them is essential to speaking it well. ...... Yet conventional expressions have received so little attention that I found it necessary to invent this term for the class as a whole.

We can speculate on the reasons for the almost universal neglect of conventional expressions, but one is surely that they do not conform to the stereotype of either lexicon or syntax. They are excluded from the lexicon because they are larger than prototypical lexical items, and also because many are obviously compositional(even fully regular). They are exiled from the syntax because syntacticians are concerned with general rules rather than specific combinations of lexical items. Being neither lexical nor syntactic as these notions are generally understood, the vast inventory of conventional expressions is for the most part simply omitted.

有鉴于此，我们认为一个比较能妥善地处理词库（lexicon)、形态或词法（morphology）和句法（syntax）之间关系以及全面地照顾语言事实的办法或许就是抛开记忆和规则的绝对对立，进而承认词、形态或词法和句法都具有相对的独立性。唯有采取这个立场我们才能避开得把形态或词法强制地划分入词库或句法中。认知语法（Cognitive Grammar，CG）正是在这个基础上建构上来的一套语法分析模式，而 Langacker（1987：34—35）就着重指出：

Contemporary linguistic theory generally views language as being organized into discrete components. In particular, syntax is seen as sharply distinct from both lexicon and semantics, constituting an autonomous set of formal relationships. Cognitive Grammar, by contrast, claims that lexicon, morphology, and syntax form a continuum of symbolic units serving to structure conceptual content for expressive purposes.

他（Langacker 1987：36）也进一步指出词库（lexicon）、形态或词法（morphology）和句法（syntax）之间构成个连续统：

> Moreover, cognitive grammar posits a gradation uniting lexicon, morphology, and syntax. Any strict dichotomy based on novelty, generality, and size of expressions is rejected; these parameters do tend to correlate in natural ways, but all of them are matters of degree and（with qualifications）are independently variable.

三者之间既相对独立，但却又本质相同，这基本是认知语言学家的共识，而这个共识却是建立在语法是个符号系统上。Langacker（1987：81—82）就指出：

> A linguistic symbol is bipolar, defined by a semantic structure standing in correspondence to a phonological structure. Most linguists would probably accept this characterization for a great majority of lexical items, which in general have both a form and an obvious meaning. But grammar is another matter. The position that grammar is inherently symbolic is rather unorthodox in contemporary linguistic thought ...... Let us consider three kinds of entities in this connection: grammatical morphemes, grammatical classes, and grammatical constructions. It is claimed that all are represented in the grammar as symbolic units.
>
> ......
>
> Grammar involves the syntagmatic combination of morphemes and large expressions to form progressively more elaborate symbolic structures. These structures are called **grammatical constructions**. Constructions are therefore symbolically complex, in the sense of containing two or more symbolic structures as components. There is no fundamental distinction between morphological and syntactic constructions, which are fully parallel in all immediately relevant

respects.

Croft & Cruse（2004：255）就以下表说明所有的语法单位和范畴都是象征单位，它们之间没有本质的不同，分别仅在复杂的程度，因此构成下列的连续统：

表 3

Construction type	Traditional name	Examples
Complex and (mostly) schematic	syntax	[SBJ *be*-TNS VERB *-en by* OBL]
Complex, substantive verb	subcategorization frame	[SBJ *consume* OBJ]
Complex and (mostly) substantive	idiom	[*kick*-TNS *the bucket*]
Complex but bound	morphology	[NOUN-*s*], [VERB-TNS]
Atomic and schematic	syntactic category	[DEM], [ADJ]
Atomic and substantive	word/lexicon	[*this*], [*green*]

Dirven & Verspoor（2004：70）也以下图说明词库（lexicology）、形态或词法（morphology）和句法（syntax）的连续统关系：

Table 5. The continuum of language areas and types of concepts

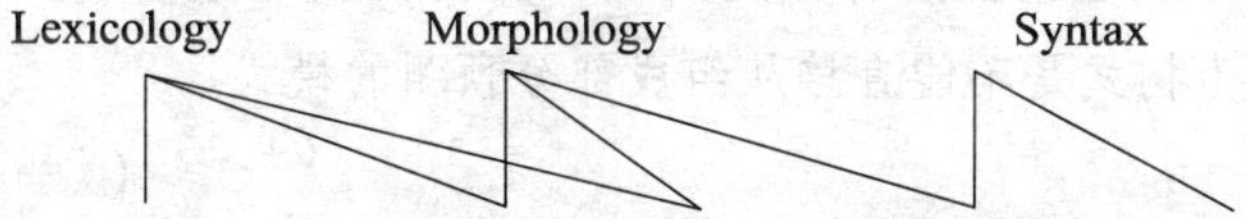

Types of morphemes	simple word *a bank; an account*	compound *a bank account*	derivation *banker*	Inflection *He banks here*	word order *Does he bank here?*
Types of concepts	individualized concept	specialized concept, i.e. *hypernytn*	more generalized or abstract concept	highly abstract concept	highest abstract concepts

图 1

最后，我们在前面的基础上稍微讨论转换的必要性。《当代》（122—130 页）在讨论转换生成语法论证转换的不足之后，指出：

由替换、扩充、叠加构成线形组合程序，这一程序生成的组合都可以进行层次分析。反过来说，凡是能够进行层次分析的组合，都是线形程序生成的。只要我们能够证明有的组合不能进行层次分析，就能说明有的组合不是线形程序生成的，必须要引入转换。

（《当代》131 页）

我们这里顺着这个思路继续讨论。按《当代》的推论，有的组合如果不能进行层次分析，即说明了这些组合不是线形程序生成的，因此转换是必要的。从认知语言学的角度着眼，面对同样不能进行层次分析的组合，这并不说明转换的必要性，反而说明了构式在语法分析中具有独立的地位。《当代》对于不能进行层次分析的组合能导致两种不同的结论是有觉察的，因此在开始对转换的必要性进行论述时，就做了如下的说明：

……传统语法中也有关于固定格式的说法，比如汉语：

连 X 也 Y（连马也吃、连残疾人也欺负）

越 X 越 Y（越看越清楚、越长越大）

其他语言中也有许多类似的用法。Goldberg（1995，2006）开始从理论上解释固定用法，提出构式（construction）的概念，认为构式是不能直接从组成部分预测的模式。

（《当代》131 页）

但《当代》之所以不采取构式的分析模式，而选择了转换分析，原因就在于：

很多不能用替换生成的格式，也可以看成是一种格式，比如汉语的把字句、被字句等。因此处理生成句子的思路还有另一种方式，即在承认替换的同时，承认构式，不讨论构式是怎么在短语规则的基础上形成的，即不讨论转换的生成程序，只列出构式，但是即使这样，也还是要揭示构式的语义结构的关系。比较：

吃饭

把饭吃了

把饭吃了，碗洗了。

仍然需要解释“饭”在这里都是受事，同时要承认后两个实例不是通过替换规则形成的。第2个句子是“把”字虚化后形成的，是一个历时过程，第3个句子是删除“碗”前面的“把”形成的，是一个共时过程。可见，不能用替换生成的组合是由历时和共时两方面造成的。从某种意义上说，构式理论是只承认既成的格式，只解释这些格式的特殊语法语义，不研究这些格式的形成机制。如果追问这些构式是如何形成的，还是会涉及转换问题。

（《当代》132页）

《当代》对构式语法所提出的质疑无疑是合理的，也是能成立的，原因就在于Goldberg（1995，2006）所提出的构式语法虽立足于认知语言学的基本精神，强调了句式在于法分析中具有独立的地位，但由于所讨论的语法现象都集中在不能用替换生成的格式（也就是各个单位无法拼合成整个单位组合的语法语义特点的格式），因此不免使我们以为句式具独立性仅体现在一部分的语法现象中，而转换生成语法所讨论的能用替换生成的格式，则不属句式独立性的范围。根据这个基础再往前推论，《当代》的结论就水到渠成：既然语法系统中存在着用替换生成的格式，而构式语法仅强调不能用替换生成的格式，因此后者和前者必然有关，而转换是唯一能把它们联系上的办法。这个结论虽依据前提一步步推论至结论，但问题是前提中的能用替换生成的格式虽然不在Goldberg（1995，2006）的构式语法中获得重视，但是在认知语言学的基本框架中，转换生成语法所讨论的能用替换生成的格式也是构式，是具有自己独特语法和语义特点的独立句式。Langacker（2009）的认知语法对此有一总体的论述：

CG holds that lexicon, morphology, and syntax form a continuum, divided only arbitrarily into discrete components. Moreover, it claims that lexicon and grammar are fully describable as **assemblies of symbolic structures**, where a symbolic structure is simply the pairing between a semantic structure and a phonological structure (its semantic and phonological **poles**) . This has several consequences. First, grammar is not distinct from semantics, but rather incorporates semantics as one of its two poles. Second, grammatical description does not rely on special, irreducible grammatical primitives, but only on symbolic structures, each reducible to a form-meaning pairing. Third, every construct validly posited in grammatical description has a semantic pole and is therefore meaningful (though the meanings are often quite schematic) .

可见，认知语法强调了转换分析语法分析中大大小小的单位，各种各样的语法范畴和语法结构全都是象征单位。而在具体的分析层面，认知语法除了认为词是个象征单位外，也认为“NP_1+V+NP_2”这个句法结构也是个象征单位，具有独特的意义，而这个独特的意义就以下边的句式模型（constructional schema）来表示：

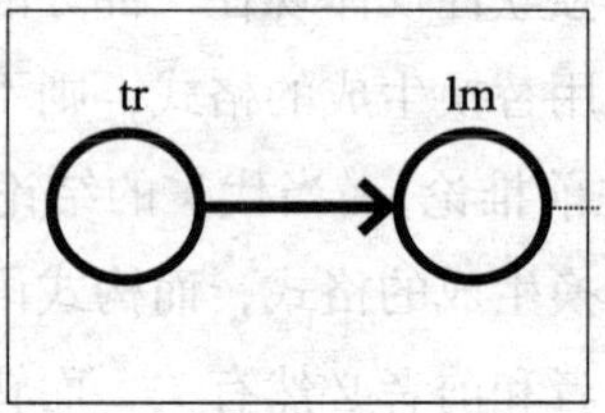

图 2

图中的 tr 和 lm 分别代表了 trajector（基体）和 landmark（侧面）（详见沈家煊 1994；张敏 1998），而这个句式模型说明了“NP_1+V+NP_2”这个句法形式和“an asymmetrical interaction that is in some sense initiated by the agent or experiencer”（Langacker 1990）联系，是个象征单位。既然词作为一个象征单位具有多义性，句式作为一个象征单位同样也体现了多义性。按认知语法对范畴的分析，任何的范畴都有原型成员（prototypical member）和扩展成员（extended member）：

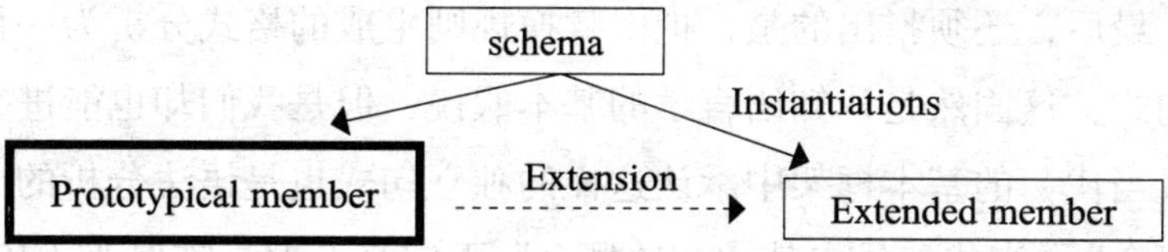

图 3

（Taylor 2002：125）

因此，若把“Alice hits Bill”视为“NP_1+V+NP_2”的典型成员，则能把“Alice admires Bill”视为同一个句法形式的扩展成员。

图 4[③]

而下图就把转换生成语法中以替换规则建立起来的句子按认知语法的理论框架进行分析，着重强调了即使是转换生成语法中以替换规则生成的格式，在认知语言中，也都被视为一种独立句式：

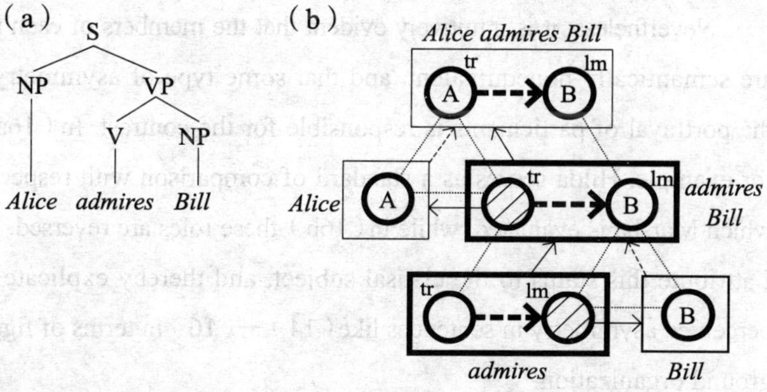

图 5

（Langacker 2009：210）

既然由替换规则生成的格式也在认知语言学中被视为一种独立句式，因此《当代》对于转换的必要性的论述或许就可以再进一步讨论。最后，还须指出的是，把由替换规则生成的格式分析为一种独立句式，这固然是认知语言学的基本假说，但是我们却也能进一步在《当代》的基本框架中承认这样的独立句式也是语法分析的“初始概念”。《当代》虽未就“初始概念”下定义，但是陈保亚（1985）就曾对“原始概念”做了如下的说明：

> 若某一性质不被任何其他概念类推出来，我们称为“原子概念”。若某一概念能由其他概念类推出来，我们说它不是原子概念，是复合概念。

Langacker（1991b: 222）就讨论过下列几组例子：

（14）a. *The fifth floor contains a library.*

b. *A library occupies the fifth floor.*

（15）a. *Line A intersects line B.*

b. *Line B intersects line A.*

（16）a. *Marsha resembles Hilda.*

b. *Hilda resembles Marsha.*

> Because these sentences describe static situations, it is not obvious that the notion of interaction is applicable. ......
>
> Nevertheless, it is intuitively evident that the members of each pair are semantically nonequivalent, and that some type of asymmetry in the portrayal of participants is responsible for the contrast. In（16a）, for example, Hilda serves as a standard of comparison with respect to which Marsha is evaluated, while in（16b）these roles are reversed. ...... I attribute this status to the clausal subject, and thereby explicate the perceived asymmetry in sentences like（14）—（16）in terms of figure/ground organization.
>
> （Langacker 1991：222）

根据这个讨论，引文中的三组例子由于所编码的都是静态事件，但每一组中的两个例句表达的虽是同一个客观事件，但并不同义，均显示了两个名词词组之间具有一种不对称的话语关系，而这种不对称关系恰好在a、b句相反。如何解释每一组例子中所具有的不同的不对称性？这种不对称性绝对不可能源自于动词或名词（词组），尤其是考虑到例（15）和（16）除了语序外，其他的组成单位完全相同。在这个情形下，唯一的解释就是“NP_1+V+NP_2”这个句法形式虽是从替换规则生成出来，但本身也是个象征单位，具有自己特定的语义，表达了一种不对称关系。由于这个承载意义的句法形式无法从其他原始概念类推出来，因此在语法分析中必须赋予它“原始概念”或“初始概念”的地位。

2 关于平行周遍

在全书最末，《当代》（566页）指出接下来工作的重点：

> 因此，要生成合法的言语片断，当前的真正瓶颈在于如何从大量语言材料中还原出单位、规则及其平行周遍条件。

三项工作中，“平行周遍”是最重要的。《当代》在最后一章总结了结构主义和转换生成语法的局限：“从还原方面看，Saussure谈到的获得单位的困难仍然没有解决；从生成方面看，Chomsky生成合法句子的要求也远远没有达到”（《当代》560页）。两者的局限，依《当代》的分析，“最根本的问题在于我们对各种还原和生成程序的平行周遍条件还很不清楚”（《当代》560页）。可见，从语法理论建构的角度着眼，“平行周遍”能帮助我们“获得语法上的规则单位和规则”（《当代》559页）。此外，在“平行”和“周遍”之间，《当代》似更强调了“周遍”：

> 能否找出周遍条件，直接影响到这一格式生成力的强弱。如果能够找出周遍条件，就是一种生成规则，如果找不到周遍条件，就只能是一种理解规则。
>
> （《当代》563—564页）

由于《当代》维持了转换生成语法的记忆和规则的二分格局，因此《当代》（564页）认为：

> 我认为言语片断放在词库中的根本理由还是一个平行周遍条件的问题。平行不周遍的规则必须存放在词库中，才能避免生成不合法的句子。

也提出：

> 平行周遍有一个发现过程。有时候两个语素的组合是否有规则，跟我们是否已经找到规则有关系。当两个语素的组合规则还没有找到的时候，这两个语素是语符，当两个语素的组合规则找到的时候，就是规则组合。比如前面讨论的“X 鞋”这种组合中，当 X 表示质料这个平行条件被找到后，“X 鞋”就是平行周遍的，是规则组合，但是在我们发现这个平行周遍条件以前，“皮鞋、布鞋、草鞋”等语素组合都应该储存在语符库中。
>
> （《当代》61 页）

上述的看法很正确，也和形态学界近期所讨论的形态能产性（morphological productivity）（详见 Bauer 2001；Haspelmath & Sims 2010）、认知语言学界的句法能产性（syntactic productivity）（详见 Barðdal 2008）互相呼应。由于“平行周遍”的概念在《当代》中深具重要性，且能帮助我们开启接下来的工作，因此我们这里就尝试结合形态和句法能产性就这两个概念进行一些更进一步的讨论。首先，须指出的是《当代》所提出的“平行周遍”比“能产性”的概念更具体、在操作上更简易，但形态学的研究却也分析了对构词规则产生限制的因素。这些因素分别和音系、语义、语用等有关，而这都能丰富《当代》的讨论。Haspelmath & Sims（2010：118—119）在承认形态规则具能产性的基础上，讨论了音系上的限制条件，指出：

> Phonological restrictions on the domain of a word-formation rule are particularly common with derivational suffixes, much less so with prefixes and compounding.

这对我们应是有启发的，《当代》（52 页）就“老李”等语素组，提出：

所有单音节姓氏语素放在“老”的后面，整个语素组表示尊敬。

这固然符合平行周遍的要求，因这条规则有效地排除了“老欧阳”、“老司徒”等的语素组合，但我们也能把上述的一条规则改写为一条生成规则和一条附加的限制规则：

生成规则：所有表姓氏语素放在“老”的后面，整个语素组表示尊敬。

限制规则：生成规则所得的结果必须满足双音节的要求。

从经济的角度着眼，两条规则必然比一条规则更不经济，但是这样处理语料也有好处。首先它强调了“老＋X”的语素组在形式和意义上的平行周遍性，但同时也强调了整个语素组必须满足音节上的周遍要求。换言之，生成出“老李”、“老陈”等合法语素组依靠的是两条周遍规则的相互作用，一条负责生成，而一条负责把关，并淘汰一部分已生成出来的语素组。由于我们把《当代》中所提出的“平行周遍”拆分成生成规则和限制规则，我们就能发现这里所提到的限制条件在汉语的其他现象中也有反映。冯胜利（2000：139—140）就讨论了动补结构带宾语的语法现象，如“累垮了腰、关严了窗户”等：

出现在这类句子里的动补结构中的述补语可以是表结果的……，也可以是表程度的，……还可以是表趋向的……，然而无论补语的语意性质如何，句中的动补结构均可携带宾语是一致的。这就是说，它们都是［NP V R NP］的句法格式，……这一句法格式不能保证由此生成的句子都合法。例如：

（2）a. *他累弯曲了腰。

b. *他关严实了窗户。

……

（1）④跟（2）中的句子，句法结构完全一致，都是［NP V R NP］格式。可是只有（1）合法，（2）中的句子则必须从汉语语法中排出出去。语言学家的任务是如何在保证（1）的合法性的同时，合理地将（2）排除出去。

并指出要合理地将“累弯曲了腰”排除出去就须考虑音节数量上的要求（冯胜利 2000：142）：

> ……（1）跟（2）中的动补结构虽然表面形式上没有什么不同（都是［动词＋补语］），但是在音节数量上却有着明显的对立：（1）中的动补是［VR］（＝［1+1］），（2）中的动补是［VRR］（＝［1+2］）。这就是说，双音节的［VR］可以带宾语，而［VRR］则不能带宾语。

按《当代》对平行周遍的要求，上述动补结构带宾语的语法现象的生成条件其实未必是清楚的，但是由于我们把平行周遍拆分成生成条件和限制条件，因此即使我们无法很准确地说出动补结构带宾语的生成条件，这并不妨碍我们发现制约上述语法现象的条件，而最值得注意的是，这条限制条件也和上述的“老＋X”的规则语素组的生成有关，因此应该是分析汉语语法现象无法忽视的限制条件，尤其是我们也发现这个限制条件也能体现在《当代》所提到的不规则语素组中：

> ……我们知道“动宾”跟“动补”式复合词在汉语中是相当能产的。可是我们很难发现由双音节动词加上单音节宾语或补语构成复合词，譬如：
>
> 1. 提高 *提拔高 站稳 *站立稳 压碎 *压挤碎 改正 *修改正
>   得罪 *获得罪 越轨 *超越轨 种地 *耕种地 缺德 *缺少德
>
> （冯胜利 1997：8）

把双音的限制条件提取出来，这也符合了沈家煊（2011：8—11）在讨论汉语的特点时所指出的“双音化也是一种形态手段”。

把平行周遍分开成生成条件和限制条件还有一个好处，那就是能纠正《当代》中按平行周遍原则而严格地把句法单位组合划分入语符库和规则库。由于语符库和规则库在《当代》中是截然对立的范畴，因此一个句法单位组合若不进入语符库，就得进入规则库。若参考形态学近期的研究，就可发现这个对立或许没有那么地绝对。我们第1节已指出《当代》中划分入规则库的一些组合单位其实是属于形态学的研究范围，而这些组合单位必然满足了平行周遍的要求，因此是能产的。就能产性，形态学研究就揭示了这个概念并非铁饼一块，而是在其中存在着许多不同的等级（gradable）：

> When a rule is very productive, neologisms formed by that rule are hardly noticed — by speakers, hearers and lexicographers. For instance, English adjectives with the suffix-*less* can be formed quite freely（*childless, joyless, shoeless*, and so so）, and if a speaker or writer creates a new word with-*less*（e.g. commaless: *the poet writes in long, commaless sentences*）, this does not strike hearers or readers as particularly innovative. The author may not have noticed herself that she was using a new word.
>
> ......
>
> It seems more realistic to arrange rules on a continuous scale of productivity than to divide them into classes of 'productive' and 'creative' rules, or 'productive' and 'unproductive' rules. In this book we will therefore say that morphological rules can be gradiently productive, and the less productive a rule is, the greater the chance a neologism will be noticed.
>
> （Haspelmath & Sims 2010：116—117）

由于形态学所提出的规则在能产性上是具有不同等级的，而《当代》的处理则是一旦无法为组合单位找到平行周遍的条件，就将这个组合单位划入语符库，因此并未考虑到其中所存在的这种等级性。此外，又由于严格区分语符库和规则库，因此按《当代》的设计，若组合单位平行但不周遍，语言使用者在语言处理（language processing）时就必须直接从语符库直接提取，而不能依靠规则的即时组合。形态学研究也讨论了词汇提取（lexical access）的问题，指出：

Imagine that the language user has just heard the word *insane*. If both morphemes and word-forms are stored in the lexicon, the person can retrieve the meaning of the word from his mental lexicon in two different ways—either by breaking the word into its component morphemes and looking each up（*in-, sane*）, or by looking up the word-form directly（*insane*）, assuming it is stored. The process of looking up a word in the lexicon is known as **lexical access**. When lexical access occurs by **breaking up words** into morphemes, this is the（morphological）decomposition route; retrieving complex word-forms without decomposition is the **direct route**.

Which method is a language user more likely to employ? Some linguists argue that the answer is, in some sense, both. There is evidence that when speakers need to retrieve a word from the lexicon, they try both routes simultaneously. The 'winner' is whichever method is faster in accessing the information. Lexical access is thus a kind of race which exists to make the mental work of processing language more efficient. The postulation is represented in Figure 4.2. The solid lines indicate lexical access via the decomposition route. The dashed line indicate lexical access via the direct route.

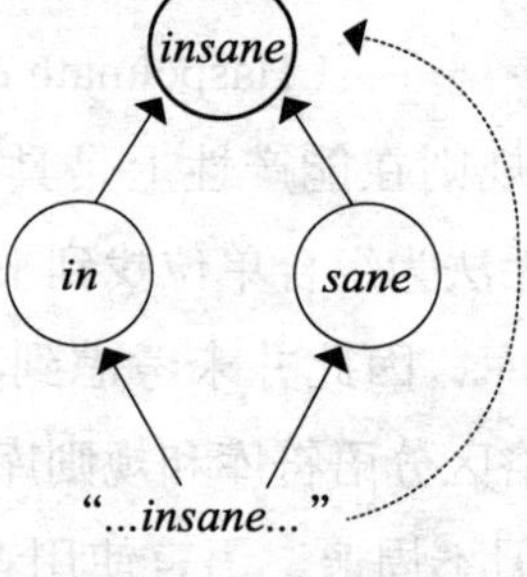

Pigure 4.2: A schematiaed dual-route model of lexical access（Hay 2001: 1045）

（Haspelmath & Sims 2010：72）

这其实呼应了第 1 节中所提到的记忆和规则或许并非截然二分的问题，而一旦我们承认语言使用者在处理句法单位时既采取了记忆手段，也采取了规则手段，而不是仅能在两种手段中选择其中的一个，我们就能尝试在《当代》的“平行周遍”的基础上，结合上述我们所提出的生成条件和限制条件，承认语言使用者面对平行但不周遍的组合单位时，既采用了规则和记忆的处理模式：规则就是生成条件，是无限的，但记忆是限制条件，负责把违反规则的例外给记住，并把它们从规则库中淘汰。

承认记忆和规则的相互作用是必需的，尤其是考虑形态学研究中已指出同义阻挡（synonymy blocking）和词频（frequency）能对规则产生干扰。关于前者的说明如下：

> Very often an otherwise productive derivational rule does not apply because it is pre-empted by an existing word that has meaning of the potential neologism. For example, the verb *to broom* does not exist because the verb *to sweep* exists instead, which means the same as *to broom* would if it existed. Morphologists say that there is **synonymy blocking**（or just blocking, for short）under such circumstances. Apparently languages prefer not to have several words that mean exactly the same.
>
> （Haspelmath & Sims 2010：125）

一个很好的例子就是：

> The frequency effect on blocking strength can also be observed when a productive quality noun rule competes with unproductive quality noun formations. In German, the suffix *-heit* ‘-ness’ has all monosyllabic adjectives in its domain, but it is blocked when a different quality noun is available, e.g. **Reichheit* ‘richness’ from *reich* ‘rich’ is blocked by *Reichtum* ‘wealth’, which uses the unproductive suffix *-tum*.
>
> （Haspelmath & Sims 2010：126）

这个例子清楚地说明规则能平行但不周遍，原因并不出在规则本身，而是在规则之外的制约条件，因此若把一切平行但不周遍的单位组合都划分入语符库，否定了规则的生成条件，或许并不理想，也可能无法捕捉到人类处理语言的心理事实（psychological real）。此外，词频也能对规则产生影响：

> In language after language, if there are irregularities in inflection, these primarily affect the most frequent lexemes. ......
>
> There are two rather different ways in which frequency may cause irreguarity in morphology. On the one hand, frequency leads to phonological reduction, because frequent expressions are relatively predictable, so that speakers can afford to articulate less clearly. ...... Examples from English are the verbs *have*, *say* and *make*, which were completely regular in earlier English（haved, sayed, maked）, but became irregular because they were subjected to greater phonological reduction than comparable rarer verbs（e.g. *said* versus *played*, *had* versus *behaved*, *made* versus *faked*）.
>
> （Haspelmath & Sims 2010：274—275）

英语的例子就很好地说明问题，*-ed* 本应对所有的动词都是平行周遍的，但是由于动词的词频不同，加了 *-ed* 之后的高频动词，由于高频效应促使音节压缩，而这就进而破坏了生成规则。面对这个现象，若由于存在上述的英语高频动词的特殊表现而把所有的加 *-ed* 语素组合都划入语符库，这或许就过于严苛了。我们认为《当代》凸现平行周遍条件作为理解生成过程的要素，这是毫无问题的，但若能结合限制条件，既承认规则和记忆的相互作用，或许能更符合人类处理语言时的情形。

最后，我们想初步指出的是《当代》所提出的解释性原则，即平行但不周遍的规则，其实在语法分析中也可以占据重要的地位。以下我们将借双宾语结构[⑤]来进行说明。双宾语作为一种句法形式，可如此表达：

$V+NP_1+NP_2$

关于双宾语结构的讨论，虽然一般都认为属于规则库的问题，但是如果严格按照《当代》的分析框架，则能发现能进入上述句法形式的动词虽然平行，但不周遍（例如上古汉语中“与”、“赐”能进入，但“献”不能进入，详见邵永海 1990），因此我们认为这个情形和《当代》讨论“X 儿”的情形有些相似[⑥]：

> ……第二组的实例“笔儿、脚儿、手儿”和“腕儿、腿儿、桌儿、门儿、本儿”显然是平行的，但前者不可以说，不是语义上不允许，也没有其他原因可以解释。“X 儿”必须看成是不周遍的。“白纸、白墙、白鞋、白毛、白车”等是生成性规则语素组，“腕儿、腿儿、桌儿、门儿、凳儿”是可解释语符。
>
> 平行而不周遍是说在同一个平行条件下存在不能说的实例。一般地说，只要我们尚未找出一个平行格式不周遍的特殊理由，或者说无法对不周遍的实例作出充分的解释，这个格式只能看成平行而不周遍的格式。从语言生成的角度看，这些格式都需要记忆。

若我们按《当代》的术语和分析，把“$V+NP_1+NP_2$”看成平行而不周遍的句法格式，那么这个格式其实就得靠记忆[⑦]。我们这里的讨论重点并不在记忆或规则，而是希望说明平行不周遍的解释性原则其实在语法分析中也可以占据重要的地位。以双宾语结构而言，我们知道在任何一个人类语言中都无法有效地为进入这个句法格式的动词找到周遍条件；换言之，我们无法有效地预测哪些动词能进入，哪些不能。借鉴语言类型学上的语义地图模型[⑧]，我们就能发现进入这个句法格式的动词虽然不周遍，但是却也隐藏着规律。Malchukov et al.（2007，2010）曾提出下列的双及物结构的概念空间：

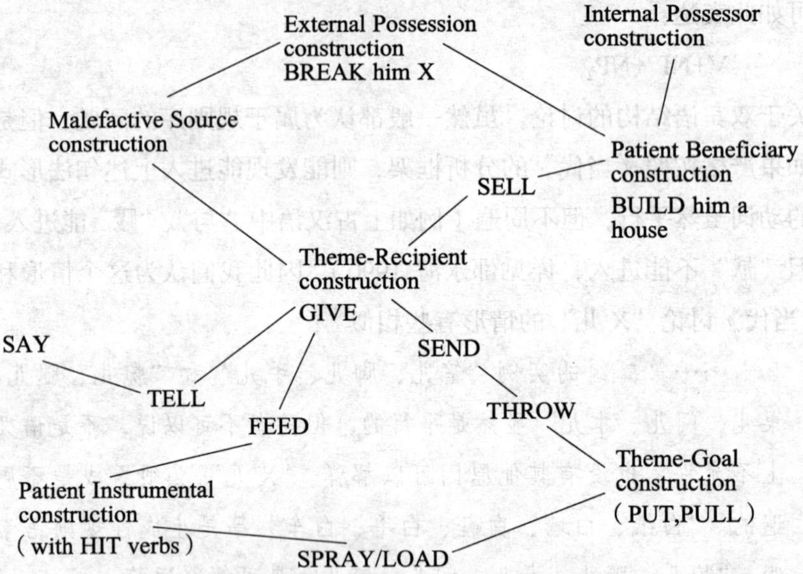

图 6　双及物结构的概念空间

Malchukov et al.（2007）

我们可用现代汉语的双宾语结构来说明图七是有效的。张敏（2011）指出现代北京话的双宾语结构有如下的例子：

1. 给他一本书。

2. 卖他一块地。

3. 告诉他一件事。

4. 喂他一口饭。

5. 送学校一份文件。

6. 扔他一个球。

7. 搁桌子上一本书。

8. 抢了他 100 块钱。

9 打断了他一条腿。

而这些例子能在同一个概念空间上勾勒出个连续的空间：

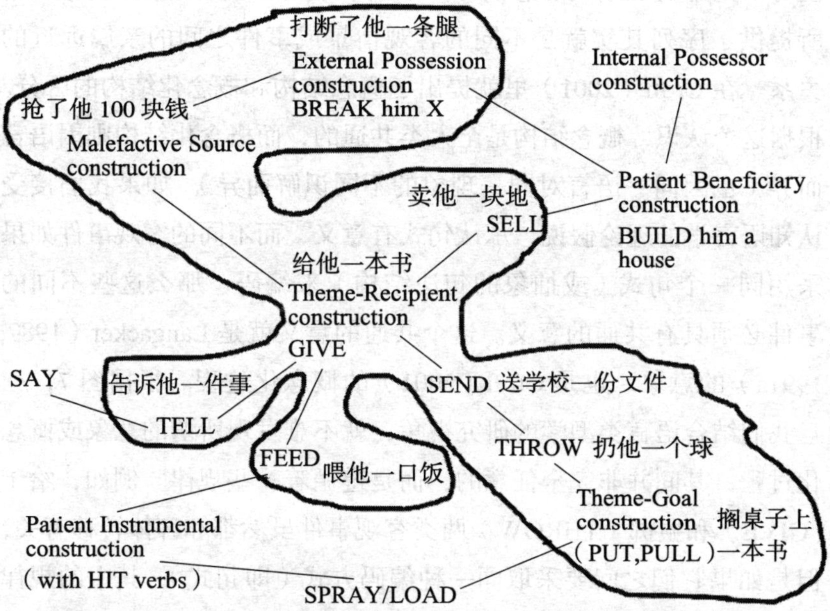

图 7　现代北京话双宾语结构的语义地图

必须指出的是，所有节点上的动词并不一定都能进入某个特定人类语言的双宾语结构，因此从进入双宾语结构的动词的角度着眼，它们依旧是平行但不周遍的。虽然如此，我们却能发现双及物结构的概念空间对于不同动词的处理已显示了它们之间的亲疏远近的关系，而且也进一步地揭示了不同类型的动词在和双宾语结构搭配上的蕴涵关系。我们这里集中讨论三个节点上的动词类，它们分别是“给”（GIVE）类、“寄”（SEND）类和“扔”（THROW）类动词。根据图七，这三类动词之间的关系是：

GIVE —— SEND —— THROW

“给”类 ——“寄”类 ——“扔”类

这表示了如果“给”（GIVE）类和“扔”（THROW）类动词都能进入双宾语结构，则“寄”（SEND）类动词也是如此。如果我们把这三类动词视为三种不同的客体转移的情景或事件（例如“给”是即时当场的客体转移，而“寄”和“扔”虽然也表达了转移事件，但却不是即时当场的转移），那么我们其实就可发现上述概念空间所提供了序列其实就是不同的客观情景或事件之间的亲属远近的关系。在 Croft（2001）里就提出了概念结构和概念化结构的区分。根据这个认识，概念结构是全人类共通的，而概念化结构则因语言而异（也因同一语言对同一现象的不同识解而异）。如果我们接受认知语言学的理论假说，承认句式有意义，而不同的客观事件如果采用同一个句式（或抽象的句法结构）来编码，那么这些不同的事件必须具有共通的意义。这个共通的意义就是 Langacker（1987, 1991a）的意象，也是 Croft（2001）的概念化过程。根据图 7，一旦我们结合语言类型学的研究视角，就不难发现所谓的意象或概念化过程，其间并非完全任意的，而是遵循着一些规律。例如，给予（GIVE）和抛掷（THROW）两类客观事件虽然都和客体转移有关，但是如果它们之间要采取同一种编码方式（即句式），其中的规律就在于寄送的客观事件也必须采取相同的编码方式（或句式）。

3 剩余语素的提取

语素是语法分析的基本单位，是“线性组合中……一种重要单位”，而“结构语言学以后的生成语法、功能语法以及其他各种语法理论，都不能绕开语素的提取问题”（《当代》7 页）。关于语素和语符的关系，《当代》（67 页）指出：

> 语素不能直接作句法单位，但语素的地位仍然重要。判定规则语素组和不规则语素组要以语素为前提。……因此，我们需要在符号层面建立两种性质不同的单位库：语素库和语符库。

因此《当代》一开篇就讨论了语素的提取问题。由于通过对比（音义同一性对比）切分语素基本是学界的共识，因此《当代》对此并没有进行更多的着墨，而是直接处理剩余语素的提取问题。这是很有意义的，因最新的形态学专著，如 Carstairs-McCarthy（2002）和 Booij（2005）等虽触及了和 *cranberry* 相关的现象的讨论，但并未就剩余语素的提取做出更深入的讨论。就这个问题，《当代》借助了“苹果”、“妹”、*when* 和“骰子”等例子一步步深化讨论，提取的办法也从原有的单项对比发展到双项对比，再发展到不定位双项对比，最后获得了如下的结论：

与剩余语素 X 组合的另一个成分 Y 不仅是可对比的，而且至少应该具有以下两种性质之一：

1. Y 能出现在不定位双项对比的言语片断中。

2. 与 Y 组合的 Z 能出现在不定位双项对比的言语片断中。

（《当代》11 页）

整个讨论步步深入，讨论不能不说是非常精细，结论也非常精彩，是科学论文很好的示范[⑨]，但我们认为《当代》由于过于求全，因此推论过程有一关键的一步或可以再做讨论。以下我们将简单地介绍《当代》对剩余语素提取的推论过程，而由于我们会尝试指出推论过程中的其中一步是无效的，而这也最终会影响是否采用不定位双项对比的判断标准，因此下边会比较详细地引用原书中的例子和分析。

所谓单项对比，指的是言语片断中只有一部分能够做音义同一性对比：

表 4

苹果	苹果
?	芒果
?	水果
……	……

语素分析上所采用的同形替换要求两头都能替换（如“学校”，见张斌主编 2010：17—18），而按这个标准，“苹果”既然无法两头都替换，因此就必须被分析为一个语素。这个分析显然不合理，因“果”明显有意思，而“苹果”也不是“果”，因此现有的认识是只要知道“果”有意义（由单项对比所显示的），我们就能把“苹”分析为剩余语素（详见张斌主编 2010：17—20）。《当代》指出这个

处理有如下的问题：

表 5

mei^{51} 妹	mei^{51}
mu^{51} 姆	?
ma^{214} 妈	?

根据表 5，我们似乎也可以说“妹、姆、妈”在语音上有相同的部分 m-，其意义表示“女性”，满足音义同一性对比。这虽符合上述剩余语素的判断标准，但显然是个不容易被接受的答案，而陈保亚（1997）就对此进行了讨论，并对剩余语素的判断标准进行了限定：

> 为了解决这里的困难，我们曾经从操作上给出了剩余语素切分的双项对比原则：如果 A 是一个剩余语素，与 A 组合的另一个片断必须有资格出现在其他可以进行双项对比的言语片断中。
>
> （《当代》8 页）

双项对比的具体操作步骤如下：

> 根据这种限制，“果”可以出现在“水果”这样的片段中，并且“水果”可以进行双项对比：
>
> | | |
> |---|---|
> | 水果 | 水果 |
> | 水车 | 鲜果 |
> | 水壶 | 酸果 |
> | …… | …… |
>
> 所以“苹”是剩余语素。“mei^{51} 妹”中的 m- 不能出现在可以进行双项对比的实例中，所以不是表示“女性”的语素，$-ei^{51}$ 也不是剩余语素。
>
> （《当代》8 页）

《当代》并未满足于此，并在陈保亚（2006）的基础上指出双项对比在判断剩余语素时也会产生误判的问题，因此提议以不定位双项对比为标准。由双项对比到不定位双项对比的发展主要是因《当代》注意到了英语中的 *when* 的情况。这个 *when* 中的 *wh-* 是可对比的：

表 6

when	when
where	?
which	?
why	?
what	?
……	……

此外，包含 *wh-* 的 *where* 还可以进行双项对比，这说明了 *when* 必须分析为两个语素：

where 的两个部分 wh- 和 -ere 都可以进行对比，wh- 似乎表示疑问的意思，-ere 似乎有标识处所的意思，按照我们早期给出的双项对比原则，是否需要承认 when 中的 wh- 是语素，-en 是剩余语素？更一般地说，如果仅仅根据双项对比切分语素，我们就得承认存在下面的语素：

where	where
what	here
why	there
……	……

（《当代》9 页）

这个严格按照双项对比所获得的结论显然并不能令人满意：

where 的对比说明，双项对比原则可以把“妹”中的 m- 排除在语素之外，但还不能把 wh- 排除在语素之外。

（《当代》9 页）

解决的唯一办法就是对双项对比进行更进一步的限制，要求“与剩余语素组合的另一个非剩余语素必须出现在不定位双项对比的言语片断中”。所谓不定位双项对比，以“苹果”为例，指的是若要把“苹”分析为剩余语素，则与“苹”搭配的“果”“无论处在左项（前项）或右项（后项），包含‘果’的言语片断有的可以进行双项对比”（《当代》10 页）：

表 7

双项对比实例（“果”为右项）		双项对比实例（“果”为左项）	
鲜果	鲜果	果树	果树
鲜鱼	水果	国核	枣树
鲜菜	酸果	果仁	桃树
……	……	……	……

根据这个要求，《当代》指出：

……我们就可以把“苹果”中的“苹”分析成剩余语素。“where”中的 wh- 由于不能出现在不定位双项对比的片断中，不是语素，与 wh- 组合的 -ere 也不会被当成剩余语素。“妹”中的 m- 由于不能出现在不定位双项对比的片断中，也不会被当成语素，与 m- 组合的 $-ei^{51}$ 也不会被当成剩余语素。

（《当代》11 页）

不定位双项对比虽解决了问题，但却也制造了新的问题。《当代》对此是有觉察的：

但是这样的限制似乎太强大了，需要略作调整，因为按照这种限制，“骰子”的“–子”由于不能出现在不定位双项对比的片断中，“骰–”就不会被当作剩余语素。

按不定位双项对比，“骰子”就必须分析为一个语素。但是更为麻烦的是，不定位双项对比的要求显然无法通过一批现代汉语普通话中由前缀和后缀所构成的合成词，如“第一”（见《当代》10 页）。为维护不定位双项对比的地位，《当代》对“骰子”的语素判定做了如下的说明：

但是这样的限制似乎太强大了，需要略作调整。因为按照这种限制，“骰子”的“子”由于不能出现在不定位双项对比的片断中，“骰–”就不会被当作剩余语素。不过，“–子”尽管不能出现在不定位双项对比的片断中，但“–子”可以和“桌”等很多言语片断组合，不仅“桌子”是可以进行双项对比的，而且“桌”可以出现在不定位双项对比的片断中，比如“方桌”、“桌布”等，所以“-子”仍然可以通过间接的不定位双项对比被断定成一个语素，于是“骰”也是剩余语素。

（《当代》11页）

也对现代汉语普通话中由前缀和后缀所构成的合成词（如“第一”）做了类似的说明：

我们说“第”只能出现在定位双项对比言语片断中。不过，与“第”组合的言语片断“一”可以出现在不定位双项对比的言语片断中。

（《当代》10页）

这样的说明不免有特设（ad-hoc）的色彩，而从理论建构的角度着眼，其中最麻烦的是，为解决剩余语素所提出不定位双项对比办法竟然在明显是两个语素的合成词上出现问题，以致须对“第一”等例子进行额外的说明，因此并不理想。在未讨论解决办法前，我们须指出“骰子”和“第一”等，若按双项对比的办法进行分析，其实是能准确地被分析为两个语素（前者是一个剩余语素加一个正常语素，而后者则是两个正常语素）。按双项对比的要求，与“骰”组合的“子”必须有资格出现在其他可以进行双项对比的言语片断中：

表8

桌子	桌子
桌面	椅子
桌角	袋子
……	……

而“第一”本身也能毫无困难地通过同形替换法：

表9

第一	第一
第二	初一
第三	十一
……	……

这一点或许是《当代》未注意到，而这其实也提示我们问题的根源或许就出在双项对比中所引入的不定位要求上。这里我们可稍回顾《当代》的作者对这个问题的思考历程，1997 年的《对剩余语素提取方法的限制》提出了双项对比的要求，而 2006 年的《不定位双项对比和语素切分程序》则进一步在双项对比的基础上提出了不定位的限制要求。根据上边的论述，剩余语素判断上产生的不少纠葛其实都和不定位脱离不了关系，因此如果我们取消这个要求，并以 1997 年的文章作为语素判断的最后依归，整体操作不仅简易，而且还能兼顾了系统性。换言之，定位双项对比对剩余语素的判断已足够了。如果采取我们的建议，那么又该如何解决 *when* 所导致的语素判定问题？就这个问题，我们认为可重新审视 *when* 和“苹果”的例子。《当代》似乎认为 *when* 和“苹果”有平行的现象：

表 10

when	when
where	?
which	?
why	?
what	?

苹果	苹果
?	芒果
?	水果
……	野果
……	……

表 11

when	where
what	here
why	there
……	……

水果	水果
水车	鲜果
水壶	酸果
……	……

但若细究，它们其实并不平行。我们必须注意表 11 中的“水果”等都能在同形替换法中被证明是两个语素，但 *wh-* 的 *where* 是否是两个语素则是个问题。表面上看，*where* 确实能通过定位双项替换，但是这个替换若要成功，我们就必须首先保证 *what*、*why*、*here*、*there* 等都是两个语素。这里的问题是《当代》把 *what*、*why*、*here*、*there* 等都分析为具两个语素的词，但却并未进行论证和说明，而

这一步明显是关键的。要如何证明它们是一个还是两个语素？我们认为还是得按照《当代》已建立起来的标准进行。根据这之前所建立起来的标准，*what*、*why*、*here*、*there* 等都必须通过同形替换法才能被分析位两个语素，但这显然是有问题的。按同形替换法的双项对比的要求，*what*、*why* 和 *here* 并非两个语素：

表 12

what	why
why	?
when	?
where	?
……	……

表 13

why	why
what	?
when	?
where	?
……	……

表 14

here	here
?	here
?	where
……	……

那么我们是否能说 *what*、*why* 和 *here* 是具有一个正常语素和一个剩余语素？若要如此，还是得按《当代》已建立的办法来进行，但是我们发现一旦论证到这一步，就无法避免循环论证：

表 15

where	where
what	here
why	there
……	……

There 的问题也相似，因此不赘述。有鉴于此，我们认为只要按照《当代》的标准一步步论证，*where* 虽然在表 11 中似乎出现在定位双项对比中，但这是个假象，因此应该还是分析为一个语素比较妥当。既然 *where* 是一个语素，而不是两个语素，那么《当代》因这个词能出现在定位双项对比中而进行的修正就变得不必要了。有鉴于此，我们认为剩余语素的判断标准应修订为：

> 与剩余语素 X 组合的另一个成分 Y 不仅是可对比的，而且应具有以下的性质：与 Y 组合的 Z 能出现在定位双项对比的言语片断中。

这个就显得简单和干脆。我们认为《当代》在语素分析上的总体框架都是很正确的，但因为求全，以致在一个关键处做出了违反原本设定下的限制。

4 结语

《当代》后记指出这本书的核心内容是“抓住一些重要的理论模型，……对存在的问题提出自己的修正意见和解决方案，……重心围绕……从结构语言学到转换语言学的转型”。由于《当代》的重点是解决语法分析，而当代语言学的发展除了体现在从结构语言学到转换语言学的转型外，还有另外一个发展，就是从转换语言学到认知语言学的发展（Lakoff 和 Langacker 是其中的代表人物，见 Harris 1993）。本文就是尝试从这个角度为《当代》所提出的观点和方法提供不同的思考方向，这都是自己个人非常不成熟的想法，因此还需要在更多的实践上接受检验。

附 注

① 索引中没有“词”，而有“语符”的项目条。参见《当代》592 页和 596 页。

② 指的是 $XP \rightarrow \cdots X' \cdots$。

③ 虚线表示扩展（extension）。

④ 指“累垮了腰、关严了窗户”等例子。

⑤ 这里的双宾语结构指的是一种次要宾语型的双及物结构，参见Malchukov et al.（2007，2010）的定义。

⑥ “$V+NP_1+NP_2$”虽是词组，而“X儿”是词，但《当代》强调的不是词和词组的分别，而是规则语素组和不规则语素组的分别。

⑦ 见第1节关于记忆和规则的讨论。

⑧ 参见Haspelmath（2003）和张敏（2010）。

⑨ 笔者在新加坡南洋理工大学教授“阅读与写作”的论文写作课时，就以陈保亚（1997）作为范文，要求学生仔细学习。

参考文献

陈保亚 （1997） 对剩余语素提取方法的限制，《汉语学习》第3期，12—13页。

—— （2006） 不定位双项对比和语素切分程序，《汉语学习》第4期，9—12页。

—— （2009）《当代语言学》，高等教育出版社，北京。

冯胜利 （1997）《汉语的韵律，词法与句法》，北京大学出版社，北京。

—— （2000）《汉语韵律句法学》，上海教育出版社，上海。

顾阳、沈阳 （2001） 汉语合成复合词的构造过程，《中国语文》第2期，122—133页。

何元建 （2011）《现代汉语生成语法》，北京大学出版社，北京。

邵永海 （1990） 从《左传》和《史记》看上古汉语双宾语结构及其发展，严家炎，袁行霈主编《缀玉集：北京大学中文系研究生论文选编》，北京大学出版社，北京，550—575页。

沈家煊 （1994） R. W. Langacker 的“认知语法”，《国外语言学》第1期，12—20页。

—— （2011）《语法六讲》，商务印书馆，北京。

宋国明 （1997）《句法理论概要》，中国社会科学出版社，北京。

张斌主编 （2010）《现代汉语描写语法》，商务印书馆，北京。

张 敏 （1998）《认知语言学和汉语名词短语》，中国社会科学出版社，北京。

—— （2010） 语义地图模型：原理、操作及在汉语多功能语法形式研究中的运用，《语言学论丛》第42辑，商务印书馆，北京，3—60页。

—— （2011） 汉语方言双及物结构南北差异的成因—类型学研究引发的新问题，《中国语言学集刊》第4卷第2期，87—270页。

朱德熙 （1982）《语法讲义》，商务印书馆，北京。

—— （2010）《语法分析讲稿》，商务印书馆，北京。

Barðdal, Jóhanna（2008） *Productivity: Evidence from Case and Argument*

Structure in Icelandic. Amsterdam; Philadelphia: John Benjamins Publishing Company.

Bauer, Laurie （2001） *Morphological Productivity*. Cambridge [England] ; New York: Cambridge University Press.

—— （2003） *Introducing Linguistic Morphology*. Edinburgh: Edinburgh University Press.

Bybee, Joan （1985） *Morphology: A Study of the Relation between Meaning and Form*. Amsterdam; Philadelphia: John Benjamins Publishing Company.

—— （1995） Regular Morphology and the Lexicon. In *Language and Cognitive Processes* 10, 5：425-455.

—— （2001） *Phonology and Language Use*. , Cambridge: Cambridge University Press.

Chomsky, Noam （1995） *The Minimalist Program*. Cambridge: The MIT Press, 1995.

Croft, William （2001） *Radical Construction Grammar: Syntactic Theory in Typological Perspective*. Oxford: Oxford University Press.

Croft, William & D. Alan Cruse （2004） *Cognitive Linguistics*. Cambridge, U.K.; New York: Cambridge University Press.

Dirven, Ren é Dirven and Marjolijn Verspoor (eds) （2004） *Cognitive Exploration of Language and Linguistics*. Amsterdam: John Benjamins Publishing Company.

Goldberg, Adele （1995） *Constructions: A Construction Grammar Approach to Argument Structure*. Chicago and London: The University of Chicago Press.

—— （2006） *Constructions at work: The Nature of Generalization in Language*. New York: Oxford University Press.

Harris, Randy Allen （1993） *The Linguistics Wars*. New York: Oxford University Press.

Haspelmath, Martin （2003） The geometry of grammatical meaning: Semantic maps and cross-linguistic comparison, In Michael Tomasello (ed.) *The New Psychology of Language: Cognitive and Functional Approaches to Language Structure*, Vol 2, 211-242. Leipzig, Germany: Max Planck Institute for Evolutionary Anthropology.

—— （2011） The indeterminacy of word segmentation and the nature of morphology and syntax. *Folia Linguistica* 45,1：31-80.

Haspelmath, Martin & Sims, Andrea D （2010） *Understanding Morphology* (2nd edition) . London: hodder Education.

Heine, Bernd & Heiko Narrog (eds.) （2010） *The Oxford handbook of Linguistic Analysis*. Oxford; New York: Oxford University Press.

Langacker, Ronald （1987） *Foundations of Cognitive Grammar, Vol. I, Theoretical Prerequisites*. Stanford: Stanford University Press.

—— （1990） Settings, participants, and grammatical relationships. In Tsohatzidis, S. L.（ed.）*Meanings and Prototypes: Studies in Linguistic Categorization*, 213-238. London and New York: Rutledge.

—— （1991a） *Foundations of Cognitive Grammar, Vol. II, Descriptive Application*. Stanford: Stanford University Press.

—— （1991b） *Concept, Image, and Symbol: The Cognitive Basis of Grammar*. Berlin/New York: Mouton de Gruyter.

—— （1999） *Grammar and Conceptualization*. Berlin/New York: Mouton de Gruyter.

—— （2008） *Cognitive Grammar: A Basic Introduction*. New York: Oxford University Press.

—— （2009） *Investigations in Cognitive Grammar*. Berlin/New York: Mouton de Gruyter.

Malchukov, Andrej, Martin Haspelmath & Bernard Comrie （2007） Ditransitive Constructions: A Typological Overview. http://email.eva.mpg.de/~haspelmt/DitransitiveOverview.pdf

Malchukov, Andrej, Martin haspelmath, Bernard Comrie（eds.）（2010）*Studies in Ditransitive Constructions: A Comparative Handbook*. Berlin/New York: De Gruyter Mouton.

（新加坡，新加坡国立大学中文系　chspcp@nus.edu.sg）

《当代语言学》评介

黄良喜　李明兴

提要　本文对陈保亚先生的著作《当代语言学》作了评介。本文首先介绍了全书的框架和各章的主要内容，进而总结了全书鲜明特点：回顾重要学派、侧重方法、着眼语料、注重汉语。最后，本文就书中提到的部分问题做了一些探讨。

关键词　语言学　研究方法　汉语

陈保亚先生在《当代语言学》（高等教育出版社，2009年第1版）一书中，综览了各家语言学理论和方法论，提炼出研究语言学必须从语言非线性结构上进行分析的视角。该书涉及语言的各个领域（如词法、句法、音系等），由始至终，围绕话语的理解和生成问题，对语言系统和研究方法进行了评述。该书回顾了以往重要学派的观点和分析，是一部很有特色的语言学专著，也适用于语言学教学和参考。

1　主要内容

该书共有12章。

第一至第三章主要讨论语素切分和句法单位。第一章“言语链中语素的切分”围绕语素提取的问题，回顾结构主义语言学以来的分析方法，特别是“同一性对比”和“双向对比”。作者阐明提取语素的一般程序，并检讨各家语言学理论在语素提取上的不同标准。第二章“线性序列的生成程序”总结语言线性结构的四种生成程序，即连接、替换、扩充和叠加；作者分析了各种程序的强弱和相互关系，并将这四种程序作为认识以往研究方法的出发点。第三章“单位和规则”讨论句法单位和规则、不规则组合的问题。作者总结了非功能学派对句法单位的认识，并指出：如果严格按照规则来处理组合层面，就可以分出语法和词汇。

第四、五章讨论语言的非线性和转换问题。第四章“替换、叠加和成分线性特征”阐明自然语言的组合不是相邻单位的线性组合，而是相邻直接成分的组合。作者认为，自然语言符号序列不存在单位线性组合，从根本上说，这是由扩展、替换和叠加的性质决定的。第五章“线性原则的不充分性和转换的必要性”在肯定转换必要性的基础上，从汉语语料中提出更多的论据，支持“转换”的概念。

第六章“音系分析程序的非线性化”指出“自主音系学”的不充分性（即不考虑语法层面信息，直接从纯语音层面对音系进行自主分析）。在讨论音系分析程序的过程中，作者强调语素音形的重要性，并提出对“核心语音单位”的看法。在讨论音节的判定时，作者回顾了以往的研究，并试图通过发音的可延展性来界定音节。

第七至第十章讨论语义。第七章“语义组合关系的线性分析”回顾语义在语言学理论框架中的地位，然后着重介绍了生成语法中的次范畴化问题，并尝试论证句法的深层结构的存在依据。第八章“语义组合关系的非线性化及其功能分析”分析格语法和标准理论两者的不同，并说明语义格的必要性。第九章“语义结构的再次非线性化：语义表达式”讨论深层结构在语义解释上遇到的问题，进而回顾元语言的研究和语义表达式的初始性。第十章“语义解释层面”介绍语义格和投射原则，提出转换改变意义的一些情况。

第十一、十二章谈句法。第十一章“结构的阶与递归性”引用汉语语料，阐释X杠理论（X-bar Theory），检讨限定语和补足语的层次。第十二章“句法关系的初始性”讨论句法中支配和约束的问题。作者回顾了黄正德、徐烈炯等学者对汉语语言现象的研究，探讨词义、认知、语境等条件的作用。作者还将支配等概念与结构主义语言学的相关研究做了对比。

2 本书特点

通观全书，有如下几个鲜明的特点。

第一，作者着力回顾了结构主义、功能主义、生成语法等语言学流派在重要问题上的观点。在讨论词法、句法、语义和音系等方面的每个重要问题时，作者都试图全面、完整地介绍以往各学派的研究。该书在这方面下的功夫，是同类语言学专著中不多见的。这样的回顾，有利于读者了解各学派的观点。

第二，作者对以往研究的回顾，并非停留在叙述上，而是侧重探讨其研究方法。如第一章“言语链中语素的切分”，作者回顾各学派分析方法的同时，还提出了提取语素的一般程序，来判定一个语言单位是否为不定位言语片段、定位言语片段、语素或剩余语素（11—12 页）。作者尝试用这些程序来衡量以往各家研究在语素提取上的标准。这种写作思路，有助于读者深入了解以往的研究，检讨自己的研究方法。

第三，在讨论各个问题时，作者经常从实际语料的分析来展开讨论，尽量避免长篇累牍地引述理论。这种写作方法，能使读者始终抓住语言现象来认识理论，理解各个学派的观点和研究方法，并做出自己的判断。

第四，该书在探讨重要问题时，经常引用汉语的语言现象来检讨以往的理论和研究方法，并多次指出这些现象对以往研究的意义或挑战。例如，在讨论限定语和补足语的层次问题时，作者提到如下的例子：

$<_{N2}(_{Spec}$这位$)(_{N1}[_{Comp}$英国$][_{N}$国王$])>$

并指出，对于汉语这样的语言，“名词短语中限定语和补足语都在中心词的左边，所以它们的层次是很清楚的”（474 页）。这样的分析，在方法论上，有助于激发读者对语言现象的敏锐感，促进读者发掘语言现象，探寻语言的规律。

3 一些问题的讨论

该书涉及内容较广，适合有一定基础的读者，更适于作为学科综述。纵观全书，读者可以先整体看一下，如果读者意识到了作者的立论结构，然后再仔细研读各部分，接受起来可能会更加顺畅一点。下面我们就所见的一些问题，谈一下看法。

前面提到，该书在每个重要问题上，都试图梳理出以往各学派的重要观点，同时又总是抓住实例而避免空洞说教。这种设计很有益处，但把握起来难度很大，又受篇幅所限，因此难免有一些回顾性的内容无法面面俱到。例如第四章“替换、叠加和成分线性特征”回顾的部分似乎失于简略，可能使读者不能了解线性理论和生成语法的短语结构全貌。又如第五章“线性原则的不充分性和转换的必要性”，作者对生成语法转换必要性的回顾也稍显简略。特别是，生成语法对转换的理解，包括对主动句和被动句之间语义关系的捕捉，并未给予足够重视。再如第六章“音系分析程序的非线性化”对以往研究多着墨于音段，没有提及音段以下和音节以上的层面。其实，相对于全书，第六章的内容比较独立，如果抽出另行发表，相信会更有影响力。这样处理应该会使全书结构更加紧凑、简洁，并可将省出来的篇幅用作补充其他章节过于简略的地方。还有，该书最后两章将焦点放在20世纪70年代生成语言学的三个重要概念（X杠理论、支配和约束）上，未能全面照顾到生成语法的完整体系，对不熟悉的读者来说，可能有些难懂。

该书对一些问题的分析颇有见地，稍有可惜的是，未能将这些独到的见解放置到当代语言学一些较全面的框架之中。比如，第三章“单位和规则”认为组成一个句子的最小成分是词，并认为词法和句法可以分开。在当代生成语言学流派中，有认同作者立场的，如Jackendoff（2002）等人的理论模型中，语音-语义-结构是并列的系统，不需要独立存在词法，词法是这三个并列系统中的一个层面。当然，也有不认同作者立场的，如 Baker（1988）就认为词法根本上就是句法，在结构树中，词缀是占有地位的。例如，汉语中有所谓的“动补”结构，如“打死”。在构词层面，“打”要两个论元（2 arguments），“死”需要一个论元，而“打死”需要两个论元。另外，在句法层面，有“打得死”，“打不死”等结构。这类现象都说明词法对句法的直接影响。又如第五章“线性原则的不充分性和转换的必要性”的论证，基本上与生成语法的论证异曲同工。如果能明确地将此两者联系起来，对读者的全面学习和思考可以有更积极的作用。再如第九章“语义结构的再次非线性化：语义表达式”对元语言的讨论与 Pinker（1999）和 Jackendoff（2002）等人的分析契合，也与 Dennett（1991）的立场近似。如能加以对照分析，会对读者更有帮助。读者也可以参考 Deutscher（2005）等人的著作。

书中个别地方，概念的界定如果更清晰一点，相信会使作者一些重要的论述更突出。比如，作者围绕线性-非线性展开讨论，但对这两个概念的界定着墨甚少。又如第二章，连接、替换、扩充和叠加四种生成程序之间的区别并不十分明晰，尤其是扩充与叠加之间的区别。再如第八章“语义组合关系的非线性化及其功能分析”，在一些地方未明确说明“语义格”对应的概念是 case 还是 θ-role。

在某些章节的讨论中，作者选择了一些颇具争议的课题。例如，第十章“语义解释层面”针对深层表层的关系，尝试补充生成语法的研究，并对深层结构提出挑战。这个问题涉及的面较广，有的语料也有一些不确定性，因此，深层结构的拥护者可能会做出不同的回应。又如第六章“音系分析程序的非线性化”提出的关于“核心语音单位”和判定音节的“延展性原则”，其可行性还可以进一步讨论。

在讨论问题时，该书所使用的语料，大多为汉语和英语。作为一部普通语言学的教材，如果能引用更多语言的例子，相信会更有助于学生认识人类语言的共性和语言学研究的意义。另一方面，在个别地方的论证中，一些例子还可以进一步推敲。例如第七章“语义组合关系的线性分析”论证语义在句法中的作用，可以考虑选择著名的 Jabberwocky 做例子（Carroll 1872）。Jabberwocky 一诗出现大量虚构的词语，但读者仍可理解其诗意，应该可以更生动地说明语义和句法的关系。

结语

陈保亚先生的《当代语言学》，花费了很大精力，将庞杂的内容以“非线性”作为主线贯穿起来，很有创建。纵览各学派，这部专著采取了独特的历史视角，将各派重要概念组构起来，供读者参考，非常不容易。希望有幸读这本书的人能够体会陈先生的良苦用心。

参考文献

Baker Mark （1988） *Incorporation*. University of Chicago Press.

Carroll Lewis （1872） *Through the Looking Glass and What Alice Saw There*. Macmillan and Co., London, New York.

Dennett Daniel （1991） *Consciousness Explained*. Back Bay Books.

Deutscher Guy （2005） *The Unfolding of Language: An Evolutionary Tour of Mankind's Greatest Invention*. Metropolitan Books; First Edition edition（May 19, 2005）.

Jackendoff Ray （2002） *Foundations of Language*. Oxford: Oxford University Press.

Pinker Steven （1999） *How the Mind Works*. W. W. Norton & Company.

（黄良喜：香港，浸会大学英国语言文学系　lianhee@hkbu.edu.hk；
李明兴：美国，堪萨斯大学语言学系　mxlistar@gmail.com）

语法描写的必要条件：双层语法单位*

——就句法单位问题答潘秋平等

陈保亚

提要　潘秋平先生等就拙著《当代语言学》中涉及的若干理论问题做了中肯的评论。本文就这些评论所涉及的关键问题，即语素规则组合和不规则组合的问题，做了一些解答。本文认为，要生成合法的语法组合，需要区分语素的不规则组合和规则组合。即使考虑连续现象，比如把难以区分的片段都算成不规则组合，也需要区分规则组合和不规则组合。语法分析中应该包括两种语法单位，不规则单位和规则单位。长期以来，自由的概念一直被作为提取句法单位的重要标准，但汉语中有大量包含黏着语素的语素组都是规则组合，自由的概念并不能充分区分规则组合和不规则组合，因此也不能充分区分规则单位和不规则单位。平行周遍原则的提出是为了不受自由概念的限制，直接通过类推的平行周遍条件区分规则组合和不规则组合。自由和黏着仍然是句法分析的重要概念。考虑到词的通行趋势，可在提取规则单位语符的基础上，区分自由词和黏着词。承认两种语法单位必然承认两个语法层面，由于词法和句法的区分在汉语中并没有严格界限，也不反映规则组合和不规则组合的区别，可考虑通过对准原则让词法研究不规则语素组，句法研究规则语素组。

关键词　形态　句法　规则　黏着　自由

缘起

潘秋平（2014）、黄良喜（2014）就拙著《当代语言学》中的理论问题展开了讨论，提出了一些不同的看法。里面涉及了很多语言理论的基本问题，而这些问题又和什么是语法的基本单位这一重要问题联系在一起。最近周上之（2013）、金朝炜（2013）也就笔

*　本文研究得到国家社科基金重点项目“基于严格语音对应的汉语与民族语关系字专题研究”（13AZD051）和教育部人文社会科学重点研究基地重大项目“基于系统语音对应的核心词分阶及建模研究”（11JJD740004）的资助。

者的语法单位提取问题展开了专门的讨论。什么是汉语的语法单位是当前汉语语法理论中很关键的一个问题，也是字本位和词本位争论的核心问题之一。下面我就语法单位及其相关问题做一些回应。限于篇幅，涉及的其他问题以后再展开。

1　双层单位的必要性

1.1　双层单位说与单层单位说

目前关于语法单位的确定有不同的角度。通常所说的词是从自由的角度确定下来的语法单位。徐通锵（1997）字本位中的字（语法字）是从音义关联的角度确定的语法单位。也有学者主张借助韵律来确定语法单位（冯胜利 1996）。我们认为，区分单位的规则组合和不规则组合是语言习得和语言调查的必要部分，这里我们主要从规则组合与不规则组合的角度来讨论语法单位。至于其他不同角度，此处不展开讨论。由于两个语素的组合是多个语素组合的基础，下面主要讨论两个语素的组合，多个语素的组合可通过直接成分理论得到说明，本文也不展开。

潘秋平比较赞同认知语言学关于语法单位具有连续性的假说。这一假说是说词库、形态和句法的单位具有连续性，没有本质的不同，可以统一地看成是符号系统的象征单位（symbolic units）。这样的观点主要体现在 Langacker（1987）和 Croft & Cruse（2004）的论著中。认知语法的连续性观点有观察事实的依据，尤其是在从词组向词汇转化的词汇化过程中，两个语素或多个语素的组合是词还是词组，并不容易判定。从普通语言学的角度看，我认为认知语法实际上认为语法单位只有一种，即象征单位。

其实索绪尔在《普通语言学教程》中讨论语法单位时就只考虑了一种单位。他的研究并不属于认知语法。他认为语法单位是语言研究最困难的问题之一，他给出了一种对比法来确定语法单位。他的对比法提取出来的只能是语素。对比法后来广泛为结构语言学所采用。萨丕尔在他的语言类型分类中，提到过一种分析性的语言类型，不把概念合并成词，即一个词只包含一个语素（萨丕尔 1921：114）。他举的例子就是汉语。这样的语言在他心目中实际上也只有一种语法单位。Harris（1946）曾经设计了一种发现程序，就是要直接从语素描写话语。这一发现程序包含了一个前提：生成话语的基本单位由语素构成。Harris 的一个基本思路是：语素组合的类可以从语素的类推导出来。在 Harris 看来，语素和词的区别只是分布不同而已。Harris（1946：4.31）的语素序列分布没有区分有规则组合和无规则组合。比如 enlarge，Harris 也看成是一种组合，即 en 和 large 的组合，但我们无法预测 large 所在的 A 类中的哪些单位可以和 en 组合形成 V，因此每一个和 en- 组合的实例都必须标注，这样不如单独为 en-large 这样的例子设立一个单位。从语言生成的过程看，enlarge 是凭记忆而不是凭规则可以生成的。当然，从阅读的过程看，只要遇到 en-A，通常就可以断定是 V。汉语儿化形式的机制也是这样的。

Harris 的单层单位论思想比现在的认知语法更为明确，就是要取消词法和句法，用一套单位来描写语法。Harris 的思想代表了后结构语言学一部分学者的观点。当前汉语语法学界也有学者认为汉语语法描写可以不区分词法和句法。为了方便后面的讨论，我们把以 Harris 为代表的单位论观点称为单层单位论。单层单位论认为语法只有一层单位，或者即使承认有不同层次的单位，但认为不同层次的单位之间没有实质的区别。认知语法就是这样看待语法单位的。

单层单位论和语法研究的早期传统不一致。早在公元前 1000 多年前，梵语研究中已经分出了词（word）和词根（stem）。当时的古希腊也区分了形态和句法，形态学研究词如何由更小的成分构成，句法研究词如何组成句子。语法层面分两级单位是古希腊的传统。总之，早期的语言理论基本承认语素和词两种语法单位，或承认与此相当的两种单位，并且有词法（morphology）和句法（syntax）来描写这两种单位的活动规则。词法也叫形态学，单位是语素，又可分为构形法（inflectional morphology）和构词法（derivational morphology）。句法的单位是词。我们把承认两种语法单位的观点称为双层单位论。生成语法在单位问题上内部是不一致的。生成语法分词库和句法两部分，两者和词法、句法并不完全对应。生成语法的词库中既有词，也有语素，有的把语素和词区分开，有的不明确区分，比如 Chomsky（1965）就用 formative 来做句法描写的单位，但在形态音系部分又用到词的概念。生成语法 20 世纪 70 年代关于词汇派和转换派的争论，在很大程度上就和没有严格区分两种单位有关系。[①] 从 20 世纪 80 年代开始，生成语法开始严格区分词法和句法，但并没有给出一个形式化标准。

徐通锵（1994）率先把字（语法字）作为句法结构的基本单位，属于单层单位论。徐通锵（1997，2008）的字本位除了字，还有辞，辞相当于复合词，所以徐通锵后期的字本位已经承认双层单位论，只是字的地位更为重要，还涉及音义关联。字本位理论中，也有学者坚持把语法的单位完全建立在字上（潘文国 1997）。潘文国的观点属于单层单位论。

汉语字本位中的字是音义关联单位，和普通语言学中的语素并不相同，王洪君（1994，2008）有过比较充分的论述。下面我们将从普通语言学的角度来讨论语法单位问题，因此主要从语素出发来讨论规则组合和不规则组合，所提到的字都指语法层面的语素，即语法字。

1.2 单层单位说的不充分性

单层单位说不成立的最主要理由在于可推导性和不可推导性得不到区分。这首先表现在语类推导上。如果把语法单位全部建立在字或语素的基础上，也就是把语类推导建立在字或语素这一级单位上，语类推导的规律就无法显示出来。以下面的语素组为例：

	左项语素的分布性质	右项语素的分布性质	语素组的分布性质
远视	A	V’	N
近视	A	V’	N/A
斜视	A	V’	N/V
重视	A	V’	V
轻视	A	V’	V
弱视	A	V’	N

以上前项语素都有A的分布性质，后项语素都是“视”，分布性质可标注成V’，但语素组的分布并不一致，“远视、弱视”有N的性质，“重视、轻视”有V的性质，“近视”既有N的性质，也有A的性质。“斜视”有N的性质，也有V的性质。可见，如果只有语素这一层单位，分布推导结果就不平行，如果分布推导没有平行性，生成话语的规则就很难确定，直接成分理论或短语结构规则就失去了基础。当然，不主张区分词性、词类的学者可以不讲分布的性质，但“铁柜”可从成分推出整体意义，“铁路”不能从成分推出整体意义，可见可推导性的区别无论是否承认词性和词类分布理论，都是存在的。

和“视”语义相当的语素“看”，却有不同的表现：

	左项语素的分布性质	右项语素的分布性质	语素组的分布性质
远看	A	V	V
近看	A	V	V
细看	A	V	V
斜看	A	V	V

这里的分布推导很一致。可见“视”和“看”是两种不同性质的单位，包含“视”的组合不能满足推导规则，包含“看”的组合满足推导规则。

通常认为“视”是黏着语素，不是词，而“看”是自由语素，是词。不过，即使两个语素组都是自由语素，仍然存在两层单位的问题。观察下面带“铁”的两种语素组：

铁门、铁窗、铁锁、铁船、铁墙、铁丝……

铁路、铁饼

第一行的“铁X”都是有规则的组合，表示X都是铁做的。但第二行的实例不能按照这种规则来理解，因为出现了转义。第二行的铁路只能作为一个单位，而“铁路”又是由两个语素构成，每个语素也是一个单位，可见，语法研究必须要有两种单位。只有语素这层单位不能充分解释规则和不规则的区别。换一个角度看，如果不把“铁路、铁饼”作为一种单位，则以上所有的语素组都难以得到很好的描写。如果把“铁路、铁饼”这类转义的语素组作为一种单位，上面第一行的语素组就可以作为规则来处理。通常区分语素和词，就是要区分规则组合和不规则组合。

如果一种语言的所有语素组都是规则组合，则只需要语素这一层单位就够了。但这样的自然语言目前还没有观察到。考虑到人类语言存在词汇化现象，即规则组合变为不规则组合的现象，任何自然语言的语法单位都不可能是单层的。人工语言的语法单位可以是单层的，比如数学中的符号、编程语言中的符号。过去人们通常认为一个意义对应于一个符号是人工语言的特点，其实人工语言的另一个特点是语法单位的单层性。自然语言和人工语言在单位的性质上有所不同，自然语言具有自组织性，因此有词汇化现象，存在规则组合向不规则组合转化的现象。萨丕尔（1921：114）提到汉语是一种分析语，类型特点是一个语素一个词，只是一种相对的说法。其实语言类型的分类也都只是相对的，格林伯格（1954）已经注意到语言类型分类只是一个程度问题。现在已经有大量关于词汇化现象的研究。Givon（1971）在词汇化问题上提出一个著名的论断，即今日的词法即昨日的句法，一方面说明了句法到词法的转化广泛存在，也说明了存在规则单位和不规则单位的区分。董秀芳（2004）的研究发现汉语中词汇化现象相当多，这些都说明汉语中不可能只存在语素的规则组合。词汇化的本质是组合片段从规则组合转化为不规则组合，语法单位从规则单位转化为不规则单位。我们认为，语法的双层单位中最重要的两种单位是语素和语符，这里的语符是指有规则的语法单位，不一定是词。如果不区分这两种单位，语法描写将无法进行。通常所说的词，基本上都属于语符。至于语符以上是否还需要设立语法单位，则要根据研究的目的来确定。

1.3 语法单位的类型差异

尽管语法单位必须是双层的，但语言中确实存在大量规则组合和不规则组合难以区分的实例，这正是几位评论者提到的难点问题，也是认知语法反对生成语法或反对规则中心说的一些依据。我认为认知语法对连续事实的观察是有道理的，但这些连续事实并不足以否认大量规则的存在，也不足以否认双层语法单位的存在事实。认知语法关于连续性的观察倒是可以让我们看到语法单位的类型差异。

其实对双层语法单位更有挑战性的理由来自于当前字本位理论所观察到的很多事实，尽管这一理论在体系表述上还很不严密。在区分语素和词的语法理论中，词是通过能够自由活动的标准提取出来的，词的活动被认为很有规则，而语素活动的规则和词不太一样，规则的类推性也不如词。不过在不同的语言中，规则语素组的比例并不一样。汉语中不自由的语素或黏着语素所构成的语素组很多都是规则的，并且和词组的规则是一致的。比如：

金鞋、银鞋、铜鞋、铁鞋、布鞋、草鞋（“金、银”不自由）

鸭肉、虎肉、兔肉、牛肉、马肉、鸡肉、鱼肉（“鸭、虎、兔”不自由）

黏着语素“金、银”和自由语素“铜、铁”等在这里表现出相同的组合规则，黏着语素“鸭、虎、兔”等和“牛、马、鸡、鱼”等在这里也表现出相同的组合规则。现代汉语中区分出来的区别词，都是不自由语素（比如“男、女”）或语素组（比如“大型、小型”），严格地说不符合词的定义。词的严格定义指“最小的自由形式”。我认为字本位理论产生的一个重要原因，就是注意到了不少黏着语素有规律活动的现象。汉语中一个字在线性长度上通常都是一个语素，黏着语素有规律的活动意味着字有规律的活动，因此，字本位中有一部分学者认为只需要字这一级单位就可以描写汉语。[②]

很多学者认为汉语的构词法和句法相似。这里我们有必要区分两种相似。一种是构造相似，一种是类推相似。赵元任（1948）已经观察到汉语词法和句法相似，都有主谓、述宾、偏正、述补、联合五种方式。赵元任所说的相似主要是构造方式上相似，比如“铁门、铁路”，两者的构造方式都是偏正式。不过这两个实例仍然可以从转义与否上加以区别，一个是规则组合，一个是转义的不规则组合。赵元任和后来的很多语法学家都观察到了汉语词法和句法的相似，但都区别词法和句法。沈家煊（2006）对比了英汉词法和句法后也认为，汉语是词法和句法关联比较强的语言，这种关联主要也是指构造相似。

与构造相似不同，类推相似主要指类似“铁窗、铁柜”这样的组合，这两个实例都没有转义，都可以从成分推导整体的意义。这些组合由于包含有不自由语素，按照自由的标准被看成词。于是，所谓词法和句法构造相似实际上包含两种情况。比如：

词组	词 1	词 2
	构造相似、类推相似	构造相似、类推不相似
铁门、铁锁	铁窗、铁柜	铁路（转义）、铁饼（转义）
黑鞋、白鞋、铁鞋、铜鞋	石鞋、木鞋	小鞋（转义）、破鞋（转义）

词 1 被看成词主要因为包含有黏着语素，但和句法结构在构造和类推上都相似。词 2 因为转义，和句法结构只在构造上相似。

细说起来，所谓构造关系相似包含了很复杂的情况，大致可分出下面几种情况：

1	黑鞋、白鞋、铁鞋、钢鞋、布鞋、大鞋、小鞋（不转义）
2	金鞋、银鞋、男鞋、女鞋
3	木鞋、石鞋
4	小鞋（转义）、破鞋（转义）
5	跑鞋、冰鞋、拖鞋

从偏正关系看，上面的组合都是构造相似，但从类推的角度看，则有一定的区别。第一行类推性很强，组合中的两个语素也都是自由的，通常都作为句法来看待。第二行的类推性也很强，但修饰成分并不自由，一般把第二行也看作是句法组合，因为“金、银、男、女”已经被列入了区别词。第三行也可语义类推，但“木、石”不自由，也不像“金、银、男、女”可以后接“的”。第四行明显有转义，不能类推。第五行也有转义，不能类推，并且语义关系和前四行都不一样。第四、第五行尽管和第一行构造相似，但通常都是作为词法的对象来研究的，关键是发生了转义。第二、第三行则说明有一大批语素组，不仅和句法在构造上相似，而且在类推上相似。

前面提到，在字本位理论的发展中，也有学者把语法的单位都建立在字上（潘文国 1997）。这种观点和 Harris 的观点及认知语法有相似之处，即只承认一种语法单位，或者不区分不同层次的语法单位。这是对词本位最有挑战的学说，理由就在于上面讨论的，汉语中有大量包含不黏着语素的规则语素组。不过基于我们前面的分析，我们仍然认为双层语法单位是描写规则的必要条件，汉语也是一样。所不同的是，汉语中有大量黏着语素是规则活动的，词法和句法不仅表现在构造上相似，而且表现在类推上相似。这可能是汉语在类型上的一个重要特点。王洪君（1994，2008）认为汉语黏着的实字几乎都可以自由运用，这里所说的自由当然不是指单说，而是指有规则的活动。董秀芳（2005）认为汉语中存在很多半自由语素。这些观察事实都证明汉语中的规则语素比例比英语中的规则语素比例更高。英语中存在大量不规则语素，也就是存在大量不规则语素组。一个不规则语素组常常有一个且只有一个主重音，形成一个音系词（phonological word）。这个主重音必须先确定以后，词才能得以确定，不太可能直接通过语素来确定。与此不同，汉语中语素组的语音形式，很大一部分都是可以通过语素的语音形式确定下来，比如变调、变韵等。

2 规则单位的判定

如果双层单位是必要的，如何区分规则单位和不规则单位？我们提出了平行周遍原则来判定规则组合和不规则组合。学者们对平行周遍的处理方式提出了一些看法，这些看法从根本上看都涉及自由和类推两个关键概念。

导致单层单位论出现的一个重要原因就在于词的判定遇到了困难。困难的关键在于词的判定方法“自由运用”难以贯彻到底。平行周遍原则提出的一个主要目的是希望不受自由运用的限制，直接通过语素组的类比区别规则组合和不规则组合。比如，“鸭肉、兔肉、虎肉”尽管包含有黏着语素，但其组合规则和“鸡肉、兔肉、虎肉”是平行的，并且这种平行性质可以周遍下去，因此“鸭肉、兔肉、虎肉”仍然是规则组合。自由和平行周遍并不完全对应。

潘秋平等提到的认知语法，一般不用自由这样一些可行性手段，经常用到类推这一重要概念，但并没有严格定义类推的性质，因此不同的人对类推有不同的理解。提出平行周遍原则的另一个目的就是要明确类推的性质。其实规则单位的判定本质上就是规则语素组和不规则语素组的判定。以“鸭肉”为例，如果认为是规则语素组，则“鸭”和“肉”都是规则单位，如果认为是不规则语素组，则“鸭肉”是一个规则单位。这都会涉及对类推的理解。

我们认为，基于自由观念的单说、扩展、转换等概念对句法分析无疑是很重要的，但在区别规则单位和不规则单位，或在区别规则语素组和不规则语素组方面，则不一定有充分性。类推不必受自由概念的限制，但不同的学者对类推理解不同，规则和不规则的划界出现了分歧。下面我们结合这两个概念来讨论规则单位的判定问题。

2.1 单说论

通常所说的词是不是一种规则单位？词被定义为最小的有意义的自由形式，因此这个问题的进一步追问就是最小的自由形式是否是规则形式。这又涉及对自由这一概念的理解。

最早提出自由这个概念来定义词的是 Bloomfield（1926，1933），他所理解的自由是单说。王力（1953）把词定义为"语言的最小的独立运用的单位"，和 Bloomfield 的观点是一致的。单说论解释了语素的一种重要性质，即有的语素可以单说，有的语素不可以单说。但是用单说论来判定语素组是否有规则却没有充分性。比如"铁"、"门"、"路"这样一些语素可以单说，这样的语素单说的时候是词，也是规则形式。但可以单说的语素，做组合成分时不一定是有规则的，其是否可以单说也没有判定方式。比如上面三个语素可以组成"铁门、铁路"，这里的"铁路"肯定是没有规则的组合，这是我们通常所说的转义的组合。两个可以单说的语素，组合后是规则的还是不规则的，单说论没有办法判定。

另一方面，正如前面已经多次提到的，黏着语素的组合却可以是规则组合。可以分出两种情况。第一种情况是其中一个语素黏着：

鸭肉、兔肉、虎肉、男人、女人、公鸡、母鸡、老张、老李、第一、第二

第二种情况是其中两个语素黏着：

该校、该系、该所、该室、该厂……

鸭翅、鸭舌、鸭掌、鸭胗、鸭肠……

在很多语法书中，尽管人们接受了最小自由语素的概念，但实际操作中都有所让步。在汉语研究中，虚词都不能单说，仍然被认为是词，比如：

助词：的、了、着、过、吗、吧、呢……

副词：非常、很、刚、才、就、又、也、连、忽然……

介词：从、把、被、朝……

连词：不但、而且、因为、所以、如果、那么……

这里实例毕竟较少，而且都冠以“虚”字加以说明，说这些形式是虚词，所以还勉强能够应付逻辑上的矛盾。介词在英语中也被称作词，和单说标准也是有矛盾的。

值得注意的是，汉语中还有一大批语素或语素组：

金、银、男、女、童、公、母、正、副、荤、素、雌、雄、单、双

西式、中式、急性、慢性、男式、有限、无限、亲生、野生、初级、中级

单音节的一般不单说，双音节的单说的情况也很少，但是这些语素是高度有规则的，以“金”和“铜”为例，前者不单说，后者单说，但在下面的组合中是平行周遍的：

A 类：

金碗、金刀、金丝、金条、金块、金锁、金皮、金匾、金环、金器……

B 类：

铜碗、铜刀、铜丝、铜条、铜块、铜锁、铜皮、铜匾、铜环、铜器……

通常把“金、西式”这些语素或语素组称为非谓形容词（吕叔湘）或区别词（朱德熙），也承认了这些形式是词。但从单说论的定义看，这是单说标准在逻辑上遇到的最大矛盾。

汉语的区别词、虚词等都不单说，因此都不自由。英语和很多语言的介词也都不单说，因此也不自由。汉语语法界通常都把区别词、虚词称为词，一个潜在的原因，也是主要原因，在于以区别词、虚词组合成的片段基本上是规则组合。还有一点值得注意，有不少带有黏着语素的组合不仅是规则的，而且这样的规则片段是无限的：

第一、第二、第三、……、第一亿零一……

从前面、从后面、从北京大学的后面、从北京的南边、从上海的南边……

概括地说，如果想把自由（单说）和规则对应起来，至少会遇到下面三种矛盾：

实例	矛盾类型
铁路、破鞋、白菜、冰鞋、跳刀	两个语素自由，但已经发生转义，组合没有规则
虎头、虎皮、虎背、鸭头、鸭皮、鸭背、兔头、兔皮、兔背、公鸡、母鸡、男人、女人	一个语素自由，另一个语素不自由，但组合有规则
母狮、母猴、母鸭、公狮、公猴、公鸭、该系、该所、该厂	两个语素不自由，但组合有规则

布龙菲尔德（1933）也考虑过剩余法，以便解决黏着语素的规则问题。剩余法是指：在言语片段XY中，如果X可以单说，是词，剩下的Y尽管不能单说，Y也可以看成是词。如果Y可以单说而X不能单说，情况相同。拿汉语来说，“盖的”中的“盖”可以单说，是词，“的”也应该是词。陆志韦（1937）在单说论的基础上补充剩余法来提取“再、老、常”这类不自由形式。即只要“来”可以单说，剩下的也是词。剩余法从根本上说是循环论证。比较：

盖的：盖子

“盖子”的“盖”也可以单说，我们并不把“盖子”作为词组，因此也不把“盖子”中的两个成分作为词，显然我们心目中预先假定了“盖子”是词而“盖的”不是词，或者是我们预先假定了“盖的”中的“的”是词而“盖子”中的“子”不是词。

2.2 扩展法与转换

为了区分语素组是词还是词组，弥补单说论的不充分性，陆志韦（1957）进一步提出了扩展法。后来又有人提出了转换法。这类办法概括地说都是变形法。变形法不再把自由运用的概念限制在单说上，而是扩大到扩展和移动上，但变形法本质上仍然是自由的思路，是一种宽式的自由思想。扩展法是从语素的结合紧密程度来理解自由，转换法是从是否移位来理解自由，两者和单说都有一定的关系。一般情况下，能单说的语素或语素组才可能在句子中移位或被更长的片段替换（离合词中后一个语素除外）。扩展法对分析句法中的替换、转换都是有价值的，但和规则与规则仍然不对应。

扩展法的实质是看一个片段的直接成分是否可以被更长的同形片段替换，如果能，就是词组。但是扩展法也不完全反映规则组合，下面的 A 式满足平行周遍条件，B 式不满足平行周遍条件，但 A 式和 B 式都可以扩展：

A	A 式的扩展	B	B 式的扩展
买书	买［一本书］	理发	理［一个发］
做饭	［做两次］饭	洗澡	［洗两次］澡
学英语	［学两年］英语	学习	［学一次］习

B 式通常称为离合词，这个名称本身已经暗示有的词可以扩展。前面提到汉语广泛存在构词和句法的构造相似，这里的离合词和述宾结构在构造上相似，所以可以扩展。离合词的可扩展性也是汉语存在词法和句法构造相似的证明。前面我们还提到，构造相似并不等于类推相似，而区别规则组合和不规则组合关键在于类推的平行和周遍两个性质。

另一方面，不能扩展的片段有不少满足平行周遍条件：

鸭肉、虎肉、兔肉……

老王、老李、老张……

小王、小李、小张……

初一、初二、初三……

该校、该系、该所……

某系、某校、某所……

藏式、汉式、傣式……

藏化、汉化、傣化……

规则组合要能够扩展，通常要求两个直接成分都是自由形式，这里的实例都不满足这个条件。又比如下面的组合，“推广、推迟”有平行周遍替换实例，是规则组合，但由于“广、迟”是黏着的，因此不可以扩展，而其他有两个自由形式组成的实例可以扩展：

推广	*推得广	*推不广
推迟	*推得迟	*推不迟
推开	推得开	推不开
推倒	推得倒	推不倒
推垮	推得垮	推不垮
推平	推得平	推不平
推完	推得完	推不完
推开	推得开	推不开
推翻	推得翻	推不翻
推动	推得动	推不动
推进③	推得进	推不进
推走	推得走	推不走
推动	推得动	推不动
推烂	推得烂	推不烂
推断	推得断	推不断
推掉	推得掉	推不掉

概括地说，有些不满足平行周遍的片段，可以扩展（离合词），有些满足平行周遍条件的片段，不可以扩展，所以扩展法不完全反映平行周遍性。扩展法反映的仍然是语素活动的自由程度，更准确地说是语素结合的密切程度，但密切程度和规则性并不等价。

扩展法背后还有一个方法论前提，即认为（AC）B的规则性可以决定AB的规则性，比如“铁的门”的规则性可以决定“铁门”的规则性，这样一种认识论至今未得到研究。

和扩展标准相似的还有转换标准。这里所说的转换是指移位（move）和变化等方法。转换法认为，如果AB中的A或B可以移动到其他位置，或者AB可以产生某些规则变化，AB就是词组或结构。不过转换也不完全反映规则组合，下面的“买书”满足平行周遍类比，“理发、研究”不满足平行周遍替换，但都可以有不同程度的转换：

原式	第一转换式	第二转换式
买书	买不买书	书已经买了
理发	理不理发	发已经理了
研究	研不研究	

而“老张”、“第三”等满足平行周遍替换的片段，反而没有转换式。

Haspelmath（2011）曾经提到了多种提取词的方法都不具有充分性，其实这些方法主要精神都可以规约到上面提到的单说论、扩展法和转换法这三种方法上来（陈保亚1999）。这三种方法仍然是目前区别词和词组的主要语言学方法，也是很有可操作性的方法，但这三种方法不能充分区分不规则语素组和规则语素组，不能充分反映平行周遍条件。当然区别词和词组跟区别不规则语素组和规则语素组可以是两个不同的问题，目的也不一样，“自由、可单说、可扩展、可转换”也都是很有价值的概念，朱德熙（1982）关于黏着式偏正结构和组合式偏正结构的区分，就是建立在可扩展基础上的，王洪君（2013）也有讨论。这是规则语素组内部的不同类型，这里不展开。

2.3　自由与规则不完全对等

对单说论、扩展法、转换法的分析说明，自由和规则并不是对应的。当然，自由是一种非常重要的分布属性。有很多有规则的黏着语素，通常需要和自由语素组合。比如：

	自由语素	黏着语素
在	在家、在北京、在球场、在房间	*在室、*在所
了	走了、看了、读了	*行了、*视了、*阅了
的[④]	拿的、看的、读的	*持的、*视的、*阅的
常	常拿、常看、常读、	*常持、*常视、*常阅
很	很大、很红、很远	*很巨、*很紫、*很遐
从	从学校、从去年	*从室、*从昔

一般所说的虚词，要求另一个直接成分是自由形式。句子成分或论元在句中的移动，一般也要求自由形式（离合词的受事等论元除外）。

尽管自由和黏着的区分在语法研究中很重要，但自由与黏着不完全对应于规则和不规则。一般地说，两个自由语素的组合属于规则组合的比较多，而带有黏着语素的组合属于不规则的组合比较多，但是这之间并没有严格的对应关系。可以说，自由与否与规则与否并不是完全相同的概念。汉语中包含黏着语素的组合有很多都是有规则的，比如“鸭肉、老王、该校”，如果坚持用自由来作标准，这些规则组合都会被笼统列入词这样的语法单位，体现不出规则性。

汉语中很多黏着语素其实活动能力都很强，王洪君（1994，2008）、董秀芳（2004）曾经给出了不少这类例子。王洪君曾经提到“为民做主、摆桌咨询、送鸭上门、彩蝶飞舞、生女也一样、花钱择校是否值得”等很多实例，其中的黏着语素“民、桌、鸭、蝶、女”等都是规则组合成分。要靠自由来提取规则单位是有困难的。

单说、扩展和转换等和自由相关的性质都不是规则的必要参数，而是一种反映句法属性的分布现象。比较下面实例：

该校、该系、该所、该室、该厂……

“该校”中两个语素都不自由，但都是有规则的活动，我们可以有规则：

该＋“表示处所单位的语素”

当然这个规则的概括还不够严格，但其规则的存在是没有问题的。

有些黏着语素，能够和数量短语组合，规则性是非常明显的，比如“系”：

文学院有［三个系］

传播学院有［五个系］

全校有［四十个系］

中文系是一个［大系］

中文系是一个［老系］

其实从单说论到扩展论、转换论，再到承认“男、女、公、母”等是词，不断放宽对自由的理解，已经反映了一个很根本的问题：自由是一个相对概念或连续概念。认知语法所谓词和句法的连续性问题，都可以归结到自由的连续性或相对性上来。比如，区别词的特点是可以修饰名词和后面带“的”，但不能单说：

男人、女人、公鸡、母鸡

男的、女的、公的、母的

区别词的提出实际上已经放宽了自由的概念。这时的自由不是指单说，而是指有一定规则的自由活动。其实“鸭、虎、兔”等语素也是规则单位，与区别词不同的是，这些单位通常只能修饰名词，不能带“的”。如果把自由从单说放宽到自由活动，那么自由的分布范围是有程度的。以“铁、铜、钢、金、银、鸭、虎、兔”为例：

自由等级	铁、铜、钢	金、银	鸭、虎、兔
可单说	铁、铜、钢	—	—
可出现在“的”前	铁的、铜的、钢的	金的、银的	—
可做修饰语	铁刀、铜刀、钢刀	金刀、银刀	鸭肉、虎肉、兔肉

这一事实本身说明自由和黏着是一个连续过程，而规则和不规则是相对明确的。一个语素是否自由取决于对自由的定义，而一个语素是否是规则单位需要有严格的条件。因此，要从自由的概念来区分规则和不规则是不太可能的。

2.4 平行周遍原则

类比是人类学习语言的基本能力。我们提出平行周遍原则的一个主要目的就是要避开自由与否的标准，直接从语素组的类比中来区分规则语素组和不规则语素组。类比的一个重要性质就是类推。一般认为规则就是可类推，但不同的学者对类推的理解不一样。下面第1列和第2列的例子公认为是可类推的，第6列公认为已经转义，是不可类推的，但第1、2、3列是否可以类推，却有不同的理解：

1	2	3	4	5	6
写书	写了	老李	桌子	跑鞋	铁路
白车	写过	第三	石头	跳鞋	公路
染发	染的	金屋	老虎	小路	马路
老写	写着	铜条	花儿	大路	死路

平行周遍原则希望把这种类推的实质描写清楚，同时给规则一个严格标准。平行周遍原则把类比分成三种：

不平行

平行不周遍

平行周遍

举例来说，“铁路、白菜”都已经转义，不平行，被作为没有推导规则的实例，这些实例都需要直接记忆。“桌子、椅子、凳子、窗子”等有平行关系。从理解的角度看，“X子”可以类推，有规则，但从生成的角度看，由于平行实例不周遍，不能任意类推，类推就会出现“门子”这样的错误。“X子”从生成的角度看没有规则，“第一、第二、第三”等实例不仅平行，而且可以周遍到所有的数字，因此这里的实例是通过规则来理解和生成的。通过平行周遍两个条件限制，规则、类推等概念就有了一个标准。

认知语法、词汇化理论都观察到了连续性问题，但这并不等于说规则与不规则完全没有界限。比较：

平行周遍模式：白纸、白墙、白鞋、白毛、白车……#白菜、#白金、#白铁……$白煤、*白炭……

平行不周遍模式：腕儿、腿儿、桌儿、门儿、本儿、嘴儿、肝儿、肠儿、#心儿，#眼儿……*笔儿、*墨儿、*脚儿、*手儿、*掌儿、*指儿、*鼻儿、*牙儿、*胃儿、*肾儿……

平行周遍模式中遇到的反例通常是可解释的。一种是转义，比如上面标记有符号#的“白菜、白金、白铁”。另一种情况是经验知识中还不存在的组合，比如上面标有符号$的“白煤”。

与此不同，平行不周遍模式遇到的反例除了“心儿、眼儿”这样的转义，还有一种根本的反例，并没有转义，也不是经验不允许，但语言中仍然不说，比如上面带有符号*的“笔儿、脚儿、墨儿、手儿”等。

周上之（2013）、金朝炜（2013）曾经就平行周遍原则的语义关系以及平行周遍格式遇到反例的情况做了比较深入的分析，为潘秋平所提到的连续问题提供了实例。我认为这些反例和平行周遍原则并不冲突，反而可以让我们深入认识到平行周遍和平行不周遍的根本区别。先观察实例：

老来	老李	步鞋	白鞋	第一	走了
老去	老张	皮鞋	新鞋	第几	跑了
老睡	老刘	金鞋	男鞋	第二十	来了
*老检	*老欧阳	*革鞋	*肥鞋	*第多少	*属了

我认为这些反例都是可以解释的。第一列“老X”的格式中要求X表达不断发生的行为，并且要求X是自由语素。“检”不符合自由语素的条件。前面提到，汉语中有不少黏着的规则语素要求和自由语素组配，虚词多属于这类黏着语素。第二列中的“欧阳”不是单音节。金朝炜特别提到为什么要用单音节来限制。我们认为，平行条件是跨语音、语法、语义的（陈保亚2009）。第三列中，“革”不是一个常用的语素，被更常用的语素“皮”阻断了。金朝炜也注意到了这一点。“肥鞋”并不是绝对不可以说，说的时候表示分类。因为这里的“X鞋”都具有分类的作用，一般不从“肥”的角度给鞋分类。但也不是绝对不可以，因为这是一个经验知识问题。据我们初步调查，网络语言中逐渐出现了“肥鞋”的例子。也就是说，只要具备了从“肥”的角度给鞋分类的语义环境，“肥鞋”就可以说。我们一般也不说“胖鞋”，也是同样的道理。其实“肥鞋、胖鞋、革鞋”这样一些所谓反例，都是符合规则的实例，因为人的经验认识差异接受程度不一样。“第X”是表达序数的，“第几”也是

问序数，“第多少”中的多少通常不表示序数，所以“第多少”一般不说。如果要把“第多少”理解成问序数，也可以接受。“V了”要求V是表示过程一类的语素，并且要求X是自由语素，“属”两点都不符合。所以“属了”不成立。

总之，平行周遍格式中的反例，都可以通过上述各种理由得到解释。至于平行不周遍格式，其反例是不能通过上述各种理由加以解释的。再多观察“X子”的例子：

帽子、袖子、裤子、鞋子、袜子、裙子、垫子、领子、扣子、*衣子、柜子、窗子、梯子、椅子、桌子、房子、凳子、筷子、盘子、盆子、锅子、盖子、架子、碟子、筷子、勺子、刀子、被子、毯子、帐子、本子、磨子、推子、*灶子、*床子、*碗子、*门子、*笔子、*砚子、*墨子⑤

这些带*号的反例，“衣子、灶子、床子、碗子、门子、笔子”等，即使在特殊的上下文中具备了名词小称或相关条件，无论经验条件是否成熟，都不可能出现。这说明平行不周遍格式和平行周遍格式存在根本的区别。这也是理解规则和生成规则的根本区别。当然，平行周遍原则的目的是区分规则组合和不规则组合，进而提取规则单位。至于这些组合中成分的自由活动情况如何，需要做更多的研究，平行周遍原则并不能代替这方面的研究。

再回到连续统问题上来。金朝炜（2013）曾给出过连续的实例，实际上也跟语用或经验有关系。

［颜色］+纸	［液体］+杯	［颜色］+天	［鸟］+冠
白纸	水杯	蓝天	鸡冠
红纸	酒杯	青天	*雉冠
黑纸	饮料杯	*黑天	*鸟冠
蓝纸	咖啡杯	*白天⑥	*火鸡冠
绿纸	*盐水杯	*红天	
*乌纸	*果汁杯	*黄天	

“乌”不是常用语素，所以一般用“黑”。而且这种格式可能要求颜色语素是自由的，所以一般不说“乌纸、青纸、紫纸”。“盐水杯”在医院里经常说。“果汁杯”也可以说，在网络语言中已经大量出现。“黑天、白天、红天、黄天”不说，受经验限制。“雉”不常用，所以一般说“鸡冠”。“鸟冠、火鸡冠”在网络语言中都有一定的数量。所以金朝炜（2013）列举的例子仍然跟经验知识有关系。不过，确实如金朝炜所说，不同的平行周遍模式数量差异确实是存在的。王洪君（1994）比较早地观察到了这种差异。概括地说，周遍格式的实例从数量上看可分成三类：

周遍实例较少的：初一、初二、初三……（周遍到“十”）

周遍实例较多但有限：老张、老李、老王……

周遍实例多到无限：第一、第二……第 n+1

周遍实例较少的情况，确实可以用记忆来处理，这是学习策略的问题，但并不足以否认规则和不规则的区别。从科学认识上说，语言学家应该充分描写不平行（转义）、平行不周遍、平行周遍三种情况，这样的语言研究才是充分的。至于学习策略、计算语言学的可行性策略，则和数量有一定的关系，也和学习、应用的目的以及学习者的知识背景有一定的关系。

学习和规则之间可以有几种情况。对于不平行语素组，理解过程和生成过程都需要记忆，这些语素组属于不可解释语符。“白菜、眼红、打手（名）、老板”等属于这种情况。

对于平行不周遍语素组，理解过程分两种情况：

1. 平行实例多，只能按照规则理解。比如：裤子、袖子、帽子、袜子、桌子、椅子……

2. 平行实例少，可按照规则理解，也可按照记忆学习。比如：老虎、老鹰、老鼠。

在生成过程中，由于没有周遍性，上面的两组实例都需要记忆。

对于平行周遍格式，无论在理解和生成上，这些实例都是规则组合。理解和生成过程可分为两种情况：

1. 平行周遍实例很少，可按照规则来理解和生成，也可通过记忆处理。比如：初一、初二、初三、初四……初十

2. 平行周遍实例很多，是有限的，一般按照规则来理解和生成。比如：老张、老李、老杜……

3. 平行周遍实例无限，不可能记忆，必须按照规则处理。比如：第一、第二……第 $n+1$

以上的关系可以概括如下：

	不规则语素组（转义）	解释性规则语素组	生成性规则语素组
理解过程	记忆	规则，数量少可记忆	规则，数量少可记忆
生成过程	记忆	记忆	规则，数量少可记忆
平行周遍情况	不平行	平行不周遍	平行周遍
分类	不可解释语符	可解释语符	语符组合
语素组实例	老板、铁路、白菜、破鞋	桌子、椅子、帽子 老虎、老鼠、老鹰	老李、老张、老王 老二、老三、老四 鸡肉、鸭肉、兔肉 该校、该系、该所 第一、第二、第三

潘文提到的认知语法确实观察到了很多连续实例的情况，并认为这些实例很难用规则和不规则的标准截然分开。潘文提到 Langacker（1987：28—29）用英语的 stapler（订书钉）来说明规则和记忆难以截然区分。如果我们从平行周遍的格式看，stapler 的规则性质比较明确。英语的 V＋er 格式只满足平行条件，不满足周遍条件，属于理解规则层面的组合：

转指施事类型：

write → writer（作家）

work → worker（工人）

swim → swimmer（游泳者）

look → looker（检查员）

watch —> watcher（看守人）

转指施事、工具类型：

staple —> stapler（订书机；装订工）

read —> reader（读者，阅读器）

light —> lighter（打火机，点火者）

转指工具类

cook —> cooker（灶具）

slip —> slipper（拖鞋）

不周遍情况举例：

see —> *seeer

smell —> *smeller

email —> *emailer

hug —> *hugger

meet —> *meeter

ask —> *asker

我们知道，语法化和词汇化都是连续变化的过程，因此变化的连续性确实是存在的，但这并不能否定人类语言生成句子的两个基本程序：规则和记忆。平行周遍格式的实例在词汇化过程中会不断出现转义的情况，比如“白墙、白鞋、白纸”这一平行周遍格式中会出现“白菜、白领”等转义实例，但这一格式除去这些转义实例后仍然是平行周遍格式，这和平行不周遍格式有根本区别。至于“白菜、白领”作为转义的实例是如何发生的，需要做专门的调查研究。“白菜、白领”的词汇化一般都有一个高频分布阶段，在高频阶段就可以作为单位来处理，并不影响“白 X”的平行周遍类推。基于这一性质，可以得到提取汉语规则语法单位的一般还原程序：只要把不符合平行周遍的字组提取出来，剩下的字都是规则活动的单位，这些规则字加上不规则字组，就构成了汉语的全部规则单位语符，也可称为字符。如果一个语言的语素容易提取出来，也可以通过这样的还原程序提取规则单位。

3 汉语词法和句法的对齐

潘文提到我们没有给词以足够的地位，主要是因为大家对词的理解实际上有很大分歧。由于双层语法单位是必要的，研究两种单位的活动规律也是必要的。通常所说的词法和句法的区分，大致也是把两种单位的研究分开，词法研究语素成词的活动规律，句法研究词入句的活动规律。问题在于如何确定词。潘文提到我们的规则库和单位库和生成语法词库和句法一致，我认为还有些根本的区别。生成语法主张把不规则的个别事实都放入词库，但并没有给出一个严格的标准来区分哪些是规则单位，哪些是不规则单位，因此语素、词在词库中并未严格分开。正因为如此，20 世纪 60 年代 Chomsky 等学者的生成语法论著，基本都只有一级语法单位，即 formative。把 formative 作为语法单位，和 Harris 把 morpheme 作为语法单位的思路基本一致。我们认为单位库中有两种单位，作为规则单位的语符和用于构成规则单位的语素。后来的生成语法著作有的是把语素和词分开的，但都没有形成统一的标准，有的继续根据结构语言学自由的标准，有的启用韵律的标准。

现在可以进一步讨论的问题是，词法和句法的界限应该放在哪里？这个界限可能因为研究的目的和角度不同会有不同。下面我们重点从规则组合和不规则组合的角度看问题。一般所说的形态学（morphology），包括了构形和构词两部分。

句法	词法				
词组	词				
句法	形态（构形）	附加构词 1	附加构词 2	复合构词 1（平行）	复合构词 2（不平行）
写书	写了	老李	桌子	跑鞋	铁路
白车	写过	第三	石头	跳鞋	公路
染发	染的	金屋	老虎	小路	马路
老写	写着	铜条	花儿	大路	死路

构形通常是规则变化或规则语素组（除去有限的不规则形式），构词有一部分是规则组合，比如“第 X”，有一部分是不规则组合，如“X 儿”。从规则和不规则的家都看，把这几种情况都放在一起会打乱规则和不规则的界限。形态学并不是按照规则和不规则的条件限定范围。在很多情况下，形态学是按照语音条件限定范围。比如“第 X”中，“第”是轻声。这种形态学在印欧语言中比较常见，一个重要的原因是印欧语言比较容易确定词的界限。比如英语中词重音的规律容易把词界确定下来。

汉语形态不丰富。汉语中词的确定从句法上看现在仍然存在问题。从语音上是否可以确定词仍然在研究之中。不过我们仍然可以考虑对齐原则，即让词法研究不规则的语素组，句法研究规则语素组。这样的对齐便于说明语言学习的两种模式：规则和记忆。考虑对齐结果：

<table>
<tr><td>句法</td><td colspan="5">词法</td></tr>
<tr><td>词组</td><td colspan="5">词</td></tr>
<tr><td>句法</td><td>形态（构形）</td><td>派生或附加构词</td><td>附加构词 2</td><td>复合构词 1</td><td>复合构词 2</td></tr>
<tr><td>写书</td><td>写了</td><td>老李</td><td>桌子</td><td>跑鞋</td><td>铁路</td></tr>
<tr><td>白车</td><td>写过</td><td>第三</td><td>石头</td><td>跳鞋</td><td>公路</td></tr>
<tr><td>染发</td><td>染的</td><td>金屋</td><td>老虎</td><td>小路</td><td>马路</td></tr>
<tr><td>老写</td><td>写着</td><td>铜条</td><td>花儿</td><td>大路</td><td>死路</td></tr>
<tr><td colspan="3">生成式规则语素组</td><td colspan="2">理解式规则语素组</td><td>不规则语素组（转义）</td></tr>
<tr><td colspan="3">平行周遍</td><td colspan="2">平行不周遍</td><td>不平行不周遍</td></tr>
<tr><td colspan="3">语符组</td><td colspan="3">语符</td></tr>
<tr><td colspan="3">对齐后的句法</td><td colspan="3">对齐后的词法</td></tr>
</table>

最后一行的句法和词法指对齐后的句法和词法。

汉语普通话单音节形容词的重叠，一般作为构词来处理，实际上这种重叠也是平行周遍的：

绿	绿绿的
红	红红的
细	细细的
臭	臭臭的
脏	脏脏的
胖	胖胖的
甜	甜甜的
辣	辣辣的
酸	酸酸的
苦	苦苦的
咸	咸咸的
小	小小的
短	短短的
强	*强强的
对	*对对的
酷	*酷酷的
恶	*恶恶的
假	*假假的
错	*错错的
横	*横横的
竖	*竖竖的
紫	*紫紫的
温	*温温的

在这种“XX的”（或“XX儿的”）格式中，通常X具有以下性质就可以周遍：

1. X是可以受“很”修饰的单音节形容词。

2. X可以用于表达小称、亲近。

“真、错、横、竖、紫、温、假、强、酷、对、恶”或者不受很修饰，或者不表示小称，不能进入“XX的”格式。除此以外，“XX的”是周遍的，是规则组合。

当然，在不同的方言中，重叠格式并不总是平行周遍的。在四川很多方言中，有下面的重叠格式（后一个音节可以儿化），重叠后的形式都是名词性的，有小称意义。但这种重叠并不周遍，以四川德阳话为例：

可重叠语素	不可重叠语素
本本	*笔笔
罐罐	*锅锅
顶顶	*墙墙
柜柜	*窗窗
凳凳	*床床
……	……
圈圈	
洞洞	
圆圆	
米米	
孔孔	

在分布和语义类型上都相似的语素，有的能重叠表示小称，有的不能。不能单说的语素，重叠后有成词功能，比如“本本、柜柜”。“圈、圆、洞、孔”等都是可以单说的，重叠主要起小称作用。这样的实例还可以列举出很多，但由于不周遍，能够重叠的都应该在语符库中标注，或者收入语符库。以上普通话和四川话的差异说明规则组合和不规则组合跟重叠并没有普遍对应关系。一般地说，规则组合和不规则组合跟是否有规则音变也没有普遍对应关系。

上面既然用到词法这一术语，再考虑到词这样一个通用的术语和自由概念在句法中的重要性，也可以继续考虑词这一术语。首先，基于对齐原则，可以给语符一套明确的定义：

语符是最小的规则语法单位。

正是由于汉语中大量规则语素组都可以包含黏着语素，因此我们可以先不考虑自由与否，直接根据类推的平行周遍条件先提取语符，再根据语符活动是否自由来确定语符的性质。语符基本上可以分成两种，黏着语符和自由语符。语符组中的语符自由情况比较复杂：

实例	词组情况	语符组情况	可扩展和可单说
追狗	词组	语符组	可双项扩展，两个语符可单说
大狗	词组	语符组	可单项扩展，两个语符可单说
和狗、常去	词组	语符组	可单项扩展，可扩展语符可单说
第五	词	语符组	可单项扩展，可扩展语符可单说
圆圈、红墙	词组	语符组	不可扩展，两个语符可单说
公狗、很重	词组	语符组	不可扩展，一个语符可单说
公的	词组	语符组	不可扩展，两个语符不可单说
公鸭、鸭翅	词	语符组	不可扩展，两个语符不可单说

从可扩展到不可扩展，从单说到不可单说，有一个过渡。若以语符组为基础，只要可扩展，无论单项或双项扩展，一般都是作为词组的，只有“第五”是例外。要在原则上一致，“第五”似乎也应该算入词组。这样我们就可以说，凡是可扩展的语符组，都是词本位意义上的词组。由于语符组就是满足平行周遍条件的语素组，所以也可以说，满足平行周遍且能够进行扩展的语素组是词本位意义上的词组。至于不可扩展的情况，由于对自由的理解不同，存在着不同的处理方法。一个可行的办法是把词组分成自由词组和黏着词组，凡是可扩展的语符组合是自由词组，不可扩展的语符组合是黏着词组，这样词也可以分成自由词和黏着词，自由语符组合中可扩展的语符是自由词，不可扩展的词是黏着词，黏着语符组合中的词都是黏着词。于是词和语符基本上可以统一起来。可以给这样的词下一个定义：

词是最小的有规则的活动单位。

这一定义基本上把语符和词等同起来。汉语这样的语言，黏着词组比较多，字本位的提出应该是有这方面的原因。学者们注意到汉语的句法和词法规则相似，也有这方面的原因。我们可以根据句法单位的这种属性把语言分为语符型语言和词符型语言。语符型语言黏着语符组比较多，即大量语素组的组合都是有规则的，可直接实现为语符组，因此句法和词法无论从构造规则和类推规则上看一致性都比较强。汉语属于语符型语言。与此相对，词符型语言词的特征比较明确，尤其是词重音的存在成为词的一个重要标记，像英语以及很多印欧语言系的语言可以算是词符型语言。

4 余论

自由的概念是相当重要的，这一概念对于认识单位在组合中的各种复杂行为有重要价值，比如单说、可扩展、转换都是以自由为基础的。但自由和规则组合并不对应。长期以来，我们习惯于用自由与否来判定规则和不规则，这其实是把自由和规则混同起来了。

平行周遍原则直接从语素组的类比展开分析，避免了自由概念遇到的问题，面临的是如何充分描述类推的问题。几位评论者提出的和类推相关的问题，是很重要的问题，本文只是做了一些解释，是否成立还需要讨论。如何严格定义平行，如何给平行周遍原则更形式化的描写，尚需要做很多工作。

附 注

① 这里所说的单层单位和双层单位是就语法层面说的。还有一种理论认为语言单位有两层性，区别语素音形的音位层和表达意义的语素层，这是另一个问题，本文不讨论。

② 字本位论者认为字和语素并不相同。在讨论语法单位的双层性问题上，只用语素做语法单位和只用字作语法单位，都属于单层单位论。

③ 这里的“推进”有两种意思，一种是把一种具体的实物推入某个地方，满足上面的语义平行条件。一种是指发展某种方法或理论，这是转义的用法，不能扩展。“推断”也有两种情况，其转义的含义是得出结论，这种用法不能扩展。

④ 区别词尽管不单说，但能出现在“的”的前面，比如“男的、女的、公的、母的”，这也许是把“男、女、公、母”这类语素作为词的一个依据，因为“的”前面的语素除了虚字，通常都是能单说的。

⑤ 这里不是指思想家墨子。

⑥ 这里不是指和夜晚相对的“白天”。

参考文献

陈保亚 （2009）《当代语言学》，高等教育出版社。
董秀芳 （2004）《汉语的词库和词法》，北京大学出版社。
冯胜利 （1996） 论汉语的“韵律词”，《中国社会科学》第1期。
金朝炜 （2013） 字组的性质与类推，载《世纪对话——汉语字本位与词本位》，北京大学出版社。
陆俭明 （2011） 我关于“字本位”的基本观点，《语言科学》第3期。
陆俭明、郭锐 （1998） 汉语语法研究所面临的挑战，《世界汉语教学》第4期。
陆志韦 （1937/1951）《北京话单音词词汇》，人民出版社，又载《陆志韦语言学著作集》（三）。
—— （1957/1990）《汉语构词法》，《陆志韦语言学著作选》（三），中华书局。
潘文国 （2002）《字本位与汉语研究》，华东师范大学出版社。
萨丕尔 （1921/1985）《语言论》，商务印书馆。
沈家煊 （2006） 关于词法类型和句法类型，《民族语文》第6期。
王洪君 （1994） 从字和字组看词和短语，《中国语文》第2期。
—— （2008） 语言的层面与“字本位”的不同层面，《语言教学与研究》第3期。
—— （2013） 区分黏合组合结构的重要价值，沈阳主编《走向当代前沿科学的现代汉语语法研究》，商务印书馆。
王 力 （1953） 词和仂语的界限问题，《中国语文》第9期。
徐通锵 （1994） “字”和汉语的句法结构，《世界汉语教学》第2期。
—— （1997）《语言论》，东北师范大学出版社。
—— （2008）《汉语字本位语法导论》，山东教育出版社。
赵元任 （1948/1952）《北京口语语法》，李荣编译，开明书店。载李荣《语文论衡》。
周上之 （2013） 辞研究和复合词研究的共同任务，载《世纪对话——汉语字本位与词本位》，北京大学出版社。
周上之（主编）（2013）《世纪对话——汉语字本位与词本位》，北京大学出版社。
Bloomfield, L. （1926） A set of postulates for the science of language, Langguage Vol. 2.
Bloomfield, L. （1933） Language，Henry Holt, New York.
Chomsky, N. （1965） Aspects of the Theory of Syntax，MIT Press, Cambridge.
Chomsky, N. （1970） Remarks on nominalization，in R. Jacobs & P. Rosenbaum, eds., Readings in English Transformational Grammar,184-221. Ginn, Waltham, Mass.

Givon, T. （1971） Historical syntax and synchronic morphology: an archaeologist's field trip.，Chicago Linguistic Society 7：394-415.

Harris, Z. S. （1946） From morpheme to utterance，Language 22, 166-183. 1963.6.

Langacker ，R. W. （1987） Foundations of Cognitive Grammar，Vol.I. Standford University Press, Standford.

（100871 北京，北京大学 中文系 / 中国语言学研究中心）

中古汉语四等的来龙去脉 *

Michel Ferlus 著，

沈瑞清 焦磊 李德超 何怡 译

提要 确定《切韵》四等的性质是汉语语音史上的根本问题。蒲立本跟白一平的分析勾勒出从上古到中古汉语的两次重大演变：元音系统的两分以及后来的介音 -r- 的弱化。参照孟高棉语族发声分域语言的演变模型，我们得以重构四等的语音基础：一等韵是紧韵母，二等韵是介音 -r- 变来的软腭化韵母，三等韵是松 / 气声韵母，四等韵则是带复元音 ie 的韵母。

关键词 汉语 中古汉语 切韵 等 语音史

本文的目的是解释中古汉语中“四等”[①]系统的性质及其历史起源，从而理解这个四分系统是如何创制的。本文利用了东南亚语言的研究成果。

1 汉语文献：韵书和韵图

韵书和韵图是中国古代各类韵文写作的参考书。在韵书和韵图中，汉字并非按部首分类，而是按所属的韵分类。罗杰瑞（Norman

---

* 本文是我在第 39 届国际汉藏语语言暨语言学会议（2006 年 9 月 15—17 日在西雅图的华盛顿大学）提交论文的增补版。非常感谢我的同事米可（Alexis Michaud）校对时的细心和技巧以及修正建议。从内容到形式仍完全由我负责。（作者）

本文原名 What were the four Divisions of Middle Chinese?，载于 Diachronica, Volume 26, Number 2, 2009, 184-213（30），由 John Benjamins Publishing Company 出版。感谢作者跟出版社惠允翻译，作者 Ferlus 教授还耐心回答翻译过程中的疑问，我们对此深表感谢。翻译中的错误仍由我们负责。中译文中加入了新的段落，主要是补充了对元音收尾韵演变的解释。本文的翻译工作是共同合作完成的。提要、第 3—5 章：沈瑞清，第 1、8 章：何怡，第 2 章：焦磊，第 6—7 章：李德超，校对：沈瑞清、焦磊。（译者）

1988)、蒲立本(Pulleyblank 1998)、白一平(Baxter 1992)、柯蔚南(Coblin 1996)和林德威(Branner 2006a,2006b)都有关于韵书和韵图的详尽介绍。

1.1 韵书:《切韵》

最为有名的韵书是陆法言所编著的《切韵》(公元601年)。《切韵》原书只有序言保存下来,但其内容保留在增订本《广韵》(公元1007年)中得以流传,《广韵》至今仍在被学者广泛使用。学界普遍认为,作者编制《切韵》音系的目的是为了详细记录一套涵盖了当时南北方言中所有对立音类的标准系统。

《切韵》共分为五卷,平声占了其中两卷,其余四声各占一卷。每一卷中的汉字都归在各个"韵"[②]下,每一"韵"用首个汉字命名。每个"韵"里的汉字都是押韵的,或在某个时期是押韵的。不常见的汉字用一种名叫"反切"的方法注音。反切是用另外两个汉字来拼读一个汉字。用作反切的两个汉字,前一个字与被注音字的声母相同,后一个字与被注音字的韵母相同。举一个简单的例子,"东"(dōng)字注音为"德(dé)红(hóng)切"。

1.2 韵图:《韵镜》

韵图出现于公元十二世纪。最著名的韵图是《韵镜》(字面意思为"韵的镜子")。韵图中汉字的归类原则与韵书相同。

《韵镜》全书由43张图构成(每张图称为一转)。每张图在书中占有左右两页。每张图含六纵列四横排,即共有24大格。汉字在图中的位置是由其声母(纵列)和韵母(横排)共同决定的。四横排分别对应四个声调,每个声调中又再分出四小排,对应四等。为向不太熟悉汉语材料的读者解释《韵镜》中汉字的排列方法,我们以书中的第一张图表为例。请见表1A和表1B。

表1A 《韵镜》第1页

	牙音				舌音				唇音			
	清濁	濁	次清	清	清濁	濁	次清	清	清濁	濁	次清	清
東	𡵓	○	空	公	○	同	通	東	蒙	蓬	○	○
	○	○	○	○	○	○	○	○	○	○	○	○
	豣	窮	穹	弓	○	蟲	忡	中	曹	馮	豐	風
	○	○	○	○	○	○	○	○	○	○	○	○
董	○	○	孔	○	貜	動	桶	董	蠓	菶	○	琫
	○	○	○	○	○	○	○	○	○	○	○	○
	○	○	○	○	○	○	○	○	○	○	○	○
	○	○	○	○	○	○	○	○	○	○	○	○
送	○	○	控	貢	齈	洞	痛	涷	夢	槰	○	○
	○	○	○	○	○	○	○	○	○	○	○	○
	○	○	焪	○	○	仲	○	中	幪	鳳	賵	諷
	○	○	○	○	○	○	○	○	○	○	○	○
屋	○	○	哭	穀	○	獨	秃	㲉	木	暴	扑	卜
	○	○	○	○	○	○	○	○	○	○	○	○
	砡	驧	麴	菊	朒	逐	蓄	竹	目	伏	蝮	福
	○	○	○	○	○	○	○	○	○	○	○	○

see next page

表 1B 《韵镜》第 1 页的汉语拼音和国际音标转写

		唇音声母			
		*m-	*b-	*p^{h}-	*p-
平声 東 *dōng* təwŋ	I	*méng* məwŋ	*péng* p^{ɦ}əwŋ	○	○
	II	○	○	○	○
	III	*méng* muǎŋ	*féng* f^{ɦ}uwŋ	*fēng* fuwŋ	*fēng* fuwŋ
	IV	○	○	○	○
上声 董 *dǒng* təwŋ´	I	*měng* məwŋ´	*féng* pəwŋ´	○	*běng* pəwŋ´
	II	○	○	○	○
	III	○	○	○	○
	IV	○	○	○	○
去声 送 *sòng* səwŋ\`	I	*mèng* məwŋ\`	*féng* f^{ɦ}əwŋ\`	○	○
	II	○	○	○	○
	III	*mèng* məwŋ\`	*fèng* fuwŋ\`	*fèng* fuwŋ\`	*fèng* fuwŋ\`
	IV	○	○	○	○
入声 屋 *wū* ʔəwk	I	*mù* məwk	*pù* p^{ɦ}əwk	*pū* p^{h}əwk	*bǔ* pəwk
	II	○	○	○	○
	III	*mù* muwk	*fú* f^{ɦ}uwk	*fù* p^{h}uwk	*fú* fuwk
	II	○	○	○	○

表 1A 是《韵镜》第一页，也是全书第一张图。这页上的汉字被分成三纵列（全图共占两页，分为六纵列），对应着不同的发音部位和发音方法。最上面的汉字表明该纵列的发音部位和发音方法：从左至右为唇音（粗黑线框内）、舌尖音和软腭音。其余发音特征的汉字放在下一页，此处不列。

表 1A 中用粗线圈出的唇音字，可在表 1B 中看到对应的转写。汉字用汉语拼音表示，同时列出了中古晚期的语音还原（据蒲立本

的构拟，Pulleyblank 1991）。圆圈○表示有音无字。最上一格写明了声母的发音特征，中古早期（公元7世纪,《切韵》的年代,）的唇音声母被构拟为 *p-、*p^h-、*b-、*m-。很重要的一点:《韵镜》成书的年代为中古汉语晚期，浊声母 b- 在韵图中称为“浊”，也就是说正在清化过程中，因而在此将浊声母转写为 p^ɦ 和 f^ɦ。每排由最左边的大号汉字统摄，每排的汉字为同一声调。从上至下为“东”（平声）、“董”（上声）、“送”（去声）、“屋”（入声）。每一声中又分四行，对应于四等，分别用序号Ⅰ、Ⅱ、Ⅲ、Ⅳ表示。

1.3　四等的含义：未解之谜

为了构拟中古汉语的确切音值，了解汉语语音演变，中外学者对韵书韵图多有研究，声、韵、调已经有了经典的定义，但是关于“等”的含义仍然很模糊。尽管很多天才学者在此研究上付出了努力，目前关于四等的确切含义仍然没有令人满意的解释。柯蔚南（Coblin 1996：350）对四等的几句话正清楚地概括了目前的研究现状：

> ……“等”的音系学意义仍很模糊。这很可惜，因为理解了四等的含义，我们也许就能发现韵图中暗含（如果有的话）的关于韵母的基础性事实。但事实是，我们并不了解《韵镜》中四等的含义。对此学者们提出过非常多的理论，最后这些理论也只不过是猜想而已。

不过，他也提出了较乐观的看法：

> 相信某一天我们可能会发现“等”的共时解释，那时这个问题会得以解决。

本文便试图提供一种为共时语言描写所支持的解释，这一解释建立在以东南亚语言的语音演变模型为基础的外部证据上。

2　背景

作者认为汉语从上古到中古的过程中发生了单音节化现象

（Ferlus 1998），此处的结果包含了作者本人理论的一个发展，这一理论是阐述《切韵》四等体系语音性质的起点。

2.1 从上古到中古概述

上古汉语是一种双音节语言，也就是说，汉语的某些词汇是单音节的，而另一些则是双音节的，或者更精确一些，是一个半音节的。这种类型广泛存在于东南亚的很多南亚语系语言中。

所谓一个半音节 CvCV（C）是在主要音节前面加上一个前置音节 Cv- 的双音节形式。主要音节类似于单音节词，而前置音节则是一个元音被中和了的、退化的非重音音节。前置音节可以作为形态词缀，或者仅仅是一个无意义的中性成分。

单音节： CV（C）

一个半音节： CvCV（C）

上古的一个半音节发展为语音学上的紧特征［^{T}］，而单音节发展为松特征［^{L}］。故而，当一个半音节丢失前置音节变成单音节时，原有音节类型上 CvCV（C）和 CV（C）的对立，被松—紧的新对立取代了。

事实上情况并非如此简单，有必要考虑两种不同情形：（a）紧特征的形成需要在一个半音节中，声母 CvC- 的两个辅音紧密接触，形成一个熔合型 CC-。在这种情况下，两个辅音中内在的紧性合并发展为一个更高的紧性。（b）如果某种成分（鼻音、颤音、央元音或单元音）处于两个辅音之间，且形成一个轻重格的 C-C- 组，则合并不可能发生。在这种情况下，一个半音节表现得像个单音节，反而会发展出非紧特征，如松特征。③

松紧对立的形成和元音的分化是相关联的：在紧音节中发生元音低化，而松音节中则发生元音高化。此外某些韵部在系列中各自合并了。

第二步则发生于几个世纪之后，介音 -r- 先发生软腭化然后再弱化，模糊了原有的情形。这时是在中古时期，中古汉语的特征则是广为人知而无人能解的四等体系：紧音节属于一、四等（上古没有介音 -r-）或是二等（上古有介音 -r-），而松音节则属于三等（上古有或无介音 -r-）。在高本汉（Karlgren 1957）的构拟中，三等被描述为著名的 j 化音节。

表 2　上古到中古的音节

上古		中古	等
CvCV（C）（紧音节）	>	CV（C）^{T}（元音低化）	一四等（-r）或二等（+r）
CV（C）（松音节）	>	CV（C）^{L}（元音高化）	三等（±r）

在我的系统中，三等的标记是钝音［ ˋ ］，意味着元音升高并央化，同时（我假设）出现气声。

二等的标记是［^{ɣ}］，说明其来自上古 -r- 介音的软腭化，很可能是某种软腭擦音。因此二等就是一等（还有四等，见下述）的一个分支。这三个等都来自于原来的紧音节。在松音节中，上古介音 -r- 的软腭化由于元音的气声而变得不明显，最终丢失（下文将详述）；由于其中不存在类似二等分化的情况，所以整个松音节类完全保留于三等中。

一等和四等是互补分布，没有特别标记。四等之区别于一等是用以专门标示中古存在的唯一一个前响复元音（front diphthong）。

表 3 是对上述理论的简单概括，下文会进行详细讨论。

中古的紧音节对应于蒲立本的 A 类，松音节则对应于 B 类（Pulleyblank 1984，1994）。下文我将用 A 和 B 来指代两类音节，以便于和当代汉学界的普遍用法保持一致。

在表 3 和文中其余地方，我参考了白一平（Baxter 1992）在其权威性著作中的构拟，尽管白一平此后对其系统又做了重要修正，但此处不予考虑。小括号中是我为白一平的某些构拟注明的 IPA 音标。

表 3 中古四等起源假说

上古音节结构	中古介音（Baxter 1992）	中古的等
一个半音节		A 类
（没有 -r- 介音） 紧	-	一四等 T
（有 -r- 介音） 紧	-r-	二等 T（r）
单音节		B 类
（没有 -r- 介音） 松	-j-	三等 L
（有 -r- 介音） 松	-rj-	L（r）

2.2 分期问题

上古汉语被定义为《诗经》韵文的时代。但我们现在所见的《诗经》是一个晚期文本，其时代大约在汉代初期，而那时候的用韵已经产生了变化。汉学家的研究是基于这个版本的。而中古汉语则定义在《切韵》的时代（见 1.1）。

从上古时期到中古时期发生了两个重大的语音变化，一是元音系统的两分，一是 -r- 介音的软腭化。汉语译音为这些变化的断代提供了可能性，用于转写这些译音的语音构拟中，白一平的构拟较为令人满意。

（1）从上古 *-l-> 中古 d-（在 A 类紧音节中）以及上古 *-l-> 中古 j-（在 B 类松音节中）的两类变化与元音的分化是同时期发生的。在《后汉书》中对于 Yamato 和 Alexandria 的转写，说明了最初的这两个变化在 2 世纪初时正进行着。（Pulleyblank 1962：116—117, Sagart 1999：31, Yakontov 1986）。

（i）Yamato：xie/ye-ma-tai 邪马臺（“臺”今作“台”）。臺 tai< 中古 doj< 上古 *lɨ，说明上古 *-l-> 中古 d- 的变化当时已经完成。

（ii）Alexandria：wu-yi-shan-li 乌弋山离。弋 yi< 中古 yik< 上古 *ljɨk，说明上古 *-l-> 中古 j- 的变化尚未完成。

（2）梵汉对音中用于称呼古代柬埔寨的 *brahma*，*śrī* 和 *Śreṣṭ-*

havarman，证明介音 -r- 的软化发生于大约 4 世纪（Ferlus 2005）。

根据《南齐书》记载，三国时候的吴国（222—280）将“扶南”（即古代柬埔寨）第一个国君的姓名记作“范师蔓”，此人于 3 世纪中期时在位。其中前两个字都是梵语词的译音，两者都包含了具有 -r- 介音的声母。

（iii）Brahma: fàn 范 <MC bjomX <OC *brjomʔ［brəmʔ］

（iv）Śrī: shī 师 <MC srij <OC *srjij［sriː］

《宋书》和《南梁书》记载了公元 434 至 438 年期间，扶南国王“持黎罗拔摩”（Pelliot 1903：255, 269）派遣使节来朝。这个名字被比定为 Śreṣṭhavarman（Cœdès 1948：97，1989：110）。第一个音节 *śreṣ-* 用了两个汉字来对译，显然当时的汉语已经不再有介音 -r- 了。

2.3 本研究所用文献

这项研究主要基于（i）白一平（Baxter 1992）的《上古汉语音韵手册》（*A Handbook of Old Chinese Phonology*），（ii）蒲立本（Pulleyblank 1991）《早期中古汉语、晚期中古汉语以及近代汉语的语音构拟》（*Lexicon of Reconstructed Pronunciation in Early Middle Chinese, Late Middle Chinese, and Early Mandarin*）以及（iii）高本汉（Karlgren 1957）《汉文典》（修订本）。韩哲夫（Handel 1998）的博士论文《上古汉语和原始汉藏语的介音系统》（*The Medial Systems of Old Chinese and Proto-Sino-Tibetan*）也很有用。我之所以参考这些著作，是因为它们能够为非汉学家的学者所使用。

至于林德威（Branner 2006a）所编纂的名作《中国韵图》（*The Chinese Rime Tabels*），其中大部分论文都是从传统语文学家的角度，而不是像本文一样从语言学的角度出发去研究的，这当然也是可以理解的。然而，许思莱（Schuessler 2006）的看法跟我相当一致，这个下文会谈到。

2.4 与“声域起源”相关的基本理论

在这里我将试图给出一个关于所谓“声域”现象的统一理论，尽管对本文来说这并非中心主题，但会非常有用。

在东南亚语言特别是孟-高棉语中产生声域变化的原因，据相关学者认为，是由于带声塞音声母清化后与对应的清塞音声母合并（相应的是清响音的带声化并与对应的带声响音合并），这一观点已经被普遍接受。而变化的起因则是由于声母辅音中的松紧对立。然而，现代的语音学分析表明，这种“紧”是和清特征相关的，而“松”则是和带声特征相关。清浊间的对立包含了一种潜在的松紧对立（Hombert, Ohala & Ewan 1979）。这一事实的澄清，使得在上古汉语的音变构拟和当代东南亚语言中所观察到的变化产生了某种关联，亦即两者都是所谓“发声声域语言”。

表4将（i）汉语中A类的情况和某些东南亚语言中的高域系列联系起来，（ii）汉语中B类的情况和某些东南亚语言中的低域系列联系起来。

表4 A类（紧）和B类（松）跟“声域起源”相关变化的关联

	上古 > 中古汉语		发声声域语言			
	声母	等	声母	声调	元音	
A	CvC->C-	一二四等	清	高	低化	清声
B	C->C-	三等	浊	低	高化	气声

很清楚，这些变化类型的起源，可以在最初的松紧对立中找到，而这种松紧对立则包含在声母不带声跟带声的对立中。

高本汉著名的j化理论在当时影响很大，但今天看来已经过时。在高本汉之后，很多试图根据《切韵》解释汉语音变的尝试都颇具启发。笔者无心在此对这些著作一一列举，但其中罗杰瑞（Norman 1994）的咽化假设值得回顾。罗氏将《切韵》的四等分作三类，A类包括了一等字和四等字，其中元音存在低化趋势。B类包括了二等字和具有卷舌声母的三等字。C类则包括了已经开始腭化的其余三等字。罗氏假设A类中的元音低化，是一种类似于闪米特语中所出现的咽化现象。这也是第一次在汉学研究中采用某种“紧”来解释《切韵》的分类。尽管罗氏的做法和本文的设想存在分歧，但值得强调的是，尽管罗氏（1994）所使用的是内部构拟法，而本文所使用的则是来自孟-高棉语的外部模型，但两者的结论具有共同点。照我的看法，罗氏描述为咽化的现象跟闪米特语中著名的咽化现象并不一样。在孟-高棉语中，同时也是本文作为研究对象的古代汉语中，这种“紧”形成了部分存在于紧域系列中的语音特征，而这种语音特征是短期的，过渡性的。而在闪米特语中，咽化则是长期性的。

2.5 汉语中的声域/声调起源简述

在东亚和东南亚地区，有三个导致超音段特征发展的主要过程：(i) 音节末尾喉部特征的丢失，导致声调的形成；(ii) 声母的合并导致发声态声域的形成；(iii) 同样的，声母合并导致声调的形成。汉语可以用来举例说明这三个过程。

2.5.1 音节末喉音导致的声调起源

音节末喉音的丢失，首先是 -ʔ 的丢失，然后是 -h（或是 -h<-s）的丢失。由于音系补偿机制的作用，产生了三个声调。这三个声调对应于原来没有喉部特征的开音节，以及分别具有不同喉部特征的两种音节。奥德里古尔（Haudricourt 1954a, 1954b）描述了由于音节末喉音丢失而产生声调的过程。

在汉语中，该过程导致了中古汉语的三个声调：平声（带声韵尾）；上声（-ʔ 韵尾以及声门化响音韵尾）；去声（-h 韵尾）。四声是由沈约和周颙在6世纪初的时候命名的（Baxter 1992：303）。

很明显，“平”和“上”指的是调形。另一方面，“去”和其同源词“祛”（驱赶）和“呿”（张开嘴呼吸）一样，强调的是发音时的喷气，而不是调形。我个人的解释是，去声描述了韵尾的擦音 -h；这说明由于韵尾 -h 的失去而导致的声调产生在6世纪初时并未完成。

入声的发展则更晚，要在韵尾的 -p -t -k 失落之后。

2.5.2 声母导致的声域起源

尽管 Hebderson（1952）首先在高棉语研究中使用了声域概念，之后又有 Shorto（1962：导论）对孟语的描写，但发声态声域的概念最早是用在当代孟语的元音系统中的（Jenner 1974）。

跟清带对立相关的松紧对立的发展，导致了元音系统的分化，形成了两类新的元音系统。（i）在紧–清–高域中带有（舌位）低化趋势的元音，以及（ii）在松–气–低域中带有（舌位）高化趋势的元音。有例子证明，相近的两个元音，在一个域中发生合并，而在另一个域中保持分别。对孟–高棉语的各类观察都发现，所有这些情况都广泛地出现于孟–高棉语中。很多学者都发表了试图将这些现象综合起来解释东南亚语言声调起源的著作，如 Gregerson（1976），Huffman（1976），Ferlus（1979）④，Theraphan（1988）等。而毫无疑问地，则应将筚路蓝缕之功归于 Henderson（1952）。

既然声域起源已经有如此丰富的证据，那么很明显，《切韵》通过四等系统所间接描写的就是一种声域起源的情形。与声域起源现象唯一不同的是：中古的松紧特征对立来自于上古一个半音节 CvCV（C）的复杂声母与单音节 CV（C）的简单声母之间的对立。这正是本文的观点，已经成为单音节语言的中古汉语，其分化的元音已经固定下来，而这种元音的分化则是见于声域起源的情况之下的。然而，其后所发生的一系列不具有声域起源特征的历时演化，例如介音 -r- 的软腭化，以及重纽现象等，模糊了整个发展图景，因而推迟了这一重要演化现象的发现。

切韵所描写的中古声域起源现象，自公元 2 世纪开始，直到 4 世纪或 5 世纪之间完成。因此大约是与音节末喉音导致的声调起源发生在同一时代。

2.5.3 声母导致的声调起源

声母系列的合并导致的声调起源可以看成是声域起源的一个特

例，此时语言会仅保留诸如基频的相对高度以及基频的平仄之类的声调特征而趋于稳定。所有在远东地区发现的声调起源的情形（包括汉语方言、侗台语族语言以及越语支语言）都是由于声母不带声与带声的对立导致的。这种声调起源的过程已经有很好的文献记录并广为人知，可以参考奥德里古尔（Haudricourt 1954a，1961），马蒂索夫（Matisoff 1973）以及 Mazaudon（1977）。

在中古晚期（唐代），带声爆音声母清化，变成送气或不送气声母。在汉语方言中，根据声调的不同，两种情况都有。在北京话里，带声爆音清化并送气的规则是“平送（$b > p^h$）仄不送（$b > p$）”。20 世纪初的时候，马伯乐（1912：13—19）已经发现在日语汉音中用清爆音转写汉语的清浊两类爆发音。在宋代的描述中，清爆音声母被描写为“清”，而带声爆音声母被描写为“浊”。蒲立本（1970—1971：211—212）认为这个术语不是描述“带声”，而是另外一种音质。对笔者而言，这无疑就意味着语音学上所谓的“气声”。此外，“浊”声母的进一步线索还有，所谓“浊”声母可以用来转写梵文中所谓的带声送气塞音 bh、dh、gh。

在汉语中，这一声调起源过程发生于 8—11 世纪间。

3 上古到中古汉语的演变（根据 Baxter）

上古汉语的韵尾系统（根据 Baxter 1992）

-p	-t	-k	-ʔ
-m	-n	-ŋ	
-w	-j		-#

（注：韵尾 -ʔ 还有争议。没有考虑韵尾 -wk。进一步的研究还加上了韵尾 -r（Baxter 1995）。）

为了论证的方便，我从 -n 尾韵中挑选了例子并分组整理成表 5.1，元音收尾的韵组成表 5.2，并给出了 Baxter 的转写。

表 5.1 -n 尾韵从上古到中古的演变（根据 Baxter）

1	2	3	4	5	6
		中古 <* 上古（不带 -r-）		中古 <* 上古（带 -r-）	
上古		* 上古（–） A（I/IV）	* 上古（-j-） B（III/III-4）	* 上古（-r-） A（II）	* 上古（-rj-） B（III）
-（r）an	P	-an	-jon		
	T	-an	-jen	-æn	-jen
	K	-an	-jon		
-（r）in	P	-en IV	-jin III-4		
	T	-en IV	-in	-ɛn	-in
	K	-en IV	-jin III-4		
-（r）en	P	-en IV	-jien III-4		
	T	-en IV	-jen	-ɛn	-jen
	K	-en IV	-jien III-4		
-（r）ɨn	P	-won	-jun		
	T	-en IV	-in	-ɛn	-in
	K	-on	-jin		
-（r）un	P	-won	-jun		
	T	-won	-win	-wɛn	-win
	K	-won	-jun		
-（r）on	P	-wan	-jwon		
	T	-wan	-jwen	-wæn	-jwen
	K	-wan	-jwon		

第 1 栏：上古韵部。

第 2 栏：大写 P T K 表示上古声母类别：P（唇音 p,ph,b,m），T（齿爆音 t,th,d,n，齿咝音 ts,tsh,dz,s,z，颤音 r 和边音 l），K（软腭音 k,kh,g,ŋ,ɣ 和咽音 h,ʔ）。为了简便，唇化软腭音 kw 没有涉及。

第 3—6 栏：根据两条相互交叉的标准所得出的中古韵部，一是上古介音 -r- 的有无，二是中古的音节类型 A（紧）或 B（松）。

第 5—6 栏：注意韵母只在舌尖音 T 一行表示，这是因为介音 -r- 是钝音辅音，复辅音 Pr，Tr 和 Kr 都在韵母中扮演锐音声母的角色。

表 5.2 元音收尾韵从上古到中古的演变（根据 Baxter）

1	2	3		4		5	6
		中古 <* 上古（不带 -r-）				中古 <* 上古（带 -r-）	
上古		* 上古（–） A（I/IV）		* 上古（-j-） B（III/III-4）		* 上古（-r-） A（II）	* 上古（-rj-） B（III）
-（r）a	P	-u		-ju			-ju
	T	-u		-jo		-æ	-jo
	K	-u		-jo			
-（r）i/ij	P	-ej	IV	-jij	III-4		
	T	-ej	IV	-ij		-ɛj	-ij
	K	-ej	IV	-jij	III-4		
-（r）e	P	-ej	IV	-jie	III-4		
	T	-ej	IV	-je		-ɛɨ	-je
	K	-ej	IV	-jie	III-4		
-（r）ɨ	P	-woj		-juw			-ij
	T	-oj		-i		-ɛj	-i
	K	-oj		-i			
-（r）u	P	-aw		-juw			
	T	-aw		-juw		-æw	-juw
	K	-aw		-juw			
-（r）o	P	-uw		-ju			
	T	-uw		-ju		-uw	-ju
	K	-uw		-ju			

粗看表 5.1 和 5.2 已经可以对上古到中古汉语的演变趋势有一个大致的概念：类型 A（3、5 两栏）元音低化的趋势跟类型 B（4、6 两栏）元音高化的趋势，以及每种类型内部各自的韵部合并。这些现象在下面几节会有更详细的讨论。

4 两分韵母系统的证据

4.1 两分韵母系统的存在

我们认为，根据我们的理论，两分韵母系统曾经存在过，因为它是从上古到中古汉语语音演变序列中不可或缺的一环。这个系统之前没有被描写过，甚至从未被语文学家们考虑过。

4.1.1 从上古到中古汉语（不带介音 -r- 的）-n 尾韵的演变

表 6.1（见下）只包括上古到中古 -n 尾韵，它代表了对表 5.1 第 3—4 栏的重新解释。每一类韵都给出三种转写：Baxter（1992）、Pulleyblank（参 Handel 1998）和由我自己负责的语音解读。

上古汉语元音系统的两分形成了中古汉语的两个系统：紧元音系统（A 类）表现出降低元音的趋势，而松元音系统（B 类）则表现出抬高元音的趋势。这一现象现在仍可以在很多东南亚孟-高棉语族的发声声域语言里观察到。

上古汉语元音系统的两分大概在不早于公元第二个世纪初的时间完成（见 2.2），这一状态体现在表 6.1 里，但需要指出的是，这个表根据的是四个世纪后的《切韵》系统，而我们对《切韵》系统本身的知识又来自后来的《广韵》。这个巨大的年代空当使得重建真正的原始表格遇到一些困难，因此我只能给出以下一些观察：

（1）在 A 类音节中，四等韵仍为 -en，还没有复元音化为第 5 栏的 -ien 韵。

（2）在 B 类音节中，声母腭化（yod）被介音替代了。而且，Karlgren（1957：4）从来没有真正考虑过声母腭化（yod），他把它转写成 -i̯-，作为二合三合复元音中的一个成分。

（3）B 类的元音是带气声的。

（4）介音 -r- 是锐音声母。因此，复辅音声母 Pr, Tr or Kr 后面的韵母跟锐音声母 T 后面的韵母一样演变。

（5）元音分化并不总是那么规则，孟高棉语言比汉语也好不到哪儿去。对上古汉语的 6 个元音来说，理论上大家会期待中古汉语有十二个新元音，A 类 6 个、B 类 6 个。实际上中古音构拟中 n 尾韵 A 类有 5 个、B 类 8 个。在 A 类中，上古的 -in 和 -en 合并了。在 B 类，不同声母类型会有不同的演变，尤其是上古 -in 韵。

表 6.1 -n 收尾韵（不带介音 -r- 的）从上古到中古的演变

1	2	3	4	5	6	7	8
上古		中古（A 类）			中古（B 类）		
Baxt.		Baxt.	Pull.	Ferlus	Baxt.	Pull.	Ferlus
	P	-an	-an	-an I	-jon	-ɨan	-ɨ̀ən III
-an	T	-an	-an	-an I	-jen	-ian	-ièn III
	K	-an	-an	-an I	-jon	-ɨan	-ɨ̀ən III
	P	-en	-ɛn	-ien IV	-jin	-jin	-j-ìn（＜-ìn） III-4
-in	T	-en	-ɛn	-ien IV	-in	-in	-ìn III
	K	-en	-ɛn	-ien IV	-jin	-jin	-j-ìn（＜-ìn） III-4
	P	-en	-ɛn	-ien IV	-jien	-jien	-j-ièn（＜-ièn）III-4
-en	T	-en	-ɛn	-ien IV	-jen	-ian	-ièn III
	K	-en	-ɛn	-ien IV	-jien	-jien	-j-ièn（＜-ièn）III-4
	P	-won	-wən	-wən I	-jun	-un	-ùn III
-ɨn	T	-en	-ɛn	-ien IV	-in	-in	-ìn III
	K	-on	-ən	-ən I	-jɨn	-ɨn	-ɨ̀n III
	P	-won	-wən	-wən I	-jun	-un	-ùn III
-un	T	-won	-wən	-wən I	-win	-win	-uìn III
	K	-won	-wən	-wən I	-jun	-un	-ùn III
	P	-wan	-wan	-wan I	-jwon	-uan	-uòn III
-on	T	-wan	-wan	-wan I	-jwen	-wian	-uèn III
	K	-wan	-wan	-wan I	-jwon	-uan	-uòn III

4.1.2 元音收尾韵（不带介音 -r- 的）从上古到中古的演变

表 6.2（见下）只包括上古汉语到中古汉语的元音收尾韵（不带介音 -r- 的）。它代表了表 5.2 第 3—4 栏的重新解读。评注跟表 6.1 相似。

（1）在 A 类音节，四等韵仍为 -ej，还没有复元音化为第 5 栏的 -iej 韵。

（2）B 类音节声母腭化（yod）被介音替代了。

（3）B 类的元音大概是带气声的。

表 6.2 元音收尾韵（不带介音 -r- 的）从上古到中古的演变

1	2	3	4	5		6	7	8	
上古		中古（A 类）				中古（B 类）			
Baxt.		Baxt.	Pull.	Ferlus		Baxt.	Pull.	Ferlus	
	P	-u	-ɔ	-o	I	-ju	-wuǎ	-ɨà	III
-a	T	-u	-ɔ	-o	I	-jo	-ɨǝ̆	-ɨǝ̀	III
	K	-u	-ɔ	-o	I	-jo?	-ɨǝ̆	-ɨǝ̀	III
	P	-ej	-ɛj	-iej	IV	-jij	-ji	-j-ìj（<-ìj）	III-4
-i/ij	T	-ej	-ɛj	-iej	IV	-ij	-i	-ìj	III
	K	-ej	-ɛj	-iej	IV	-jij	-ji	-j-ìj（<-ìj）	III-4
	P	-ej	-ɛj	-iej	IV	-jie	-jiǝ̆/ji	-j-iè（<-iè）	III-4
-e	T	-ej	-ɛj	-iej	IV	-je	-iǝ̆/i	-iè	III
	K	-ej	-ɛj	-iej	IV	-jie	-jiǝ̆/ji	-j-iè（<-iè）	III-4
	P	-woj	-ǝj	-ǝj	I	-juw	-uw	-ùw	III
-ɨ	T	-oj	-ǝj	-ǝj	IV	-i	-ɨ/i	-ɨ̀j	III
	K	-oj	-ǝj	-ǝj	I	-i	（-ɨ/i）	-ɨ̀j	III
	P	-aw	-aw	-aw	I	-juw	（-uw）	-ùw	III
-u	T	-aw	-aw	-aw	I	-juw	-uw	-ùw	III
	K	-aw	-aw	-aw	I	-juw	-uw	-ùw	III
	P	-uw	-	-ɔw	I	-ju	-uǝ̆	-ùǝ	III
-o	T	-uw	-ǝw	-ɔw	I	-ju	-uǝ̆	-ùǝ	III
	K	-uw	-ǝw	-ɔw	I	-ju	-uǝ̆	-ùǝ	III

4.1.3 现在，我应该提一下大约发生在元音分化后四世纪的介音 -r- 的软腭化，它是新的韵母类形成的源头。正如我后文要详述的（见 5.1），A 类的新韵母变得跟以前同类的韵母不同，而 B 类却没有发生新韵母的形成。这一变化模糊了整个图景，因而阻滞了历时事件顺序的发现。为了避免跟后来形成的新 B 类韵混淆，也就是那些上古钝音声母后的 -i/-e 通过插入 -j-（真介音）长化而形成的韵。在韵图中，这些长化的韵被从三等转移到了四等（在表中标注为 III-4），这一现象叫作“重纽”。为了重构语音演变最初阶段的情况，有必要在心理上抹去 B 韵中的介音 -j-（表 6.2 第 8 行）。

4.2 韵母的合并

4.2.1 下面的表 7.1 给出了上古 -n 尾韵 A、B 两类（没有 -r- 介音）到中古各自发生的合并（重纽已调整）。这些合并跟元音分化一样，是有发声态语言的普遍特性。

（1）在 A 类音节，有两种合并：（i）上古 -in, -en 和 T-ɨn,（ii）上古 -un 和 P-ɨn。

（2）在 B 类音节，跟 A 类不同，可以观察到三组合并：（i）上古 -in 和 T-ɨn,（ii）上古 P-ɨn 和 PK-un,（iii）上古 -en 和 T-an。

表 7.1　上古 -n 尾韵（没有 -r- 介音）到中古的合并

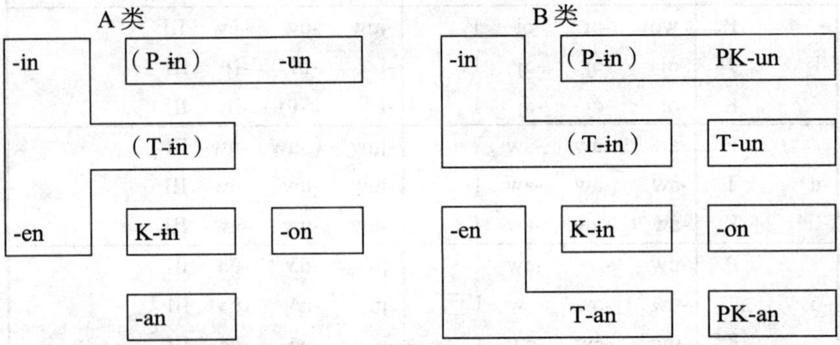

很可能 P-ɨn 韵到 P-un 的合并以及 T-ɨn 韵到 T-in 的合并都发生在元音分化之前，大概是上古汉语后期。为了简明，尽管 P-ɨn 和 T-ɨn 韵不再存在（理论上），在表 7.1 中还是放在括号里。这些合并应归因于上古元音数量减少的过程，也就是 -ɨn 韵的消亡，只有声母 K 后的 -ɨn 保存了下来，因为这个过程被声域起源的语音特征打断了。目前研究的局限使我们不能深入这些现象，有待进一步的研究。

4.2.2 表 7.2 显示上古元音收尾韵 A、B 两类到中古各自发生的合并（重纽已调整）。这些合并跟元音分化一样，是有发声态语言的普遍特性。

（1）在 A 类音节，上古的 -i 和 -e 合并了。

（2）在 B 类音节，可以观察到不完全合并，上古 P-ɨ 韵跟 -u 合并了，但 TK-ɨ 没有合并。

表 7.2　上古元音收尾韵 A、B 两类（没有 -r- 介音）到中古的合并

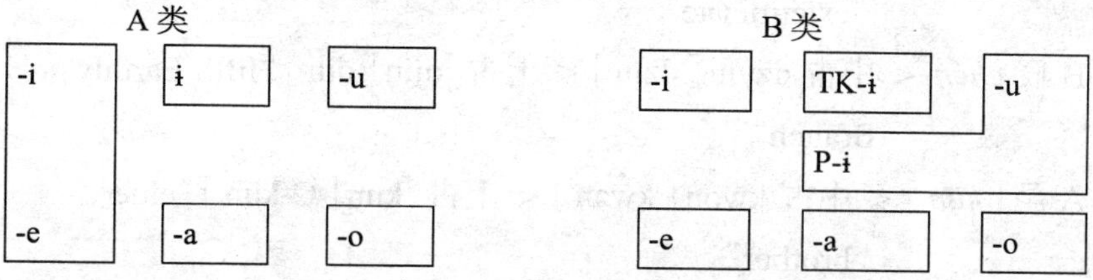

4.2.3　中古汉语韵母的合并比孟-高棉语言更为复杂，其他地方还没有观察到像中古汉语那样以上古声母为条件的例子。

中古汉语的 A 类（紧）和 B 类（松）跟有发声声域的孟-高棉语言中的"高"类（构拟为不带声声母的音节）和"低"类（构拟为带声声母的音节）有完美的平行（见表 4）。

4.3　假想二等元音系统的演示

我构拟了一个假想二等系统，分 A 等（一、四和二等）和 B 等（三等），括号里代表《切韵》的几等韵。

表 8　假想二等系统

A（I/IV and II）
B（III）

我们给出一些 A/B 成对的例子来说明上古六元音到中古的演变，这些例子大都来自 Baxter（1992）的手册，我自己的语音解读则放在括号里，前置音节（presyllables）用符号 C- 表示。

-n 尾韵：

A 丹 *dān* < 中古 tan［tan］< 上古 *tan［C-tan］"cinnabar"

B 旃 *zhān* < 中古 tsyen［tɕiȅn］< 上古 *tjan［tan］"kind of red banner"

A 巅 *diān* < 中古 ten［tien<ten］< 上古 *tin［C-tin］"mountain top"

B 真 *zhēn* < 中古 tsyin［tɕȉn］< 上古 *tjin［tin］"true, real"

A 编 *biān* < 中古 pen［pien<pen］< 上古 *pen［C-pen］"plait, weave"

B 褊 *biǎn* < 中古 pjienX [p-j-iènˀ] < 上古 *pjenʔ [penʔ] “narrow”

A 殄 [*tiǎn*] < 中古 denX [tienˀ < tenˀ] < 上古 *dɨnʔ [C-dɨnʔ]
“exterminate”

B 辰 *chén* < 中古 dzyin [dʑìn] < 上古 *djɨn [dɨn] “fifth Earthly
Branch”

A 昆 [*kūn*] < 中古 kwon [kwən] < 上古 *kun [C-kun] “elder
brother”

B 君 *jūn* < 中古 kjun [kùn] < 上古 *kjun [kun] “lord”

A 冠 *guān* < 中古 kwan [kwan] < 上古 *kon [C-kon] “cap”

B 元 *yuán* < 中古 ngjwon [ŋuòn] < 上古 *nkjon [ᵑkon] “principal,
head”

元音收尾韵：

A 睹 *dǔ* < 中古 tu [tu] < 上古 *ta [C-ta] “capital, city”

B 诸 *zhū* < 中古 tsyo (tsy-jo) [tɕò] < 上古 *tja [ta] “many”

A 稽 *jī* < 中古 kej [kej] < 上古 *kij [C-kij] “accord with”

B 脂 *zhī* < 中古 tsyij (tsy-ij) [tɕìj] < 上古 *kjij [kij] “fat, grease”

A 雞 *jī* < 中古 kej [kej] < 上古 *ke [C-ke] “chicken”

B 枝 *zhī* < 中古 tsye (tsy-je) [tɕè] < 上古 *ke [ke] “branch”

A 辰 *chén* < 中古 pwoj (p-woj) [pəj] < 上古 *pɨ [C-pɨ] “cup”

B 不 *bù* < 中古 pjuw [pùw] < 上古 *pjɨ [pɨ] “not”

A 猱 *náo* < 中古 naw [naw] < 上古 *nu [C-nu] “a kind of monkey”

B 柔 *róu* < 中古 nyuw (ny-juw) [ɲùw] < 上古 *nju [nu] “soft”

A 兜 *dōu* < 中古 tuw [tuw] < 上古 *to [C-to] “helmet, hood”

B 朱 *zhū* < 中古 tsyu (tsy-ju) [tɕù] < 上古 *tjo [to] “dwarf”

5　三等韵母系统的证据

5.1　上古到中古（不带 -r- 介音）韵母的演变

-r- 介音的弱化现象是上古到中古韵母史中的第二个大转变。

这个现象大概出现在公元 4 世纪左右（公元 3 世纪末到公元 5 世纪初）。这个演变从 -r- 的软腭化开始，逐渐发展，最后完成弱化却留下了对元音的改变。这些新韵母是从 T 声母音节的韵母中产生出来的（因为 r 是一个跟声母 T 类似的锐音）。

表 9.1 只包括上古到中古 -n 尾韵（不带 -r- 介音），它是表 5.1 第 5—6 栏的重新解读。跟上文一样，每一类的韵母给出三种不同的转写。

表 9.1　从上古到中古 -n 尾韵（不带 -r- 介音）的演变

1	2	3	4	5	6	7	8
上古		中古（A 类）			中古（B 类）		
Baxt.		Baxt.	Pull.	Ferlus	Baxt.	Pull.	Ferlus
-ran	PTK	-æn	-aɨn	-^{Y}an（>-æn）	-jen	-ian	-ièn
-rin	PTK	-ɛn	-əɨn	-^{Y}en（>-ɛn）	-in	-in	-ìn
-ren	PTK	-ɛn	-əɨn	-^{Y}en（>-ɛn）	-jen	-ian	-ièn
-rɨn	PTK	-ɛn	-əɨn	-^{Y}en（>-ɛn）	-in	-in	-ìn
-run	PTK	-wɛn	-wəɨn	-^{Y}wɛn（>-wɛn）	-win	-win	-uìn
-ron	PTK	-wæn	-waɨn	-^{Y}wan（>-wæn）	-jwen	-wian	-uèn

-r- 介音的弱化导致了第二次元音分化，从而丰富了韵母系统。

（1）A 类音节产生了新的韵母类组合。这些韵母这里用 -^{Y}- 来标记，它们构成了传统的所谓二等。因此，软腭化继续直到完全弱化，产生了大概跟 Baxter（表 9.1 第 5 栏）构拟比较接近的新元音。

（2）另一方面，B 类音节的新韵母整体上跟第一次元音分化后的韵母保持一致。跟设想的相反，没有产生新的韵母类组合（7.2 会解释这种异常）。但是，为了防止混淆，从上古 -in/-en 演变来的韵母在钝音声母后通过 -j-（真介音）的插入长化了。值得注意的是，这一长化没有在 T 声母的韵母中发生。这大概是因为介音 -r- 前的舌尖音早期是卷舌的。

表 9.2 从上古到中古元音收尾韵（带 -r- 介音）的演变

1	2	3	4	5	6	7	8
上古		中古（A 类）			中古（B 类）		
Baxt.		Baxt.	Pull.	Ferlus	Baxt.	Pull.	Ferlus
-ra	P	-wæ	-waɨ/wɛː	-^{Y}ɛ	-ju	-uǎ	-uə̀
-ra	TK	-æ	-aɨ/ɛː	-^{Y}æ	-jo	-ɨǎ	-ɨə̀
-ri/ij	PTK	-ɛj	-əɨj/ɛːj	-^{Y}ej	-ij	-i	-ì
-re	PTK	-ɛɨ	-aɨj/ɛːj	-^{Y}ɛə	-je	-iǎ/iə	-iè
-rɨ	PTK	-ɛj	-əɨj/ɛːj	-^{Y}ɛɨ	-ij	-ɨ/i	-ì
-ru	PTK	-æw	-aɨw/ɛːw	-^{Y}ɨw	-juw	-uw	-ù
-ro	PTK	-uw	-əw	-^{Y}əw	-ju（w）	-uw	-ù

5.2 韵母的合并

表 10.1 上古 -n 尾韵（带 -r- 介音）到中古的合并

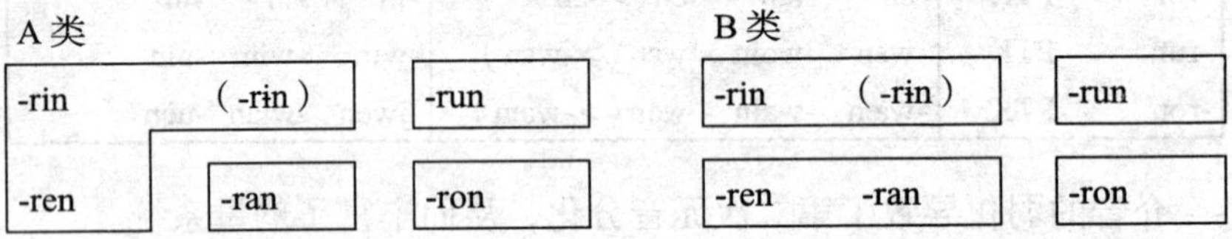

如上面所示（4.2），T-ɨn 韵肯定很早就并入 T-in。介音 -r- 跟锐音声母表现一致，因此把跟 -rin 合并的 -rɨn 韵放在括号里。

表 10.2 上古元音收尾韵（带 -r- 介音）到中古的合并

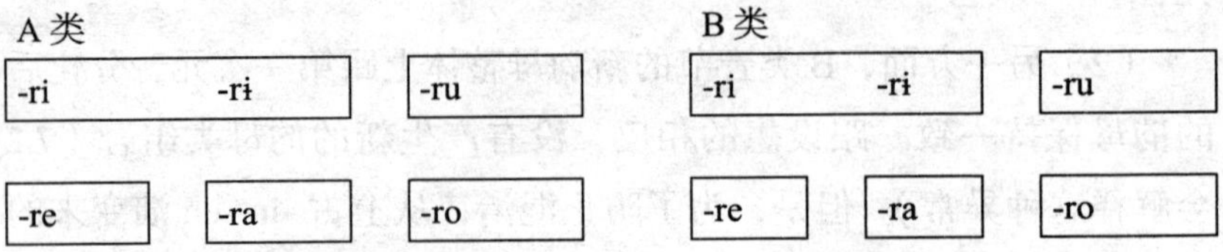

-ri 韵和 -rɨ 韵在 A、B 两类都合并了。

5.3 假想三等韵母系统的表达

我们假设这样一个三等系统：A 类（后来的一、四等韵）、A 类

（后来的二等韵）以及 B 类（后来的三等韵）。

表 11 假设的三等系统

A（I/IV）	A（II）
B（III）	

下面是一些用来说明来自上古（不带 -r- 介音）的 A 类（后来的一、四等韵）、来自上古（带 -r- 介音）的 A 类（后来的二等韵）跟来自上古（不带 -r- 介音）的 B 类（后来的三等韵）互相对立的例子。为了简明，只给出了上古 -n 尾韵的例子：

A（I） 干 *gān* < 中古 kan［kan］< OC *kan［C-kan］“shield”

A（II） 姦 *jiān* < 中古 kæn［kæn < k^{ɣ}an］< OC *kran［k-ran］“adultery”

B（III） 鞬 *jiān* < 中古 kjon［kɨ̀ən］< OC *kjan［kan］“bow and arrow case”

A（I） 冠 *guān* < MC kwan［kwan］< OC *kon［C-kon］“cap”

A（II） 关 *guān* < MC kwæn［kwæn < k^{ɣ}wan］< OC *kron［k-ron］“barrier”

B（III） 元 *yuān* < MC ngjwon［ŋuòn］< OC *nkjon［^{ŋ}kon］“principal, head”

A（I） 昆［*kūn*］< MC kwon［kwən］< OC *kun［C-kun］“elder brother”

A（II） 纶 *guān* < MC kwɛn［kwɛn < k^{ɣ}wen］< OC *krun［k-run］“head kerchief”

B（III） 君 *jūn* < MC kjun［kùn］< OC *kjun［kun］“lord”

A（I） 根 *gēn* < MC kon［kən］< OC *kɨn［C-kɨn］“root”

A（II） 艰 *jiān* < MC kɛn［kɛn < k^{ɣ}en］< OC *krɨn［k-rɨn］“distress, difficulty”

B（III） 谨 *jǐn* < MC kjɨnX［kɨ̀n^{ʔ}］< OC *kjɨnʔ［kɨnʔ］“careful, circumspect”

A（IV）肩 *jiān* < ken［kien < ken］< OC *ken［C-ken］“shoulder”

A（II） 间 *jiān* < kɛn［kɛn < kˠen］< OC *kren［k-ren］“between”

B（III） 没有好的例子

6 传统的分为四等的韵母系统

在前述第 4、5 两节中，我们于传统的“经典”《切韵》四等系统之先，构拟了假想中的二等系统和三等系统。这些假想系统的构拟主要基于以下已经过确实认定的语音演变：（i）上古汉语元音系统的二分；（ii）介音 -r- 的弱化。

《切韵》时期的一等韵和四等韵是互补分布的，这使得当时的系统可以减为三个功能性的等。四等韵仅包含一种元音，白一平拟作 *e*，蒲立本的系统拟作 ɛ 。高本汉则根据韵摄的不同将四等韵构拟为三个不同的前的二合元音：*-ie-/-ia-/-iə-*。李方桂（1974—1975）也把四等韵解释为二合元音。我与他们两个一样，建议拟为二合元音 ie，更准确点儿应为 e > ie，以表明这个二合元音是后来的发展。

表 12　分为四等的韵母系统（三个功能性的等）

A（I）/A（IV）	A（II）
B（III）	

这个前的二合元音 ie 将作为四等的标志，只是 e > ie 的裂化是发生在软腭化之前还是之后目前还难以说清。

7 “消失的等”及其踪迹

由前文我们可以看到，在介音 -r- 失落的过程中，只有 A 类韵衍生出了一个新的韵母类（表 9.1、9.2 和表 10.1、10.2）这个新的韵母类就构成了 A（II）。B 类韵则没有这么一个新韵类产生。整个演变过程中似乎有个等给弄丢了。乍看起来，这似乎是个异常。不过，只有借助“消失的等”这一理论假设，我们才可以解释某些由B（III）向A（IV）及A（II）的合并现象。这类韵的转移包括两种：一是由B（III）向A（IV），并由此导致了重纽的产生；二是由B（III）向A（II），乃是TSrj->TSr-这一音变所致的结果。

7.1 介音 -r- 的消失并未在 B 类韵中导致新韵类的产生

介音 -r- 的弱化在A类韵中产生出了A（II）。它是原A类韵中的锐音辅音[5]通过元音分化形成的。出乎意料的是，B类韵中没有新韵类的产生。本来我们预期得到一个分为五等（四个功能性的等）的韵母系统，正如从A（I/IV）中分化出A（II）一样，与此平行的，B（III）中也应该产生出一个新韵类来。这里肯定有个韵类丢失了！如果把这个丢失的等标为B（x），那我们期望的韵母系统应该如下表所示：

表13 *预期的分为五等的韵母系统

A（I）/A（IV）	A（II）
B（III）	B（x）

是什么导致了这种异常呢？

我们在此要再次指出下面两点，一是在汉语的A类和B类音节之间所观察到的令人惊讶的平行现象，二是孟-高棉语族发声分域语言中的高/低系列对立，在这些语言中，“低”系列的元音往往表现出以下一束语音特征：发音器官的松弛、音高的降低、元音起始位置升高的趋势以及气声。与此相类的，前文（见2.1和表2）也提议这种气声同样存在于汉语的B类韵母。这种构拟有以下语音表现的支持，即松弛以及元音舌位的抬升。这种气声，标记为［v̀］，就是我们假想系统中两个等的标志。

在 -r- 弱化（即软化）发生之前，C-r-V（C）> C-ˠ-V（C）的演化产生了一个新的音段［-ˠ-］，这是一种擦音，其发声态较“软”，发音部位较为模糊（相较于塞音发音部位的精确）。这种新产生的成分与元音所携带的气化成分发生了接触。这两种“软”的成分［-^{ɣ}-］+［-v̀-］相连的时候在语音上是无法清楚区别的，因此较晚形成的腭化成分就被较早形成的气化成分吸收了。这也就是为什么与 A（I/IV）有着对应平行关系的 B（III）类韵母没有产生出一个像 A（II）那样的新的等的缘故。

B（III）韵母同时对应于 A（I/IV）和 A（II）应该是一个可以令人满意的结论，但是深入的分析使我倾向于认为 B（III）还可进一步细分为两个小类：即 B（III）自身和 B（III-4），后者囊括了那些长化的韵。表 14.1 和 14.2 意图说明这两个小类。

7.2 重纽的产生

B 类韵母新产生的韵类（表 14.1 和 14.2 的第 6、7、8 列）是介音 -r- 的弱化导致的，它们与 B 类锐音声母后原来的韵类（第 3、4、5 列）相同。这种由于音变而导致的韵母结构使得那些来自上古 i 和 e 元音的中古韵母有相混的风险。其他主元音的韵母则没受影响。

表 14.1　中古 B 类韵：以 -n 为韵尾的韵

1	2	3	4	5	6	7	8
OC Baxt.		MC＜OC（without -r-） Baxt.	 Pull.	 Ferlus	MC＜OC（with -r-） Baxt.	 Pull.	 Ferlus
	P	-jon	-ɨan	-ɨə̀n　III	-jen	-ian	-ièn　III
-（r）an	T	-jen	-ian	-ièn　III	-jen	-ian	-ièn　III
	K	-jon	-ɨan	-ɨə̀n　III	-jen	-ian	-ièn　III
	P	-jin	-jin	-j-ìn（＜ìn）III-4	-in	-in	-ìn　III
-（r）in	T	-in	-in	-ìn　III	-in	-in	-ìn　III
	K	-jin	-jin	-j-ìn（＜ìn）III-4	-in	-in	-ìn　III
	P	-jien	-jien	-j-ièn（＜ièn）III-4	-jen	-ian	-ièn　III
-（r）en	T	-jen	-ian	-ièn　III	-jen	-ian	-ièn　III
	K	-jien	-jien	-j-ièn（＜ièn）III-4	-jen	-ian	-ièn　III

（续表）

	P	-jun	-un	-ùn	III	-in	-in	-ìn	III
-（r）ɨn	T	-in	-in	-ìn	III	-in	-in	-ìn	III
	K	-jɨn	-ɨn	-ɨ̀n	III	-in	-in	-ìn	III
	P	-jun	-un	-ùn	III	-win	-win	-uìn	III
-（r）un	T	-win	-win	-uìn	III	-win	-win	-uìn	III
	K	-jun	-un	-ùn	III	-win	-win	-uìn	III
	P	-jwon	-uan	-uòn	III	-jwen	-wian	-uèn	III
-（r）on	T	-jwen	-wian	-uèn	III	-jwen	-wian	-uèn	III
	K	-jwon	-uan	-uòn	III	-jwen	-wian	-uèn	III

这种潜在的混淆通过一个办法得以避免，即插入一个腭化的 -j- 使元音得以延长（见 4.1）。这一音变只牵涉中古那些以 ì 和 iè 为主元音（白一平的 *i* 和 *je*）的钝音声母（P K）音节。锐音声母（T）音节则没有延长。韵图的作者把这些长化的韵由三等转为四等。这就是我将其标为 B（III-4）的缘故。由此造成的对立小韵 -ìn ~ -jìn 和 -ièn ~ -jièn（白一平 *-in~-jin* 和 *-jen~-jien*）就形成了重纽。这些转变了的韵为"消失的等"提供了证据。

表 14.2　中古 B 类韵：以元音结尾的韵的例子

1	2	3	4	5		6	7	8	
OC Baxt.		MC＜OC（without -r-）Baxt.	Pull.	Ferlus		MC＜OC（with -r-）Baxt.	Pull.	Ferlus	
–		–	–	–	–	–	–	–	
	P	-jij	-ji	-j-ìj（＜ìj）	III-4	-ij	-i	-ìj	III
-（r）i	T	-ij	-i	-ìj	III	-ij	-i	-ìj	III
	K	-jij	-ji	-j-ìj（＜ìj）	III-4	-ij	-i	-ìj	III
	P	-jie	-jiə̆/ji	-j-iè（＜iè）	III-4	-je	-iə̆/iə	-iè	III
-（r）e	T	-je	-iə̆/i	-iè	III	-je	-iə̆/iə	-iè	III
	K	-jie	-jiə̆/ji	-j-iè（＜iè）	III-4	-je	-iə̆/iə	-iè	III
–		–	–	–	–	–	–	–	–

白一平（1992：75—77）非常详细地说明了这些重纽小对和它们在中古韵里的所在位置，他把这个在其他学术著作里一度有所忽略的现象重新拉回了人们的视野。

一些重纽小对的例子（白一平 1992：75—77）：

B（III）　贫 *pín* <bin III [bìn] <*brjɨn [brɨn] “poor”

B（III-4）蘋 *pín* <bjin IV [b-j-ìn] <*bjin [bin] “frequently”

B（III）　乙 *yǐ* <ʔit III [ʔìt] <*ʔrjɨt [ʔrɨt] “2nd heavenly branch”

B（III-4）一 *yī* <ʔjit IV [ʔ-j-ìt] <*ʔjit [ʔit] “one”

B（III）　夭 *yāo* <ʔjew III [ʔèw] <*ʔ（r）jaw [ʔraw] “beautiful”

B（III-4）腰 *yāo* <ʔjiew IV [ʔ-j-èw] <*ʔjew [ʔew] “waist”

B（III）　陂 *pí~bēi* <pje III [pè] < *p（r）jaj [praj] “slope, dyke”

B（III-4）卑 *bēi* <pjie IV [p-j-è] <*pje [pe] “low, humble”

这些重纽小对的产生是介音 -r- 弱化造成的结果。总的来说，在 B 类韵中没有形成 A（II）那样的新韵类，以形成 B（III）和 A（I/IV）那样的对应关系。为了避免可能的混淆，原韵类里的某些特定韵母插入了一个介音 -j- 得以长化，这些长化的韵母就与那些具有同源关系的韵母形成对立（重纽的形成），因而从三等转为了四等，形成了一个非典范的虚拟的等，我将其称之为 B（III-4）。

重纽韵的产生过程现在已经清楚了，但我们还得弄清为什么这些韵要从三等转为四等。B（III-4）韵母因插入 -j- 而长化，从而形成了类似复元音的音段 jì 和 jè。因为四等韵乃是由复元音 ie（<e）而定义，由于 jè/jiè 和 ie 语音上的相近，再加上三等已经丢失了气化成分，将 B（III-4）归入四等也就顺理成章了。

有证据表明重纽的对立一直保留到 13 世纪，从那以后这些韵就合并了。

7.3　汉越语里关于重纽的证据

汉越语（后文 SV）是 11—12 世纪前后形成的一种域外汉语方言（Sino-xenic），其 B（III-4）韵母的双唇音声母（P）和喉音声母 ʔ 音节中出现了一种创新性的发展（Pulleyblank 1984：94；Ferlus 1992：115）。

唇音声母在汉越语中对应 t 或 t^h（罗马化拼写为 *t* 或 *th*）：卑

bēi, MC pjie, SV *ty* “low, humble”；宾 *bīn*, MC pjin, SV *tân* “guest”；匹 *pǐ*，MC phjit，SV *thất* “few in number”；偏 *piān*，MC phjien，SV *thiên* “slanting”。这些对应词乍看起来很奇怪，但却是越南语音史中一个规则音变链的结果（Ferlus1992），即：

宾 *bīn*，MC pjin [p-j-ìn] >（北部越语）pzin>（单音节化）zin>（清化）sin> sən >（s 的塞化）tən，SV *tân* “guest”。

偏 *piān*，MC phjien [pʰ-j-ièn] >（北部越语）pʑien>（单音节化）ʑien >（清化）ɕien >（ɕ 的塞化）tʰien，SV *thiên* “slanting”。

在喉音声母 ʔ- 音节中，ʔj 的组合（ʔ+ 插入的 yod）在汉越语中对应硬腭鼻音 ɲ（罗马化拼写为 *nh*）：一 *yī*，MC ʔjit，SV *nhất* “first”；因 *yīn*，MC ʔjin，SV nhân “depend on”。古代越语中有一套三个前喉塞塞音[⑥]，ɓ，ɗ，ʄ，现代越语中鼻音化后成为 m，n，ɲ（罗马化拼写为 *m*，*n*，*nh*）。在汉越语中，声母组合 ʔj- 被折合为以前的硬腭前喉塞音 ʄ，于是在今越语中转写为 *nh*：

一 *yī*，MC ʔjit [ʔ-j-ìt] >（ʔj- 被折合为 ʄ-）ʄit>（ʄ 鼻化）ɲit > ɲət，SV *nhất* “first”。

因 *yīn*，MC ʔjin [ʔ-j-ìn] >（ʔj- 被折合为 ʄ-）ʄin >（ʄ 鼻化）ɲin> ɲən，SV “depend on”。

需要强调一下，事实上从越语语音史的角度来看，以上的这些音变都是相当规则的。

7.4 *TSrj->TSr-* 音变——根据白一平的研究

在咝音声母 TS（ts, tsʰ, dz, s）后，有些原应处在三等的韵跑到二等去了，白一平把这种现象总结为 TSrj->TSr-，在他的著作中有好几处提到（1992：2.3.6，7.2.3，10.1.1/2 及附录 A.31）。让我们比较以下三个平行的例子：

（1）颜 yán < ngæn [ŋæn<ŋˠan] II <*ngran [Cŋ-ran] “face, countenance”

（2）山 shān < sren [ʂɛn < ʂˠɛn] III-2 <*srjan [sran] “mountain”

（3）廛 chán <drjen［ḍièn］III <*drjan［dran］“farmyard”

例（1）在二等的地位是规则的，同样，例（3）在三等的地位也是规则的。至于带有咝音声母的例（2），由反切可以看出自《切韵》到《广韵》之间它经历了从三等到二等的非正常演变。这种现象虽然早已被观察到，但至今没有得到解释。

我们首先要注意到的是这种明显的不规则变化出现在两个“软”的发音互相冲突的情况下——由介音 -r- 转变来的软腭化的［-ˠ-］，已及气声元音［v̀］。通常在这种情况下，气声会将腭化消除（见 7.1）。一般来说，“软”的环境最易导致不规则音变的出现。我自己的见解是声母 TS 的“咝音”成分强化了软腭化并导致了其对气声的胜出，这使得它们从原来所应当出现的三等变为了二等。这类韵组成了一种事实上的非典型的等，我们将其标为 B（III-2）。

下面的例（4）为白一平所提供（1992：10.1.1.1），支持了例（2）并表明这一音变的转折点是《切韵》（QY）和《广韵》（GY）之间的时期。

（4）产［chǎn］< GY srɛnX III-2 <QY srjenX III <* sngrjanʔ “breed, bear”

从 TSrj- > TSr- 的音变可以被认为是“消失的等”的另一个痕迹。

7.5　四等背后的韵母系统

上面所说明的韵母转变，包括重纽韵 B（III-4），以及从 TSrj- > TSr- 产生出来的 B（III-2）。这些变化之所以能够发生乃是因为在 -r- 弱化后，出现了产生一个涵括 B 类韵母的新等的趋势，为了便于记忆，我称之为“消失的等”。

这样我们就可以将传统四等背后的语言系统表现出来。

表 15　四等背后的韵母系统

A（I）/A（IV）	A（II）
B（III-4）	B（III-2）
B（III）	

以上是采用功能角度进行的一个非常直接的分析，为我们揭示了隐藏于四等背后的结构。

8 四等：含义、概念和历史

至此我们已很好地考察了传统《切韵》音系中四等韵的语音基础。本文呈现了从上古到中古汉语的系列音变，同时确立了一个假想的早期阶段：最早是有两个等的系统，而后发展为三个等的系统。我们发现有一个等消失了，只在长化韵中尚有存留。对各种南亚语言，尤其是孟-高棉语族语言的研究帮助我们厘清了这几点。

8.1 传统四等的语音实质

等并非反映某种单一对立。现在能考察出的对立至少有三种类型：

（1）气声，一种超音段的语音“软化”特征。具有这一特征的 B（III）类元音和 A（I/IV）、A（II）类元音形成对立。

（2）软腭化，一种音段的语音“软化”特征（由 -r- 介音导致）。具有这一特征的 A（II）类元音和 A（I/IV）、B（III）类元音形成对立。

（3）含双元音 ie（由 e 演变而来）的 A（IV）类元音和 A（I）类形成互补分布。

以上述分析为基础，列出四等的语音转写如下，同时也加入消失的等。

I	CV（C）	非 ie 元音	A
IV	Cie（C）	ie 元音	A
II	C^{γ}V（C）	软腭化	A
III	CV̀（C）	气声	B

消失的等：

III-4	CjV（C）	-j- 介音时值增长	B>A

III-2　　　　　TSrj->TSr-　　B>A

现在我们试着来描绘一下整个系统：

表 16　传统四等和“消失的等”的遗迹

<table>
<tr><td>A
（紧韵）</td><td>I
（非 -ie-）</td><td>IV
（-ie-）</td><td>II
（软腭化元音）</td></tr>
<tr><td rowspan="2">B
（松韵）</td><td colspan="2">III-4（长元音）</td><td>III-2（TSrj->TSr-）</td></tr>
<tr><td colspan="3">III（气声元音）</td></tr>
</table>

东南亚孟–高棉语族各语言的不同情况，证明不稳定的语音特征会最终消失，同时被稳定的互补特征所取代。有理由认为汉语也经历过这样的音变。气声特征消失的同时，松紧作为语音特征稳定下来。元音的起始位置也在变化，A 类逐渐低化，B 类逐渐高化，最终演变成双元音或单元音。软腭化特征的消失也使元音音值发生改变。

这样的分析引出另一个问题：表 16 中呈现的假定系统（我认为正是四等系统试图描述的）是从什么时候开始发生变化的？我认为这一演变完成于公元 7 世纪，尽管很难定论。B（III）气声开始失去气声特征，并入没有气声的 A（IV），重纽的形成便证明当时某些气声元音的特征已不显著。如果这个观点成立，《切韵》就可以理解为这个没有记录的早期语言系统的更新版。所以，四等的概念应该是用来描述这一早期语言系统的。在这个阶段，气声元音和软腭化元音仍旧活跃，并形成对立。

此后，语音逐渐稳定化，四等就变成一种原因不明确的分韵框架，看不出与早期系统的渊源。因此，我们更理解汉学家一个世纪以来遇到的难题：由于没有更好的参考，他们只能在《切韵》的晚期版本的基础上，徒劳地去理解和重构四等的语音学意义。

8.2　对韵母系统历史的推测

根据音变的相对年代，我们可以推测出前后相续的四个系统：1）假想的有二个等的韵母系统，2）假想的有三个等的韵母系统，

3）《切韵》所反映的传统四等系统，以及4）隐藏在四等系统背后的系统。

其中第一个系统虽对应于某种语音事实，但并没有被描述过。如果这样一个系统确实存在过，则音韵学家会使用简单的二分法来描写它，即A类韵和B类韵，而不会像《切韵》所呈现的那样。如果按照这个系统，介音 -r- 软腭化所产生的一类新的韵应该列为三等，但《切韵》中的等却是按完全不同顺序来排列的——这里的B类韵（二等）在《切韵》中实际列为三等韵，这里的三等在《切韵》中列为二等韵。

从语音角度来看《切韵》中四等的结构，一方面，这个结构的逻辑非常完美：一等韵和二等韵为紧韵（A类），一等韵为最无标记的元音，二等韵的元音则有软腭化特征。三等韵为具有气声特征的松韵（B类），与前二等韵形成对立。另一方面，多出的第四等韵破坏了其余三等韵在结构上的和谐。因此我们推断，第四等韵的排序不代表它在系统里的真正位置，四等韵应是与一等韵互补的。也许读者会认为，互补应该通过等的排序反映出来。但事实是，音韵学家最初记录的系统只具备三个等。随着 e>ie 音变的发生，新出现的双元音 ie 无法放入三等中的任一等，于是音韵学家将 ie 放入一个新的等当中，并接着前三等，将新的等排序为四。随后，重纽中B（ III-4）类韵长化，也从三等并入四等，最终形成了我们在《切韵》[⑦] 中所看到的四等格局。

我们现在可以想象，汉语音韵学家最初记录的系统只具备三等。之后，这个系统经历了两大调整，即新增的四等和三等中的长化韵并入四等。这现在还只是个推论：我们还未发现只具备三等的系统存在过的文献佐证。

在未来的研究中，为《切韵》音系演变的各个阶段断代将是一个很有趣的题目。

8.3 韵书和韵图的作者：真正的语言学家

很明显，现代描写用另一种方式呈现了汉语的语言事实。当初《切韵》的作者则从描写梵语的印度理论中借用了语言学概念和排布方式（Branner 2006b：7—10）。这样描写汉语的辅音和元音没有问题，但对于当时仅在汉语中存在而梵语中没有的特征，则无法参考印度理论，必须构建新的范畴—“声”和“等”来进行描述。“声”的概念虽明显和这个字的现代定义不同，但很容易为现代学者所理解，而关于“等”的概念则仍旧是一个谜，有大量徒劳无功的解释。“等”这个简单的术语使得后代学者认为它仅反映某种单一语音对立。事实上，等并非是按照声、韵、调中的任何一种来区分的。当代的构拟表明，等是用来区分松紧、气化和软腭化的。再晚一点，因为双元音 ie 的出现，一个新的等又被创造出来。

现在看来，四等是一个反映多种对立特征的巧妙的系统。等的创造是基于当时描写汉语的需求。古代的汉语音韵学者可说是还未有“语言学家”概念前的语言学家。他们首次描写了一种发声分域语言。从当前的研究来看，并且本文通过研究证明了他们当时的描写已相当精准。他们将分析的结果详细呈现在《切韵》中，但没有提供附带的“说明书”来记录其运用的分析方法和描写工具。随着汉语语音的演变，“等”的语音含义流失，变成一种将韵任意归类的框架。这也为现代中西学者探寻等的最初含义设置了障碍。

附　注

① 译文中的“某等”“某等韵”在原文中都是 division，本文为了避免误解，把韵图时代的 division 翻译成“某等”，韵书时代的 division 则翻译成“某等韵”。four division 则一律翻译成“四等”。

② 译者注：原文作“摄”，应为“韵”之误。

③ 作者注：“轻重格（iambic cluster）”和“熔合型（fused cluster）”这两个概念是沙加尔（Sagart 1999）提出的。

④ 作者注：这篇文章需要纠正与更新，作者建议在阅读时忽略 14—17 小节的部分。

⑤ 译者注：这里的“锐音辅音”（acute consonant）指的是元音前的 -r-，而不是声母 p（r）、t（r）、k（r）中的 p、t、k。

⑥ 译者注：作者在此文中不区分前喉塞塞音和内爆音，从他使用的音标

来看，这里他的本意应该是指内爆音。

⑦ 译者注：原文如此，疑为《韵镜》之误。

参考文献

Baxter, William H. （1992） *A Handbook of Old Chinese Phonology*. [= *Trends in Linguistics, Studies and Monographs* 64] . Berlin: Mouton de Gruyter.

—— （1995） Les consonnes sonores finales du chinois archaïque. Lecture at Ecole des Hautes Etudes en Sciences Sociales. Paris. June 22, 1995.

Branner, David P. ed. （2006a） *The Chinese Rime Tables, Linguistic Philosophy and Historical-Comparative Phonology*. Amsterdam: John Benjamins.

Branner, David P. （2006b） "Introduction: What are rime tables and what do they mean?" *The Chinese Rime Tables* ed. by David P. Branner, 1-34. Amsterdam: John Benjamins.

Coblin, W. South. （1996） "Northwest reflections on the *Yunjing*" . *T'oung Pao* 82.349-363.

Cœdès, George. （1948） Les *États hindouisés d'Indochine et d'Indonésie*. Paris: de Boccard. [reprint 1989 with a New pagination]

Ferlus Michel. （1979） "Formation des registres et mutations consonantiques dans les langues môn-khmer" . *Mon-Khmer Studies* 8.1-76.

—— （1992） "Histoire abrégée de l'évolution des consonnes initiales du Vietnamien et du Sino-Vietnamien" . *Mon-Khmer Studies* 20.111-125.

—— （1998） "Du chinois archaïque au chinois ancien: Monosyllabisation et formation des syllabes tendu/lâche (Nouvelle théorie sur la phonétique historique du chinois)" . *The 31st International Conference on Sino-Tibetan Languages and Linguistics*, University of Lund, Sweden.

—— （2005） "L'intérêt linguistique des transcriptions chinoises concernant le Cambodge ancien (Fou-nan et Tchen-la)" . *Dix-neuvièmes journées de linguistique de l'Asie Orientale*, CRLAO (EhESS-CNRS) , Paris.

Gregerson, Kenneth J. （1976） "Tongue-root and register in Mon-Khmer" . *Austroasiatic Studies*, part I ed. by Philip N. Jenner, Laurence C. Thompson Stanley Starosta, 323-369. Honolulu: University Press of Hawai'i.

Handel, Zev Joseph （1998） *The Medial Systems of Old Chinese and Proto-Sino-Tibetan*. MA University of California, Berkeley.

Haudricourt, André Georges （1954a） "De l'origine des tons en vietnamien" . *Journal Asiatique* 242.69-82.

—— （1954b） "Comment reconstruire le chinois archaïaue". *Word* 10: 2-3.351-364.

——（1961）“Bipartition et tripartition des systèmes de tons dans quelques langues d’Extrême-Orient”. *Bulletin de la Société de Linguistique de Paris* 56：1.163-180. Translated and developed by Christopher Court: “Two-way and three-way splitting of tonal systems in some Far-Eastern languages”. *Tai Phonetics and Phonology* ed. by Jimmy G. Harris & Richard B. Noss, 1972：58-86. Bangkok: Mahidol University.

Henderson, Eugénie J.A.（1952）“The main features of Cambodian pronunciation”. *Bulletin of the School of Oriental and African Studies* 14：1.149-174.

Hombert, Jean-Marie, John J. Ohala & William G. Ewan.（1979）“Phonetic explanations for the development of tones”. *Language* 55：1.37-58.

Huffman, Franklin E.（1976）“The register problems in fifteen Mon-Khmer languages”. *Austroasiatic Studies*, part I ed. by Philip N. Jenner, Laurence C. Thompson & Stanley Starosta, 575-589. Honolulu: University Press of Hawai’i.

Jenner, Philip N.（1974）“The development of the registers in Standard Khmer”. *Southeast Asian Linguistic Studies* ed. by nguyen Dang Liem, 47-60 [=*Pacific Linguistics*, Series C, No. 31, The Australian National University].

Karlgren, Bernhard.（1957）*Grammata Serica Recensa*. Stockholm: Museum of Far Eastern Antiquities [Reprint of *Bulletin of the Museum of Far Eastern Antiquities* 29.1-332].

Li Fang-kuei [Lǐ Fāngguì 李方桂].（1974-1975）“Studies on Archaic Chinese”. *Monumenta Serica* 31：219-87. [Translation, by G.L. Mattos, of Li 1971]

Maspero, Henri.（1912）“Etudes sur la phonétique historique de la langue annamite: Les initiales”. *Bulletin de l’Ecole Française d’Extrême-Orient* 12：1.1-127.

Matisoff, James A.（1973）“Tonogenesis in Southeast Asia”. *Consonant Types and Tone* ed. by Larry M. hyman, 75-92. Los Angeles: Southern California Occasional Papers in Linguistics.

Mazaudon, Martine.（1977）“Tibeto-Burman tonogenetics”. *Linguistics of the Tibeto-Burman Area* 3：2.1-123.

Norman, Jerry（1988）*Chinese*. New York: Cambridge University Press.

——（1994）“Pharyngealization in Early Chinese”. *Journal of the American Oriental Society* 114：3.397-408. [Presented at the 25*th International Conference on Sino-Tibetan Languages and Linguistics*, 1992].

Pelliot, Paul（1903）“Le Fou-nan”. *Bulletin de l’École Française d’Extrême-Orient* 3：2.248-303.

Pulleyblank, Edwin G. （1962） “The consonantal system of Old Chinese”. *Asia Major* 9：1.58-144 and 9：2.206-265.

—— （1970-1971） “Late Middle Chinese”. *Asia Major* 15：2.197-233 and 16：1-2.121-168.

—— （1984） *Middle Chinese: A study in historical phonology*. Vancouver: University of British Columbia Press.

—— （1991） *Lexicon of Reconstructed Pronunciation in Early Middle Chinese, Late Middle Chinese and Early Mandarin*. Vancouver: University of British Columbia Press.

—— （1994） “The Old Chinese origin of Type A and B syllables”. *Journal of Chinese Linguistics* 22：1.73-100.

—— （1998） “*Qièyùn and Yùnjìng*: The essential foundation for Chinese historical linguistics”. *Journal of the American Oriental Society* 118：2.200-216.

Sagart, Laurent. （1999） *The Roots of Old Chinese*. Amsterdam: John Benjamins.

Schuessler, Axel. （2006） “The Qièyùn system ‘divisions’ as the result of vowel warping”. *The Chinese Rime Tables* ed. by David P. Branner, 83-96. Amsterdam: John Benjamins.

—— （2007） *ABC Etymological Dictionary of Old Chinese*. Honolulu: University of Hawai’i Press.

Shorto, harry L. （1962） *A Dictionary of Modern Spoken Mon*. London: Oxford University Press.

Theraphan L. Thongkum （1988） “Phonation types in Mon-Khmer languages”. *Vocal Physiology: Voice production, mechanisms and functions* ed. by Osamu Fujimura. new York: Raven Press.

Yakhontov, Sergey E. （1986） “Shànggǔ Hànyǔ de Qǐshǒu Fǔyīn l- hér-［Initial l- and r- in Old Chinese］”. *Hànyǔ Shǐ Lùn Jí* ed. by Táng Zuòfān［唐作藩］and Hú Shuāngbǎo［胡双宝］, 156-165. Beijin: Beijin University Press.［First published in Russian 1976］.

ABSTRACTS

Wang Futang: The Onomatopoeia of Shaoxing Dialect

Abstract: Onomatopoeia of Shaoxing dialect alterate between the highest tone in upper register and the lowest tone in lower register. The alternation is conditioned by different types of initials (voiced or voiceless) or different types of endings (vowel , nasal, or stop ending) . The derivation of Shaoxing's onomatopoeia by means of reduplication and insetting deuterogenic l- initial syllable, is quite complicated and of typological value. Onomatopoeia in most Chinese dialects are of such characteristics, and worthy of further researches.

Keywords: onomatopoeia, highest tone and lowest tone, reduplication, deuterogenic l- initial syllable

Wang Hongjun and Li Rong: On the Basic Unit of Chinese Texts and the Causes of the Flowing Sentence

Abstract: 1. An illustration of the necessity for determining the basic unit of Chinese texts. 2. The comments on the previous different opinions in question. 3. Our definition of the units of texts: the small units bearing pragmatic categories, such as tense, intention/role/mood/ modality etc., which can be used as the index to specific speech communicative event and to the speaker. As to the most and secondly lower units of Chinese text, we give them the name *dòu* (逗) and *jùduàn* (句 断) respectively. 4. The prosodic boundary of *dòu* and *jùduàn*: levelly lengthening the last rhyme vs. shortening the last rhyme and combined with a voiceless period of time. 5. The correspondence between punctuation mark and *dòu*, *jùduàn*: the comma type marks are all corresponded with *dòu*;

but the period type marks must be divided into two kind: true period and quasi period. The true periods are corresponded with *jùduàn vs.* the quasi periods are corresponded with *dòu* as same as commas. The two kind of period has different prosodic boundary, and different topic shift relations. 6. The grammatical form of *dòu* and *jùduàn*: The grammatical form of *dòu* is phrase or word group; whereas the form of *jùduàn* is equivalent to sentence group in English. 7. the causes of the flowing sentence: Unlike other languages, such as English or Korean, ① Chinese hasn't the grammatical rank of clause, which must and only be consist of a subject and a predicate; ② There are no restricts on grammatical classes to immediate constituents of all Chinese phrases.

Keywords: the basic unit of Chinese text, prosodic boundaries, true period, quasi period, flowing sentence

Onishi Katsuya: A Study on the Ditransitive Construction of the "Take" Verbs in the Old Chinese

Abstract: This paper investigates the "take" verbs in Old Chinese and shows the following conclusions. (1) These verbs are classified into two kinds: the verb "夺" is an (three argument) unaccusative verb and the verb "取" and "受" are (two argument) unergative verbs. (2) There is not any structural difference between the ditransitive construction of the verb "夺" and the "give" verbs. (3) The lexical meaning of the verb determines whether the verb can emter a dative structure or a double object structure. In the Old Chinese, the inherent meaning of the verb is given priority over the meaning of the construction. Therefore, the dative alternation only rarely appeared.

Keywords: ditranstive construction, double object, "take" verbs, dative alternation, Old Chinese

Chu Zexiang: The Lexicalization and Grammaticalization Process of the Internet Word *Gezhong*（各种）: Characteristics of Grammaticalization in Internet Language

Abstract: This article discusses the lexicalization and grammaticalization process of the newly coined internet word *gezhong*（各种）. From a classifier phrase indicating quantity to an adverb that specifies degree, the word has undergone a complex process of syntactic, semantic, and pragmatic changes. The transformation of "*gezhong*+VP/AP" from object to predicate makes a syntactic reanalysis possible. Correspondingly, at the semantic and pragmatic level, the same structure takes the path of "objective entirety > subjective majority > subjective high-degree". When *gezhong* is used to imply a higher degree, it tends to convey a sense of "horizontally proliferating", and makes the degree of a continuous action salient. In this way, *gezhong* is complementary to other types of degree adverbs like *hen*（很）. The development of *gezhong* is parallel to a more general tendency, that is, the grammaticalization of internet language is complementary to that of the real world language. The former shows a characteristic of "synchronic intensity", whereas the latter features "diachronic thickness".

Keywords: internet language, *gezhong*（各种）, lexicalization, grammaticalization

Ma Guoyan: Discourse Insertion and Return Center Resolution: Parameters and Criteria

Abstract: This paper analyzes the resolution of returned center while a narrative discourse is inserted by non-narrative segment. Firstly, we illustrate and define the discourse insertion, describing the center returning and returned center according to the transition of continuity and non continuity. Based on this study, we discuss the resolution of returned center around the transition of adjacent sentence by taking discourse modes, perspective and segment attributes as parameters. Lastly, we analyz the conditions and mechanisms emphatically while returned center realizing as a central word and zero form, then put forward three criteria: discourse modes criterion, perspective criterion and segment attributes criterion.

Keywords: discourse insertion, returned center, resolution, parameters, criteria

Shui Changxi: Event Process Structure and Its Dynamic Features—Adhesive Event Constructed by Adhesive Verb *Bai*（摆）Class as an Example

Abstract: An event is a process in which a thing or entity, by gradual changes through a series of states or relations conveyed by the related verb, changes its states from one into another, and then another until the thing or entity changes essentially. An analysis of the adhesive event constructed by the adhesive verb *bai*（摆）class shows that the process structure of a complete event consists of five states: inception, duration, finish of action, and inception, duration of remaining state. An event unfolds sequentially, provided with temporal, spatial, dynamic, sequential, periodic, transmissive and successive features. *Le*（了）、*zhe*（着）or *guo*（过）possesses state-marking functions in the respective expression of the event process structure. They complement each other to describe an unfolding process of a complete event.

Keywords: event, state of event, event process structure, dynamic feature

Jin Xianji: A Comparative Study on Topic Ellipsis and Textual Coherence of Chinese and Korean

Abstract: As a zero-anaphora, ellipsis is one of the important means which establishes coherence in the text. This paper will analyze topic ellipsis of Chinese and Korean. Chinese and Korean are both topic-orient language, and the topic is omitted very frequently. However, there are some differences in topic ellipsis of Chinese and Korean: 1. The frequency of topic ellipsis in Korean is significantly higher than in Chinese; 2. The range of topic ellipsis in Korean is wider than that in Chinese; 3. The above differences affect textual coherence, thus the coherence established from topic ellipsis in Korean text is stronger than that in Chinese.

Keywords: comparative study of Chinese and Korean, topic ellipsis, text analysis, coherence

Wang Weimin, A Study on the Unparallel Evolution of *Shan*（山）and *Xie*（蟹）Rhyme Groups in Jin Dialects

Abstract: In Mandarin dialects, the evolution of *Shan*（山）rhyme group is parallel to *Xie*（蟹）rhyme group. It is conditioned by different vowels（open or round）. The Jianghuai Mandarin may be the example. Jin dialects are not the case. Among them, the *Shan* rhyme group of dental or sibilant initial changes differently from those with velar initial. For the *Xie* rhyme group,the main vowel and ending of open division-I rhyme, Hai and Tai, are the same to round division-I rhyme, Hui and Tai. The two changes occurred when the Jin dialect separated from the North Mandarin dialect during the Northern Song Dynasty. In the early time, all Jin dialects share these changes. Later on, they are only kept well in core Jin dialects, and vanished at the marginal areas, because of influences from the Northern Mandarin. Probably, Jin dialects

originated before the Southern Song Dynasty from the same source of the Wu dialects and other northern non-Mandarin dialects. The Jin dialect, the Wu dialect and other southern non-Mandarin dialects maybe share a long-term common development, so they behave similarly in the evolution of Shan and *Xie* rhyme groups.
Keywords: Jin dialect, *Shan*（山）rhyme group, *Xie*（蟹）rhyme group, evolutionary characteristic

Qi Chong: The Clitic *Zhe*（者）in the Process of Demorphologization

Abstract: This paper proposes to study two problems related to the morpheme *zhe*（者）: the morphosyntactic properties of *zhe* and the diachronic process of *zhe*. We conducted analyses morphosyntactic, semantic and prosodic to demonstrate that *zhe* is not a suffix nor a root. It is identified as a clitic in modern Chinese. From the analysis of a corpus of the Zhe Construction from inscriptions on Western Zhou bronze to the texts of modern Chinese, we discussed the diachronic evolution of *zhe* at the morphosyntactic level. The result of this analysis shows that *zhe* seems to undergo a process of "demorphologization."
Keywords: *zhe*（者）construction, clitic, diachronic analysis, demorphologization

Shim So Hee: A New Reconstruction of the Initials System of *Huangji Jingshi · Shengyin Changhe Tu*（《皇极经世·声音唱和图》）

Abstract: Modern scholars generally believe that what Shao Yong's *Huangji Jingshi·Shengyin Changhe Tu*（《皇极经世·声音唱和图》）in the Song Dynasty reflected was the actual sound system of a certain place. Based on detailed analysis of modern scholars' research methods and research results, this article gives a detailed explanation of the research methods of Shao's theory, and reconstructed the system of

the initials which the Twelve Sounds represent. We believe that the reason that Shao Yong classified the initials as 117 phonemes is that he formulated an ideal sound system in the frame of image-numerology and Yi-ology. Some sounds in the book didn't exist in the actual language at that time. The Sanskrit phonology system was included in the system which Shao Yong formulated.
Keywords: Shao Yong, *Huangji Jingshi · Shengyin Changhe Tu*（《皇极经世·声音唱和图》）, the initials system, reconstruction, image-numerology and Yi-ology

Phua Chiew Pheng: A Revisit of the Approaches and Categories in Grammatical Analysis: Thoughts Evoked by Chen Baoya's *Contemporary Linguistics*

Abstract: This paper revisits the approaches and categories in grammatical analysis based on the framework put forward in Chen Baoya's *Contemporary Linguistics*. By adopting a Cognitive Linguistics perspective, this paper proposes that lexicon and syntax form a continuum, and as such, both the dichotomy between rule and list as well as the parallel-general comparison in extracting phrases formed by grammatical rules deserve further re-examination. As morpheme plays an important role in the framework of *Contemporary Linguistics*, this paper too conducts a discussion about the extraction of cranberry morpheme.
Keywords: grammatical analysis, cognitive linguistics, construction, parallel-general comparison, cranberry morpheme

Wee Lian-Hee and Li Mingxing: Review on Chen Baoya's *Contemporary Linguistics*

Abstract: This is a book review of *Contemporary Linguistics* by Chen

Baoya. This review outlines the frame and the key issues discussed in each chapter of the book. The book provides a comprehensive overview on important schools of linguistic thought with a focus on research methodology, emphasis on language data all presented through a gamut of Chinese linguistic phenomena, thus making it a particularly helpful reference for students with a Chinese language background. Brief discussion is also given to some key issues mentioned in the book.
Keywords: linguistics, methodology, Chinese

Chen Baoya: Necessary Condition of Grammatical Description: Two Kinds of Grammatical Units—A Response to Prof. Pan et al on Syntactic Units

Abstract: I appreciate the comments on my book *Contemporary Linguistics* by Prof. Pan et al. The author will answer the key question about the regular morpheme sequences and irregular sequences. It is necessary to distinguish regular morpheme sequences and irregular sequences if we are going to produce formal sentences. Even if continuous phenomena are considered, the regular and irregular should also be distinguished. Grammar should include two kinds of units: regular units and irregular units. Freedom has been considered as an important criterion to find out syntactic units for a long time. However there are a lot of bound morphemes which are regularly used in morpheme sequences. Freedom is not a sufficient criterion to tell the regular from the irregular. The parallel-general principle was proposed to distinguish the two kinds of sequences inspite of the limitation of the criterion of freedom. Nevertheless, freedom is still an important concept for grammatical analysis. Considering that the word concept has been accepted popularly, words can be differentiated into free words and bound words. To accept two kinds of grammatical units entails two levels of grammar. It might be a good choice to put the irregular morpheme sequences into morphology and the regular morpheme sequences into syntax through a calibrating principle because there is no clear distinction between morphology and syntax in Chinese.

Keywords: morphology, syntax, regular, bound, free

Michel Ferlus: What Were the Four Divisions of Middle Chinese?

Abstract: Determining the nature of the four Divisions of the *Qieyun*(《切韵》) is a fundamental problem in the study of the phonetic history of Chinese. Analyses by Pulleyblank and Baxter make it possible to bring out two major changes from Old Chinese to Middle Chinese: a two-way split of the vowel system, and later the lenition of medial -r-. The use of models drawn from Mon-Khmer voice type register languages made it possible to reconstruct the phonetic bases of the four divisions. Div. I groups tense rimes, Div. II groups velarized rimes resulting from medial -r-, Div. III groups lax/breathy rimes. As for Div. IV, it represents rimes with the diphthong ie.

Keywords: Chinese, Middle Chinese, *Qieyun*(《切韵》), rimes, Divisions, phonetic history

图书在版编目(CIP)数据

语言学论丛.第49辑/北京大学中国语言学研究中心《语言学论丛》编委会编.—北京:商务印书馆,2014
ISBN 978-7-100-09449-8

Ⅰ.①语… Ⅱ.①北… Ⅲ.①语言学—丛刊 Ⅳ.①H0-55

中国版本图书馆CIP数据核字(2014)第112507号

语言学论丛
ESSAYS ON LINGUISTICS
(第四十九辑)
北京大学中国语言学研究中心
《语言学论丛》编委会编

商务印书馆出版
(北京王府井大街36号 邮政编码100710)
商务印书馆发行
北京市白帆印务有限公司印刷
ISBN 978-7-100-09449-8

2014年6月第1版 开本787×960 1/16
2014年6月北京第1次印刷 印张23
定价:48.00元